高等学校法学系列教材·基础与应用

电子商务法律法规
（第4版）

温耀原　苑莹焱 ◎ 主　编
杨四龙　张冠男 ◎ 副主编

清华大学出版社
北京

内 容 简 介

本书根据《民法典》《电子商务法》《数据安全法》《电子签名法》《网络安全法》等法律法规及实施细则，结合电子商务实践，具体介绍了以下内容：电子商务主体法律制度、电子合同法律制度、电子签名与电子认证法律制度、电子支付法律制度、电子商务税收法律制度、电子商务中的知识产权法律制度、电子商务市场秩序的法律规定、电子商务安全法律制度、电子商务争议解决机制、跨境电子商务法律制度等。

本书具有较强的通识性和实用性，既可以作为普通高等院校本科法学、电子商务、经济管理等专业的教材，也可作为高职高专、高等教育自学考试、成人高等教育的教材，还可用于电子商务、IT企事业单位从业人员的岗位培训，对于广大法律工作者和电子商务从业者，也是有益的学习资料。

本书封面贴有清华大学出版社防伪标签，无标签者不得销售。

版权所有，侵权必究。举报：010-62782989，beiqinquan@tup.tsinghua.edu.cn。

图书在版编目(CIP)数据

电子商务法律法规 / 温耀原，苑莹焱主编. —4版. —北京：清华大学出版社，2024.1
高等学校法学系列教材. 基础与应用
ISBN 978-7-302-64943-4

Ⅰ. ①电… Ⅱ. ①温… ②苑… Ⅲ. ①电子商务－法规－中国－高等学校－教材 Ⅳ. ①D922.294

中国国家版本馆CIP数据核字(2023)第224493号

责任编辑：刘　晶
封面设计：汉风唐韵
责任校对：宋玉莲
责任印制：宋　林

出版发行：清华大学出版社
网　　址：https://www.tup.com.cn，https://www.wqxuetang.com
地　　址：北京清华大学学研大厦A座　　邮　编：100084
社 总 机：010-83470000　　邮　购：010-62786544
投稿与读者服务：010-62776969，c-service@tup.tsinghua.edu.cn
质量反馈：010-62772015，zhiliang@tup.tsinghua.edu.cn

印 装 者：河北鹏润印刷有限公司
经　　销：全国新华书店
开　　本：185mm×260mm　　印　张：23.5　　字　数：497千字
版　　次：2016年7月第1版　　2024年1月第4版　　印　次：2024年1月第1次印刷
定　　价：89.00元

产品编号：099267-01

教材编审委员会

主　　任：牟惟仲
副 主 任：林　征　　冀俊杰　　张昌连　　翁心刚　　唐征友
　　　　　王海文　　张建国　　车亚军　　李遐桢　　李大军
编　　委：李爱华　　李遐桢　　周　晖　　侯春平　　刘志军
　　　　　李耀华　　温耀原　　白　硕　　张肖华　　罗佩华
　　　　　苑莹焱　　郎晨光　　帅　京　　崔嵩超　　储玉坤
　　　　　刘久照　　张冠男　　郭　可　　杨四龙　　朱忠明
　　　　　葛胜义　　郭建磊　　荆　京　　魏彦珩　　侯晓娜
总　　编：李大军
副 总 编：李爱华　　侯春平　　周　晖　　温耀原　　罗佩华
专 家 组：李遐桢　　王海文　　苑莹焱　　李耀华　　杨四龙

序　言

随着改革开放进程的加快和社会主义市场经济的快速推进,我国经济建设一直保持着持续稳定增长的态势,已经成为全球第二大经济体。经济发展越快,市场竞争越激烈,越是需要法律法规作保障。法律法规是市场主体的行为道德准则,在开拓国际市场、促进国际商务交往、防止金融诈骗、打击违法犯罪、推动民族品牌建设、构建和谐社会等方面发挥着越来越重要的作用。

目前,我国正处于经济稳步发展的重要时期,随着经济转型、产业结构调整、传统企业改造,涌现了大批旅游、物流、电子商务、生物医药、动漫、演艺、文化创意、绿色生态、循环经济等新型产业;为支持"中小微"型企业和大众自主创业,加速与国际经济接轨,适应中国经济国际化发展趋势,近年来国家持续推进法治建设进程,并及时颁布实施了一系列法律法规,有力地保障、促进了我国经济的高速、持续发展。

市场经济是法治经济,经济活动必须遵纪守法,法律法规执行与监管是市场经济的永恒主题。当前,面对经济的快速发展、激烈的国际市场竞争,更新观念、及时学习最新法律法规、调整业务知识结构、掌握各项新的管理制度、加强法律法规应用技能培训等已成为亟待推进的工作内容。

社会需要有知识、会操作、能顶岗的实务型专业人才,本套丛书的出版不仅有力地配合了高等教育法律教学的创新和教材更新,而且也满足了社会需求,起到了为国家经济建设服务的作用。对依法治国、依法办事、依法经营,对加强法治观念、树立企业形象、提升核心竞争力、依法维护自身权益具有积极的现实意义。

本套教材作为普通高等教育本科院校法律法规课程的特色教材,以读者应用能力训练为主线,以习近平新时代中国特色社会主义法治思想为统领,严格按照教育部关于"加强职业教育、突出实践技能与能力培养"的教育教学改革要求,结合各项法律法规的教学特点,以及企事业单位对各种法律专业人才的实际需求,组织多年从事相关课程教学的专家学者与具有丰富实践经验的实务工作者共同撰写。

本套教材包括《民法总论》《经济法》《商法》《海商法》《税法》《国际商法》《劳动与社会保障法》《金融法律法规》《保险法律法规》《会计法律法规》《电子商务法律法规》《婚姻家庭法》《物权法》等。参与编写的单位有:吉林工程技术师范学院、北京物资学院、华北科技学院、北京联合大学、哈尔滨师范大学、北方工业大学、山西大学、牡丹江大学、北京教育学院、燕山大学、北京城市学院、东北财经大学、北京财贸职业学院、厦门集美大学、大连商务学院、郑州大学、大连海事大学、浙江工业大学、大连工业大学等全国三十多所院校。

由于本套教材紧密结合中国经济改革与发展实际,融入法律法规实践教学理念,坚持改革创新,注重与时俱进,有效解决了本科法律教材知识老化、案例过时、重理论轻实践等问题。本套教材具有选材新颖、知识系统、案例真实、贴近实际、通俗易懂等特点,既可以作为普通高等教育本科院校、高职高专院校相关专业课程的首选教材,也可以作为各类企事业机构从业人员的在职培训教材,对广大社会公众也是非常有益的普法资料。

在教材编著过程中,我们参阅借鉴了国内外有关民商、金融、财税等相关领域的最新书刊资料和国家新出台的政策法规及管理制度,并得到有关行业企业领导与专家学者的悉心指导,在此一并致谢。为配合本套教材的使用,特提供配套电子课件,读者可以从清华大学出版社网站(www.tup.com.cn)免费下载。希望全国各地区普通高等教育、高职高专院校积极选用本套教材,并请读者多提改进意见,以使教材不断完善。

编委会主任

牟惟仲

前言(第4版)

电子商务作为现代科技进步和网络经济发展催生的新型商业模式,在拉动内需、解决就业、扩大经营、加速传统产业升级、提高企业竞争力等方面发挥着重要作用。同时,电子商务的广泛应用也给经济和社会发展带来诸多法律挑战,如交易纠纷的解决、交易主体的安全保障、消费者权益保护、企业滥用市场支配地位等。市场经济是法治经济,经济活动必须遵纪守法。在依法治国的大背景下,市场主体依法经营、依法办事、完善企业内部规章制度,对我国网络经济健康、稳定发展具有积极的促进作用。

电子商务法是电子商务、工商管理、经济管理等专业的核心课程,也是当代大学生就业、创业必须学习、掌握的重要法律知识。本书作为普通高等学校的应用型教材,遵循"十四五"规划提出的"建设高质量教育体系"目标,按照"增强职业技术教育适应性、提高高等教育质量"的要求,着眼于培养应用型、技能型人才,注重教材内容的实操性和应用性。本教材的再次出版对帮助读者掌握电子商务法规知识、树立遵纪守法意识,保障电子商务可持续健康发展,具有重要意义。

本书自出版以来,因其通识性、实用性、前沿性深受全国广大高等院校师生的欢迎,目前已多次重印。此次再版,作者对案例进行更新,补充了《民法典》的相关规定及跨境电子商务法规等新知识等,以使其更贴近国际商务实践、更符合社会经济发展规律。

全书共十一章,以读者应用能力培养为主线,依据《民法典》《电子商务法》《数据安全法》《电子签名法》《网络安全法》等法律法规及实施细则,结合电子商务实践,系统介绍了电子商务主体、电子合同、电子签名与电子认证、电子支付、电子商务税收、电子商务安全、电子商务中的知识产权法、电子商务市场秩序、电子商务争议解决机制、跨境电子商务等领域的法律知识。

由于本书融入了前沿的实践教学理念,坚持改革创新,力求严谨,注重与时俱进,具有选材新颖、体例完整、观点科学、案例真实、贴近实际、实用性强、便于理解掌握等特点,因此既可作为普通高等院校教学的首选教材;也可兼顾高职高专、应用型大学、成人高等教育的教学;还可以用于相关行业的在职在岗培训;并为其他对电子商务感兴趣的读者提供有益的学习指导。

本教材由李大军筹划并具体组织。温耀原和苑莹焱担任主编,温耀原统改稿;杨四龙、张冠男担任副主编,并由周晖教授审定。作者写作分工:牟惟仲(序言),温耀原(第一章、第四章、第九章、第十一章),杨四龙(第二章、第八章),苑莹焱(第三章、第七章、第十章),张冠男(第五章),帅京(第六章);李晓新(制作教学课件)。

在教材编写过程中，我们参阅了国家新颁布实施的相关法律法规、政策文件，收集了大量具有实用价值的典型案例，并得到编委会专家学者的具体指导，在此一并致谢。为方便教学，本书配有课件，读者可以从清华大学出版社网站免费下载使用。因作者学识水平有限，书中难免存在疏漏和不足，恳请读者批评指正。

作 者

2023 年 8 月

法律法规全称简称对照表

《中华人民共和国宪法》——《宪法》
《中华人民共和国民法典》——《民法典》
《中华人民共和国刑法》——《刑法》
《中华人民共和国刑事诉讼法》——《刑事诉讼法》
《中华人民共和国民事诉讼法》——《民事诉讼法》
《中华人民共和国行政诉讼法》——《行政诉讼法》
《中华人民共和国著作权法》——《著作权法》
《中华人民共和国商标法》——《商标法》
《中华人民共和国国家安全法》——《国家安全法》
《中华人民共和国保守国家秘密法》——《保守国家秘密法》
《中华人民共和国人民警察法》——《人民警察法》
《中华人民共和国个人信息保护法》——《个人信息保护法》
《中华人民共和国治安管理处罚法》——《治安管理处罚法》
《中华人民共和国电子签名法》——《电子签名法》
《中华人民共和国电子商务法》——《电子商务法》
《中华人民共和国网络安全法》——《网络安全法》
《中华人民共和国数据安全法》——《数据安全法》
《中华人民共和国密码法》——《密码法》
《中华人民共和国出口管制法》——《出口管制法》
《中华人民共和国进出口商品检验法》——《进出口商品检验法》
《中华人民共和国进出境动植物检疫法》——《进出境动植物检疫法》
《中华人民共和国进出口商品检验法》——《进出口商品检验法》
《中华人民共和国国境卫生检疫法》——《国境卫生检疫法》
《中华人民共和国食品安全法》——《食品安全法》
《中华人民共和国海商法》——《海商法》
《中华人民共和国公路法》——《公路法》
《中华人民共和国铁路法》——《铁路法》
《中华人民共和国海关法》——《海关法》
《中华人民共和国涉外民事关系法律适用法》——《涉外民事关系法律适用法》

《中华人民共和国产品质量法》——《产品质量法》

《中华人民共和国广告法》——《广告法》

《中华人民共和国消费者权益保护法》——《消费者权益保护法》

《中华人民共和国票据法》——《票据法》

《中华人民共和国广告法》——《广告法》

《中华人民共和国治安管理处罚法》——《治安管理处罚法》

《中华人民共和国电信条例》——《电信条例》

《中华人民共和国商标法实施条例》——《商标法实施条例》

《中华人民共和国著作权法实施条例》——《著作权法实施条例》

《中华人民共和国专利法实施细则》——《专利法实施细则》

《中华人民共和国增值税暂行条例》——《增值税暂行条例》

《中华人民共和国电信条例》——《电信条例》

《中华人民共和国计算机信息系统安全保护条例》——《计算机信息系统安全保护条例》

《中华人民共和国计算机信息网络国际联网管理暂行规定》——《计算机信息网络国际联网管理暂行规定》

目 录

第一章　电子商务法律法规概述 ………………………………………… 1
　　第一节　电子商务概述 ………………………………………………… 1
　　第二节　电子商务法的一般原理 …………………………………… 15
　　第三节　电子商务的立法概况 ……………………………………… 19
第二章　电子商务主体法律制度 ………………………………………… 33
　　第一节　电子商务主体概述 ………………………………………… 33
　　第二节　网站设立法律制度 ………………………………………… 41
　　第三节　网上商店的认定 …………………………………………… 48
第三章　电子合同法律制度 ……………………………………………… 54
　　第一节　电子合同概述 ……………………………………………… 54
　　第二节　电子合同的订立 …………………………………………… 58
　　第三节　电子合同的效力 …………………………………………… 66
　　第四节　电子合同的履行 …………………………………………… 72
第四章　电子签名和电子认证法律制度 ………………………………… 81
　　第一节　电子签名概述 ……………………………………………… 81
　　第二节　电子签名的法律效力 ……………………………………… 89
　　第三节　电子认证法律制度 ………………………………………… 93
第五章　电子支付法律制度 ……………………………………………… 105
　　第一节　电子支付概述 ……………………………………………… 105
　　第二节　电子支付的相关法律问题 ………………………………… 113
　　第三节　中国电子支付立法概况 …………………………………… 115
　　第四节　国外电子支付立法 ………………………………………… 136
第六章　电子商务税收法律制度 ………………………………………… 144
　　第一节　电子商务税收概述 ………………………………………… 144
　　第二节　电子商务的发展对我国现行税法的影响 ………………… 151
　　第三节　世界范围内对电子商务涉税问题的对策 ………………… 155
　　第四节　我国电子商务税收的法律对策 …………………………… 160
第七章　电子商务中的知识产权法律制度 ……………………………… 166
　　第一节　知识产权与知识产权法概述 ……………………………… 166

第二节　电子商务中著作权的法律保护 …………………………………… 169
　　第三节　电子商务中商标权的法律保护 …………………………………… 183
　　第四节　域名的法律保护 …………………………………………………… 188
　　第五节　电子商务中专利权的法律保护 …………………………………… 196

第八章　电子商务市场秩序的法律规定 …………………………………………… 203
　　第一节　电子商务主体的市场准入 ………………………………………… 203
　　第二节　电子商务反不正当竞争的法律规定 ……………………………… 208
　　第三节　电子商务领域反垄断的法律规定 ………………………………… 214
　　第四节　电子商务领域的消费者权益保护 ………………………………… 218

第九章　电子商务安全法律制度 …………………………………………………… 227
　　第一节　电子商务安全概述 ………………………………………………… 227
　　第二节　计算机系统及互联网安全法 ……………………………………… 234
　　第三节　网络安全法律规定 ………………………………………………… 244
　　第四节　网络交易安全法律规定 …………………………………………… 252

第十章　电子商务争议解决机制 …………………………………………………… 265
　　第一节　电子商务纠纷解决机制概述 ……………………………………… 265
　　第二节　电子商务争议管辖权的国际规则 ………………………………… 267
　　第三节　我国电子商务争议管辖权的法律制度 …………………………… 276
　　第四节　电子证据的收集、保全与认定 …………………………………… 280
　　第五节　我国电子商务争议解决方式 ……………………………………… 286
　　第六节　电子商务有关主体的法律责任 …………………………………… 289

第十一章　跨境电子商务法律制度 ………………………………………………… 305
　　第一节　跨境电子商务概述 ………………………………………………… 305
　　第二节　我国跨境电子商务合同的法律制度 ……………………………… 312
　　第三节　我国跨境电子商务的海关监管 …………………………………… 318
　　第四节　我国跨境电子商务的其他管理法律制度 ………………………… 342

参考文献 ………………………………………………………………………………… 361

第一章 电子商务法律法规概述

【学习目标】
1. 理解电子商务的概念及特点,了解电子商务所涉及的法律问题。
2. 掌握电子商务法的概念、特征、基本原则。
3. 了解国际组织和其他国家有关电子商务立法概况,掌握中国电子商务立法概况。

电子商务是通过电子信息技术、网络技术和现代通信技术,使商务交易涉及的各方当事人借助电子方式进行联系、完成交易的商务活动。电子商务以其交易范围广、交易成本低、交易周期短等优势对传统方式交易产生了巨大冲击的同时,也为市场规范带来了新的法律挑战。

第一节 电子商务概述

一、电子商务的概念和特点

(一)电子商务的概念

《电子商务法》规定的电子商务是指通过互联网等信息网络平台销售商品或者提供服务的经营活动。电子商务在计算机信息技术和网络通信技术的迅速发展中崛起并逐步完善,它以国际互联网为依托,并随着国际互联网的广泛应用而扩大影响。

信息技术、通信技术的进步使传统商务活动发生巨大变革,电子商务已经成为一种全新的商务方式,居民的消费购物、企业的商业贸易、各个领域的咨询服务等商务交易活动已经或正在实现电子化、网络化。电子商务已经使人类的经济活动和生活方式乃至社会文明发生了重大的改变。

狭义的电子商务中,交易所涉及的各方当事人通过电子信息技术、网络互联技术以及现代通信技术,借助电子网络方式联系,无须面对面协商,无须依靠纸质文件和单据的传输就可以完成整个交易。通过互联网进行在线销售活动和服务活动的交易内容可以是有形的产品,也可以是无形的服务。

广义的电子商务是以整个市场为基础的一切与数字化处理有关的商务活动,其中商务是核心,网络是手段。电子商务使整个商务活动的各个环节包括产品制造、销售、交易洽谈、合同订立、结算、售后服务等都发生了全新的变化。

综上所述，电子商务是利用计算机和国际互联网设备与基础设施，在电子网络环境下从事的各项商务活动。它的组成要素包括两方面：一是电子方式，二是商务活动，即必须是利用电子方式或电子信息技术进行商务活动。因此，对于电子商务的概念应从以下几个方面理解。

（1）电子商务是商务活动的电子化和网络化。

（2）电子商务是利用电子信息技术进行商务活动的过程。

（3）电子商务内容广泛，是以信息流、物资流、货币流为核心，包括销售支付、运输、售后服务等在内的全方位的商务活动。

（4）电子商务参与主体广泛，包括网络服务提供者、消费者、销售商、供货商、银行、其他金融机构和有关政府机构等。

（5）电子商务是高效率低成本的商务活动。

（6）电子商务可以是跨越国界、跨越时空的全球性商务活动。

（二）电子商务的特点

电子商务与传统的商务活动方式相比，具有以下特点。

1. 交易网络化

电子商务所依赖的各项技术中，最重要的是网络技术。电子商务必须通过电子网络系统来实现信息的交换和传输。

2. 交易虚拟化

电子商务利用电子网络技术或其他任何电信手段进行货物贸易、服务贸易、信息服务以及电子支付，交易双方无须面对面洽谈，而是通过计算机等终端设备与互联网络完成交易过程，交易过程虚拟化。

3. 交易成本低

电子商务为商家与消费者提供了信息交换平台，在提高商品交换数量和加快交易速度的同时，降低了生产、加工、销售和通信的成本，减少了交易的中间环节，大量减少了文件处理费用，提高了效率。

4. 交易全球化

电子商务能够不受时间和空间的局限，真正实现贸易的全球化。电子商务拓宽了国内及国际市场，使消费者和商家能以较低的成本支出，在世界范围内简单而又迅速地寻找到最合适的商品和交易伙伴。

5. 交易透明化

电子商务的买卖双方从交易的洽谈、签约到货款支付、交货通知等整个交易过程都在网络上进行，通畅、快捷的信息传输可以保证各种信息之间互相核对，防止伪造信息的流通。例如，在许可证电子数据交换（EDI）系统中，由于加强了发证单位和验证单位的通信、核对，假许可证就不易通过。海关 EDI 报关系统也能够杜绝边境的假出口、骗退税等行为。

二、电子商务的经营模式和应用形式

（一）电子商务的经营模式

电子商务经营模式是指电子化企业（e-business）运用信息科技与互联网经营企业的方式。根据交易主体的不同，电子商务分为 B2B、B2C、C2B、C2C 四种经营模式，前两种是最常见的电子商务经营模式。

1. B2B（Business to Business）

B2B 是指企业与企业之间通过互联网进行产品、服务及信息的交换。进行电子商务交易的供需双方都是企业，企业之间使用互联网技术或各种商务网络平台，达到供应链（SCM）的整合，完成商务交易的过程。这些过程包括：发布供求信息，订货及确认订货，支付过程及票据的签发、传送和接收，确定配送方案并监控配送过程等。

> **知识拓展**
>
> B2B 大多发生在企业之间的大宗交易中，如电子元器件、会计服务、商业抵押、证券、电机、网络产品、解决方案等。通过 B2B 的商业模式，不仅可以简化企业内部信息流通的成本，而且可以使企业与企业之间的交易流程更快速，减少成本的耗损。B2B 的典型是阿里巴巴网、中国制造网、慧聪网等。

2. B2C（Business to Consumer）

B2C 是指企业通过网络销售产品或服务给自然人消费者。企业通过互联网为消费者提供新型的购物环境——网上商店，消费者通过网络在网上购物、在网上支付，由物流公司送货上门。B2C 模式是我国最早产生的电子商务模式，以 8848 网上商城正式运营为标志。这种模式节省了客户和企业的时间成本和空间成本，大大提高了交易效率，所以得到了快速的发展。

截至 2021 年底，我国已连续 9 年保持全球最大网络零售市场地位。国家统计局数据显示，2021 年，全国电子商务交易额达 42.3 万亿元，同比增长 19.6％；全国网上零售额达 13.09 万亿元，同比增长 14.1％；实物商品网上零售额 10.8 万亿元，增长 12.0％，占社会消费品零售总额的比重为 24.5％。[1] 2022 年上半年，在网络零售交易额中 B2C 模式的占比为 78.6％。[2]

---

[1] 商务部：《中国电子商务报告》（2021），http：//dzsws.mofcom.gov.cn/article/ztxx/ndbg/202211/20221103368045.shtml，最后访问时间：2022 年 12 月 3 日。

[2] 商务部华经产业研究院：《2022—2027 年中国网络零售市场竞争态势及行业投资潜力预测报告》，https：//www.djyanbao.com/preview/3268438？from＝search_list，最后访问时间：2022 年 12 月 3 日。

线上线下渠道趋向深度融合。线上便捷性和个性化推荐优势逐步放大，线下渠道智能化水平持续提升，即时零售、无接触消费和直播带货等新消费场景加快布局并保持发展势头。

农村电商有效助力乡村振兴。2014年至2019年，中央1号文件连续6年提出要发展农村电子商务。2021年，国务院加快推进贯通县乡村电子商务体系和快递物流配送体系的协同发展，农村互联网覆盖率进一步提升，物流配送体系建设取得新进展，促进了农村电子商务快速增长。[1] 2021年全国农村网络零售额2.05万亿元，比上年增长11.3%，增速加快2.4个百分点。全国农产品网络零售额4221亿元，同比增长2.8%。电商兴农深入推进，农村电商基础建设不断完善。[2]

小贴士

2022年上半年网络电商特点

2022年上半年，电商平台在完善供应链、物流及用户体验等方面加大投入，推动网络消费市场向专业化、本地化等方向发展。

一是构建核心优势形成特色定位。在电商流量加速分散的背景下，各平台为保持竞争力，持续强化自身优势。如京东加大在物流领域的投入力度，通过收购德邦快递，加速打造一体化供应链物流服务；拼多多专注于农产品电商和农业科技，通过农产品"零佣金"等策略推动涉农订单增长，通过"百亿农研"等项目加快农业科技研究和应用转化。

二是探索自营模式以提高用户体验。疫情期间，相较于第三方电商，自营电商的供应链优势更加凸显。因此，各电商平台纷纷加大对自营模式的探索和投入，业务布局持续向物流配送及用户服务倾斜。例如，阿里巴巴上线主打产品自营的天猫猫享频道，美团电商增加自营专卖店模式，抖音电商组建酒水自营团队等。

三是本地化相关业务发展提速。受疫情影响，时效性敏感、本地化属性强的消费需求加速向线上延伸。阿里巴巴、京东、美团等平台纷纷加速布局，外卖生鲜、社区团购、即时买药等即时零售模式快速发展。从短期看，本地化业务模式的末端配送效率优势已得到初步体现；从长期看，本地化业务模式通过向上下游延伸，有助于打通全领域数字化通路，提升消费品的供给效率。

资料来源：中国互联网络信息中心（CNNIC）：《中国互联网络发展状况统计报告》，2022年8月31日。http://cnnic.cn/n4/2022/0916/c38-10594.html，访问日期：2023年6月4日。

---

[1] 商务部全国电子商务公共服务网，https://dzswgf.mofcom.gov.cn/news/22/2021/8/1629783882402.html，最后访问时间：2022年12月3日。

[2] 商务部全国电子商务公共服务网，https://dzswgf.mofcom.gov.cn/news/43/2022/1/1643510395417.html，最后访问时间：2022年12月3日。

3. C2B（Consumer to Business）

C2B 是指将商品的主导权和先发权由厂商交给了消费者。传统的经济学认为，针对一个产品的需求越高，价格就会越高。但由消费者社群的集体议价或开发社群需求，只要购买同一商品的消费者越多，购买的效率就越高，价格就越低，这就是 C2B 的主要特征。C2B 模式强调用"汇聚需求"（demand aggregator）取代传统"汇聚供应商"的购物中心形态，被视为一种接近完美的交易形式。

4. C2C（Consumer to Consumer）

C2C 是指消费者与消费者之间的互动交易行为。C2C 商务平台是通过为买卖双方提供在线交易平台，使卖方可以主动提供商品上网拍卖，买方可以自行选择商品进行竞价。消费者可同在某一竞标网站或拍卖网站中共同在线上出价而由价高者得标，或者由消费者自行在网络新闻论坛或 BBS 上张贴布告以出售二手货品，甚至是新品，由消费者间的互动而完成交易。C2C 的典型如淘宝网等。

（二）电子商务的应用形式

1. 电子商务的应用层次

电子商务的应用有三个层次：市场电子商务、企业电子商务和社会电子商务。市场电子商务是以市场交易为中心的电子商务活动，包括网上展示、网上公关、网上洽谈、网上信息沟通、网上支付、网上售后服务等；企业电子商务是企业利用网络进行企业的研、供、产、销活动，与市场电子商务有交融；社会电子商务是利用网络进行整个社会经济活动，如政府的活动、社团的活动等。

2. 电子商务的具体应用形式

从广义的电子商务概念来看，电子商务的具体应用形式有以下多种。

（1）企业的网上采购业务。如利用网络举办的订货会、洽谈会等。

（2）消费品网上购物活动。如以淘宝网、京东网、当当网等为代表的各种各样的网上商城、网上超市、网上商店等。

（3）旅游业网上推广和服务。如利用网络进行机票预订、火车票预订、酒店预订、旅游线路预订、旅游产品网上销售、旅游企业网上广告、网上旅游咨询、网上旅游交易会等。

（4）网上房地产交易。如利用网络开展房产交易业务的中介服务、为商家和产品进行网上推广、向用户推荐安家产品、提供按揭业务和保险业务的详细咨询、提供信息的登记和查询服务、自动交易撮合系统、网上竞拍等。

（5）网上支付结算。如利用支付宝、网银等方式完成转账、付款等。

（6）网上证券交易。如在网上了解证券交易行情和进行证券的买卖等。

（7）网上保险。如通过网络及时获得保险公司的信息和得到保险服务等。

（8）网上税务。如通过网络获取税收信息、进行税务登记、纳税申报、税务文件下载等。

（9）网上银行。如金融企业利用网络为企业和个人提供金融、理财等服务。

（10）网上广告。如利用网络进行广告信息发布、广告网上交易、广告网上搜索等。

（11）网上售后服务。如利用网络进行售后商品的使用指导、维护咨询、电子产品的软件升级等。

（12）网上远程教学。如利用网络平台建立师生交互教学、网上课件收看与下载等。

（13）网上招聘与求职。如用人单位在网上发布信息和收取信息、求职者在网上查询和登记申请等。

（14）网上订票。如通过网络进行各种演出、展览的门票预订与申购、飞机票、火车票、汽车票、船票的查询、预订与申购等。

（15）网上医疗。如网上预约和挂号、远程诊断、疑难病会诊等。

（16）网上调查。如利用网络进行企业的市场调查、政府的民意调查、各种社会统计等。

（17）网上信息咨询。如通过网络提供各种公共信息服务，实现咨询服务的交易。

（18）网上娱乐。如网上互动游戏、智力活动、网上阅读书刊等。

三、我国电子商务应用概况

随着电子与网络技术的普及与发展，我国的电子商务得到了迅速发展。1998年3月6日，我国第一笔互联网上电子商务交易由世纪互联通讯技术有限公司和中国银行共同完成，标志着我国电子商务已开始进入实用阶段。

1999年5月18日，北京珠穆朗玛（8848）电子商务网络服务有限公司正式成立，6月阿里巴巴成立，8月易趣网成立，11月当当网成立，12月卓越网上线。现在，人们耳熟能详的电子商务巨头，大部分是在1999年起步的，因此人们把1999年称为中国电子商务元年。

1998年4月16日，招商银行在国内率先推出了网上银行系统"一网通"，成为国内首家通过网络提供服务的银行，中国金融电子商务翻开了崭新的一页。此后，国内各家银行相继开发网上支付业务。到2002年底，中国各家银行普遍推行了网上支付。2005年，网上支付企业数量激增，催生了第三方平台的发展。快钱公司出现了基于邮件的平台；易拍网推出了易拍通；阿里巴巴推出了支付宝，以第三方支付的形式保障交易安全。2006年2月，招商银行变革性地推出了网上支付新模式"支付通"，用户可以直接在招行合作方网站上完成支付，极大提高了支付业务的效率。

我国的网上支付方式中，既有以支付宝和财富通为代表的非独立第三方机构平台，也有以银联电子支付和快钱为代表的独立第三方机构，还有各大银行不断改进的网上银行支付平台。自1998年起，我国网上支付的交易量几乎以每年百分之百的速度在增加。2016年支付宝的用户数量达4.5亿,有超过10亿人次使用"指尖上的城市公共服务"。2016年,在全国范围内,"80后"人群的人均网上支付金额超过12万元,而"90后"人群采用移动支付的占比近92%。

中国互联网络信息中心(CNNIC)数据显示,截至2022年6月,我国网络购物用户规模达8.41亿,占网民整体的80.0%。[1]

小贴士

1995年1月,中国电信开通了北京、上海两个接入互联网的节点,这一年被称为中国互联网元年。2012年至2022年,中国互联网用户规模不断增长,从2.47亿人逐年增长至8.48亿人,十年增长6亿人,其中2019年达到增长高峰,增速近30%。2022年上半年国内网络零售用户规模达8.8亿人,同比增长7.3%,占网民整体的80.0%(参见图1-1)。其中,手机网络购物用户规模达到4.01亿,手机网络购物的使用比例为61.0%。

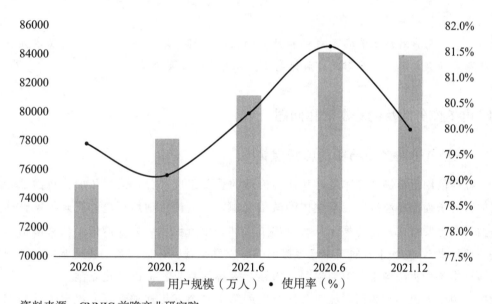

资料来源:CNNIC前瞻产业研究院

图1-1 中国2020—2022年网络购物用户规模及使用率(单位:万人,%)
资料来源:中国互联网络中心:《中国互联网络发展状况统计报告》

电子商务市场规模保持快速、稳健增长趋势,从2012年的7.85万亿元增长到2021年超42万亿元,十年时间市场规模增加34.28万亿元,增长了4.36倍;数字零

---

[1] 商务部前瞻产业研究院:《2022年中国电子商务行业发展现状及市场规模分析电子商务市场恢复高速增长》,https://www.qianzhan.com/analyst/detail/220/221010-0f12ea2e.html,最后访问时间:2022年12月11日。

售交易规模也在持续增长，2012年交易规模为1.31万亿元，2021年达到13.14万亿元，十年来增长9倍。

电子商务从业人员（包含直接从业人员和间接从业人员）的规模从2012年的1700万人增长到2021年的6530万人，增长了近3倍。其中，截至2021年，电子商务直接从业人员680万人，电商间接从业人员规模达到5850万人。

资料来源：网经社电子商务研究中心，《这十年：2012—2022中国电子商务发展数据报告》，https://www.sohu.com/a/600465430_120491808，2023年7月8日访问。

小贴士

数字零售

狭义上的数字零售是指通过网络渠道进行商品交易活动，包括实物商品交易及虚拟商品交易。广义上的数字零售包含平台、商家、品牌、用户、服务商等。按模式分，有C2C、B2C、C2M、B2B2C等；按品类分，有综合电商、垂直电商；按交易市场分，有进口跨境电商、出口跨境电商；新电商有会员制电商、直播电商、精品电商、小程序电商、数字藏品等。

目前，用户对线上购物形成依赖性，加上线上线下零售体系的联合推动，数字零售行业主动谋求各种发展形式，成为电子商务发展的重要力量。

四、电子商务涉及的基本法律问题

（一）电子商务交易中的信用保证

社会信用是市场经济体发展和社会治理的重要组成部分，构建和加快我国社会信用体系对增强市场经济中社会主体的诚信意识，营造优良信用环境，提升国家整体竞争力具有重要意义。党的第十八大提出了"加强政务诚信、商务诚信、社会诚信和司法公信建设"，党的十八届三中全会提出"建立健全社会征信体系，褒扬诚信，惩戒失信"，《中共中央国务院关于加强和创新社会管理的意见》提出"建立健全社会诚信制度"，《中华人民共和国国民经济和社会发展第十二个五年规划纲要》提出了规划期为2014—2020年的"加快社会信用体系建设"总体要求，为社会信用体系的建设提供了依据。

电子商务交易虽然在形式上有别于传统交易，但其目的仍然是商业活动的有效完成，而商业活动必须遵循市场规范。市场经济是法治经济和信用经济，在交易主体无须面对面洽谈的电子商务交易中，信用保证显得尤为重要，可以说，信用制度在电子商务中具有基础作用。

我国调整市场交易行为的法律规范，如：《民法典》中的合同编、《产品质量法》、《消费者权益保护法》等都以诚实信用为首要原则，明确规定了市场行为必须遵循的基本准则。

1. 信用制度在电子商务中的基础作用

电子商务利用互联网进行交易的特殊形式决定了信用制度是其生存和发展的根本基础。与传统的商务活动模式一样，信用是其健康发展的基石。市场信用的危机、企业信用的危机都会严重影响电子商务的生存与发展。

> ☺ **小贴士**
>
> **最高人民法院：加强执行监督 严格规范失信惩戒**
>
> 2022 年 1 月，最高人民法院在京举行新闻发布会，发布《最高人民法院关于进一步完善执行权制约机制 加强执行监督的意见》（以下简称《意见》），全方位加强对执行权的监督制约，把执行权关进"制度铁笼"和"数据铁笼"，确保高效公正规范善意文明执行。
>
> 在深化审执分离改革方面，《意见》指出，要深化执行公开。进一步优化执行信息化公开平台，将执行当事人、终本案件、限制消费、失信惩戒、财产处置、执行裁判文书等信息向社会全面公开，对依法应当公开的执行流程节点、案件进展状态通过手机短信、微信、诉讼服务热线、手机 APP 等及时向案件当事人推送，实现执行案件办理过程全公开、节点全告知、程序全对接、文书全上网，保障当事人和社会公众的知情权、参与权和监督权，让执行权在阳光下运行。
>
> 在强化执行流程关键节点管理方面，《意见》明确，严格规范失信惩戒及限制消费措施。严格区分和把握采取纳入失信名单及限制消费措施的适用条件，符合失信情形的，纳入失信名单同时限制消费，仅符合限制消费情形的，不得纳入失信名单。
>
> 《意见》还提到，纳入失信名单必须严格遵守法律规定并制作决定书送达当事人。当事人对将其纳入失信名单提出纠正申请的，人民法院应及时审查，及时纠正，不得拖延。案件执行完毕的，人民法院应当及时屏蔽失信信息并向征信部门推送，完善失信被执行人信用修复机制。同时，探索施行宽限期制度。人民法院可以根据案件具体情况，设置一定宽限期，在宽限期内暂不执行限制消费令和纳入失信名单，通过宽限期给被执行人以警示，促使其主动履行。
>
> 资料来源：信用中国，https://www.creditchina.gov.cn/toutiaoxinwen/202201/t20220106_285615.html，2023 年 6 月 8 日访问。

2. 电子商务的特点决定了信用制度的必要性

传统的贸易形式是以交易主体面对面的洽谈为主，双方经过反复面对面的磋商，最终达成协议。同传统的贸易形式相比，电子商务是通过互联网以其快捷的手段完成交易，避免了人员往来所占用的时间，以达到高效的目的。而这种无须贸易主体见面的形式，就更需有完备的信用制度作保证。如果缺乏保障诚信的机制，电子商务的大厦必然崩塌。

我国加入WTO以后，在与世界经济接轨的过程中，建立与国际信用环境相适应的信用制度与社会信用体系正是我国完善市场法律环境的现实问题，也是大力发展网络经济急待解决的问题，构建电子商务的良好市场环境应从信用建设开始，信用制度是发展电子商务的必要保证。

小贴士

在发达国家，一个经营者可能会因为仅仅几元钱的交通罚款未交而被列入信用记录不良的名单，有了这个不良的记录，任何一家银行都不会向其贷款。在美国，法律规定失信记录个人要背7年，如果某人有个人破产记录，10年内他不能贷款，也不会有银行发给他信用卡，甚至不可能在银行开一个银行账户。正是这些严格的法律规范造就了市场良好的信用制度。

目前我国已建立了多家具有权威性的企业信息查询平台，主要有：

（1）"国家政务服务平台"。2022年3月上线试运行，该平台将"信用中国"网站提供的企业信用信息查询服务纳入国家政务服务平台，实现了多项涉企信用信息一站式权威、高效查询。

（2）"信用中国"。该网站是由国家公共信用信息中心主办，其指导单位是国家发展和改革委员会和中国人民银行。该网站使用社会信用体系建设部际联席会议成员单位提供的对社会公开的信用信息。

（3）国家信用信息公示系统（全国信用信息公示系统）。该系统于2014年2月上线运行，成为我国企业信用监管的重要平台。

3. 电子商务的发展需要信用监督的保证

互联网在为电子商务提供方便快捷的交易手段的同时，也为电子商务的信用监督提供有效的途径。互联网的普及为企业合法经营身份的确认和身份管理提供了可实行的解决方案。

工商行政管理部门可以通过互联网，以电子政务方式，利用互联网流行的身份确定技术，为企业之间的合法经营身份的查询提供有效的认定服务。各有关行政管理机构可以用资源共享的方式建一个统一的数据库，为企业之间展开的信用调查提供有效的服务，更进一步可以通过电子认证、电子签名等技术对企业的信用调查提供服务管理。

（二）电子合同订立的法律保护

电子合同是通过电子网络系统订立的，以数据电文的方式来生成、储存或传递贸易信息的新式协议，是一种现代贸易方式。电子合同也是合同，并没有改变传统合同的意义和作用。以数据电文方式订立的电子合同是对传统合同法的一种挑战，这种挑战体现在合同订立的要约与承诺、合同的书面形式要求，以及签字生效、纠纷举证等方面。

在电子商务中，合同的意义和作用没有发生根本改变，但与传统合同有所不同的是：首先，电子合同双方当事人可能自始至终都不见面，所有的当事人都在虚拟市场上运作，当事人的信用依靠密码的辨认或认证机构的认证；其次，传统合同表示合同生效的签字盖章在电子合同中被电子签字所代替；第三，传统合同的生效地点一般为合同的成立地点，而电子合同的生效地点（成立地点）多是接收人的主营业地或经常居住地。

电子合同在当今世界商业贸易活动中已成为一种潮流，在发达国家，电子合同已成为贸易往来的主要方式和手段，在许多大企业中，绝大多数的合同是以电子合同的形式订立的。

小贴士

新加坡已经废除了所有的书面文件，成为世界上第一个在国际贸易中实现全面电子数据交换管理的国家。

我国于1999年10月1日实施的《合同法》明确将数据电文作为合同书面形式的一种，规定了电子合同与传统书面合同具有同等效力，并对电子合同成立的时间、地点以及数据传输都作了规定，以法律的形式确立和规范了电子商务行为。随着网络经济的高速发展，电子合同将逐步渗透到社会的各个领域，国家正在从技术、管理、法律等层面，采取有效措施，促进电子合同的应用和发展。

2004年8月，我国通过了《电子签名法》，确立了电子签名的法律效力，为保障电子商务合同订立的安全性、有效性等填补了法律上的空白。2018年8月31日通过的《电子商务法》专章规定了电子商务合同的订立与履行。《民法典》合同编第二章"合同的订立"部分，再次确认了电子合同的书面形式属性，并对电子合同的成立时间、成立地点作出规定。

（三）电子商务交易中的消费者保护

在电子商务高速发展的商业环境下，消费者权益保护面临着网络经济、电子商务这些新的交易方式给消费方式带来的挑战。在电子商务中，出现了许多过去未曾有过的消费者权益保护问题。

1. 消费者风险增大、行使权利难度加大

由于电子商务的虚拟性，消费者既不能与经营者面对面交易，也不能当面直接感知和使用商品，因此在电子商务活动中，消费者权益面临更高的被侵权风险。同时，消费者维权也遭遇到了更大的困难。

1994年1月1日起施行的《消费者权益保护法》是我国第一次以立法的形式全面确认消费者的权利。2014年3月15日第二次修订的《消费者权益保护法》实施，对消费者通过网络交易平台购买商品或者接受服务的合法权益作出了更具体的规定。

2. 广告欺诈与广告误导问题

信息交易是电子商务的重要内容，如果信息的发布者利用信息进行欺诈或以虚假不实的广告误导消费者，都会使消费者合法权益受到损害。因为广告是消费者网上购物的主要依据，消费者在网上购物是根据广告文字和图像所提供的信息进行选择判断并作出决定，而不是像传统交易那样可以当面挑选，所以在电子商务中的虚假广告更具有危害性。

2015年4月24日修订的《广告法》第44条明确规定："利用互联网从事广告活动，适用本法的各项规定。"《电子商务法》第18条第（2）项规定，"电子商务经营者向消费者发送广告的，应当遵守《广告法》的有关规定。"

3. 责任主体的界定与追究问题

在电子商务交易中，一件商品最终送达消费者，可能需要经过生产者、销售者、储运者等多个主体，经过商品信息的沟通、货物配送、货款支付等多个环节，其中的任何一个环节出现问题，都会损害消费者的合法权益。正是由于环节较多，诸如产品质量、消费者理解异义、商品损坏和假冒伪劣商品等方面都可能出现责任难于界定、难于追究的问题。

（四）电子商务中的知识产权保护

电子商务将传统商务活动的手段、途径引入虚拟世界，在这个虚拟的电子商务世界中，传统的知识产权保护制度受到了新的挑战和冲击，如域名保护、域名权与商标权的冲突、域名抢注、网上著作权及其邻接权的保护、专利权保护等方面。

知识产权是一种无形财产权，具有专有性、排他性、地域性的特点。知识产权自身的特点使其在电子商务活动中遇到了新问题，电子商务中的知识产权保护日益成为世界各国必须面对和解决的问题。

（1）知识产权具有专有性的特点，而在互联网上本应受到知识产权保护的信息则是公开、公知、公用的，所有权人很难加以控制。

（2）知识产权的地域性特点，同以互联网为基础的电子商务的国际化特点产生了矛盾，因为在互联网上信息的传输是无国界的，也给诉讼程序中的诉讼管辖提出新问题。在传统诉讼程序中，绝大多数纠纷的知识产权诉讼是以被告所在地或侵权行为发生地决定管辖权的。但在互联网上的侵权行为地，由于互联网的国际化特点往往难以确定。如在互联网上，侵权复制品只要一上网，世界上任何地点，都可能成为侵权行为发生地。这就给确认知识产权侵权行为地制造了难题。

（五）电子商务的税收管理

1. 电子商务给税收征管带来了新机遇

通过电子方式进行的交易，本质都是实现商品或劳务的转移，依据税收中性和公平税负原则，电子商务应与传统贸易方式一样征税。自互联网商业化以来，网上贸易得到了空前的发展，虚拟商场、网上服务贸易、网上结算都呈快速增长的趋势。2015年，中国电子商务市场交易规模达16.2万亿，到2016年，中国电子商务市场交易规模超过20万亿元。近年来，为了鼓励、促进电子商务的发展，国家实施了相应的税收优惠政策。

2. 电子商务给税收征管带来了新挑战

电子商务以全新的交易形式代替了传统的贸易方式。传统商业流通形式、劳务提供方式、财务管理方式等都因此发生了重大的变化，因此，纳税环节、纳税地点、纳税方式、国际税收管辖权等都遇到了新的问题。以传统的税收理论和税收原则建立起来的税收制度如何适应电子商务，也是税收管理在电子商务时代面临的挑战。

（1）纳税义务的确定出现了困难。在电子商务中，许多交易对象被数字化，如：软件、书籍、图像、音乐等都可以用数字化信息的形式传送，在其被转化为文字、图像以前很难对数字化信息的内容加以确定。

（2）纳税人的身份难以确定。互联网网址或网名与所有者身份并无必然联系，网址与网名并不能提供所有者的身份和所在地。

（3）计算机加密技术加大了税务机构获取信息的难度。交易人可以用加密技术和用户双重保护来隐藏有关信息。税务机构对互联网经济活动进行监控时，面临着获取信息的成本问题，以及与保护个人隐私和保护知识产权之间的平衡取舍问题。

（4）互联网电子商务具有全球化的国际性特点，信息和价值的跨国流动借助于互联网可在瞬间完成，使建立在属地原则和属人原则基础上的国际税收管辖权制度面临新的挑战。同时，国际避税问题在电子商务中表现得更为突出。

（六）电子商务的安全问题

实现电子商务的关键是要保证商务活动过程中系统的安全性。但随着信息技术的高速发展，许多信息安全问题也纷纷出现：系统瘫痪、黑客入侵、病毒感染、网页改写、客户资料及公司内部资料的泄露等，给企业甚至国家安全都带来了威胁。电子商务安全的法律问题主要有电子签名、安全认证和计算机犯罪。

1. 电子签名

电子商务以电子形式取代了纸张，保证电子形式的贸易信息的有效性和真实性是开展电子商务的前提。在现代技术条件下，公共钥匙加密技术和认证中心系统的产生解决了交易当事人身份认证问题。《电子签名法》确认了电子签名、数据电文的法律效力，制裁电子签名的伪造者、冒用者和盗用者，维护电子商务交易各方的合法权益。

2. 安全认证

电子商务是建立在开放的网络环境上，在享用现代信息系统带来的快捷、方便的同时，如何充分防范信息的损坏和泄露，已成为当前企业迫切需要解决的问题。信息安全管理认证体系从预防控制的角度出发，保障互联网上的信息系统的安全和电子商务业务的正常运作。

3. 计算机犯罪

计算机犯罪是以计算机信息系统为客体和工具的犯罪，如计算机诈骗和诽谤等。我国刑法对涉及计算机的网络犯罪作出了规定。

（七）与电子商务有关的其他法律问题

1. 网络个人信息保护问题

在互联网时代，人们的个人信息隐私等泄露、传播的可能更大，如所谓的"网上通缉""人肉搜索"等。消费者在电子商务交易过程中，个人资料被不正当获取及利用的情况时有发生。如果这些资料被泄露、伪造、篡改，都会使消费者遭受难以预料的损失，也会导致对电子商务本身的严重损害。依法保护公民个人信息已经成为电子商务安全中的重要内容。

中国的网络隐私权保护仍处在初级阶段，尚未专门立法保护，只是在现有的法规中有所涉及。如我国《计算机信息网络国际联网安全保护管理办法》第7条规定："用户的通信自由和通信秘密受法律保护。任何单位和个人不得违反法律规定，利用国际联网侵犯用户的通信自由和通信秘密。"

《计算机信息网络国际联网管理暂行规定实施办法》第18条规定："用户应当服从接入单位的管理，遵守用户守则；不得擅自进入未经许可的计算机系统，篡改他人信息；不得在网络上散发恶意信息，冒用他人名义发出信息，侵犯他人隐私；不得制造、传播计算机病毒及从事其他侵犯网络和他人合法权益的活动。"

《电子商务法》对个人信息的保护规定了比较具体的保护措施。第23条规定了电子商务经营者在收集、使用其用户的个人信息时，应当遵守法律、行政法规有关个人信息保护的规定；第25条规定了有关主管部门应当采取必要措施保护电子商务经营者提供的数据信息的安全，并对其中的个人信息、隐私和商业秘密严格保密，不得泄露、出售或者非法向他人提供。

小贴士

欧美主要发达国家在保护网络隐私权方面起步较早。美国1986年修订的《电子通信隐私法》是电子商务领域内保护隐私权最重要的成文法，1999年美国政府又公布了"互联网保护个人隐私权"的政策。

在欧洲，欧盟部长会议1995年通过了《欧盟数据保护指令》，欧盟理事会1996年也通过了《欧盟电子通讯资料保护指令》，这两个指令的宗旨是保障个人自由及基本人权，尤其是隐私权，确保个人资料在欧盟成员间自由流通。

2018年5月25日，欧盟开始实施《一般数据保护条例》（General Data Protection Regulation，GDPR），该条例取代1995年发布的《欧盟数据保护指令》，对全球个人信息和隐私保护立法产生了深远影响。包括日本、韩国、南非、巴西、印度等在内的多个国家也采取类似GDPR的规定，借鉴其个人数据可携权和遗忘权、对违法者予以高额罚款、个人信息保护影响评估等制度，使其在事实上已成为全球隐私立法的引领。

2. 电子商务的反不正当竞争问题

电子商务的反不正当竞争涉及如何限制电子商务中的非法促销，以及侵犯商业秘密和商业信誉等问题。

第二节 电子商务法的一般原理

一、电子商务法的概念和特征

（一）电子商务法的概念

广义的电子商务法与广义电子商务相对应，包括了所有调整以数据电文方式进行的商务活动的法律规范，其内容广泛，调整以电子商务为交易形式的和调整以电子信息为交易内容的规范都包括在内，如联合国《电子商务示范法》。狭义的电子商务法对应于狭义的电子商务，是调整以数据电文作为交易手段，以电子商务交易形式所引起的社会关系的法律规范的总称。

在我国，作为部门法意义上的电子商务法，不仅包括以电子商务命名的法律法规，还包括其他现有制定法中有关电子商务的法律规范，如《民法典》中关于数据电文的规定，以及《刑法》中关于计算机犯罪的规定等。《电子商务法》已于2018年8月31日第十三届全国人民代表大会常务委员会第五次会议通过，于2019年1月1日起施行。

（二）电子商务法的特征

1. 国际性

电子商务法的显著特点是国际性。与电子商务的国际性相对应，电子商务法也以适应国际化的要求为特征，以此满足解决电子商务法律关系的需要。

2. 科技性

电子商务是网络经济与现代高科技发展的产物，需要通过互联网进行商务活动。规范这种行为的电子商务法必须适应科学技术的发展，例如电子商务法应当对签字技术、确认技术等技术问题作出规定。

3. 开放性

电子商务法是规范以数据电文形式进行意思表示的法律关系的。数据电文的形式多样，而且相关技术、手段与方法的应用也不断推陈出新，因此，以开放的态度对待任何技术手段与信息媒介，让各种有利于电子商务发展的设想和技术都能充分发挥作用，已成为世界组织、国家和企业的共识。

目前，国际组织及各国在电子商务立法中，大量使用开放型条款和功能等价性条款，其目的就是开拓社会各方面的资源，以促进科学技术及其社会应用的广泛发展。它具体表现在电子商务法的基本定义、基本制度和电子商务法律结构方面。

4. 安全性

电子商务的安全性也可以称为安全的脆弱性。电子商务在交易方式上给商务活动提供了高效快捷的便利，与此同时也给商家带来了新的问题，其中最令商家担心的就是电子商务的安全问题。由于电子商务是以互联网为基础进行的，计算机的黑客与计算机病毒、网络犯罪等都严重威胁着电子商务的安全。因此电子商务法必须通过对电子商务安全问题进行规范、有效地预防和打击各种利用互联网的违法与犯罪行为，保证电子商务和计算机信息系统的安全运行。

5. 复杂性

电子商务的高科技化和互联网络技术的专业性、复杂性，造成了电子商务交易关系的复杂性，由此决定了电子商务法律法规的复杂性。在电子商务交易中，当事人之间的交易必须在第三方的协助下才能完成，即在网络服务商和认证机构等提供的服务下完成。这就使电子商务的交易活动与传统交易相比，包含了多重法律关系。

二、电子商务法的基本原则

（一）自愿、公平、诚实信用原则

自愿、公平、诚实信用是传统民商法的基本原则，当然也适用于电子商务法。电子商务作为一种新型的商业业态，应当遵守公认的商业准则。同时，国家鼓励电子商务信用体系建设，鼓励建立健全电子商务信用记录、信用评价、信用管理制度，完善电子商务信用服务保障制度。

（二）安全原则

电子商务必须以安全为其前提，既需要技术上的安全措施，也需要电子商务法的安全规范。国家致力于维护电子商务交易安全，保护电子商务用户信息，鼓励电子商务数据交换共享，保障电子商务数据依法有序流动和合理利用。

安全性原则要求与电子商务有关的交易信息在传输、存储、交换等整个过程中不被丢失、泄露、窃听、拦截、改变等，要求网络和信息应保持可靠性、可用性、保密性、完整性、可控性和不可抵赖性。我国《电子签名法》规范电子签名的标准和认证，就是为了在电子商务条件下形成较为安全的环境，维护有关各方的合法权益。

（三）中立原则

电子商务法的基本目标是在电子商务活动中建立自愿、平等、诚信、公平的交易规则，这是商法的维护交易安全原则在电子商务法上的体现。中立原则包括四个方面：

技术中立、媒介中立、实施中立和同等保护。

1. 技术中立

技术中立是指法律对电子商务的技术手段一视同仁，不限定或不禁止使用何种技术，也不对特定技术在法律效力上进行区别对待。技术中立是各国和组织所采取的电子商务立法的基本原则，尤其在有关电子签名的立法中表现得更为明显，如我国《电子签名法》规定："可靠的电子签名与手写签名或者盖章具有同等的法律效力。"

2. 媒介中立

媒介中立与技术中立紧密联系，是中立原则在电子商务上的具体表现。媒介中立是指法律对于交易是采用纸质媒介还是采用电子媒介（或其他媒介）都一视同仁，不因交易采用的媒介不同而区别对待或赋予不同的法律效力。

3. 实施中立

实施中立是指在电子商务立法和司法实践中，强调本国电子商务活动与跨国电子商务活动在适用法律上一视同仁。电子商务法与其他相关法律法规在实施上不能偏颇，传统商务环境下的法律规范与电子商务法律规范在效力上并行不悖。

4. 同等保护

同等保护是指电子商务法对交易双方乃至多方都同等保护，这是实施中立原则在商务交易主体上的延伸。电子商务法对商家与消费者，国内当事人与国外当事人等，都应当尽量做到同等保护。

（四）交易自治原则

交易自治原则是指参加电子商务交易的各方当事人完全可以按照自己的意愿与对方当事人协商，确定他们之间的协议条款，选择交易与履行方式，其中不含有被强迫的成分。

电子商务交易当事人享有交易自治权。电子商务交易的当事人有权决定自己是否进行交易、与谁交易和如何进行交易，任何单位和个人不得非法干预。联合国国际贸易法委员会《电子商务示范法》第4条规定："在参与生成、发送、接收、储存或以其他方式处理数据电文的当事方之间，除另有规定外，第三章的条款可经由协议作出改动。"其内在的含义是除了强制性的法律规范外，其余条款均可由当事人自行协商确定。《电子商务示范法》中的强行性规范数量很少，其目的在于消除传统法律对电子商务发展的障碍，为当事人在电子商务领域里充分行使其意思自治创造条件。

（五）监督管理与社会共治原则

我国《电子商务法》规定了国务院及各级政府对电子商务的监管职能。电子商务治理要充分发挥政府作用，国务院和县级以上地方人民政府应当将电子商务发展纳入国民经济和社会发展规划，制定科学合理的产业政策，完善标准体系建设，根据电子商务活动的特点完善和创新电子商务管理体制和管理方式。同时还要充分发挥行业自律和社会共治的作用，实现多管齐下、综合治理，即体现电子商务管理创新，运用互联网思维、互联网管理办法。

电子商务行业组织和电子商务经营主体应当加强行业自律，建立健全行业规范和网络规范，引导本行业经营者公平竞争，推动行业诚信建设。国家鼓励、支持和引导电子商务行业组织、电子商务经营主体和消费者共同参与电子商务市场治理。

（六）保护消费者合法权益原则

电子商务的完成涉及生产者、销售者、配送者等多个主体，经过商品信息沟通、网上支付、货物配送等诸多环节，任何一个"供应链"出现问题，都将损害消费者合法权益。电子商务法维护市场秩序，必须以保护消费者合法权益为原则。

小贴士

北京市在电子商务管理方面进行了很多的探索，如北京市工商局 2000 年 7 月 7 日发布实施了《关于在网络经济活动中保护消费者合法权益的通告》，规范了网络经济活动中有关消费者权益保护的具体事项。

2014 年 2 月 13 日，工商总局公布了《网络交易管理办法》，消费者的网购"后悔权"将在法律和部门规章层面都获得支持。2014 年 3 月 15 日正式实施的新修订的《消费者权益保护法》规定，除特殊商品外，网购商品在到货之日起 7 日内可以无理由退货。2021 年 5 月 1 日起施行的《网络交易监督管理办法》，落实了经营者的主体责任。要求各级市场管理部门严守底线、线上线下一体化监管，积极营造安全放心的消费环境。

为保障《消费者权益保护法》七日无理由退货规定的实施，促进电子商务健康发展，国家工商行政管理总局公布了《网络购买商品七日无理由退货暂行办法》，自 2017 年 3 月 15 日起施行，消费者的网购"后悔权"在法律和部门规章层面都获得了支持。

三、电子商务法的调整对象和适用范围

（一）电子商务法的调整对象

电子商务法的调整对象是电子商务交易活动中发生的各种社会关系。此类社会关系是以数据电文作为交易手段所形成的商事关系，是在广泛采用新型信息技术并将这些技术应用于商业领域后才形成的特殊的社会关系，它交叉存在于互联网的线上和线下、虚拟社会和实体社会之中，有别于实体社会中的社会关系。

知识拓展

联合国国际贸易法委员会在《电子商务示范法》中给出的数据电文的概念是："数据电文是指经由电子手段、光学手段或类似手段生成、发收或储存的信息，这些手段包括但不限于电子数据交换（EDI）、电子邮件、电报、电传或传真。"当以数据电文为交易手段，即为无纸化形式时，一般应由电子商务法调整。

（二）电子商务法的适用范围

与电子商务交易形式、交易手段和交易环境相关的法律问题均是电子商务法的调整对象，电子商务法在实际应用中的调整范围主要表现在以下两个方面。

1. 从交易手段上观察

电子商务法的适用范围是以数据电信所进行的无纸化的商事活动领域。仅仅是以口头或传统的书面形式所进行的商事活动，不属于电子商务法调整的范围。

随着电子通信技术的快速发展，以及电子商务活动的日益多元化，电子商务法的适用范围也将越来越广。联合国国际贸易法委员会《电子商务示范法》第1条规定："本法适用于在商务活动方面使用的、以一项数据电文为形式的任何种类的信息。"美国《统一电子交易法》第3条A款规定："本法适用于与任何交易相关的电子记录与电子签名。"我国《电子商务法》规定："本法所称电子商务，是指通过互联网等信息网络销售商品或者提供服务的经营活动。"上述条款表明，数据电文是电子信息、电子记录与电子签名的上位概念，包括以无纸形式生成、存储或传递的各类电文。电子商务环境下生成的所有电文并不限于通信方面，还包括计算机生成的并非用于通信的记录。

2. 从地域和行为主体上观察

我国《电子商务法》规定："中华人民共和国境内的电子商务活动，适用本法。"但是"金融类产品和服务，利用信息网络提供新闻信息、音视频节目、出版以及文化产品等内容方面的服务，不适用本法。"

商人与政府之间的有关电子商务管理关系是否属于电子商务法的适用范围，各国有不同规定。美国许多州的电子商务法都将这部分关系纳入了电子商务法的范畴，而联合国贸易法委员会的《电子商务示范法》则将这类活动排除在电子商务法的范围之外。

政府与商人之间的有关电子商务活动通常具有两种性质：一种是平等主体之间的电子交易活动；另一种是管理与被管理关系的电子商务管理活动，是行政管理活动。为了立法和执法上的方便，很可能将两类不同性质的电子商务活动的法律规范，交叉规定在同一部法律里，这种情况在现代立法中并不鲜见。

第三节 电子商务的立法概况

一、国际组织电子商务的立法概况

（一）联合国国际贸易法委员会（UNCITRAL）有关电子商务的立法

1.《电子商务示范法》

(1)《电子商务示范法》的产生

联合国从20世纪80年代开始研究和探讨有关电子商务的法律问题。1982年联合国国际贸易法委员会第十五届会议上,计算机记录的法律价值问题被正式提出。此后在其第十七届会议上,提出了计算机自动数据处理在国际贸易流通中所引起的法律问题,并将其优先列入工作计划。此后,联合国国际贸易法委员会对电子商务的立法工作开始了全面的研究,终于在 1996 年 6 月形成了《电子商务示范法》蓝本,并于 1996 年 12 月在联合国大会通过。

知识拓展

《电子商务示范法》是联合国国际贸易委员会为适应电子商务的快速发展而制订的法律,是世界上第一部关于电子商务的示范法律,给世界各国的电子商务立法工作提供了法律范本,解决了世界上许多国家在电子商务法律上的空白或不完善,为解决电子商务的法律问题奠定了基础,促进了世界电子商务的发展。

（2）《电子商务示范法》的主要内容

联合国国际贸易法委员会制定的《电子商务示范法》由两大部分组成。第一部分是电子商务法律的总原则,是《电子商务示范法》的核心,共分为三章十五条。第一章为一般条款,内容包括适用范围、定义解释、合同协议的改动等四个条款；第二章是数据电文的适用法律要求,内容包括对数据电文的法律承认、书面形式、签字、原件、数据电文的可接受性和证据力,以及数据电文的留存等共六个条款；第三章是数据电文的传递,内容包括合同的订立和有效性、当事人各方对数据电子的承认、数据电文的归属、确认收讫、发出和收到数据电文的时间和地点等共五个条款。

第二部分是电子商务的特定领域,有一章两个条款,仅对涉及货物运输中使用的电子商务作出规定。

2. 其他有关电子商务的立法

1982 年,联合国国际贸易法委员会开始编写《电子资金划拨法律指南》,列出以电子手段划拨资金引发的法律问题,并讨论了解决这些问题的方法。该指南 1986 年获得大会批准,1997 年正式公布。

1985 年,联合国国际贸易法委员会在其第 18 次会议上通过了《计算机记录的法律价值报告》,建议各国政府能够确定以计算机记录作为诉讼证据的法律规则,并为法院提供评价这些记录可靠性的适当办法。

1993 年 10 月,联合国国际贸易法委员会电子交换工作组第 26 次会议审议了《电子数据交换及贸易数据通信有关手段法律方面的统一规则草案》。

1999 年 6 月,联合国国际贸易法委员会电子交换工作组第 35 次会议提出《电子签章统一规则》草案版本,并于 2000 年 9 月的第 37 次会议获得通过,提出除了建立在公钥加密技术（Public Key Cryptosystems,PKI）之上的强化电子签章外,还有其他更多各种各样的设备,使得"电子签章"的概念更加广泛。这些正在或将要使用到的签字技术,都考虑到执行上述手写签字的某一个或几个未提及的功能。

2001年3月，联合国国际贸易法委员会电子交换工作组第38次会议通过的《电子签章示范法》，也重新对电子签章下了定义："电子签章指在数据电文中，以电子形式所含、所附或在逻辑上与数据电文有联系的数据，它可用于鉴别与数据电文有关的签字人或表明此人认可数据电文所含信息。"《电子签章示范法》是在《电子商务示范法》第7条关于电子签章规定的基础上，对电子签章相关内容的具体化和发展，使电子签章其有可操作性。

（二）国际经济合作与发展组织（OECD）有关电子商务的立法

国际经济合作与发展组织在电子商务的立法方面也做了大量的工作。1980年提出了《保护个人隐私和跨国界个人数据流指导原则》，1985年发布了《跨国界数据流宣言》，1992年制定了《信息系统安全指导方针》，1997年发布了《电子商务：税务政策框架条件》《电子商务：政府的机遇与挑战》等报告。

1998年10月，OECD在加拿大渥太华召开了题为"一个无国界的世界：发挥全球电子商务的潜力"的电子商务部长级会议，公布了《OECD电子商务行动计划》《有关国际组织和地区组织的报告：电子商务的活动和计划》《工商界全球行动计划》，并通过了《在全球网络上保护个人隐私宣言》《关于在电子商务条件下保护消费者的宣言》《关于电子商务身份认证的宣言》《电子商务：税务政策框架条件》几个报告。

1999年12月，OECD制定了《电子商务消费者保护准则》，提出了保护消费者的三大原则和七个目标。保护消费者的三大原则是：确保消费者网上购物所受到的保护不低于日常其他购物方式；排除消费者网上购物的不确定性；在不妨碍电子商务发展的前提下，建立和发展网上消费者保护机制。

保护消费者的七个目标是：广告宣传、市场经营和交易信守公平、诚实信用原则；保障消费者网上交易的知情权；网上交易应有必要的认证；网上经营者应使消费者知晓付款的安全保障；应有对纠纷行之有效的解决和救济的途径与方法；保护消费者的隐私；向消费者普及并宣传电子商务和保护消费者的法律知识。

2000年12月，OECD公布了一项关于电子商务经营场所所在地的适用解释，规定将来通过网上进行的电子商务，由该公司经营实际所在地的政府进行征税。2003年6月通过的《经合组织保护消费者防止跨境欺诈和欺骗性商业活动指南》指出，为了防止那些从事诈骗活动和商业欺诈活动的人侵害广大消费者，OECD成员国应该联合起来共同提出快速而有效的办法来收集与共享信息。这些成员国应该在现有方案的基础上，通过网络工具和数据库来收集与共享信息，其中包括消费者投诉和一些悬而未决的调查和案件中的通知信息等。

（三）世界贸易组织（WTO）有关电子商务的立法

1995年开始生效的世界贸易组织《服务贸易总协定》（GATS），为所有的金融服务贸易（包括电子贸易在内）提供了一个基本法律框架。

1996年12月，WTO在新加坡举行的第一次部长会议签署了《关于信息技术产品贸易的部长宣言》，即《信息技术协议》，1997年3月开始生效，电子商务首次纳入了多边贸易体制。

1998年5月，132个世界贸易组织成员达成一致，签署了《关于全球电子商务的宣言》。1998年9月，世界贸易组织理事会通过了《电子商务工作计划》，涵盖了服务贸易、货物贸易、知识产权保护、强化发展中国家的参与等问题。

（四）世界知识产权组织（WIPO）有关电子商务的立法

电子商务与知识产权保护有着极为密切的关系，世界知识产权组织为电子商务的发展也做了许多工作。1996年12月，WIPO通过了《世界知识产权组织著作权条约》《世界知识产权组织表演和录音制品条约》，被称为"网络环境下的"著作权条约，为解决电子商务所涉及的知识产权保护问题奠定了基础。

1999年4月，WIPO公布了有关域名问题的《互联网名称和地址管理及其知识产权问题》的报告，针对互联网上由域名引发的问题（包括域名与现有知识产权的冲突）提出了解决建议。

1999年11月，国际互联网名址分配公司（ICANN）指定WIPO作为第一个"纠纷处理服务提供者"，WIPO其后也公布了《统一域名争议解决政策补充规则》。

（五）欧盟有关电子商务的立法

欧盟始终将规范电子商务活动作为发展电子商务的一项重要工作，为此欧盟制订了一系列有关电子商务发展的规范与相关的法律制度。

1997年4月欧盟委员会提出著名的《欧洲电子商务行动方案》，为欧洲的电子商务立法确定了立法宗旨和立法原则，明确指出欧洲究竟能在多大程度上受益于电子商务的关键，取决于其是否具备满足企业和消费者需要的法律环境。

《欧洲电子商务行动方案》为欧洲电子商务的立法确立了两个目标。

一是建立起消费者和企业对电子商务的信任和信心，即通过立法工作建立合法、安全和规范化的电子商务交易环境。将电子商务交易中的身份、信用程度的确认、数据信息的安全、个人隐私的保护、合同的履行、支付的可靠性以及签名和认证制度等列为立法重点。

二是保证电子商务充分进入单一市场，即在欧盟成员国的范围内建立一个以欧洲统一市场的法律制度为基础的电子商务管理框架，以此保证电子商务的发展能最大限度地利用统一市场的良好环境和市场潜力，避免成员国各自为政、法出多国，保证欧盟范围内电子商务法律制度的统一性。

1. 互联网服务的法律制度

欧盟委员会在2000年颁布的《关于内部市场中与电子商务有关的若干法律总指令建议案》中对欧盟范围内网络服务的法律制度做了以下几个方面的规定。

(1) 目的与适用范围。本指令的目的是保证内部市场的良好运行，重点在于保障信息服务得以在成员国之间自由流通。本指令致力于在一些领域使各成员国关于信息服务的国内立法趋于统一。这些领域包括：内部市场制度、服务供应商的设立、商业信息传播、电子合同、服务中间商的责任、行业行为准则、争议的诉讼解决、司法管辖和成员国间的合作。

(2) 无须预先批准原则。各成员国须在其国内立法中规定，从事提供信息营业活动无须预先批准，亦不受其他任何来自有关当局的决定、办法或认可的限制。但是服务供应商有义务向消费者和有关管理当局提供证明其身份的信息资料。

(3) 商业信息传播。各成员国必须在其国内立法中规定商业信息传播应符合以下条件：商业信息传播应易于识别，从事商业信息传播的自然人或法人应易于识别，各种促销优惠措施包括各折扣奖励及赠予都应易于识别，且参与活动的条件和规则应易于达到且须详细无误地予以说明。

(4) 电子合同。各成员国须调整其国内立法以使电子合同合法化，各成员国应特别保证其关于合同缔结的法律制度，不得妨碍电子合同的实际应用，也不得因合同是通过电子方式缔结的这一事实而剥夺其生效权利和法律效力。

(5) 服务中间商的责任。各成员国须在其国内立法中规定：在信息服务的提供限于通过通信网络传输，服务获取者的信息或限于提供通信网络接入服务的情况，提供此类服务的服务供应商在符合指令规定的条件下，对所传输的信息不承担责任；在信息服务的提供限于通过通信网络传输来获取信息时，服务供应商在满足指令规定条件下，对其应其他服务获取者的要求，出于日后更有效地传输信息的唯一目的，而对所传输信息进行自动、临时性和过渡性的存储不承担责任；在信息服务的提供限于存储信息获得者提供的信息时，信息服务供应商在满足指令规定条件时，不对应信息服务获得者的要求而存储的信息承担责任。

(6) 行业自律准则。各成员国和欧盟委员会鼓励行业协会成员团体或消费者组织制定适用于全欧盟范围的行业行为自律准则，以保证欧盟成员国立法的良好执行。

2. 电子签名的法律制度

欧盟议会和理事会共同制定和颁布了《关于欧盟范围内建立有关电子签名共同法律框架的指令》，为在欧盟范围内电子签名的法律制度协调一致地运转和发展提供了保障。

该指令的立法目的有两个：一是在欧洲联盟范围内建立一个有利于电子签名推广运用的统一的法律环境；二是建立一个完整的关于电子签名的法律认证体系，以便使电子签名效力得到法律上的承认。

该指令的立法重点是规范电子签名的认证服务，制定关于认证和认证服务的共同标准，以保证电子签名及其认证得以在欧盟成员国范围内相互得到承认。此后，欧盟于1999年发布了《数据签名统一规则草案》。

3. 消费者权益保护法律制度

欧盟在其通过的《关于远程合同订立过程中对消费者保护的指令》中,为消费者网上交易的合法权益保护规定了多项措施,明确规定在远程合同订立前,货物或服务供应商有义务向消费者提供关于供应商身份、货物或服务性能特点、价格、送货费用、付款及送货方式、消费者撤销订购的权利、报价的有效期、合同的期限等情况,并通过书面或其他持久的载体向消费者确认,消费者至少可以在7个工作日内有权退货或撤销合同。

4. 著作权保护的法律制度

欧盟委员会在《关于信息社会著作权及邻接权的指令草案》中,对欧盟成员国范围内统一协调著作权及邻接权保护的法律规范作出了相应的规定,以适应电子商务条件下与知识产权有关的产品及服务的发展需要。草案规定:作品的作者、表演者、音像节目和电影的制作者、广播电台、电视台对作品享有专属的复制权;著作权人所享有的对公众传播权并不随着传播或提供作品的行为完成而丧失。

此外,该草案对于某些出于纯粹技术需要而进行的不存在任何经济意图的复制行为做了例外规定,以避免对网络发展造成限制和危害,这样既顾及了网络服务商和接入商的产业发展利益,又对著作权人的合法权益给予了法律上的保障。

二、外国电子商务立法概况

(一)美国的电子商务立法

在这场电子商务革命中,美国的电子商务发展在世界上处于领先的地位。犹他州1995年颁布了《数字签名法》,规定采用某种电子技术的数字签名才能具有法律效力。该法是世界上最早的确立电子商务运行规范的法律文件。美国政府在促进电子商务发展上制定了一系列积极的政策,其中著名的"信息高速公路"计划,为美国电子商务的发展奠定了关键性的基础。

由于政府大力推行电子商务这种新的交易形式,电子商务成了美国国民经济新的增长点。同时,美国的电子商务法律的立法工作发展迅速,许多州都制订了电子商务法。1997年9月15日颁布的《全球电子商务纲要》更是美国电子商务发展的一个里程碑,其主要内容分为一般原则和问题处理建议两大部分。

1. 一般原则

美国对未来在互联网上进行的商业交易,提出了五项基本原则。

(1)私营企业应起主导作用。

(2)政府应当避免不恰当的限制。

(3)政府参与建立和谐的商业法制环境,在必要时介入电子商务的市场管理。这种管理应当主要着眼于支持加强建立一个和谐的商业法制环境,保护消费者、保护知识产权，确保竞争，以及制定解决纠纷的办法。

（4）政府必须认清互联网的特征，调整无法适用的传统法律法规。

（5）制定的法律法规应有利于促进电子商务发展。

2. 问题处理建议

（1）海关和税务。由于互联网的国际性特点，互联网应宣告为免税区，凡是网上进行的商品交易如软件、咨询服务等是以电子方式提交的，如果课以关税是毫无意义的，也是难以做到的，因此应对此一律免税。此外，美国还向世界贸易组织（WTO）和其他国际贸易组织建议，电子商务适用现有的税制，而不开征新的税种；电子商务的税务应当遵循国际税务的基本原则，避免不一致的国家税务司法权和双重征税。

（2）电子支付系统。信息技术的飞速发展已使电子支付变成现实，越来越多的交易开始通过网上进行支付，电子银行、电子钱包、智能卡等都已经步入社会生活。但目前电子技术支付系统的开发仍处于初级阶段尚未定型，此时不宜制订法规约束，以免妨碍其进步与发展。由于互联网的国际性特点，美国财政部已与各国政府一起合作，研究全球性电子支付的对应措施，世界十大经贸国的财政部长已经组成工作小组，共同制订电子支付政策。

（3）电子商务法规。美国政府支持所有国家采用联合国《电子商务示范法》作为制定电子商务使用的国际统一商务法规，支持联合国国际贸易法委员会以及其他国际组织进一步努力制定出示范法律条款。

（4）保护知识产权。网上的电子商务经常涉及知识产权的授权产品，为促进电子商务的发展和促成有效的商务环境，销售者必须知道，他们的知识产权不会遭到侵权，购买者则必须知道他们购买的商品是经过认证的产品，而不是仿冒产品。为达到这一目的，确立有效的保护知识产权的国际协定，对于防止仿冒和欺诈行为是非常必要的，各国应尽快立法以遏制产品的仿冒和知识产权的被侵犯。

（5）保护个人隐私权。信息在网上发布与交流，有利于电子商务的发展，但是在信息的发布与交流中保证个人隐私权则是一个十分重要的问题。

个人隐私原则上分为两个方面：告知和许可。数据收集者应当通知消费者，他们在收集什么信息以及他们打算如何使用这些数据；数据收集者应当向消费者提供限制使用和再利用个人信息的有效手段。数据收集者披露信息的目的是鼓励人们用市场方式来解除对个人隐私的担心，根据个人隐私原则，消费者在由于不当使用或者披露个人信息，或者由于提供不准确、过时的、不完整的或无关的个人信息而受到伤害时有权要求赔偿。

为保证世界各国迥然不同的隐私政策能够提供恰当的个人隐私保护而不妨碍互联网上的数据交流，美国政策应当采取双重个人隐私战略。美国将依据个人隐私原则所建立的框架会同主要贸易伙伴一起讨论如何支持一项基于市场的个人隐私对策。

（6）信息安全。对互联网安全性的担心是电子商务发展的重要问题。人们对于目前网络安全的脆弱性十分担心,只有互联网能成为一种安全可靠的商业媒体,只有确保互联网可靠性的安全措施到位,商家和消费者才能放心。

电子签名与认证制度是目前保障网上安全可靠的重要手段,密码学是计算机和安全的重要工具,美国政府通过制定相关政策促进开发和利用有效的加密产品,既可对存储数据加密,又可对电子通信加密。

美国政府以及各相关机构在未来数年内,将同欧盟以及OECD一起,制定安全和加密的共同政策,将为电子商务提供一个可预测的、安全的环境。

(7)电信基础建设与信息技术。美国政府倡导电信自由化,鼓励世界各国开放通信市场进行公平竞争,要求世界各国遵守已签订的各项国际协定,排除关税与非关税壁垒,并将继续通过各国际组织进行与电信有关的网络问题的研究讨论,谋求达成共识,获得世界各国的支持。

(8)信息内容。美国政府支持信息跨国自由流动,内容包括由互联网传送的新闻发布、信息服务、虚拟商场、娱乐节目,等等。美国政府认为不宜太多干涉网上信息内容;对认为有关暴力、煽动性言论、色情等内容,美国政府将同主要贸易伙伴探讨对其的限制,并就有关广告及防止欺诈的管制问题同世界各国展开对话。

(9)技术标准。技术标准对电子商务极为重要,因为标准可以使不同厂商的产品和服务协调一致,有利于网络联通并促进公平竞争。但是如果过早制定标准,则有可能成为新技术发展的障碍,也可能被用来作为贸易的非关税壁垒。

美国政府鼓励由企业界协商订立标准,技术标准由市场来决定,政府不宜介入。为保证互联网的全球电子商务的增长,需要在安全、电子版权管理制度、电子视频会议、高速网络技术数据交换等领域制定技术标准。

😊 小贴士

《全国及全球商务电子签名法》于2000年10月1日在美国各州生效,该法是规范电子合同的重要法律,着重对电子签章作出了规定。该法第一章主要规定了电子签章和电子记录的效力的一般原则和具体例外事项,同时还规定了对联邦机构的可适用性问题及调查;后三章在可转让记录、国际电子商务的促进和在线儿童保护委员会三个方面进行了规范。

(二)新加坡的电子商务立法

新加坡是世界上较早制定电子商务法律的国家。1998年6月29日新加坡颁布了《电子交易法》,全面规范电子商务活动。《电子交易法》内容丰富,规范了电子商务中出现的多方面问题,该法中的许多规定以联合国国际贸易法委员会《电子商务示范法》为基础,与国际标准保持一致,促使新加坡融入日益兴起的全球电子商务之中。

新加坡《电子交易法》分为序言、电子记录和电子签名的一般规定、网络服务提供者的责任、电子合同、可靠电子记录和电子签字、数字签字的效力、与数字签字相关的一般义务、认证机构的义务、订户的义务、认证机构的规定、政府使用电子记录与电子签字、一般规定共12个部分。《电子交易法》内容概括起来包括如下几个方面。

1. 立法目的与法律解释

《电子交易法》的立法目的是促进电子交易，对电子商务中出现的新问题能够予以有效的解决。

2. 数据电文和电子签名的法律效力

《电子交易法》规定了数据电文和电子签名的法律效力。该法规定，不得仅仅以某项信息采用数据电文形式作为理由否定其法律效力、有效性与可执行性；该法还规定了证实电子签名的方法以及在满足一定安全保护要求的前提下，可以要求以数据电文方式复制保存某些文件、记录或信息；同时，该法也规定了对于数据电文和电子签名的承认，不适用的某些方面，如遗嘱、流通票据、所有权文据、不动产买卖合同等。

3. 网络服务提供商的责任

《电子交易法》规定，网络服务提供商根据任何法律规定都不会仅仅因为提供了通道而须为第三者传输的数据电文资料承担民事责任或刑事责任，某些例外情况除外。因为在多数情况下，网络服务提供商无法控制通过其网络所传输的资料和内容。

4. 电子合同

《电子交易法》对电子合同所涉及的一些具体问题作出了规定：明确规定合同订立的程序可以采用数据电文的形式；对当事人在订立合同中使用的数据电文的也承认其法律效力；明确数据电文的归属问题；规定了数据电文信息的确认收讫的规则；规定了确定数据电文发送和接收的时间及地点的规则。

5. 认证机构

《电子交易法》对保证认证机构的可靠性规定了一定的标准和管理规则：所有认证机构都应履行的义务，对外国认证机构的承认问题，持有执照经营的认证机构的责任问题。

6. 数据电文与电子签名在商务公务中的作用

《电子交易法》承认政府部门和法定机构的电子存档、颁发的电子许可证、电子执照和电子批准书以及进行的电子支付，以此承认和促进政府对个人的电子商务活动，目的是鼓励无纸公共事业，提高公共事业的效率。

7. 计算机数据的保密与使用

《电子交易法》为了保护计算机数据的秘密，对于那些有可能接近数据电文的人员规定了保密义务，禁止他们出于罪行检控和遵守法庭要求以外的其他目的泄露信息，但管理人员为查明是否有违反《电子交易法》的行为时，有权检查任何计算机及数据。

（三）澳大利亚的电子商务立法

1998年澳大利亚颁布了《私权利保护法》，确立信息私权保护原则。1998年3月澳大利亚电子商务专家小组公布了《电子商务：法律框架的构造》的报告。1999年澳大利亚通过了电子签章法。1999年12月，澳大利亚颁布了《电子交易法》（ETA），提出了在电子商务中的媒体中立性原则和技术中立性原则。

（四）韩国的电子商务立法

韩国的《电子商务基本法》于1999年7月正式生效，共分为总则、电子通信信息、电子商务安全、电子商务的促进、消费者保护以及附则六章，内容较为全面。《电子商务基本法》总的特点与该法第一条所规定的目的是一致的，即旨在促进电子商务的发展。

该法不仅对电子商务、电子通信信息、发送人、接收人、数字签名、电子商店认证机构等基本概念作出定义，对通信信息的有效性和电子商务的安全问题作出规定，并且对消费者的保护以专门章节作了规定。该法兼容了欧洲国家与美国在电子商务立法方面的特点，既有美国电子商务法着重于技术问题解决的特点，又有欧洲国家电子商务法偏重于消费者保护的特点，两者功效相辅相成。为具体实施其《电子商务基本法》，韩国制定了《电子签名法》。

三、中国电子商务立法概况

近年来，我国电子商务发展势头迅猛。已经成为社会经济发展的新增长点。确保电子商务的健康发展，必须以健全的法律保障为基础和前提。

目前，我国的电子商务立法主要由《电子商务法》《民法典》《电子签名法》《网络安全法》《数据安全法》《个人信息保护法》等法律，以及行政法规与规章、地方性法规等构成。

（一）《电子商务法》

《电子商务法》是我国电子商务领域的基本法。该法于2018年8月31日由第十三届全国人民代表大会常务委员会第五次会议通过，自2019年1月1日起施行。《电子商务法》包括总则、电子商务经营者、电子商务合同的订立与履行、电子商务争议解决、电子商务促进、法律责任和附则等七个部分构成，共7章89条。

（二）《民法典》

《民法典》合同编完善了原《合同法》关于电子合同形式、法律效力、订立过程等规定；同时增加了电子合同标的的交付时间条款，有利于电子商务的实际操作。

（1）电子合同形式。《民法典》第469条第2款、第3款规定：如果电子合同同时具有能够有形地表现所载内容、可以随时调取查用两项特征，则电子合同可"视为"书面形式。

（2）电子合同成立时间。《民法典》第491条规定：当事人采用信件、数据电文等形式订立合同要求签订确认书的,签订确认书时合同成立。若双方没有选择签订确认书,则只需判断双方意思表示是否符合要约、承诺的要求。

如果当事人一方通过互联网等信息网络发布的商品或者服务信息内容具体确定,且表明一经承诺即受约束的意思,则该商品或服务信息符合要约条件,对方选择该商品或者服务并成功提交订单时合同成立。

(3) 电子合同交付时间。《民法典》第512条根据给付标的的差异,对电子合同的交付时间做了不同的规定。

若电子合同的标的为交付商品并采用快递物流方式交付的,收货人的签收时间为交付时间;若电子合同的标的为提供服务的,生成的电子凭证或者实物凭证中载明的时间为提供服务时间;若电子凭证或实物凭证没有载明时间或者载明时间与实际提供服务时间不一致的,以实际提供服务的时间为准;电子合同的标的物采用在线传输方式交付的,合同标的物进入对方当事人指定的特定系统且能够检索识别的时间为交付时间。

(三)《电子签名法》

《电子签名法》于2004年8月28日第十届全国人民代表大会常务委员会第十一次会议通过,自2005年4月1日起施行。该法规范了电子签名行为,确立了电子签名的法律效力。《电子签名法》的颁布与实施对我国电子商务的发展有巨大的推动和保障作用。

(四)《网络安全法》

《网络安全法》于2016年11月7日由第十二届全国人民代表大会常务委员会第24次会议通过,于2017年6月1日起实施。该法是为了保障网络安全,维护网络空间主权和国家安全、社会公共利益,保护公民、法人和其他组织的合法权益,促进经济社会信息化健康发展而制定的。《网络安全法》适用于在中华人民共和国境内建设、运营、维护和使用网络的活动,以及对网络安全的监督管理,是保障电子商务安全的基本法。

(五)《数据安全法》

《数据安全法》自2021年9月1日起施行。该法规范了数据处理活动,以保障数据安全,促进数据开发利用,保护个人、组织的合法权益,维护国家主权、安全和发展利益。《数据安全法》适用于我国境内开展的数据处理活动及其安全监管,该法对电子商务活动的数据处理起着规范作用。

(六)《个人信息保护法》

《个人信息保护法》自2021年11月1日起施行,该法是保护个人信息的法律,确立了个人信息处理的基本原则、与政府信息公开条例的关系、对政府机关与其他个人信息处理者的不同规制方式及其效果、协调个人信息保护与促进信息自由流动的关系、个人信息保护法在特定行业的适用问题、关于敏感个人信息问题、法律的执行机构、行业自律机制、信息主体权利、跨境信息交流问题、刑事责任问题。该法对电子商务中个人信息的处理有着规范与约束作用。

知识拓展

我国现行的涉及交易安全的法律还有：综合性法律，即民法和刑法中有关保护交易安全的条款；规范交易主体的有关法律，如公司法、个人独资企业法、合伙企业法、外资企业法等；规范交易行为的有关法律，如产品质量法、价格法、消费者权益保护法、反不正当竞争法等；监督交易行为的有关法律，如会计法、审计法、票据法、银行法等。

（七）《互联网信息服务管理办法》

《互联网信息服务管理办法》于2000年9月25日由国务院发布实施。为了规范互联网信息服务活动，《互联网信息服务管理办法》将互联网信息服务分为经营性和非经营性两类。

从事经营性互联网信息服务，应当向省、自治区、直辖市电信管理机构或者国务院信息产业主管部门申请办理互联网信息服务增值电信业务经营许可证，即对经营性互联网信息服务采用许可制度；对从事非经营性的互联网信息服务实行备案制，应当向省、自治区、直辖市电信管理机构或者国务院信息产业主管部门办理备案手续。

（八）《信息网络传播权保护条例》

2006年，国务院发布实施《信息网络传播权保护条例》，保护著作权人、表演者、录音录像制作者的信息网络传播权，鼓励有益于社会主义精神文明、物质文明建设的作品的创作和传播。对网络著作权的合理使用、法定使用、网络服务提供者的法定义务、信息网络传播权领域的"避风港"原则等内容作出规定。

（九）《计算机软件保护条例》

《计算机软件保护条例》于1991年6月4日由国务院发布，2011年1月8日第一次修订，2013年1月30日第二次修订。该条例对保护计算机软件著作权人的权益，调整计算机软件在开发、传播和使用中发生的利益关系，鼓励计算机软件的开发与应用十分重要，起到了促进软件产业和国民经济信息化发展的作用。

（十）《计算机信息系统安全保护条例》

《计算机信息系统安全保护条例》于1994年2月由国务院发布并实施，明确规定由公安部主管全国计算机信息系统安全保护工作；任何组织或个人不得利用计算机系统从事危害国家利益、集体利益和公民合法权益的活动，不得危害计算机信息系统的安全。该条例详细规定了计算机信息系统的安全保护制度、安全监察及相关的法律责任。该条例于 2010 年 12 月 29 日修订。

(十一)《网络交易监督管理办法》

《网络交易监督管理办法》由国家市场监督管理总局制定，自 2021 年 5 月 1 日起施行。该办法规范了网络交易活动，维护网络交易秩序，保障网络交易各方主体合法权益，促进数字经济持续健康发展，适用于通过互联网等信息网络销售商品或者提供服务的经营活动以及市场监督管理部门的监督管理。

除上述法律法规，对一些特殊行业的网络经营行为，有关行业主管部门陆续制定了相应的规章，如 2004 年 7 月 8 日，国家食品药品监督管理局公布《互联网药品信息服务管理办法》；2006 年中国银行业监督委员会发布《电子银行业务管理办法》；2010 年 6 月 14 日，中国人民银行颁布《非金融机构支付服务管理办法》等。

此外，信息化方面的地方性法规中对电子商务也有规定，如 2007 年 12 月 1 日实施的《北京市信息化促进条例》规定，"在本市从事互联网信息服务活动的，应当按照国家规定办理相应许可或者履行备案手续。利用互联网从事经营活动的单位和个人应当依法取得营业执照，并在网站主页面上公开经营主体信息、已取得相应许可或者备案的证明、服务规则和服务流程等相应信息。"

作为电子商务法的重要补充，一些行业规范陆续出台，如 2005 年中国电子商务协会组织网络交易平台服务商共同制定的《网络交易平台服务规范》；2006 年中国电子商务协会组织会员单位签署了《抵制恶意软件自律公约》。

复习思考题

一、【选择题】

1. 电子商务法的调整对象是（　　）。（单选题）

   A. 电子商务交易活动

   B. 电子商务交易活动中发生的各种社会关系

   C. 电子商务交易流程

   D. 电子商务交易模式

2. 电子商务安全的法律问题主要有（　　）。（多选题）

   A. 电子签名

   B. 安全认证

   C. 计算机犯罪

   D. 消费者权益保护

3. 电子商务的特点（　　）。（多选题）

A. 交易网络化

B. 交易虚拟化

C. 交易成本低

D. 交易全球化、交易透明化

4. 下列关于《电子商务法》说法正确的是（　　）。（多选题）

A. 该法是我国电子商务领域的基本法

B. 该法于2018年8月31日由第十三届全国人民代表大会常务委员会第五次会议通过

C. 该法自2019年1月1日起施行

D. 该法包括总则、电子商务经营者、电子商务合同的订立与履行、电子商务争议解决、电子商务促进、法律责任和附则等七个部分，共7章89条

二、【判断题】

1. 《民法典》合同编第二章"合同的订立"部分，再次确认了电子合同的书面形式属性，并对电子合同的成立时间、成立地点做出认定。（　　）

2. 《电子签名法》自2015年4月1日起施行。该法规范了电子签名行为，确立了电子签名的法律效力。《电子签名法》的颁布与实施推动和保障了我国电子商务的发展。（　　）

3. 《计算机软件保护条例》于1991年6月4日由国务院发布。分别于2011年1月8日和2013年1月30日两次修订。（　　）

4. 《数据安全法》自2022年9月1日起施行。该法规范了数据处理活动，以保障数据安全，促进数据开发利用，保护个人、组织的合法权益，维护国家主权、安全和发展利益。

三、【问答题】

1. 简述电子商务法的概念、特征。

2. 简述电子商务法的基本原则。

3. 《电子商务示范法》的产生和主要内容是什么？

4. 《欧洲电子商务行动方案》的立法目标是什么？

第二章 电子商务主体法律制度

【学习目标】
1. 了解电子商务主体的概念、特征,掌握我国电子商务主体的种类。
2. 了解网站、域名、网站种类及法律管理,掌握我国网站设立的法律制度。
3. 了解网上商店的意义、认定原则,掌握网上商店的认定。
4. 掌握 ISP、ICP 及网络交易平台提供商的法律责任。

第一节 电子商务主体概述

一、电子商务主体的概念与特征

(一)电子商务主体的概念

电子商务主体,是指参与电子商务法律关系并在其中享有权利和承担义务的组织或个人。电子商务主体法律制度是电子商务法中需要研究的基础领域。

电子商务主体有广义、狭义之分。狭义的电子商务主体是指电子商务经营主体,包括电子商务第三方平台和电子商务经营者。广义的电子商务主体指凡是通过电子网络手段参与电子商务活动的主体,既包括狭义的电子商务主体,也包括消费者、各种网络服务提供商、第三方支付机构以及认证机构等。

我国《电子商务法》第 9 条规定,本法所称电子商务经营者,是指通过互联网等信息网络从事销售商品或者提供服务的经营活动的自然人、法人和非法人组织,包括电子商务平台经营者、平台内经营者以及通过自建网站、其他网络服务销售商品或者提供服务的电子商务经营者。本法所称电子商务平台经营者,是指在电子商务中为交易双方或者多方提供网络经营场所、交易撮合、信息发布等服务,供交易双方或者多方独立开展交易活动的法人或者非法人组织。本法所称平台内经营者,是指通过电子商务平台销售商品或者提供服务的电子商务经营者。

(二)电子商务主体的特征

1. 主体的虚拟性

电子商务主体本身应该是真实的,不是虚拟的,但是由于电子商务是借助于信息网络实现的一种交易方式,这种交易方式使主体的存在方式看起来具有一定的虚拟性,因此更容易发生虚假情形。

电子商务主体,有的是通过自己设立的网站来进行交易活动,有的是借助于第三方设立的网络平台而开展交易活动。但是,对于网上商家信息是否就是他的真实身份信息这样的问题,交易各方不能面对面通过感官加以判断,消费者在交易时也存在担心和顾虑,因此,电子商务主体的身份需要认定,电子商务法中必须建立起有关主体认定的制度。

2. 主体的广泛性、复杂性

传统的商事交易有买卖双方参与即可顺利进行,而电子商务活动自身的特点决定了其必须通过网络平台进行,其支付方式必然是网上支付。因此,参加电子商务的主体就不仅仅是买卖双方,还要包括网络平台的服务机构、第三方支付机构以及认证机构等。这么广泛的主体以及它们之间所形成的复杂关系,以及对各方责任的认定,都是电子商务法必须要解决的问题。

3. 主体的发展性

电子商务是随着互联网技术的发展和运用而产生的,未来网络技术的发展将更深刻地影响并决定着电子商务的发展。因此可以预言,电子商务是一个变化着的、开放性的交易模式,存在着无限广阔的前景;电子商务的交易主体也必将随之有所发展和变化,可能会有更多、更新型的主体参与到电子商务法律关系中来。

二、电子商务主体的种类

电子商务主体不同于传统的商务活动主体,除了直接参与交易的双方,还包括对特定电子商务行为的完成具有重要影响的参与者。本书把电子商务主体分为电子商务经营主体和为电子商务经营提供服务的其他主体两大类予以介绍。

(一)电子商务经营主体

1. 电子商务经营者

电子商务经营者,是指通过互联网等信息网络从事销售商品或者提供服务等经营活动的自然人、法人和非法人组织,包括电子商务平台经营者、平台内经营者以及通过自建网站、其他网络服务销售商品或者提供服务的电子商务经营者。

根据《电子商务法》的规定,电子商务经营者(包括自然人和法人)应当依法办理市场主体登记。但是,个人销售自产农副产品、家庭手工业产品,个人利用自己的技能从事依法无须取得许可的便民劳务活动和零星小额交易活动,以及依照法律、行政法规不需要进行登记的除外。

电子商务经营者应当依法从事经营活动。需要取得相关行政许可的,应当依法取得行政许可。电子商务经营者销售的商品或者提供的服务应当符合保障人身、财产安全的要求和环境保护要求，不得销售或者提供法律、行政法规禁止交易的商品或者服务。

电子商务经营者应当依法履行纳税义务，并有依照专门税收法律规定享受税收优惠的权利。依照规定不需要办理市场主体登记的电子商务经营者在首次纳税义务发生后，应当依照税收征收管理法律、行政法规的规定申请办理税务登记，并如实申报纳税。

电子商务经营者销售商品或者提供服务应当依法出具纸质发票或者电子发票等购货凭证或者服务单据，电子发票与纸质发票具有同等法律效力。

电子商务经营者应当在其首页显著位置，持续公示营业执照信息、与其经营业务有关的行政许可信息、属于法律规定的不需要办理市场主体登记情形等信息，或者上述信息的链接标识。电子商务经营者的营业执照信息或者行政许可信息发生变更，应当及时更新公示信息。

电子商务经营者自行终止从事电子商务的，应当提前30日在首页显著位置持续公示有关信息。电子商务经营者应当全面、真实、准确、及时地披露商品或者服务信息，保障消费者的知情权和选择权。电子商务经营者不得以虚构交易、编造用户评价等方式进行虚假或者引人误解的商业宣传，欺骗、误导消费者。

有关主管部门依照法律、行政法规的规定要求电子商务经营者提供有关电子商务数据信息的，电子商务经营者应当提供。有关主管部门应当采取必要措施保护电子商务经营者提供的数据信息的安全，并对其中的个人信息、隐私和商业秘密严格保密，不得泄露、出售或者非法向他人提供。

电子商务经营者从事跨境电子商务，应当遵守进出口监督管理的法律、行政法规和国家有关规定。

2. 电子商务平台经营者

（1）概念。《电子商务法》规定，"本法所称电子商务平台经营者，是指在电子商务中为交易双方或者多方提供网络经营场所、交易撮合、信息发布等服务，供交易双方或者多方独立开展交易活动的法人或者非法人组织。"

（2）电子商务平台经营者应当履行的义务。电子商务平台经营者应当要求申请进入平台销售商品或者提供服务的主体提交其身份、地址、联系方式、行政许可等真实信息，进行核验、登记，建立登记档案，并定期核验更新。这是对电子商务经营主体身份进行核验和管理的主要环节。电子商务平台经营者发现平台内的商品或者服务信息存在违反法定情形的，应当依法采取必要的处置措施，并向有关主管部门报告。

电子商务平台经营者应当按照规定向市场监督管理部门报送平台内经营者的身份信息，提示未办理市场主体登记的经营者依法办理登记，并配合市场监督管理部门，针对电子商务的特点，为应当办理市场主体登记的经营者办理登记提供便利。

电子商务平台经营者应当依照税收征收管理法律、行政法规的规定，向税务部门报送平台内经营者的身份信息和与纳税有关的信息，并应当提示依法不需要办理市场主体登记的电子商务经营者依规定办理税务登记。

电子商务平台经营者应当采取技术措施和其他必要措施保证其网络安全、稳定运行，防范网络违法犯罪活动，有效应对网络安全事件，保障电子商务交易安全。电子商务平台经营者应当制定网络安全事件应急预案，发生网络安全事件时，应当立即启动应急预案，采取相应的补救措施，并向有关主管部门报告。

电子商务平台经营者应当记录、保存平台上发布的商品和服务信息、交易信息，并确保信息的完整性、保密性、可用性。商品和服务信息、交易信息保存时间自交易完成之日起不少于3年；法律、行政法规另有规定的，依照其规定。

电子商务平台经营者应当遵循公开、公平、公正的原则，制定平台服务协议和交易规则，明确进入和退出平台、商品和服务质量保障、消费者权益保护、个人信息保护等方面的权利和义务。

电子商务平台经营者依据平台服务协议和交易规则对平台内经营者违反法律、法规的行为实施警示、暂停或者终止服务等措施的，应当及时公示。

电子商务平台经营者在其平台上开展自营业务的，应当以显著方式区分标记自营业务和平台内其他经营者开展的业务，不得误导消费者。电子商务平台经营者知道或者应当知道平台内经营者销售的商品或者提供的服务不符合保障人身、财产安全的要求，或者有其他侵害消费者合法权益行为而未采取必要措施的，依法与该平台内经营者承担连带责任。

电子商务平台经营者应当建立健全信用评价制度，公示信用评价规则，为消费者提供对平台内销售的商品或者提供的服务进行评价的途径。电子商务平台经营者不得删除消费者对其平台内销售的商品或者提供的服务的评价。

除法律规定以外，电子商务平台经营者可以按照平台服务协议和交易规则，为经营者之间的电子商务提供仓储、物流、支付结算、交收等服务。电子商务平台经营者为经营者之间的电子商务提供服务，应当遵守法律、行政法规和国家有关规定，不得采取集中竞价、做市商等集中交易方式进行交易，不得进行标准化合约交易。

🚩知识链接

《最高人民法院关于审理食品药品纠纷案件适用法律若干问题的规定》
2021年12月1日起施行

第9条：消费者通过网络交易第三方平台购买食品、药品遭受损害，网络交易第三方平台提供者不能提供食品、药品的生产者或者销售者的真实名称、地址与有效联系方式，消费者请求网络交易第三方平台提供者承担责任的，人民法院应予支持。

网络交易第三方平台提供者承担赔偿责任后，向生产者或者销售者行使追偿权的，人民法院应予支持。

网络交易第三方平台提供者知道或者应当知道食品、药品的生产者、销售者利用其平台侵害消费者合法权益,未采取必要措施,给消费者造成损害,消费者要求其与生产者、销售者承担连带责任的,人民法院应予支持。

这样规定的基本考虑是,商家入驻网络交易平台通常要支付不菲的入场费,后者具备先行赔付的条件,在网络交易第三方平台提供者不能提供食品、药品生产者、销售者的真实名称、地址和有效联系方式时,其应当承担责任。如果网络交易第三方平台的提供者明知食品、药品的生产者、销售者利用其平台侵害消费者权益而放任自流,此种情况下则构成共同侵权。

案例 2-1

原告罗某与被告启东市某商贸有限公司、北京某电子商务有限公司网络购物合同纠纷案

2019年5月,罗某通过手机在北京某电子商务有限公司的网络购物平台上购买了由启东市某商贸有限公司销售的两件碳酸汽水并支付了货款及运费,同时在订单中注明了收件人和收货地点。之后,启东市某商贸有限公司委托第三方物流公司进行运输和配送。涉案货物到达收件人所在县城后,物流公司转委托了某快递公司进行配送,后货物送到了收件人所在乡镇,但快递公司并未直接送到指定收货地点,而是电话联系收件人要求到代理点自取,罗某和收件人明确表示不同意。

经查,罗某指定的收件人系罗某长辈,年老体弱,故罗某要求将货物送到指定收货地点。因收件人一直未收到案涉货物,罗某通过网络购物平台先后联系了启东市某商贸有限公司和网络购物平台客服人员,要求将案涉货物配送至指定地点,客服人员均表示因快递公司原因不能配送至指定地点,要求罗某取消订单并同意退货退款,但罗某拒绝接受。后双方协商未果,罗某遂起诉至法院。

法院经审理后认为,因罗某指定的收件人年老体弱,无力搬运大件及较重货物,罗某遂在网络交易平台中与启东市某商贸有限公司约定"送货上门"并支付较高运费,然而受委托货运人未将货物配送至指定地点,反而要求收件人上门自取。网络平台公司在罗某联系其客服人员要求解决配送问题后,没有采取措施督促启东市某商贸有限公司履行配送货物至指定地点,二被告的行为均构成违约。

根据《中华人民共和国民法典》第五百七十七条和《中华人民共和国消费者权益保护法》第十六条规定,当事人一方不履行合同义务或者履行合同义务不符合约定的,应当承担继续履行、采取补救措施或者赔偿损失等违约责任。遂判令二被告继续履行与罗某形成的网络购物合同义务,于判决生效后十五日内将罗某购买的产品运输配送至订单载明的收货地址。

案例评析:网络购物中,消费者可以通过填写订单等方式与经营者明确约定付款时间、金额以及收货时间、地点、收货人、运输费用承担等内容,一旦订单确认生效后,双方均应按约定全面履行各自的义务,否则将承担违约责任。而网络交易平台虽不是直接的销售者,但仍应遵守诚实信用原则,基于网络平台服务的信用承诺和消费者选择平台交易的合理信赖,充分尽到网络服务提供者的信息审查、督促交易等义务,促使销售者与消费者依约完成交易。

在日常生活中,网购消费者往往在货物体积较大、搬运不易或者消费者及指定收件人自身不便自取情形下与销售者约定"送货上门"。双方约定一旦生效,消费者在支付相应运费后,销售者即应依约将货物运至消费者指定地点。销售者能履行"送货上门"义务而不完全履行的,属于侵犯消费者合法权益的违约行为,应承担违约责任,网络交易平台未尽到自己义务的,亦应承担相应的民事责任。

(二) 电子商务服务主体

电子商务活动的开展离不开各种服务主体。所谓电子商务的服务主体,是指为电子商务的运行提供技术支持、网络服务以及电子认证和网上金融服务的主体,其活动目的是促使双方更快、更有效地达成交易。电子商务的服务主体可以分为以下几类。

1. 网络服务提供商

网络服务提供商(Internet Service Provider,ISP),是向广大用户提供互联网接入业务、信息业务和增值业务的电信运营商。ISP是经国家主管部门批准的网络运营企业,受法律保护。ISP为电子商务活动构建了最为基础的互联网络环境,是其能够有效运行的关键环节。

网络服务提供商(ISP)应当履行的义务和承担的法律责任。

首先,网络服务提供商(ISP)在网上交易过程中同时为交易的买卖双方提供服务。ISP提供的服务内容可以是信息发布服务,即接受他人委托提供通道、空间或技术,为他人在网上发布针对不特定受众的某种信息;也可以是信息传输服务,即向特定的受众发送电子邮件、发送订购单或确认函等;还可以是提供信息存储服务;或者提供信息检索或用户索取的特定信息服务。所有这些信息服务既可能通过用户的注册登记建立起来,也可能通过明示的合同建立起来。

一般情况下,用户请求提供某种信息传输服务,必须将名称、住址、电话、国籍等信息进行登记或注册,这种登记或注册意味着用户和ISP之间达成了一种信息服务合同。这种信息服务合同一般是有偿的,ISP按合同约定向用户提供信息交流通道、存储空间等中介服务,通常都收取一定费用,如网络登录费、平台使用费、信息传递费、网页制作或维护费、网络注册费等,也有可能是无偿的。

不管是有偿还是无偿,在ISP和用户之间都构成一种服务合同关系。而那些要求ISP提供较为复杂的信息服务的用户,也可通过协商签订合同建立服务关系。ISP既然和用户之间建立了合同关系,就应依法履行为用户提供安全、有效的网络服务的义务,否则就要承担合同责任。

网络服务提供商的侵权责任主要是因其为侵权人（主要是侵犯著作权）的侵权行为提供了服务和便利而引发的。网络服务提供商最基本的特征是：按照用户的选择传输或接受信息，本身并不组织和筛选所传播的信息，但是它们的计算机系统或其他设施却不可避免地要存储和发送信息。这就造成网络信息传播中容易出现侵犯他人作品著作权的行为。

法律在规定网络服务提供商的侵权责任时，应当在保护著作权与维护公众利益之间找到适度的平衡，既不能任由侵害著作权的行为在网络上恣意横行，又不能对网络服务商课以超过其实际能力的义务，以免妨碍网络服务业的发展，进而损害用户的利益。

美国1998年制定的《数字千年版权法案》中规定，网络服务提供者使用信息定位工具，如果由于其链接、存储的相关内容涉嫌侵权，在其能够证明自己并无恶意并且及时删除侵权链接或者内容的情况下，网络服务提供者不承担赔偿责任。该条款是对网络服务商侵权责任的限制，被称为"避风港"条款。

我国中国《信息网络传播权保护条例》立法时对于"避风港原则"有所吸收，在相关条款中，分别针对网络自动接入或传输服务提供者、网络自动存储服务提供者、信息存储空间出租服务提供者、搜索引擎服务提供者等ISP在什么条件下可以免责或能够享受"避风港"待遇做了规定。

知识链接

《信息网络传播权保护条例》的相关规定

第二十条　网络服务提供者根据服务对象的指令提供网络自动接入服务，或者对服务对象提供的作品、表演、录音录像制品提供自动传输服务，并具备下列条件的，不承担赔偿责任：（一）未选择并且未改变所传输的作品、表演、录音录像制品；（二）向指定的服务对象提供该作品、表演、录音录像制品，并防止指定的服务对象以外的其他人获得。

第二十一条　网络服务提供者为提高网络传输效率，自动存储从其他网络服务提供者获得的作品、表演、录音录像制品，根据技术安排自动向服务对象提供，并具备下列条件的，不承担赔偿责任：（一）未改变自动存储的作品、表演、录音录像制品；（二）不影响提供作品、表演、录音录像制品的原网络服务提供者掌握服务对象获取该作品、表演、录音录像制品的情况；（三）在原网络服务提供者修改、删除或者屏蔽该作品、表演、录音录像制品时，根据技术安排自动予以修改、删除或者屏蔽。

第二十二条　网络服务提供者为服务对象提供信息存储空间，供服务对象通过信息网络向公众提供作品、表演、录音录像制品，并具备下列条件的，不承担赔偿责任：

（一）明确标示该信息存储空间是为服务对象所提供，并公开网络服务提供者的名称、联系人、网络地址；（二）未改变服务对象所提供的作品、表演、录音录像制品；（三）不知道也没有合理的理由应当知道服务对象提供的作品、表演、录音录像制品侵权；（四）未从服务对象提供作品、表演、录音录像制品中直接获得经济利益；（五）在接到权利人的通知书后，根据本条例规定删除权利人认为侵权的作品、表演、录音录像制品。

第二十三条 网络服务提供者为服务对象提供搜索或者链接服务，在接到权利人的通知书后，根据本条例规定断开与侵权的作品、表演、录音录像制品的链接的，不承担赔偿责任；但是，明知或者应知所链接的作品、表演、录音录像制品侵权的，应当承担共同侵权责任。

另外，国家版权局、信息产业部于2005年4月30日发布的《互联网著作权行政保护办法》第12条亦规定："没有证据表明互联网信息服务提供者明知侵权事实存在的，或者互联网信息服务提供者接到著作权人通知后，采取措施移除相关内容的，不承担行政法律责任。"

为了正确审理侵害信息网络传播权民事纠纷案件，依法保护信息网络传播权，促进信息网络产业健康发展，维护公共利益，2020年12月23日最高人民法院审判委员会第1823次会议通过《最高人民法院关于审理侵害信息网络传播权民事纠纷案件适用法律若干问题的规定》，其中对网络服务提供者的责任作出了明确的规定。

2. 网络内容提供商

网络内容提供商（Internet Content Provider，ICP），是Internet网上的内容提供商，向广大用户综合提供互联网信息业务和增值业务的电信运营商。ICP同样是经国家主管部门批准的正式运营企业，受国家法律保护。

网络内容提供商（ICP）的义务和法律责任。

ICP拥有自己的主页，通过互联网定期或不定期的向上网用户提供信息服务。ICP通常通过选择和编辑加工自己或他人创作的作品，将其登载在互联网上或者通过互联网发送到用户端，供公众浏览、阅读、使用或者下载。网络内容提供商的法律责任也分为合同责任与侵权责任两类。

ICP与用户间的合同责任与ISP的类似。ICP一般也是通过用户登录注册与其成立合同关系，抑或通过专门的合同来建立合同关系。因此，ICP就有义务向用户提供安全、合法的网络信息服务，否则就要依法承担合同责任。

ICP承担的侵权责任，主要是因其通过网络向社会公众上传信息过程中，未经知识产权人的允许擅自利用他人的知识制作信息产品而引起的，其中最主要的是著作权侵权责任。法律在对ICP的侵权行为进行有效制裁时，也需要平衡各方利益，既能合理保护权利人的利益，同时又能够保证网络产业的健康发展。

我国最高人民法院于 2000 年出台了《关于审理涉及计算机网络著作权纠纷案件的适用法律若干问题的解释》，根据该解释第 5 条和第 6 条的规定：如果网络内容提供商明知信息源提供者通过网络实施侵犯他人权利的行为时，应与该信息源提供者承担共同侵权责任；如果网络内容提供商不知道信息源提供者的行为侵犯了他人的权利，但在权利人提出确有证据的警告后，网络内容提供商仍不采取措施消除或减轻侵权后果，应与该信息源提供者承担共同侵权责任。

同时，著作权人发现侵权信息向网络服务提供者提出警告或者索要侵权行为人网络注册资料时，不能出示身份证明、著作权权属证明及侵权情况证明的，视为未提出警告或者未提出索要请求。如果网络内容提供商不知道信息源提供者实施侵犯他人权利的行为，权利人也没有提出确有证据的警告，则网络内容提供商不应承担侵权责任。著作权人出示上述证明后网络服务提供者仍不采取措施的，可以在提起诉讼时申请人民法院先行裁定停止侵害、排除妨碍、消除影响，人民法院应予准许。

3. 网络交易辅助服务提供商

电子商务活动是个系统工程，除上述服务主体之外，还包括为网络交易提供安全认证、在线金融服务及物流配送和交易保险等辅助服务的商家。

电子认证服务，是指为电子签名相关各方提供真实性、可靠性验证的活动，主要解决的是网络交易中交易主体之间对各方真实身份的顾虑。根据我国颁布的《电子认证服务管理办法》，电子认证服务提供商，是指为需要第三方认证的电子签名提供认证服务的机构（简称为 CA）。

网上金融服务商，也称为在线金融服务商，是指为网络交易的支付与安全提供专业性金融服务的机构。网络金融机构主要有两种形式：一是传统的金融服务商，它们开通网上银行，买卖双方只要有银行账号，就可以通过网络进行转账结算；二是新兴的虚拟金融服务，如支付宝等，它们以第三者的身份为网络交易提供安全保证。

第二节 网站设立法律制度

一、网站概述

（一）网站与域名

1. 网站

网站（Website），指的是因特网上的站点，通常是指 Web 服务器。网站是一种通信工具，人们可以通过网站来发布自己想要公开的资讯，或者利用网站来提供相关的网络服务。人们可以通过网页浏览器来访问网站，获取自己需要的资讯或者享受网络服务。

电子商务活动离不开网站，电子商务交易中的各方都必须通过网站来发布、管理或获取商品及服务的资讯。可以说，网站是电子商务商家展示、经销其产品或服务的虚拟经营场所。随着互联网的发展，网站已经从最初的信息传递功能，发展到可以处理信息和传递信息的多种功能，电子商务主体间的信息发布、管理，信息交流以及市场营销活动、售后服务等都可以借助网站来进行。

2. 域名

域名（Domain Name），是由一串用点分隔的名字组成的互联网上某一台计算机或计算机组的名称，用于在数据传输时标识计算机的电子方位。网络是基于TCP/IP协议进行通信和连接的，每一台主机都有一个唯一的标识固定的IP地址，以区别网络上的成千上万个用户和计算机。由于IP地址是数字标识，使用时难以记忆和书写，因此在IP地址的基础上又发展出一种符号化的地址方案，这个与网络上的数字型IP地址相对应的字符型地址，就被称为域名。

▶ **知识链接**

IP 地 址

IP地址用二进制数来表示，每个IP地址长32比特，由4个小于256的数字组成，数字之间用点间隔，例如100.10.0.1表示一个IP地址。

电子商务主体设立网站，首先必须取得一个域名，它是互联网上企业或机构间相互联络的网络地址。应该说，域名是电子商务主体在网络上的重要标识，起着识别作用，便于他人识别和检索其信息资源。另外，在虚拟环境下，域名还可以起到引导、宣传和代表等作用。

（二）注册域名

注册域名是设立网站第一项工作。域名注册可自行办理，也可委托代理机构或ISP办理。1997年5月30日中国互联网络信息中心（CNNIC）制定并颁布的《中国互联网络域名注册管理暂行办法》规定，在域名注册上我国采用国际通行的"先申请先注册原则"。因此，电子商务主体应尽早以自己的名称或具有代表性的产品或服务商标注册域名，以免被他人抢注。

1. 我国互联网络域名的体系结构

我国互联网络域名的体系结构分为三个层次，也就是顶级域名、二级域名和三级域名。中国在国际互联网络信息中心（InterNIC）正式注册并运行的顶级域名是CN。中国互联网络二级域名分为"类别域名"和"行政区域名"两类。其中"类别域名"有6个，分别为：

AC—适用于科研机构；

COM—适用于工、商、金融等企业；

EDU—适用于教育机构；

GOV—适用于政府部门；

NET—适用于互联网络、接入网络的信息中心和运行中心；

ORG—适用于各种非营利性的组织。

"行政区域名"有34个，适用于我国的各省、自治区、直辖市，例如：BJ—北京市；SH—上海市；HB—河北省；TW—台湾；HK—香港；MO—澳门，等等。

以上两个层次的域名是由域名管理和注册机构来确定的，三级域名则由申请人自行确定。

知识链接

《".中国"等非英文域名后缀快速通道实施计划》

2009年10月30日在韩国闭幕的ICANN第三十六届会议上，国际互联网名称与数字地址分配机构（ICANN）表决通过了《".中国"等非英文域名后缀快速通道实施计划》。2009年11月4日，中国互联网络信息中心宣布，我国将正式申请注册".中国"为世界顶级域名"中国"有可能成为世界首个纯中文顶级域名，而这意味着今后网民在世界各地，都可以在电脑地址栏内输入全中文的域名来登录网站。

中文域名是含有中文字符的域名，同英文域名一样，是互联网上的门牌号。中文域名在技术上符合多语种域名国际标准。作为互联网上的基础资源服务，中文域名支持WWW、Email、FTP等应用服务。

2. 三级域名的命名原则

（1）三级域名的命名原则主要有：

① 三级域名用字母（A—Z，a—z，大小写等价）、数字（0—9）和连接符（—）组成，各级域名之间用实点（.）连接，三级域名长度不得超过20个字符；

② 如无特殊原因，建议采用申请人的英文名（或者缩写）或者汉语拼音名（或者缩写）作为三级域名，以保持域名的清晰性和简洁性。

（2）三级以下（含三级）域名命名的限制原则：

① 未经国家有关部门的正式批准，不得使用含有"CHINA""CHINESE""CN""NATIONAL"等字样的域名；

② 不得使用公众知晓的其他国家或者地区名称、外国地名、国际组织名称；

③ 未经各级地方政府批准，不得使用县级以上（含县级）行政区划名称的全称或者缩写；

④ 不得使用行业名称或者商品的通用名称；

⑤ 不得使用他人已在中国注册过的企业名称或者商标名称；

⑥ 不得使用对国家、社会或者公共利益有损害的名称。

3. 域名注册的管理机构

目前，我国国内域名注册统一由中国互联网络信息中心（CNNIC）进行管理，负责运行和管理国家顶级域名.CN中文域名系统及通用网址系统，以专业技术为全球用户提供不间断的域名注册、域名解析和WHOIS[1]查询等服务。CNNIC是亚太互联网络信息中心（APNIC）的国家级IP地址注册机构成员（NIR）。以CNNIC为召集单位的IP地址分配联盟，负责为我国的网络服务提供商（ISP）和网络用户提供IP地址和AS[2]号码的分配管理服务。

国际上的域名管理机构是ICANN（The Internet Corporation for Assigned Names and Numbers），中文名称是互联网名称与数字地址分配机构。它成立于1998年10月，是一个非营利性的国际组织，其主要职能包括管理因特网域名及地址系统，负责互联网协议（IP）地址的空间分配、协议标识符的指派、通用顶级域名（GTLD）以及国家和地区顶级域名（CCTLD）系统的管理以及根服务器系统的管理。

4. 域名注册的申请和审批

注册域名需提出申请，在提交申请书的同时，还要提交有关的文件和证书。注册申请人可以用电子邮件、传真、邮寄等方式提出注册申请，随后在30日内以其他方式提交所要求的全部文件。若申请注册的域名和提交的文件符合规定，域名管理单位应当在收到所需文件之日起的10个工作日内，完成批准注册和开通运行，并发放域名注册证。

各级域名管理单位不负责解决域名冲突引起的纠纷，由申请人自己负责处理并承担法律责任。注册的域名可以变更或撤销，但禁止转让或买卖。

▶ **知识链接**

申请域名注册的，应当提交下列文件、证件

申请域名注册的，应当提交下列文件、证件：（一）域名注册申请表；（二）本单位介绍信；（三）承办人身份证复印件；（四）本单位依法登记文件的复印件。（五）在COM下申请域名注册的企业，必须提交在我国注册的营业执照复印件；在GOV下申请域名注册的政府部门，必须提交相应主管部门的批准文件复印件；在ORG下申请域名注册的组织，必须提交相应主管部门的批准文件复印件。（六）若是代理注册，则另

---

[1] WHOIS（读作"Who is"，非缩写）是用来查询域名的IP以及所有者等信息的传输协议。简单说，WHOIS就是一个用来查询域名是否已经被注册，以及注册域名的详细信息的数据库（如域名所有人、域名注册商等）。

[2] AS（Application server），中文是应用服务器，是指通过各种协议把商业逻辑暴露给客户端的程序。它提供了访问商业逻辑的途径以供客户端应用程序使用。

需代理委托书原件。

5. 域名注册合同

域名注册合同是约定域名注册人与域名注册组织之间权利与义务的协议。域名注册合同对防止域名纠纷的发生具有非常积极的作用。近年来，由于域名注册合同在预防域名纠纷方面的重要性日益凸显，受到各种域名注册组织的关注。域名注册合同正逐渐发展成为一种被各类域名注册组织所普遍使用的预防域名纠纷的措施。

🚩 **知识链接**

关于委任域名注册管理机构规则

世界知识产权组织（WIPO）于1999年4月公布的"互联网名称与地址管理中的知识产权问题"最终报告，以及互联网名称与数码分配公司（ICANN）于1999年3月公布的"关于委任域名注册管理机构规则的声明"，都主张建立以域名注册合同为基础的域名纠纷预防措施。

2001年2月，世界知识产权组织在日内瓦举行的"与国家顶级域名有关的知识产权问题会议"上，公布了其起草的《国家顶级域名预防与解决知识产权纠纷的最佳措施》，再次建议各国家顶级域名的注册、管理组织重视域名注册合同预防纠纷的作用。

二、网站的种类与法律管理制度

（一）网站的种类

依据不同的标准，网站的种类划分也不同。例如，按网站主体性质的不同，可以将其分为政府网站、企业网站、商业网站、教育网站、科研机构网站、个人网站等类型；按网站的服务模式的不同，可以分为综合类门户网站和专业网站等。

《互联网信息服务管理办法》是我国目前对互联网信息服务进行管理的主要行政法规。《互联网信息服务管理办法》中所称互联网信息服务，是指通过互联网向上网用户提供信息的服务活动。其中第3条规定："互联网信息服务分为经营性和非经营性两类。经营性互联网信息服务，是指通过互联网向上网用户有偿提供信息或者网页制作等服务活动。非经营性互联网信息服务，是指通过互联网向上网用户无偿提供具有公开性、共享性信息的服务活动。"

（二）网站管理法律制度

1. 对经营性网站实行许可制度

《互联网信息服务管理办法》第7条规定，从事经营性互联网信息服务，应当向省、自治区、直辖市电信管理机构或者国务院信息产业主管部门申请办理互联网信息服务增值电信业务经营许可证（以下简称"经营许可证"）。省、自治区、直辖市电信管理机构或者国务院信息产业主管部门应当自收到申请之日起60日内审查完毕，作出批准或者不予批准的决定。予以批准的，颁发经营许可证；不予批准的，应当书面通知申请人并说明理由。获得许可的申请人应当持经营许可证向企业登记机关办理登记手续。

根据《电信条例》第13条的规定及《互联网信息服务管理办法》第6条的规定，经营性网站应当具备以下条件：

① 经营者为依法设立的公司；
② 有与开展经营活动相适应的资金和专业人员；
③ 有为用户提供长期服务的信誉或者能力；
④ 有业务发展计划及相关技术方案；
⑤ 有健全的网络与信息安全保障措施，包括网站安全保障措施、信息安全保密管理制度、用户信息安全管理制度；
⑥ 服务项目属于《互联网信息服务管理办法》第5条规定的从事新闻、出版、教育、医疗保健、药品和医疗器械等互联网信息服务范围的，已取得有关主管部门同意的文件；
⑦ 国家规定的其他条件。

2. 非经营性网站实行备案制度

《互联网信息服务管理办法》第4条规定，国家对非经营性网站实行备案制度，未履行备案手续的，不得从事互联网信息服务。第8条规定，从事非经营性互联网信息服务，应当向省、自治区、直辖市电信管理机构或者国务院信息产业主管部门办理备案手续。办理备案时，应当提交下列材料：

① 主办单位和网站负责人的基本情况；
② 网站网址和服务项目；
③ 服务项目属于本《互联网信息服务管理办法》第5条规定范围的，已取得有关主管部门的同意文件。

省、自治区、直辖市电信管理机构对备案材料齐全的，应当予以备案并编号。

3. 特殊互联网信息服务的审核、专项备案制度

《互联网信息服务管理办法》第5条规定，从事新闻、出版、教育、医疗保健、药品和医疗器械等互联网信息服务，依照法律、行政法规以及国家有关规定须经有关主管部门审核同意，在申请经营许可或者履行备案手续前，应当依法经有关主管部门审核同意。

《互联网信息服务管理办法》第9条规定，从事互联网信息服务，拟开办电子公告服务的，应当在申请经营性互联网信息服务许可或者办理非经营性互联网信息服务备案时，按照国家有关规定提出专项申请或者专项备案。

4. 互联网信息提供者的义务与责任

《互联网信息服务管理办法》中明确了互联网信息提供者法定的义务和责任，具体包括以下内容：

(1) 互联网信息服务提供者依法开展服务的义务。

《互联网信息服务管理办法》第 11 条规定，互联网信息服务提供者应当按照经许可或者备案的项目提供服务，不得超出经许可或者备案的项目提供服务。非经营性互联网信息服务提供者不得从事有偿服务。互联网信息服务提供者变更服务项目、网站网址等事项的，应当提前 30 日向原审核、发证或者备案机关办理变更手续。

未取得经营许可证，擅自从事经营性互联网信息服务或者超出许可的项目提供服务的，根据《互联网信息服务管理办法》第 19 条规定，由省、自治区、直辖市电信管理机构责令限期改正；有违法所得的，没收违法所得，处违法所得 3 倍以上 5 倍以下的罚款；没有违法所得或者违法所得不足 5 万元的，处 10 万元以上 100 万元以下的罚款；情节严重的，责令关闭网站。未履行备案手续，擅自从事非经营性互联网信息服务，或者超出备案的项目提供服务的，由省、自治区、直辖市电信管理机构责令限期改正；拒不改正的，责令关闭网站。

(2) 互联网信息服务提供者标明其身份的义务。

《互联网信息服务管理办法》第 12 条规定，互联网信息服务提供者应当在其网站主页的显著位置标明其经营许可证编号或者备案编号。未在其网站主页上标明其经营许可证编号或者备案编号的，由省、自治区、直辖市电信管理机构责令改正，处 5000 元以上 5 万元以下的罚款。

(3) 互联网信息提供者所提供内容合法的义务。

《互联网信息服务管理办法》第 13 条规定，互联网信息服务提供者应当向上网用户提供良好的服务，并保证所提供的信息内容合法。第 15 条规定，互联网信息服务提供者不得制作、复制、发布、传播含有下列内容的信息：

① 反对宪法所确定的基本原则的；
② 危害国家安全，泄露国家秘密，颠覆国家政权，破坏国家统一的；
③ 损害国家荣誉和利益的；
④ 煽动民族仇恨、民族歧视，破坏民族团结的；
⑤ 破坏国家宗教政策，宣扬邪教和封建迷信的；
⑥ 散布谣言，扰乱社会秩序，破坏社会稳定的；
⑦ 散布淫秽、色情、赌博、暴力、凶杀、恐怖或者教唆犯罪的；
⑧ 侮辱或者诽谤他人，侵害他人合法权益的；
⑨ 含有法律、行政法规禁止的其他内容的。

制作、复制、发布、传播《互联网信息服务管理办法》第 15 条所列内容之一的信息，构成犯罪的，依法追究刑事责任；尚不构成犯罪的，由公安机关、国家安全机关依照《治安管理处罚法》《计算机信息网络国际联网安全保护管理办法》等有关法律、行政法规的规定予以处罚；对经营性互联网信息服务提供者，并由发证机关责令停业整顿直至吊销经营许可证，通知企业登记机关；对非经营性互联网信息服务提供者，并由备案机关责令暂时关闭网站直至关闭网站。

(4) 互联网信息提供者的记录义务。

《互联网信息服务管理办法》第 14 条规定，从事新闻、出版以及电子公告等服务项目的互联网信息服务提供者，应当记录提供的信息内容及其发布时间、互联网地址或者域名；互联网接入服务提供者应当记录上网用户的上网时间、用户账号、互联网地址或者域名、主叫电话号码等信息。互联网信息服务提供者和互联网接入服务提供者的记录备份应当保存 60 日，并在国家有关机关依法查询时予以提供。

未履行以上规定的义务的，由省、自治区、直辖市电信管理机构责令改正；情节严重的，责令停业整顿或者暂时关闭网站。

(5) 互联网信息提供者停止非法信息传输并报告的义务。

互联网信息服务提供者发现其网站传输的信息明显属于该办法第 15 条所列内容之一的，应当立即停止传输，保存有关记录，并向国家有关机关报告。违反该义务的，由省、自治区、直辖市电信管理机构责令改正；情节严重的，对经营性互联网信息服务提供者，并由发证机关吊销经营许可证；对非经营性互联网信息服务提供者，并由备案机关责令关闭网站。

第三节　网上商店的认定

网上商店，也称为"虚拟商店""网上商场"或"电子商场"，是建立在互联网上的商场。网上商店可分为以下两种情况。

(1) 由企业自己设立网站或网上商店直接利用网络进行产品销售活动，其实质是将传统商务模式中的商店直接搬到了网上，产品的制造商可以运营这种电子商务模式，中间商也可以运营这种电子商务模式。

(2) 企业利用网上已有的交易平台来开设自己的网上商店或专营店，以销售商品或服务，不需要自己去设立或管理网站，只需在交易网站拥有自己的网页即可实现网上交易。

▶ 知识链接

关于"网上商店"界定

商务部在《电子商务模式规范》中提到了"网上商店"［web store，B2C（Ⅱ）］的概念，它特指在 B2C 模式下，企业（或其他组织机构）法人或法人委派的行为主体在互联网上独立注册网站、开设网上商店，出售实物或提供服务给消费者的电子商务平台。这应该是狭义的"网上商店"的概念，它还应包括法人或自然人租用第三方电子商务平台所开设的网上店铺。

因为在《电子商务模式规范》中是这样定义"网上商厦"的：网上商厦［web mall，B2C（Ⅰ）］，指提供给企业（或其他组织机构）法人或法人委派的行为主体在互联网上独立注册开设网上商店，出售实物或提供服务给消费者的由第三方经营的电子商务平台。由此可见，在第三方电子商务平台上所开设的"虚拟商店"也应属于"网上商店"的范畴。

一、网上商店认定的意义

电子商务活动是在互联网上开展的交易活动，从网上了解商家及其商品或服务的相关信息，网上磋商、下订单，又在网上完成付款等流程，应该说电子商务活动为交易双方提供了很大的方便，节省了大量的人力、物力和财力。但同时由于网络的虚拟性，使得网上交易本身也存在着较大的风险性，当事人对商务活动缺少安全感，彼此之间缺乏信任。

从维护电子商务活动的健康、有序发展出发，对于网上商店的认定就显得非常重要。只有通过建立网上商店的实体认证机制，确保电子商务主体的真实性，使网上交易活动的法律后果现实地落实到具体的责任人，才能使交易双方的顾虑与不安得以消除。因此，需要建立电子商务主体认证制度。

二、网上商店认定的原则

网上商店的认定须遵循以下三个基本原则。

1. 主体真实原则

主体真实原则，是指民事法律关系的主体必须是真实存在的。电子商务法律关系的实质也是一种民商事法律关系，这种法律关系的主体尽管是借助于网络开展交易活动的，但它们不应当是虚拟的，而应是一种现实的实体存在。这种实体存在可以是现实经济活动中的某个合法的经营实体，具备营业场所或实体商店、注册资本、组织机构及从业人员等，亦可以是某种纯粹的网络营销企业，但它仍然具有经营者、经营地址等现实要素。

2. 主体资格法定原则

商事主体资格必须依法确定。电子商务作为网上商事活动，也要符合主体法定的原则。根据我国有关民商事法律的规定，具有法人资格的企业以商事主体身份从事商事交易，必须进行企业登记，领取营业执照；不具有法人资格的独资企业、合伙企业或个体工商户等，只要取得营业执照或进行营业登记，也可以具有从事商事交易的主体资格。

电子商务活动的主体也应首先领取营业执照或进行营业登记，才能取得电子商务主体的法定资格，进而才能开展电子商务交易活动。

3. 主体公示原则

主体公示原则，就是要求网上商店的主体必须在网上真实地标注其身份。我国《互联网信息服务管理办法》第12条规定，互联网信息服务提供者应在其网站主页的显著位置标明其经营许可证编号或者备案编号。该规定就体现了国家法律对主体公示原则的确认。

主体公示，也意味着责任的承担者明晰化，保障了电子商务活动的安全性。尤其是在网络平台模式中，许多企业集中在一个网站交易平台的统一管理和经营下，以谁的名义进行交易就显得非常重要。在交易过程中，应当向交易相对人显示网上商店设立人或真实的交易主体，网络平台上显示的是谁，谁即成为交易的主体。

如果网络平台不能向客户提供真实的、现实存在的交易主体的姓名或名称，那么即可推定该网站为合同的主体。所以，主体公示原则要求网上商店必须在网上显示其真实主体，这一点特别适用于在网络平台上开设网上商店的情形。

知识拓展

不需要进行登记的经营者公示内容

依照《电子商务法》第10条规定，不需要进行登记的经营者应当根据自身实际经营活动类型，如实公示以下自我声明以及实际经营地址、联系方式等信息，或者该信息的链接标识：

（一）个人销售自产农副产品，依法不需要办理市场主体登记；

（二）个人销售家庭手工业产品，依法不需要办理市场主体登记；

（三）个人利用自己的技能从事依法无须取得许可的便民劳务活动，依法不需要办理市场主体登记；

（四）个人从事零星小额交易活动，依法不需要办理市场主体登记。

三、网上商店的认定

根据电子商务交易主体是否以独立的网站来开设网上商店，其认定也有所不同。

1. 以独立网站开设网上商店的认定

电子商务主体以独立的网站来开设网上商店的，其性质显然属于经营性网站，应当满足我国《电信条例》及《互联网信息服务管理办法》中关于经营性网站的规定，依法向省、自治区、直辖市电信管理机构或者国务院信息产业主管部门申请办理互联网信息服务增值电信业务经营许可证（以下简称经营许可证）。申请人取得经营许可证后，应当持经营许可证向企业登记机关办理登记手续。

2. 在第三方电子商务平台开设网上商店的认定

第三方电子商务平台即网络交易平台经营者，是指在网络交易活动中为交易双方或者多方提供网络经营场所、交易撮合、信息发布等服务，供交易双方或者多方独立开展网络交易活动的法人或者非法人组织。

在第三方电子商务平台开设网上商店，一般就是网络交易经营者中的平台内经营者，即通过网络交易平台开展网络交易活动的网络交易经营者。对于借助第三方交易平台开设网上商店的认定，主要是对交易主体身份的认定，是通过对平台内经营者的登记管理来进行的。

仅通过网络开展经营活动的平台内经营者申请登记为个体工商户的，可以将网络经营场所登记为经营场所，将经常居住地登记为住所，其住所所在地的县、自治县、不设区的市、市辖区市场监督管理部门为其登记机关。同一经营者有两个以上网络经营场所的，应当一并登记。

平台内经营者申请将网络经营场所登记为经营场所的，由其入驻的网络交易平台为其出具符合登记机关要求的网络经营场所相关材料。

在电子商务活动中，作为交易平台的提供者会要求从事网络商品或服务交易的主体进行实名认证。一方面要求有意开网店者要注册并输入有关的身份信息，如企业或个体工商户的营业执照信息，如是自然人则需要输入个人的身份证信息。另一方面通过开通网上支付功能，要求输入个人的有关银行账户信息，经核实认证后才给予网上开店的资格。

知识拓展

淘宝网开店规范：创建店铺须通过身份认证

《淘宝网开店规范》第2—4条，对于开店主体资格有明确认证规则。

第2条【店铺入驻通用要求】淘宝网会员须同时满足以下条件，方可创建店铺：

（1）提供店铺负责人真实有效的信息，并通过淘宝网身份认证；

（2）符合淘宝网对店铺负责人的年龄要求；

（3）将其淘宝网账户与已通过实名认证、信息完善的支付宝账户绑定；

（4）经淘宝网排查认定，该账户实际控制人的其他阿里平台账户未被阿里平台处以特定严重违规行为处罚或发生过严重危及交易安全的情形；

（5）未因违规行为被限制创建店铺；

（6）根据淘宝网对会员风险的综合评估，部分会员须在开店前完成相应开店违规风险保证金的缴存。

第3条【个人店铺入驻要求】淘宝网个人店铺分为自然人店铺和自然人所登记的个体工商户店铺，须分别满足以下条件：

（1）开店主体为自然人的，须基于其个人身份信息通过支付宝实名认证；

（2）开店主体为个体工商户的，须基于个体工商户的营业执照信息通过支付宝实名认证。

第4条【企业店铺入驻要求】淘宝网企业店铺开店主体为除个体工商户以外的企业主体，包括独资企业、合伙企业、公司企业，须基于企业营业执照信息通过支付宝实名认证。

资料来源，https：//rule.taobao.com/detail-11003997.htm？spm=a2177.7231193.0.0.168017eaaTcQnl&tag=self，2023年6月6日访问。

3. 通过其他网络服务开展网络交易活动的网络交易经营者

网络社交、网络直播等网络服务提供者为经营者提供网络经营场所、商品浏览、订单生成、在线支付等网络交易平台服务的，应当依法履行网络交易平台经营者的义务。通过上述网络交易平台服务开展网络交易活动的经营者，应当依法履行平台内经营者的义务。

📚 案例 2-2

情侣直播带货，分手后平台账户归谁？

2019初，王青青与李强强相恋，后二人一起从事服装销售工作。为更快打开市场，二人决定进行网络直播卖货。王青青用居民身份证注册了快手账号"bbXXXX"，并进行了实名认证，不过，相关信息登记的是李强强所经营商店的工商登记信息。该快手号在使用期间，李强强多次使用，王青青亦多次在该快手号进行网络直播。

2020年初，王青青、李强强二人分手。同年5月，在李强强不知情的情况下，王青青更改了快手账号"bbXXXX"密码。李强强无法登录使用该快手号，多次讨要密码，因王青青不予告知，遂诉至法院。

法院审理认为，根据快手《用户服务协议》的规定，快手用户需完成实名认证，按照注册页面提示填写信息、阅读并同意快手《用户服务协议》且完成全部注册程序后，用户可获得快手平台账户，个人有效身份信息须与注册的身份信息相一致。本案快手账号"bbXXXX"系被告王青青利用其身份证进行实名认证后注册所得，故王青青对该账号拥有使用权。

法院判决，驳回原告李强强的诉讼请求。

资料来源：http：//dzrb.dzng.com/articleContent/2239_814687.html，2020年11月26日访问。

复习思考题

一、【选择题】（不定项）

1. 电子商务平台经营者可以是（　　）。

   A. 有限责任公司

   B. 股份有限公司

   C. 自然人

   D. 合伙企业

2. 下列哪些情况自然人可以不进行工商登记，直接进行电子商务经营（　　）。

   A. 个人销售自产农副产品

   B. 个人销售家庭手工业产品

   C. 个人利用自己的技能从事依法无须取得许可的便民劳务活动

   D. 个人从事依法无须取得许可的零星小额交易活动

3. 下列不属于电子商务经营者的是（　　）。

   A. 电子商务平台经营者

   B. 电子商务广告商

   C. 电子商务平台经营者

   D. 自建网站电子商务经营者

4. 下列哪些属于电子商务平台经营者的义务（　　）。

   A. 对平台内经营者信息进行审查

   B. 制定平台内交易规则

   C. 建立平台内信用评价制度

   D. 处罚违规经营的平台内经营者

二、【判断题】

1. 电子商务经营者可分为电子商务平台经营者和平台内经营者两类。（　　）

2. 只要通过互联网卖东西的，都是电子商务经营者。（　　）

3. 个人通过互联网销售自家产的农副产品，可以不进行市场主体登记。（　　）

4. 消费者在电子商务平台内产生的消费信息，电子商务平台经营者根据经营需要可以任意使用。（　　）

三、【问答题】

1. 电子商务主体的特征有哪些？
2. 我国电子商务主体如何分类？
3. 网上商店的认定须遵循什么原则？

第三章　电子合同法律制度

【学习目标】
1. 掌握电子合同的概念、特征和类型，理解电子合同和传统合同的区别。
2. 掌握电子合同的订立程序，理解电子合同要约和要约邀请的不同。
3. 识记电子合同的生效要件，熟悉电子合同的履行过程、电子合同的违约救济。

"互联网+"的时代，信息网络越来越普及，很多事情都可以通过信息网络解决，签订合同也不例外。无论是商业领域，还是生活领域，使用电子合同的频率越来越高，通过电子合同完成的交易甚至超过了传统的合同形式。无纸化的电子合同与数字化的合同订立方式改变了传统合同形式，产生了新的法律问题，需要我们正视并合理解决。

从根本上讲，电子合同形式并未改变合同的基本法律制度，传统的合同法律制度仍然适用于电子合同，只不过需要结合合同的电子形式灵活适用。本章根据我国《民法典》《电子商务法》《消费者权益保护法》等法律法规的一般规定，结合网络交易的特点，对电子合同的相关法律问题进行讨论。

第一节　电子合同概述

一、电子合同的含义

电子合同，又称电子商务合同，是当事人之间通过计算机和互联网、以数据电文形式达成的设立、变更、终止财产性民事权利义务关系的协议。根据我国《电子签名法》第3条第2款规定，下列事项的设立不适用电子合同形式：
（1）涉及婚姻、收养、继承等人身关系的。
（2）涉及土地、房屋等不动产权益转让的。
（3）涉及停止供水、供热、供气、供电等公用事业服务的。
（4）法律、行政法规规定的不适用电子文书的其他情形。

数据电文是指经由电子手段、光学手段或者类似手段生成、储存或者传递的信息。数据电文包括但并不只限于电子数据交换、电子邮件、电报或者传真所传递的信息。在电子合同中，合同的文本是以可读形式存储在计算机磁性介质上的一组电子数据讯息，该讯息首先通过一方计算机键入内存，然后自动转发，经过互联网到达对方计算机中。

随着电子技术的发展，电子合同以其传输方便、节约成本等特点得到普遍认可。电子合同通过电子脉冲传递信息，不再以纸张为原始凭据，而只是一组电子信息。电子数据交换和电子邮件是电子合同的两种基本形式，两者以其各自的特点和优势在电子商务活动中占据越来越多的领域。电子合同与传统相比，其本质是相同的，但是由于缔约方式和合同载体发生了革命性的变化，因此表现出与传统合同显著不同的特征。

▶ 知识链接

电子签名法生效后首份电子合同问世

《电子签名法》颁布后首份电子合同在北京正式签署。首份电子合同是顺天府超市与联合利华公司签署的，由北京书生国际信息技术有限公司智能文档和电子印章技术与天威诚信公司的数字签名技术联合开发成功。

据专家介绍，数字签名和电子印章可与合约文本捆绑，有利信息保密，具有不可更改、不可抵赖的特性，电子印章有双重密码，比纸质合同更安全。通过网络签约可提高企业效率。中国电子签名法的实施和电子合同系统的诞生将极大促进中国电子商务发展。

资料来源：人民网，2004 年 9 月 29 日。

二、电子合同的特征

电子合同虽然与传统合同的本质相同，同样是合同当事人意思表示达成一致的协议。但因电子合同的载体和操作过程不同于传统的书面合同，所以电子合同具有以下特点。

（一）意思表示方式的电子化

电子合同的意思表示，无论是要约还是承诺都是以数据电文方式通过网络和计算机设备发出的，合同内容以数据电文的形式储存在电脑的终端设备中，不再以纸面的合同书为凭据，而只是一组一组的电子信息，人体感官不能直接感知，须经机器解读后才能为人所感知和理解。这是电子合同和传统书面合同相区别的关键特征。

电子合同需要一系列的国际国内技术标准予以规范，如电子签名、电子认证，等等。这些具体的标准是电子合同存在的基础，如果没有相关的技术与标准电子合同是无法实现和存在的。

（二）电子合同具有易改动性

电子合同的内容等信息记录在计算机磁盘等中介载体中，其修改、流转、储存等过程均在计算机内进行。电子数据以磁性介质保存，是无形物，合同内容的改动、伪造不易留痕迹，不像纸面合同书的"白纸黑字"那样确定，所以必须通过完善电子签名和电子认证制度加以规范，以保证电子合同的安全。

（三）订立合同的间接性

电子合同中的意思表示采用数据电文形式，必须通过计算机等终端设备发送，合同的谈判和签订过程中，当事人无须像传统合同那样通过面对面的方式进行，所以意思表示的表达和传递呈现出间接性。

（四）电子合同的成本低、效率高

电子合同利用网络订立，不受时空限制，交易速度快，手续简便，交易费用大大降低。信息传递能够以光速在网络上进行，从而使订立电子合同需要的时间大大减少、空间被大大压缩。电子合同订立的整个过程采用电子形式，通过电子邮件、电子数据交换等方式进行电子合同的谈判、签订，大大节约了交易成本，提高了经济效益。

（五）电子合同主体的虚拟性和广泛性

订立合同的各方当事人通过在网络上的运作，虽远隔千里，互不谋面，却可以进行谈判和磋商。因此可以说，电子合同的主体可以是世界上的任何自然人、法人或者其他组织，甚至用于订立合同的名称也不一定必须是真实的姓名或名称。这个特征是传统合同所不具备的。

三、电子合同的类型

电子合同作为合同的形式之一，可以按照传统合同的分类方式进行划分，但基于其特殊性，又可以将电子合同分为以下几种类型。

（一）利用电子数据交换订立的电子合同和利用电子邮件订立的电子合同

根据电子合同订立的具体方式，可分为利用电子数据交换订立的合同和利用电子邮件订立的合同。电子数据交换和电子邮件是电子合同订立的两种最主要的形式。

电子数据交换是使用统一的标准编制资料，利用电子方法形成结构化的事务处理或文档数据格式，将商业资料或者行政事务由一台独立的电脑应用程序，传送到其他独立电脑的应用程序。电子数据交换的特点是：电子数据交换可以产生纸张的书面单据，也可以被储存在磁的或者其他非纸张中介物上（如磁带、磁盘、激光盘等）。

> **知识链接**
>
> **生产企业的电子数据交换**
>
> 生产企业的电子数据交换系统，通过网络收到订单，该系统可以自动处理订单，

检查订单是否符合要求,向订货方发确认报文,通知企业管理系统安排生产,向零配件供应商订购零配件,向交通部门预订货运集装箱,到海关、商检等部门办理出口手续,通知银行结算并开具电子数据交换发票,从而将整个订货、生产、销售过程贯穿起来。

相对于传统的交易方式,电子数据交换的突出价值在于取消了传统的书面贸易文件,代之以电子资料交换,大大节约了交易的时间和费用,使贸易流转更为迅速,从而实现了低费用、高效益的基本商业目的。

电子邮件是以网络协议为基础,从终端机输入信件、便条、文件、图片或者声音等,最后通过邮件服务器传送到另一终端机上的信息。电子邮件是互联网最频繁的应用之一。电子邮件具有快捷、方便、低成本的优势,在许多方面都超过了传统的邮件投递业务。

较之电子数据交换合同,以电子邮件方式所订立的合同更能清楚地反映订约双方的意思表示。但电子邮件在传输过程中易被截取、修改,故安全性较差。为此,在电子交易中,应当鼓励订约双方使用电子签名,以确保电子邮件的真实性。当然,对于现实生活中大量存在的双方在交易过程中均认可的未使用电子签名的邮件,仍应依当事人的约定确认其效力。

(二) 网络服务电子合同、软件授权电子合同、物流配送电子合同

从电子合同标的物的属性角度,可分为网络服务电子合同、软件授权电子合同、物流配送电子合同。

(三) 电子代理人订立的电子合同和合同当事人订立的电子合同

从电子合同当事人的角度,可分为电子代理人订立的电子合同和合同当事人订立的电子合同。

电子代理人是指在没有自然人参与的情况下,独立采取某种措施对某个电子信息作出反应的某个计算机程序、电子的或其他的自动手段。例如,EDI 交易就是交易双方事先约定交易的条件并以之为基础制作程序,通过网络的传输,一方向另一方发出订单,另一方的程序则自动审单,并向对方反馈,对方程序再自动化审阅,如此交替进行,直至完成交易。这些自动交易的执行者就是电子代理人。

电子代理人的出现使合同的缔结过程可以在无人控制的情况下自动完成。合同可通过双方电子代理人的交互作用形成,也可以通过电子代理人和自然人之间的交互作用形成。电子代理人的要约和承诺行为可以导致一个有约束力的合同产生。

(四) B-C 合同、B-B 合同和 B-G 合同

从电子合同当事人之间的关系角度,电子合同可分为 B-C 合同、B-B 合同和 B-G 合同。B-C 合同是企业与个人在电子商务活动中订立的合同。

B-B 合同是企业之间从事电子商务活动中订立的合同。

B-G 合同是企业与政府在进行电子商务活动中订立的合同。

知识链接

国际电子合同立法

目前，国际社会和世界各国为了确保电子合同的顺利进行和发展，纷纷着手通过对电子商务立法的研究和制定来规范电子合同。其中，有代表性的包括 1996 年联合国国际贸易法委员会制定并通过的《电子商务示范法》。

《电子商务示范法》采用开放性立法模式，为国际电子商务法提供了法律框架。2001 年，联合国国际贸易法委员会通过了《电子签名示范法》；2005 年 11 月通过了《国际合同使用电子通信公约》，该公约是电子商务的第一个专门性公约。

此外，国际经贸组织与国家纷纷加强合作，制定规则，形成国际电子商务立法的高速发展期。国际商会于 1997 年 11 月通过了《国际数字保证商务通则》（General Usage for International Digitally Ensured Commerce，GUIDEC），该通则试图平衡不同法律体系的原则，为电子商务提供指导性政策；为适应电子商务的发展，国际商会还分别于 1990 年、2000 年、2010 年和 2020 年对《国际贸易术语解释通则》进行修订；期间，2004 年国际商会专门制定了《国际商会 2004 年电子商务术语》，为当事人提供了两个易于纳入合同的简短条款，确定电子商务合同效力。虽然国际商会的行业自律规则或贸易惯例不是法律，不具有法律普遍约束力，但是，如果当事人双方同意在合同中采用这些规则或惯例，则对当事双方产生约束力。由于国际商会在国际经贸中悠久、广泛的影响，其制定的规则和统一惯例在实践中颇具影响。

第二节　电子合同的订立

电子合同的订立是缔约人利用数据电文方式作出意思表示并通过互联网发出以达成合意的过程。电子合同的缔结过程和传统合同一样，也是通过要约、承诺的方式完成的，只是作出要约、承诺的方式不同而已。

《电子商务法》第 50 条规定，电子商务经营者应当清晰、全面、明确地告知用户订立合同的步骤、注意事项、合同下载方法等事项，并保证用户能够便利、完整地阅览和下载。电子商务经营者应当保证用户在提交订单前可以更正输入错误。

一、电子要约

1. 要约和电子要约的概念

要约是希望和他人订立合同的意思表示，又称订约提议、发盘、发价、出价等。

在要约关系中，发出要约的一方称为要约人，接受要约的一方称为受要约人。要约一般向特定对象发出，有时也向非特定对象发出（如悬赏广告等）。电子要约，是指缔约方以缔结合同为目的，通过网络向对方当事人作出希望订立合同的意思表示。

关于电子要约的形式，联合国《电子商务示范法》第 11 条规定："除非当事人另有协议，合同要约及承诺均可以通过电子意思表示的手段来进行，并不得仅仅以使用电子意思表示为理由否认该合同的有效性或者是可执行性"。电子要约的形式，既可以是明示的，也可以是默示的。

2. 电子要约的生效

电子要约通常都具有特定的形式和内容，一项电子要约要发生法律效力，必须具备以下有效要件。

（1）电子要约须由有订约能力的特定人作出。

电子要约人必须有订立合同的相应的民事行为能力。无民事行为能力人或者限制民事行为能力人发出要约，签订电子合同，属于效力待定的电子合同。

（2）电子要约须有订立合同的意思表示。

电子要约人发出要约的目的是订立合同。只有以订立合同为目的的意思表示，才构成要约。如果一方向对方发出提议，但该提议并不能发生订立合同的法律后果，该提议就不是电子合同的要约。

（3）电子要约须向受要约人发出。

电子要约人只有向受要约人发出要约，要约才能成立。

（4）电子要约内容须明确具体。

电子要约必须包括能够决定合同成立的主要内容，因为要约具有一经受要约人承诺，合同即告成立的效力。

（5）电子要约须送达受要约人。

电子要约到达受要约人时生效。电子要约到达受要约人前，要约人可以撤回要约，但撤回要约的通知必须在要约到达受要约人之前或者与要约同时到达受要约人。

电子要约一旦生效，对要约人即具有法律约束力。电子要约人必须按照要约的内容履行电子合同，否则要承担相应的法律责任。

3. 电子要约邀请

与电子要约容易混淆的是电子要约邀请。电子要约邀请是指希望他人向自己发出要约的意思表示。要约邀请在内容上不具体、不明确，只是希望对方发出要约，因此被作为要约引诱，没有法律约束力。在电子商务活动中，从事电子交易的商家在互联网上发布广告的行为属于电子合同的要约邀请。但是，如果这些广告所包含的内容是具体确定的，如包括价格、规格、数量等完整的交易信息的就应当视为电子要约。

4. 电子要约的撤回和撤销

要约可以撤回。撤回要约的通知应当在要约到达受要约人之前或者与要约同时到达受要约人。

要约到达受要约人并生效后，可以有条件地撤销。撤销要约的通知应当在受要约人发出承诺通知之前到达受要约人。有下列情形之一的，要约不得撤销：(1) 要约人确定了承诺期限或者以其他方式明示要约不可撤销；(2) 受要约人有理由认为要约是不可撤销的，并已经为履行合同作出了准备工作。

电子要约撤回或者撤销，应严格遵守《民法典》的规定，否则要约人必须承担违约责任。由于电子交易采取电子方式进行，电子要约的内容表现为数字信息在网络传播，往往是要约人通过网络发送要约的同时，对方就收到了要约的内容，这种技术改变了传统交易中的时间和地点观念。

为了明确电子交易中要约的到达标准，《民法典》第137条第2款规定："以非对话方式作出的采用数据电文形式的意思表示，相对人指定特定系统接收数据电文的，该数据电文进入该特定系统时生效；未指定特定系统的，相对人知道或者应当知道该数据电文进入其系统时生效。当事人对采用数据电文形式的意思表示的生效时间另有约定的，按照其约定。"至于收件人何时实际检索识别，在所不问。这些规定的实质是一致的。因为电子要约的发送具有点击即到的特点，所以电子合同缔结过程中要约的撤回或撤销在实际操作中有别于传统合同，特别是电子要约的撤回，几乎是不可能的。

5. 电子要约的失效

根据《民法典》的有关规定，有下列情形之一的，电子要约失效（即消灭）：

(1) 拒绝要约的通知到达要约人。
(2) 要约人依法撤销要约。
(3) 承诺期限届满，受要约人未作出承诺。
(4) 受要约人对要约的内容作出实质性变更。

二、电子承诺

1. 承诺和电子承诺的概念

我国《民法典》第479条规定："承诺是受要约人同意要约的意思表示"。电子承诺，是指受要约人以数据电文方式通过互联网作出的，接受要约并愿意与要约人缔结合同的意思表示。

电子承诺是针对网络上发出的电子要约而作出的。电子承诺人既可以用电子邮件的形式，也可以用点击确认的方式作出承诺。如果仅仅只是在网络上进行谈判，在线下通过面对面的签约或者以电话、电报等方式作出承诺，仍然属于传统合同订立中的承诺，而不是在订立电子合同中作出的承诺。

2. 电子承诺的生效

以数据电文方式作出的意思表示构成承诺需具备以下几个要件。

(1) 电子承诺须由受要约人作出。

受要约人是要约人选定的,只有受要约人才有权作出承诺,受要约人以外的第三人没有承诺的资格,不能对要约作出承诺。即使第三人向要约人作出同意要约的意思表示,也不是承诺,而是新的要约。

(2) 电子承诺的内容须与电子要约的内容一致。

电子承诺的内容与电子要约的内容一致,并非所有的内容都一致,只要实质内容一致即可。承诺只要在实质内容上与要约的内容一致,电子合同即可成立。受要约人对要约的内容作出实质性变更的,为新要约。承诺对要约的内容作出非实质性变更的,除要约人及时表示反对或者要约表明承诺不得对要约的内容作出任何变更的以外,该承诺有效,合同的内容以承诺的内容为准。

承诺对有关合同标的、数量、质量、价款或者报酬、履行期限、履行地点和方式、违约责任和解决争议方法等的变更,是对要约内容的实质性变更。

(3) 电子承诺在承诺期限内作出。

电子要约如果规定了承诺期限,受要约人应在承诺期限内作出承诺。电子要约没有规定承诺期限的,承诺应当在合理期限内作出,当事人另有约定的从其约定。

(4) 电子承诺须送达受要约人。

电子承诺到达要约人时生效。关于电子承诺到达的时间,依据《民法典》第137条第2款的规定,相对人指定特定系统接收数据电文的,电子承诺进入该特定系统时生效;未指定特定系统的,相对人知道或者应当知道电子承诺进入其系统时生效。当事人对采用数据电文形式的意思表示的生效时间另有约定的,按照其约定。

3. 电子承诺的撤回

电子承诺的撤回是指受要约人在发出承诺通知以后,在承诺正式生效之前撤回承诺。按照《民法典》第485条规定,电子承诺可以撤回。第141条规定,行为人可以撤回意思表示。撤回意思表示的通知应当在意思表示到达相对人前或者与意思表示同时到达相对人。因此,要撤回电子承诺,撤回的通知应当在承诺通知达到要约人之前或者与承诺通知同时达到要约人。因此,撤回电子承诺的通知必须在承诺到达要约人之前到达要约人,或者与承诺通知同时到达要约人,撤回才能生效。

案例 3-1

上海的一家律师事务所通过某商城订购了一台售价165元的电风扇。律师事务所收货后发现,电风扇的部件存在缺陷,导致电风扇整体没办法安装。该事务所于是向某商城提出换货申请,却被拒绝。

某商城拒绝的理由是:当初在订购电风扇时,由其自行在网络表单中填写的发票明细中,记载的内容是"办公用品",而不是这款电风扇的品牌、型号。律师事务所认为某商城的辩解没道理,于是要求它不仅承担电风扇的质保责任,还要求法院认定该网站的相关条款无效。某商城解释，其只有拿到列清商品明细的发票，才能从供货商处得到保修等售后支持，所以事先建议客户购物时把发票填写清楚，并提示了不如此操作，可能无法享受正常质保的后果。某商城还认为，是律师事务所自己没有开对发票，商城据此不为其提供换货服务，完全是合法有据的。为此，律师事务所将某商城告上法庭。

法院一审判决某商城应当向律师事务所提供故障风扇的换货服务。但律师事务所并不满足，因为一审没有明确某商城的退货条款无效。于是，该律所又提起上诉。

二审中，法官亲自对某商城的购物流程进行了核实，发现被质疑的退货条款，是该网站主页下方售后服务—退换货说明—特殊说明中的第一条，该条款是针对不特定消费者制订的，且对条款的内容不能协商，属于格式条款。

法官还发现，客户在购物时，对发票内容是可以自行选择的，这也是某商城为了迎合部分消费者报销等需求，特别设立的流程。而按照国家有关规定，销售方应当向消费者出具内容真实的购物凭证或服务单据，可某商城制订的在线购物流程中，使购物者可以不按实际购买货物的品名选择填写发票内容，双方的行为均有违发票管理办法的规定。税务部门对此可予以处理。

法院认为，虽然双方均未按规定如实开具发票，但买卖合同关系依然有效成立。既然电风扇的质量问题属于三包规定范围，某商城有义务修理、换货或退货。至于发票的内容的可选择性，是由某商城向消费者提供选择所致，所以就不应以此为由，免除其应承担的义务。

资料来源：郭鹏，《电子商务法》（第2版），北京：北京大学出版社，2017。

三、电子合同的成立

电子合同的成立是指当事人以数据电文作出的意思表示通过互联网发送后彼此达成意思表示一致的状态。《电子商务法》第49条第1款规定：电子商务经营者发布的商品或者服务信息符合要约条件的，用户选择该商品或者服务并提交订单成功，合同成立。当事人另有约定的，从其约定。

电子合同成立的时间和地点对电子合同当事人有着重大的意义。电子合同成立的时间决定了电子合同效力的起始和法律关系的确立。电子合同成立的地点对诉讼时管辖法院的确定也有着重大的影响。

（一）电子合同成立的时间

电子合同成立的时间是指电子合同开始对当事人产生法律约束力的时间。与传统合同一样，受要约人发出的电子承诺生效时，电子合同就宣告成立。

由于法律制度的差异，加上受到通信手段的限制，对合同的成立时间，各国的法律规定难免存在差异。《联合国国际货物买卖合同公约》确定了到达生效原则，即不论何种传递，只有在被对方适当地"收到了"，才具有法律意义。这就要求传递的信息必须能够进入对方在协议中指定的数据终端。

在电子数据交换中，"收到"的意义是指当传递进入接收方的数据终端时，即为收到，而不管接受方是否已了解其内容。至于由于接收方自身的原因，延误对进入信息的反应而产生的风险责任则由接收方承担。

知识链接

有关接受生效时间规定

对于接受的生效时间，英美法和法国法均采取"投邮主义"，德国法则采取"到达主义"，《联合国国际货物买卖合同公约》对接受生效原则上采取到达生效原则。

关于电子合同的成立时间，我国《民法典》的规定和联合国《电子商务示范法》基本相同。依据《民法典》第 137 条第 2 款的规定，相对人指定特定系统接收数据电文的，电子承诺进入该特定系统时生效；未指定特定系统的，相对人知道或者应当知道电子承诺进入其系统时生效。当事人对采用数据电文形式的意思表示的生效时间另有约定的，按照其约定。可见，我国《民法典》采用到达生效原则。

对于什么是"进入"，根据《民法典》的规定，一项数据电文进入某一信息系统，其时间应是在该信息系统内可投入处理的时间，而不管收件人是否检查或者是否阅读传送的信息内容。

（二）电子合同成立的地点

针对合同成立的地点，联合国国际贸易法委员会《电子商务示范法》第 15 条规定："除非发端人与收件人另有协议，数据电文应以发端人设有营业地的地点为其发出地点，而以收件人设有营业地的地点视为其收到地点。"

如发端人或者收件人有一个以上的营业地，应以对基础交易具有最密切联系的营业地为准；如果并无任何基础交易，则以其主要营业地为准；如发端人或者收件人没有营业地，则以其惯常居住地为准。之所以以"营业地"作为发出或者收到地，主要是基于使合同等行为与行为地有实质的联系，从而避免以"信息系统"作为发出或者收到地可能造成的不稳定性。

我国《民法典》第 492 条第 2 款与示范法的规定颇为相似，规定："采用数据电文形式订立合同的，收件人的主营业地为合同成立的地点；没有主营业地的，其经常居住地为合同成立的地点。当事人另有约定的，按照其约定。"根据以上规定，采用数据电文形式订立合同成立的地点，首先受制于当事人意思自治原则，由当事人予以约定，在缺乏约定时，以主营业地为第一标准，以经常居住地为替代标准。

(三) 实际履行与合同成立的关系

合同法规定了两种特殊情况下对合同成立的确认。第一，法律、行政法规规定或者当事人约定采用书面形式订立合同，当事人未采用书面形式，但一方已经履行主要义务，对方接受的，该合同成立。第二，法律、行政法规规定或者当事人约定采用合同书形式订立合同，在签字或者盖章之前，当事人一方已经履行主要义务，对方接受的，该合同成立。此外，最高人民法院司法解释规定，商品房的认购、定购、预购等协议具备《商品房销售管理办法》规定的商品房买卖合同的主要内容，并且出卖人已经按照约定收受购房款的，该协议应当认定为商品房买卖合同。这些规定在电子合同中也适用。

(四) 输入错误的更正和撤回

根据《电子商务法》的规定，电子合同当事人使用自动交易信息系统订立或者履行合同的行为对使用该系统的当事人具有法律效力。在使用自动交易系统时，在人机互动中用户发生输入错误，电子商务经营者应当保证用户在提交订单前可以更正输入错误。

如果系统未提供更正错误的方式，用户有权获得适当的救济。比如，同时符合以下要求的，用户有权撤回输入错误的部分：①该用户在发生错误后立即通知对方当事人有输入错误发生；②该用户没有从对方当事人处获得实质性的利益或者价值。

四、电子合同的内容

1. 电子合同的一般条款

电子合同的订立与传统合同一样，也应当遵循当事人意思自治原则，《民法典》对合同内容和条款没有作强制性规定。但根据合同主要内容应当具体确定到能够履行的原则，电子合同一般包括以下条款：①当事人的名称或者姓名和住所；②标的；③数量；④质量；⑤价款或者报酬；⑥履行期限、地点和方式；⑦违约责任；⑧解决争议的方法。

2. 电子格式合同或格式条款

(1) 概念。

电子格式合同是指当事人（特别是一些垄断性企业）为了重复使用而预先拟定，并在订立合同时未与对方协商并不允许对其内容进行修改的电子合同条款。

(2) 对电子格式合同的法律限制。

由于电子格式合同或格式条款是单方面提供的，未经双方平等协商，与合同法平等、自愿、意思表示真实等基本原则有所不合，但是电子格式合同或格式条款的使用能够大大提高订立合同的效率，所以合同法并不禁止使用，只是对其法律效力做了一些限制，以平衡合同当事人之间的利益关系：

第一，提供格式条款的一方应当遵循公平原则确定当事人之间的权利和义务，并采取合理方式提请对方注意免除或者减轻其责任等与对方有重大利害关系的条款，按照对方的要求，对该条款予以说明。提供格式条款的一方未履行提示或者说明义务，致使对方没有注意或者理解与其有重大利害关系的条款的，对方可以主张该条款不成为合同的内容。

第二，电子合同中，有下列情形的，格式条款无效：①有《民法典》第一编第六章第三节规定的民事法律行为无效的情形；②提供格式条款一方不合理地免除或者减轻其责任、加重对方责任、限制对方主要权利；③提供格式条款一方排除对方主要权利；④造成对方人身损害或因故意或者重大过失造成对方财产损失的。

第三，对格式条款的理解发生争议的，应当按照通常理解予以解释。对格式条款有两种以上理解的，应当作出不利于提供格式条款一方的解释。格式条款和非格式条款不一致的，应当采用非格式条款。

五、电子合同的形式

合同的形式是指合同的外在表现形式，是合同内容的载体。合同的电子形式，也称为数据电文形式，是指以电子形式、光学形式或类似形式表达合同内容的合同表现形式。电子技术的发展和电子合同的出现，改变了"书面形式"的传统含义。

我国《民法典》第469条第3款规定："以电子数据交换、电子邮件等方式能够有形地表现所载内容，并可以随时调取查用的数据电文，视为书面形式。"《电子签名法》第4条规定："能够有形地表现所载内容，并可以随时调取查用的数据电文，视为符合法律、法规要求的书面形式。"

可见，随着科技的发展，以及合同载体的变革，立法与时俱进，已经认可了电子合同的书面性质。

那么，电子合同的原件问题怎么确定呢？《电子签名法》第5条规定：符合下列条件的数据电文，视为满足法律、法规规定的原件形式要求：（1）能够有效地表现所载内容并可供随时调取查用；（2）能够可靠地保证自最终形成时起，内容保持完整、未被更改。但是，在数据电文上增加背书以及数据交换、储存和显示过程中发生的形式变化不影响数据电文的完整性。电子合同的原件价值也得到了立法的认可。

六、缔约过失责任

缔约过失责任，是指一方当事人在订立合同过程中，因为过错给对方当事人造成损失时应当承担的责任。它发生在合同成立之前，所以不能以违约责任对待。缔约过失主要包括以下情形。

（1）假借订立合同，恶意进行磋商。

（2）故意隐瞒与订立合同有关的重要事实或者提供虚假情况（如未经登记注册的企业主体资格、财产状况、履约能力、瑕疵、性能、使用方法等）。

（3）有其他违背诚实信用原则的行为（如违反要约或要约邀请、初步协议或许诺；因一方过错合同被宣告无效或撤销；无权代理等）。

（4）当事人在订立合同过程中知悉的商业秘密或者其他应当保密的信息，无论合同是否成立，不得泄露或者不正当地使用。否则，给对方造成损失的，应当承担损害赔偿责任。

知识链接

电子合同生效与传统合同的区别

电子合同生效的方式、时间和地点与传统合同有所不同。

传统合同一般以当事人签字或者盖章的方式表示合同生效，而在电子合同中，传统的签字盖章方式被电子签名所代替。传统合同的生效地点一般为合同成立的地点，而采用数据电文等形式所订立的电子合同，以收件人的主营业地为电子合同成立的地点；没有主营业地的，以其经常居住地为电子合同成立的地点。

传统合同一般以要约到达受要约人作为要约生效的时间，以承诺通知到达要约人作为合同生效的时间，而采用数据电文形式订立的电子合同，收件人指定特定系统接收数据电文的，该数据电文进入该特定系统的时间，视为到达时间（即生效时间）；未指定特定系统的，该数据电文进入收件人的任何系统的首次时间，视为到达时间。

第三节 电子合同的效力

合同的效力是指合同是否具有法律约束力。一般来说，合同成立后，其法律后果可能有以下四种情况：有效合同；效力待定合同；可变更、可撤销合同；无效合同。电子合同也不例外。

一、有效的电子合同

1. 合同作为民事法律行为之一种，其生效的一般条件包括：

（1）行为人具有相应的民事行为能力。

（2）意思表示真实。

（3）内容不违反法律、行政法规的强制规定，不违背公序良俗。

2. 合同的生效

（1）依法成立的合同，自成立时生效。

(2) 法律、行政法规规定应当办理批准、登记等手续的，依照其规定。如《民法典》规定，房屋抵押合同自办理登记手续之日起生效。

(3) 附条件的合同。附生效条件的合同，自条件成就时生效；附解除条件的合同，自条件成就时失效。当事人为自己的利益不正当地阻止条件成就的，视为条件已成就；不正当地促成条件成就的，视为条件不成就。

(4) 当事人对合同的效力可以约定附期限。附生效期限的合同，自期限届至时生效；附终止期限的，自期限届满时失效。

3. 电子合同的生效要件

电子合同的成立意味着当事人之间已经就合同内容的意思表示达成了一致，但电子合同的成立并不等于电子合同的生效，电子合同能否产生法律效力，是否受法律保护还需要看它是否符合法律规定的生效要件。电子合同的生效须同时具备以下几个条件。

(1) 电子合同的订约主体必须具有相应的民事行为能力。

电子合同的订约主体是指实际订立电子合同的当事人，既可以是电子合同的履约方，也可以是电子合同当事人的代理人。电子合同的订约主体必须具有相应的民事行为能力，就是要求订立电子合同的当事人必须具备正确理解自己行为的性质和后果，独立地表达自己意思的能力。

由于电子合同订立是利用终端机、通过互联网以点击的方式完成的，合同当事人不能面对面判断对方的民事行为能力状况，如果非拘泥于以传统的方式确定对方当事人的民事行为能力才订立合同，会大大降低电子商务活动的效率，甚至使电子商务活动无法进行。所以《电子商务法》第 48 条规定，在电子商务中推定当事人具有相应的民事行为能力。但是，有相反证据足以推翻的除外。

作为民事法律行为生效要件之一，如果事后有证据证明当事人不具备相应民事行为能力的，应根据行为能力确定为无效的电子合同或效力待定的电子合同，以维护民事法律关系的公正性。

案例 3-2

未成年人订立的电子合同是否有效

某一刚上小学一年级的男童（17 岁），在某购物网站以父亲李某的身份证号码注册了客户信息，并且订购了一台价值 1000 元的游戏机。但是当该网站将货物送到李某家中时，李某以"其子未满 8 周岁，是无民事行为能力人"为由，拒绝接收货物并拒付货款。由此交易双方产生了纠纷。

李某主张，按照我国《民法典》第 20 条的规定，不满 8 周岁的未成年人是无民事行为能力人，应该由他的法定代理人代理民事活动。其子未满 8 周岁，不能独立订立货物买卖合同,所以该游戏机的网上购销合同无效;其父母作为其法定代理人有权拒付货款。

对此,网站主张:由于该男童是使用其父亲李某的身份证登录注册客户信息的,从网站所掌握的信息来看,与其达成游戏机网络购销合同的当事人是一个有完全民事行为能力的正常人,而并不是此男童。由于网站不可能审查身份证来源,也就是说网站已经尽到了自己的注意义务,不应当就合同的无效承担民事责任。

评析:根据我国《民法典》第20条的规定,未满8周岁的儿童是无民事行为能力人。无民事行为能力人订立的合同无效,所以李某拒付货款的行为本来无可厚非。但是,由于孩童是以其父的身份证登录客户信息,如果网站有充分的证据证明其已经尽到了必要的注意义务,那么无视网站利益受到侵害的事实则有失公平。

另一方面,李某作为其子的监护人和其身份证的合法持有人,没有尽到相应的管教义务和保管义务,导致其子滥用其身份证进行登录注册,应当对合同无效给网站造成的损失承担赔偿责任。所以,应该认定购物网站有权要求李某承担货物的往返运费和其他交易费用。

(2) 电子意思表示真实。

电子意思表示真实是指利用数据电文形式所作的意思表示是当事人真实的意思表示。电子意思表示的形式是多种多样的,包括但不限于电话、电报、电传、传真、电子邮件、电子数据交换和互联网数据等,通过封闭型的电子数据交换网络、局域网与互联网连接开放型的互联网或者传统的电信进行电子交易信息的传输。

随着科技的进步,当事人可能运用机械的或者自动化的方式来为要约或者承诺作出意思表示。在网络日益发达的今天,计算机程序或者主机在其程序设计的范围内自行"意思表示",而当事人则完全不介入意思表示的过程,此为"电子代理人"。电子代理人应当独立代表个人的意思表示或者接受意思表示,其所代表的个人应该承担相应的法律责任。如果通过技术手段能够证明电子要约或承诺不是当事人真实的意思表示,则应当允许撤销。

(3) 内容不违反法律、行政法规的强制性规定,不违背公序良俗。

有效的电子合同不仅要符合法律、行政法规的强制性规定,而且不得违反公序良俗。根据法律规定需要批准登记的,电子合同还需到有关部门办理批准登记手续后才能生效。

按照《民法典》第502条的规定,法律、行政法规规定需要批准登记的,电子合同应当办理批准等手续。未办理批准等手续影响电子合同生效的,不影响合同中履行报批等义务条款以及相关条款的效力。应当办理申请批准等手续的当事人未履行义务的,对方可以请求其承担违反该义务的责任。依照法律、行政法规的规定,合同的变更、转让、解除等情形应当办理批准等手续的,适用此规定。

知识链接

如何签订电子合同？

签订电子合同是一个简单快捷的过程：首先要使用智能文档设计工具，编辑合同内容（也可以从 Word 文档直接导入），签约双方填写相关合同信息，并确认后，甲方先用电子印章（将一个类似于 U 盘大小的物体插入电脑，两次输入密码后，用鼠标点击电子文件下方空白处，一个红色的公司印章就印在指定位置）。之后，甲方用网络将合同传输到乙方，乙方用同样的方法盖上电子印章，传输给甲方。这样，一份具有法律效力的电子合同就成立了。

二、效力待定的电子合同

效力待定合同，是指合同虽然已经成立，但因其不完全符合合同的生效要件，因此其效力能否发生，尚未确定，一般须经有权人表示承认才能生效，如果在法定的时限内有权决定的人不表示认可或者拒绝认可，则合同归于无效。根据合同法的规定，以下几种情况下订立的电子合同效力待定。

(1) 限制民事行为能力人订立的合同，经法定代理人追认后，该合同有效，但纯获利益的合同或者与其年龄、智力、精神健康状态相适应而订立的合同，无须经法定代理人追认即为有效。电子合同的订立方式决定了合同当事人各方互不见面，无从直观地判断对方的行为能力状况，所以这种情形更容易出现。

合同相对人可以催告法定代理人在一个月内予以追认。法定代理人未作表示的，视为拒绝追认。合同被追认前，善意相对人有撤销的权利。撤销应当以通知的形式作出。

(2) 行为人没有代理权、超越代理权或者代理权终止后以被代理人订立合同，未经被代理人追认，对被代理人不发生效力，由行为人承担责任。但是相对人有理由相信行为人有代理权的，该代理行为有效，即表见代理，如法人或其他组织的法定代表人、负责人的越权合同行为对善意相对人来说就容易构成表见代理。

相对人可以催告被代理人在一个月内予以追认。被代理人未作意思表示的，视为拒绝追认。合同被追认之前，善意相对人有撤销的权利。撤销应以通知的方式作出。

(3) 无权代理人以被代理人名义订立合同，被代理人已经开始履行合同义务或者接受相对人履行的，视为对合同的追认。行为人订立的合同未被追认的，善意相对人有权请求行为人履行债务或者就其受到的损害请求行为人赔偿。但是，赔偿的范围不得超过被代理人追认时相对人所能获得的利益。

三、可变更或者可撤销的电子合同

可变更或可撤销的合同，是指合同成立后，存在法定事由，当事人有权请求人民法院或者仲裁机构变更有关内容或撤销的合同。被撤销的合同，自始无效。

1. 申请撤销电子合同的法定事由

依据《民法典》第147条、第148条、第150条、第151条和第157条的规定，电子合同存在以下情形的，当事人有权请求人民法院或者仲裁机构撤销。

（1）因重大误解订立的合同。电子合同当事人因对合同的重要内容产生错误认识而使意思与表示不一致所订立的合同，受损害方有权请求人民法院或者仲裁机构撤销该电子合同。

（2）在订立合同时显失公平的。电子合同当事一方利用对方处于危困状态、缺乏判断能力等情形，致使订立的电子合同显失公平，受损害方有权请求人民法院或者仲裁机构撤销该电子合同。

（3）一方以欺诈、胁迫的手段或者乘人之危，使对方在违背真实意思的情况下订立的合同。电子合同的一方以欺诈手段，使对方在违背真实意思的情况下订立电子合同的，受欺诈方有权请求人民法院或者仲裁机构撤销该电子合同。

电子合同的一方或者第三人以胁迫手段，使对方在违背真实意思的情况下订立电子合同，受胁迫方有权请求人民法院或者仲裁机构撤销该电子合同。

2. 撤销权的消灭

依《民法典》第152条的规定，享有撤销请求权的一方，如果有下列情形之一，撤销权归于消灭。

（1）具有撤销权的当事人自知道或者应当知道撤销事由之日起1年内没有行使撤销权的；

（2）因重大误解订立电子合同的当事人自知道或者应当知道撤销事由之日起90日内没有行使撤销权；

（3）当事人受胁迫，自胁迫行为终止之日起1年内没有行使撤销权；

（4）具有撤销权的当事人知道撤销事由后明确表示或者以自己的行为表明放弃撤销权。

当事人自订立电子合同行为发生之日起5年内没有行使撤销权的，撤销权消灭。

3. 合同撤销的后果

电子合同撤销之后，当事人因该合同取得的财产，应当予以返还；不能返还或者没有必要返还的，应当折价补偿。有过错的一方应当赔偿对方由此所受到的损失；各方都有过错的，应当各自承担相应的责任。法律另有规定的，依照其规定。

案例 3-3

王某与某贸易公司网络购物合同重大误解纠纷案

2018年8月，王某在某贸易公司开设的网店购买一台制冰机，制冰机售价2788

元。因该网店初营业,王某系第一单客户,成交价格远低于市场价。之后客服给王某打电话,称商家价格录入错误,不愿意发货,要求王某取消订单并赔偿王某500元。王某回复不要赔偿,只要制冰机,并认为该贸易公司的行为已经构成欺诈;如果商家不给制冰机,则需商家返还货款2788元,承担三倍赔偿责任8364元。

法院经审理后查明,某贸易公司于2018年8月1日才开始在某平台销售商品,王某于2018年8月16日下单时公司尚处于初运营阶段,制冰机实际销售价格远超2788元,且双方确认王某系首单客户,下单当晚该贸易公司即向王某表明标价错误,故对于其辩称因疏忽大意标错案涉商品价格的意见,法院予以采纳。该行为属于意思表示错误,并非故意告知王某虚假情况,不构成欺诈。某贸易公司未尽到谨慎注意义务,违反了先合同义务中的诚信缔约义务,损害了王某的信赖利益,应向王某承担缔约过失责任。根据王某对案涉商品的下单价格与实际价格之间的差价,并结合某贸易公司虚假陈述的不诚信行为以及双方处理纠纷的整个过程,法院判决某贸易有限公司返还王某货款2788元,赔偿经济损失800元。

评析:电子合同当事人一方某贸易公司因疏忽而在网店标错价格,使其对合同的重要内容产生错误认识,进而导致因重大误解而订立合同。依据《民法典》第147条的规定,本案某贸易公司作为受损害方有权请求人民法院或者仲裁机构撤销该电子合同。

依据《民法典》第157条的规定,电子合同撤销之后,有过错的一方应当赔偿对方由此所受到的损失。本案中,某贸易公司未尽到谨慎注意义务,违反了先合同义务中的诚信缔约义务,损害了王某的信赖利益,应向王某承担缔约过失责任。

(资料来源:广州互联网法院网络购物合同纠纷十大典型案例,2020年3月15日发布)

四、无效电子合同

无效合同是指不发生法律效力的合同。电子合同一旦被确认为无效,从订立时起就没有法律效力,不受法律保护,即自始无效。合同尚未履行的不再履行;正在履行的停止履行;已经履行的恢复原状,不能恢复原状的,根据各自的责任折价补偿或者承担其他法律后果。

电子合同无效分为全部无效和部分无效。电子合同部分无效,不影响其他部分效力的,其他部分仍然有效。

1. 电子合同全部无效

依据《民法典》第144条、第146条、第153条和第154条的规定,下列电子合同无效:

(1) 无民事行为能力人订立的电子合同。

(2) 电子合同的当事人以虚假的意思表示订立的电子合同。

(3) 违反法律、行政法规的强制性规定的电子合同。但是，该强制性规定不导致电子合同无效的除外。

(4) 内容违背公序良俗的电子合同。

(5) 当事方恶意串通，损害他人合法权益订立的电子合同。

2. 电子合同部分无效

根据《民法典》第 497 条和第 506 条的规定，电子合同中，有下列情形的格式条款或免责条款无效。

(1) 有《民法典》第一编第六章第三节规定的民事法律行为无效的情形。

(2) 提供格式条款一方不合理地免除或者减轻其责任、加重对方责任、限制对方主要权利。

(3) 提供格式条款一方排除对方主要权利。

(4) 造成对方人身损害或因故意或者重大过失造成对方财产损失的。

《电子商务法》第 49 条第 2 款规定：电子商务经营者不得以格式条款等方式约定消费者支付价款后合同不成立；格式条款等含有该内容的，其内容无效。

3. 电子合同无效或被撤销的法律后果

《民法典》第 157 条、第 59 条和第 507 条规定了电子合同被依法确认为无效合同或者被依法撤销后的法律后果。

(1) 返还财产或折价补偿。电子合同无效、被撤销后，因该合同取得的财产，应当予以返还；不能返还或者没有必要返还的，应当折价补偿。

(2) 赔偿损失。过错方应当赔偿对方因此所受到的损失。双方都有过错的，依过错大小各自承担相应的主次责任。

(3) 追缴。当事人恶意串通，损害国家、集体或者第三人利益的，因此取得的财产收归国家所有或者返还集体、第三人。

(4) 合同无效或者被撤销后，合同中解决争议方法条款的效力不受影响。

第四节 电子合同的履行

一、电子合同履行的基本原则

《民法典》第 509 条规定了合同履行的三个原则：电子商务合同的当事人应当按照约定全面履行自己的义务；遵循诚实守信原则，根据合同的性质、目的和交易习惯履行通知、协助、保密等义务；在履行合同过程中，应当避免浪费资源、污染环境和破坏生态。

（一）遵守约定原则

依法订立的电子合同对当事人具有法律约束力。当事人应按电子合同约定的标的、质量、数量，由适当主体在适当的期限、地点，符合合同的性质、目的和交易习惯，全面履行合同。

（二）诚信履行原则

电子合同的当事人应互助合作共同完成合同义务。

(1) 协作履行原则，要求当事人基于诚实信用原则的要求，对对方当事人的履行债务行为给予协助：一是及时通知，二是相互协助，三是予以保密。由于在合同履行的过程中，债务人比债权人更多地应受诚实信用、适当履行等原则的约束，故协作履行往往是对债权人的要求。

(2) 经济合理原则，要求当事人在履行合同时应当讲求经济效益，付出最小的成本，取得最佳的合同利益。

（三）绿色原则

依照《民法典》第9条规定，履行电子合同应当避免浪费资源、污染环境和破坏生态。遵守绿色原则是经济可持续发展的必然选择，涉及我们这一代人以及后代的生存和发展。

二、电子合同内容约定不明确时的履行

依据《民法典》第510条和第511条规定，电子合同生效后，当事人就有关内容没有约定或约定不明确的，可以协议补充；不能达成补充协议，按照合同有关条款或者交易习惯仍不能确定的，适用下列规定。

(1) 质量要求不明确的，按照强制性国家标准；没有强制性国家标准的，按照推荐性国家标准履行；没有推荐性国家标准的，按照行业标准履行；没有国家标准、行业标准的，按照通常标准或者符合合同目的的特定标准履行。

(2) 价款或者报酬不明确的，按照订立合同时履行地的市场价格履行；依法应当执行政府定价或指导价的，依其规定。

(3) 履行地点不明确，给付货币的，在接受货币一方所在地履行；交付不动产的，在不动产所在地履行；其他标的，在履行义务一方所在地履行。

(4) 履行期限不明确的，债务人可以随时履行，债权人也可以随时要求履行，但应当给对方必要的准备时间。

(5) 履行方式不明确的，按照有利于实现合同目的的方式履行。

(6) 履行费用的负担不明确的，由履行义务方负担。

执行政府定价或者指导价的，在合同约定的交付期限内政府价格调整时，按照交付时的价格计价。逾期交付标的物的，遇价格上涨时，按照原价格执行；价格下降时，按照新价格执行。逾期提取标的物或者逾期付款的，遇价格上涨时，按照新价格执行；

价格下降时，按照原价格执行。

三、电子合同履行中的代位权和撤销权

（1）代位权。

代位权是指债务人怠于行使（应行使且能行使而不行使）其到期债权，对债权人造成损害的，债权人可以向人民法院请求以自己的名义代位行使债务人的债权，但该债权专属于债务人自身的除外。

（2）撤销权。

撤销权是因债务人放弃其到期债权或者无偿转让财产，对债权人造成损害；或者债务人以明显不合理的低价转让财产，对债权人造成损害，并且受让人知道该情形的，债权人可以请求人民法院撤销债权人的行为。撤销权自债权人知道或者应当知道撤销事由之日起1年内行使。自债务人的行为发生之日起5年内没有行使撤销权的，该撤销权消灭。

代位权、撤销权的行使范围以债权人的债权为限。债权人行使代位权、撤销权的必要费用，由债务人承担。

四、电子合同的履行

从我国当前电子商务开展的情况来看，电子合同履行的方式基本有三种：一是在线付款，在线交付。二是在线付款，离线交付。三是离线付款，离线交付。

在线交付合同的标的一般是信息产品，例如音频、视频的在线下载等。合同标的为采用在线传输方式交付的，合同标的进入对方当事人指定的特定系统并且能够检索识别的时间为交付时间。合同标的为提供服务的，生成的电子凭证或者实物凭证中载明的时间为交付时间；前述凭证没有载明时间或者载明时间与实际提供服务时间不一致的，实际提供服务的时间为交付时间。

当然，信息产品也可以选择离线交付。采用在线付款和在线交货方式完成电子合同履行的，与离线交货相比，其履行环节比较简单。合同当事人对交付方式、交付时间另有约定的，从其约定。

《电子商务法》规定，电子商务当事人可以约定采用电子支付方式支付价款。

电子支付服务提供者为电子商务提供电子支付服务，应当遵守国家规定，告知用户电子支付服务的功能、使用方法、注意事项、相关风险和收费标准等事项，不得附加不合理交易条件。电子支付服务提供者应当确保电子支付指令的完整性、一致性、可跟踪稽核和不可篡改。电子支付服务提供者应当向用户免费提供对账服务以及最近3年的交易记录。电子支付服务提供者提供电子支付服务不符合国家有关支付安全管理要求，造成用户损失的，应当承担赔偿责任。

用户在发出支付指令前,应当核对支付指令所包含的金额、收款人等完整信息。支付指令发生错误的,电子支付服务提供者应当及时查找原因,并采取相关措施予以纠正。造成用户损失的,电子支付服务提供者应当承担赔偿责任,但能够证明支付错误非自身原因造成的除外。

电子支付服务提供者完成电子支付后,应当及时准确地向用户提供符合约定方式的确认支付的信息。

用户应当妥善保管交易密码、电子签名数据等安全工具。用户发现安全工具遗失、被盗用或者未经授权的支付的,应当及时通知电子支付服务提供者。未经授权的支付造成的损失,由电子支付服务提供者承担;电子支付服务提供者能够证明未经授权的支付是因用户的过错造成的,不承担责任。电子支付服务提供者发现支付指令未经授权,或者收到用户支付指令未经授权的通知时,应当立即采取措施防止损失扩大。电子支付服务提供者未及时采取措施导致损失扩大的,对损失扩大部分承担责任。

五、快递物流与交付

如果电子合同的标的是有形商品,就不可能在线交货,必须选择线下物流的方式交货。离线交付往往要选择快递物流的方式。我国电子商务快递物流服务提供者的经营资格,经营范围及责任和义务的法律规定,主要体现在《邮政法》和《电子商务法》中。

(一)快递物流服务提供者

根据我国《邮政法》的规定,快递物流业的经营实行许可制度。经营快递业务,应当取得快递业务经营许可;未经许可,任何单位和个人不得经营快递业务。

申请快递业务经营许可,应当具备下列条件:(1)符合企业法人条件;(2)在省、自治区、直辖市范围内经营的,注册资本不低于人民币 50 万元,跨省、自治区、直辖市经营的,注册资本不低于人民币 100 万元,经营国际快递业务的,注册资本不低于人民币 200 万元;(3)有与申请经营的地域范围相适应的服务能力;(4)有严格的服务质量管理制度和完备的业务操作规范;(5)有健全的安全保障制度和措施;(6)法律、行政法规规定的其他条件。

申请快递业务经营许可,在省、自治区、直辖市范围内经营的,应当向所在地的省、自治区、直辖市邮政管理机构提出申请,跨省、自治区、直辖市经营或者经营国际快递业务的,应当向国务院邮政管理部门提出申请;申请时应当提交申请书和有关申请材料。受理申请的邮政管理部门应当自受理申请之日起 45 日内进行审查,作出批准或者不予批准的决定。

予以批准的,颁发快递业务经营许可证;不予批准的,书面通知申请人并说明理由。邮政管理部门审查快递业务经营许可的申请,应当考虑国家安全等因素,并征求有关部门的意见。申请人凭快递业务经营许可证向工商行政管理部门依法办理登记后，方可经营快递业务。外商不得投资经营信件的国内快递业务。国内快递业务，是指从收寄到投递的全过程均发生在中华人民共和国境内的快递业务。

邮政企业以外的经营快递业务的企业（以下称快递企业）设立分支机构或者合并、分立的，应当向邮政管理部门备案。快递物流服务提供者以加盟方式为电子商务提供服务的，在加盟地域和业务范围内均应当具备经营资质，并签订书面协议约定权利义务。加盟，是指两个以上快递物流服务提供者依照有关法律、行政法规的规定采用统一的商标、商号或者运单等，共同组成服务网络，遵守共同的服务约定提供快递物流服务的行为。

（二）快递物流服务范围

快递物流服务提供者应当向社会公示服务承诺事项。服务承诺事项发生变更的，应当及时公示。快递物流服务提供者进行作业时，应当加强服务信息化、网络化和标准化建设，规范数据处理和数据管理程序，保证作业信息准确和可追溯。

快递企业不得经营由邮政企业专营的信件寄递业务，不得寄递国家机关公文。快递企业经营邮政企业专营业务范围以外的信件快递业务，应当在信件封套的显著位置标注信件字样。快递企业不得将信件打包后作为包裹寄递。

经营国际快递业务应当接受邮政管理部门和有关部门依法实施的监管。邮政管理部门和有关部门可以要求经营国际快递业务的企业提供报关数据。

（三）快递企业的物流义务和责任

快递物流服务提供者应当建立并严格实施作业技术规范，确保作业过程的安全性。快递物流服务提供者在揽收电子商务交易物品时应当履行查验义务，不得违法揽收国家规定的禁止和限制寄递、运输的物品。

快递物流服务接受者应当如实填写快递物流运单。快递物流服务提供者应当核对运单信息，对于运单填写不完整或者信息填写不实的，不予揽收。

对于与快递物流服务接受者有特殊约定或者提供代收货款服务的，快递物流服务提供者应当与快递物流服务接受者在合同中明确电子商务交易物品交付验收的权利义务。快递物流服务提供者在提供快递物流服务的同时，可以接受电子商务经营者的委托提供代收货款服务。快递物流服务提供者提供代收货款服务的，应当建立严格的现金管理、安全管理和风险管控制度。

快递物流服务提供者应当与电子商务经营主体签订协议，对收费标准、服务方式、争议处理等作出约定。所谓代收货款，是指快递物流服务提供者利用服务网络和资源，在提供快递物流服务的同时，为电子商务经营主体代收货款并结算的快递物流增值业务。

电子商务经营主体向消费者专项收取的快递物流服务费用不得高于快递物流服务

提供者公示的服务价格,不得利用自身经营优势限定消费者选择快递物流服务提供者的范围。

电子合同的标的为交付商品并采用快递物流方式交付的,以快递物流服务接受者签收时间为交付时间。快递物流服务提供者在交付商品时,应当提示收货人当面查验;交由他人代收的,应当经收货人同意。迟延交付的,依据物流合同约定承担违约责任。

如果物流合同是快递物流服务提供者与电子商务经营主体之间签订的,由快递物流服务提供者向电子商务经营主体承担违约责任,电子商务经营主体向电子合同的购买方承担违约责任。这种情况下,快递物流服务提供者与电子商务合同的购买方之间不存在合同关系。

快递物流服务提供者在服务过程中,电子商务交易物品发生延误、丢失、损毁或者短少的,应当依法赔偿。以加盟方式提供快递物流服务的,加盟方与被加盟方承担连带赔偿责任。

快递物流服务提供者应当按照规定使用环保包装材料,实现包装材料的减量化和再利用。

快递企业停止经营快递业务的,应当书面告知邮政管理部门,交回快递业务经营许可证,并对尚未投递的快件按照国务院邮政管理部门的规定妥善处理。

六、电子合同的违约救济

电子合同生效后,双方当事人应当按照约定履行合同义务,一方未履行约定义务即是违约,应承担违约责任。《民法典》第577条对违约责任规定了总括性条款,说明了什么是违约及其后果。

关于违约救济权,《民法典》的规定主要体现在如下部分:第四章合同的履行、第七章合同的权利义务终止和第八章违约责任。

(一) 电子合同履行中的抗辩权

1. 概念

电子合同履行中的抗辩权,是指在双务电子合同中,一方当事人有依法对抗对方,要求或者否认对方要求的权利。

2. 抗辩权的种类

《民法典》第525条、第526条和第527条分别规定,双务电子合同中互负债务的当事人在一定条件下享有同时履行抗辩权和先履行抗辩权,先履行债务的当事人在一定条件下享有不安抗辩权。

(1) 同时履行抗辩权。

电子合同当事人互负债务,没有先后履行顺序的,应当同时履行。一方在对方履行之前有权拒绝其履行要求。一方在对方履行债务不符合约定时,有权拒绝其相应的履行要求。

(2) 先履行抗辩权（顺序履行抗辩权）。

电子合同当事人互负债务，有先后履行顺序，先履行一方未履行的，后履行一方有权拒绝其履行要求。先履行一方履行债务不符合约定的，后履行一方有权拒绝其相应的履行要求。

(3) 不安抗辩权。

应当履行债务的电子合同当事人，有确切证据证明对方有下列情形之一的，可以中止履行：①经营状况严重恶化；②转移财产、抽逃资金，以逃避债务；③丧失商业信誉；④有丧失或者可能丧失履行债务能力的其他情形。

电子合同当事人行使不安抗辩权中止履行的，应当及时通知对方。对方提供适当担保时，应当恢复履行。中止履行后，对方在合理期限内未恢复履行能力并且未提供适当担保的，中止履行的一方可以解除合同。当事人没有确切证据中止履行的，应承担违约责任。

(二) 电子合同解除权

依据《民法典》第563条规定，发生下列情形时当事人可以行使单方电子合同解除权：因不可抗力致使不能实现合同目的；在履行期限届满前，当事人一方明确表示或者以自己的行为表明不履行主要债务；当事人一方迟延履行主要债务，经催告后在合理期限内仍未履行；当事人一方迟延履行债务或者有其他违约行为致使不能实现合同目的；法律规定的其他情形。

为防止单方电子合同解除权的滥用，《民法典》第565条规定，有异议的被解除一方可以请求人民法院或者仲裁机构确认解除行为的效力。第566条和第567条规定了合同解除后的法律后果。

(三) 电子合同的违约责任

1. 归责原则

归责原则是指确定违约当事人的民事责任的法律原则。我国《民法典》中关于违约损失赔偿责任的归责原则以严格责任原则为主，过错责任原则为补充。

严格责任原则，又称无过错责任，是指违反合同的当事人无论在主观上是否有过错，都要承担违约责任的归责原则。严格责任原则具体体现在《民法典》第577条规定中，即当事人一方不履行合同义务或者履行合同义务不符合约定的，应当承担继续履行、采取补救措施或者赔偿损失等违约责任该规定体现了严格责任归责原则，即只要发生"不履行"或"不适当履行"合同义务的情况，就应当承担违约责任。严格责任原则有利于保障合同的履行和交易安全，维护守约方的利益。《民法典》第593条规定，当事人一方因第三人的原因造成违约的，应当依法向对方承担违约责任。当事人一方和第三人之间的纠纷，依照法律规定或者按照约定处理。

过错责任原则是指一方违反合同义务，不履行和不适当履行合同时，应以过错确定违约责任。对于违约责任，如果全部采用严格责任原则而不考虑过错，在某些情形下对违约方是不公平的，所以《民法典》规定了免责和减轻责任的情形。

《民法典》第590条规定了因不可抗力不能履行合同的，因违约方没有过错，可以根据不可抗力的影响部分或全部免除责任。《民法典》第592条规定，当事人都违反合同的，应当各自承担相应的责任。当事人一方违约造成对方损失，对方对损失的发生有过错的，可以减少相应的损失赔偿额。上述规定体现了过错规则原则，在保证交易安全和效率的同时兼顾了公平。

2. 电子合同违约责任的承担形式

（1）《民法典》第577条规定，当事人一方不履行合同义务或者履行合同义务不符合约定的，应当承担继续履行、采取补救措施或者赔偿损失等违约责任。

（2）《民法典》第579条和第580条规定了金钱债务和非金钱债务的实际履行违约责任形式；

（3）《民法典》第581条规定了第三人替代履行的违约责任形式；

（4）《民法典》第582条规定了因标的物瑕疵而违约的责任形式，规定履行不符合约定的，应当按照当事人的约定承担违约责任。对违约责任没有约定或者约定不明确，依据第510条的规定仍不能确定的，受损害方根据标的的性质以及损失的大小，可以合理选择请求对方承担修理、重作、更换、退货、减少价款或者报酬等违约责任。

3. 电子合同违约责任赔偿范围

《民法典》第583条、第584条规定，当事人一方不履行合同义务或者履行合同义务不符合约定的，在履行义务或者采取补救措施后，对方还有其他损失的，应当赔偿损失。

当事人一方不履行合同义务或者履行合同义务不符合约定，造成对方损失的，损失赔偿额应当相当于因违约所造成的损失，包括合同履行后可以获得的利益；但是，不得超过违约一方订立合同时预见到或者应当预见到的因违约可能造成的损失。

复习思考题

一、【选择题】（多项选择）

1. 下列事项的设立不适用电子合同形式（　　）。

    A. 涉及婚姻、收养、继承等人身关系的

    B. 涉及土地、房屋等不动产权益转让的

    C. 涉及停止供水、供热、供气、供电等公用事业服务的

    D. 法律、行政法规规定的不适用电子文书的其他情形

2. 下列哪些情况可导致电子要约失效（即消灭）（　　）。

    A. 拒绝要约的通知到达要约人

B. 要约人依法撤销要约

C. 承诺期限届满,受要约人未作出承诺

D. 受要约人对要约的内容作出实质性变更

3. 电子合同履行的方式有哪几种（　　）。

A. 在线付款,在线交付

B. 在线付款,离线交付

C. 离线付款,离线交付

D. 离线付款,在线交付

4. 电子合同中,有下列情形的,格式条款无效（　　）。

A. 有《民法典》第一编第六章第三节规定的民事法律行为无效的情形

B. 提供格式条款一方不合理地免除或者减轻其责任、加重对方责任、限制对方主要权利的

C. 提供格式条款一方排除对方主要权利的

D. 造成对方人身损害或因故意或者重大过失造成对方财产损失的

二、【判断题】

1. 电子承诺到达要约人时生效。（　　）

2. 以电子数据交换、电子邮件等方式能够有形地表现所载内容,并可以随时调取查用的数据电文,视为书面形式。（　　）

3. 在电子商务中推定当事人具有相应的民事行为能力。但是,有相反证据足以推翻的除外。（　　）

4. 电子合同的违约损失赔偿责任的归责原则以过错责任原则为主,严格责任原则为补充。（　　）

三、【问答题】

1. 简述电子合同的特征。

2. 简述电子合同的类型。

3. 简述电子合同的履行。

4. 简述电子合同履行中的抗辩权的概念。

第四章 电子签名和电子认证法律制度

【学习目标】
1. 了解签名在商务活动的功能及其重要性，理解电子签名的法定含义、特征。
2. 了解电子认证的含义与作用，掌握《电子签名法》规定的基本制度。
3. 了解我国对于电子认证机构设立条件以及设立程序的规定。
4. 掌握我国法律对于电子认证活动的基本规定。

在传统的信息传递领域中，书面形式是一种主要的意思表达方式，当事人以书面文本为意思表示，并以签名或印章进行确认。可以说，签名已经成为大多数社会活动的法定要件。但是，意思表示的电子形式的出现，使以纸面形式作为依托的签名失去了存在的依据。因此，想要从技术上保障电子签名的可靠性、从法律上确认电子签名的效力，就必须建立电子签名法律制度和电子认证法律制度，这是电子商务活动能够正常开展和发展的基础性制度。

第一节 电子签名概述

一、签名的概念和功能

（一）签名的概念

传统上，签名是指一个人亲笔在一份文件上写下名字或留下印记、印章或其他特殊符号，以确定签名人的身份，并确定签名人对文件内容予以认可。在物理世界中，传统的信息传递方式主要有口头形式和纸面形式，在录音录像技术出现以前，口头形式无法保存和重复，也无法签署。而纸面形式既可以以有形的方式保存，也可以在需要的时候反复再现，还可以通过有关当事人签署以防止篡改。

《美国统一商法典》对签名的范围作了扩大规定，从当事人的姓名扩大到任何符号，即当事人为鉴别某书面文书而作成或采用的任何符号，都视为签名。传统上，一个有效的签名应同时满足三方面的要求：一是正确的名字或符号，二是书面形式，三是本人亲手书写。实践中，签名方式还扩大到盖印章、捺指印，以及特殊场合只要签署姓、名、别号、商号、堂名等文字即可。

《1978年联合国海上货物运送公约》第14条规定："于不抵触海运提单签发国法律

的情况下，海运提单的签名可以以手写、传真、影印、打孔、印章、代号等方式，或以任何其他机械或电子方法作出。"总而言之，只要能确认文件签署人的身份，并且从法律上能够足以将文件责任归属于其人的符号，都可以认定为有效的签名。

（二）签名的功能

签名是把被签署的文件及其内容与签名人联系起来的一种法律制度。签名主要具有以下三项功能：

（1）表明签名人对文件内容的确认。签名人在纸面文件上亲手签署自己的姓名或约定的特殊符号，意味着其对文件内容的认可，这是签名的基本含义。

（2）能够表明文件的来源，即识别签名人。传统的纸面签名都由当事人亲手为之，由于每个人的书写习惯具有独一无二的特殊性，通过这种特殊性可以鉴定、确定签名人。

（3）防止文件内容被篡改。纸面形式的文件加上当事人各方亲手书写的独特的签名，相互制约，足以防止文件被篡改。

以上三项功能相结合，能够构成签名人对文件内容的真实性、完整性的确认并承担法律责任的根据。

二、电子签名的概念和种类

传统的签名必须依附于纸张等有形的介质，当民事活动进入电子网络空间，在电子交易过程，文件是通过数据电文发送、交换、传输、储存来形成的，没有有形介质，数据电文非经电脑等设备转化，人体感官不能直接感受和识别，这就需要通过一种技术手段来识别交易当事人、保证交易安全，以实现与传统的手写签名相同的功能，这种技术手段就是电子签名。

作为电子签名，在技术上，它是一种加密技术，能够确保不能被篡改，或者被篡改后能够被及时发现。在法律上，具有能够确认主体身份和文件真实、完整并确定责任归属的可靠性。自从竹简、木简、纸张等书写介质发明以来，在漫长的社会发展过程中，这些书写介质逐渐被赋予了法律意义，世界各国法律大都要求文件须具备"书面""原本""原件""签名"等形式或要素才认可其法律效力，不具备这些条件的，法律会否认其效力。

随着电子商务的出现，文件的数据电文形式和电子签名也必须被赋予特定的法律效力，电子商务才能开展下去。2001年联合国国际贸易法委员会通过了《电子签名示范法》，在国际领域赋予电子签名以法律意义。2004年8月28日，《电子签名法》的出台，使电子签名在我国也成为一个法律概念，电子签名及其相应的社会关系开始接受法律的调整。

(一) 电子签名的概念

电子签名的概念有广义和狭义之分。广义的电子签名包括使用各种电子手段的电子签名,是从功能等同的角度进行界定的,而不考虑签名是以什么技术形式出现。狭义的电子签名是指以一定的电子签名技术为特定手段的签名,通常是指数字签名。

联合国国际贸易法委员会《电子签名示范法》规定,电子签名"系指在数据电文中,以电子形式所含、所附或在逻辑上与数据电文有联系的数据,它可用于鉴别与数据电文相关的签名人和表明签名人认可数据电文所含信息"。美国《统一电子交易法》对电子签名的定义是:"是指由意图签署一项纪录的人实施或采用的,附属于或逻辑上与该电子记录相联系的电子声音、符号或过程。"

我国《电子签名法》第2条规定,所谓电子签名,是指数据电文中以电子形式所含、所附用于识别签名人身份并表明签名人认可其中内容的数据。数据电文,是指以电子、光学、磁或者类似手段生成、发送、接收或者储存的信息。由此可见,我国对电子签名的概念的规定与联合国电子签名示范法相类似,都采取的是广义电子签名的概念。据此,电子签名的概念包含以下内容。

(1) 电子签名是以电子形式出现的数据。这种电子形式的数据非借助机械的转化不能为人体感官所感知。

(2) 电子签名是附着于数据电文的。电子签名可以是数据电文的一个组成部分,也可以是数据电文的附属,与数据电文具有某种逻辑关系,能够使数据电文与电子签名相联系。

(3) 电子签名必须能够识别签名人身份并表明签名人认可与电子签名相联系的数据电文的内容。

(二) 电子签名与传统签名的区别

电子签名具有非直观性。与传统的纸质材料上的签名不同,电子签名作为一种签字方式,所表现出来的是一组数码,通过计算机来记录、传输、保存,并通过计算机处理后才能够被识别,它不像手写签名那样可以直接被人们识别。电子签名与传统的在纸面上的手书签名的主要区别有:

(1) 传统签名应用于物理空间,电子签名是网络空间的签名。以人的感官为标准衡量,可以说传统签名是有形的,电子签名是无形的。

(2) 电子签名是一种跨越地理空间的远距离认证方式,传统的签名不具备这种特点。电子签名的传递和识别不受物理空间的限制,签名人在点击发送签名的瞬间,无论位于多么遥远位置的对方均可以即时收到并识别。

(3) 传统的手书签名一般都是签署者自己的姓名或其他特定的符号,每个人都会养成其特有的书写习惯,不会有大幅度的改变,也不会被忘记,同时,手书签名不可能每次都写得完全一样,但这种差异性在实践中并不影响其法律效力。电子签名是一组数字、字母或者符号构成的,是一种计算机程序,因此签名者每次录入其签名内容时,必须保证完全相同,否则就不能完成签名。除非通过解密程序得到签名者签名的数字内容,一般不能被仿冒。而传统的手书签名,因为是一种有形字体,所以有可能被仿冒得很相似,从这个意义上说,手书签字、印章的可靠性只是相对的,比如笔迹鉴定的可靠性。

(4) 传统的手书签名可直接通过人的肉眼感知,电子签名不能直接通过人的肉眼观看,只有通过机器的转化显示后人眼才能感知、识别,所以电子签名可靠性的验证也只能通过电子技术和机器手段的认证才能确定。

电子签名虽然与传统手书签名的形式存在着很大的差异,但这种差异不影响电子签名在社会关系和法律调整中发挥与手写签名相同的功能。这是因为电子技术确保了网络空间的电子签名能够满足签名所应当具备的基本条件,即:

(1) 电子签名人事后不能否认自己签名的事实。电子签名可以把该信息与信息的发出者联系起来,证明信息是从何处发出的,从而可以有效地防止拒绝承认的问题。

(2) 任何其他人无法伪造其签名。通过电脑作出的电子签名与所发送信息相联系,一方面保证所发出的信息没有被篡改,另一方面保证签名本身没有被篡改,两方面相结合,以保证信息的完整性、真实性。

(3) 签名能够由第三方通过技术手段公正地验证其真伪。电子签名的真伪可以由依法设立的机构通过电子计算机技术加以验证。电子签名是由掌握电子签名的认证机构指令计算机系统通过数据比较来认证的。电子签名存在的一个特殊问题是,电子签名和电子签名认证系统容易受到"黑客"的攻击,维护其安全性是一个持久的技术课题和法律课题。

由于电子签名是数据,所以在传统的证据法规则适用方面存在一定的困难。但是,电子签名作为网络空间的一种特殊签名手段,只要能够发挥与传统手写签名一样的功能,就应该享有与传统手写签名相同的法律地位。电子签名法所解决的正是电子签名的法律效力问题。

(三) 电子签名的种类

1. 电子化签名

电子化签名是把手写签名与数字化技术结合起来的签名,使用者在特别设计的感应板上用笔手写输入其亲自签写的名字,由计算机程序加以识别,并作出反应后再经过密码化处理,然后将该签名资料与其所要签署的文件相结合,以完成原先以纸面为媒介物的情况下亲手签名所要完成的签署及证明动作。

电子技术的发展使得这种电子签名只要签署一次,存入电脑,以后就可以重复使用。电子化签名与被签署的文件相结合,在未经授权的情况下,他人无法看到签名。这种电子化签名经过特殊的加密处理,使他人无法轻易复制签名或修改已经签署过的文件,如果遭到修改,就会留下记录,通过计算机技术可以被发现,安全性比较高。

电子化签名的伪造或欺诈，与传统手写签名被仿冒的问题相似，如果遭到仿冒的嫌疑，仍需利用传统的笔迹鉴定技术。

2. 生理特征签名

生理特征签名，是利用每个人的指纹、声波纹、视网膜结构、脑波等生理特征各不相同的特点，以使用者的指纹、声波纹、视网膜结构以及脑波等生理特征作为辨别使用者的工具的签名。由于每个人的指纹、声波纹、视网膜结构、脑波等生理特征各不相同，所以只要技术上可以将其存储在一定的资料库，这样通过对比就可以用来识别相应的主体，发挥与传统签名一样的功能。但是，建立这种资料库的成本高昂，使用起来程序烦琐，加之有被复制的可能，所以没有得到广泛推广。

3. 数字签名

数字签名是指以对称密钥加密、非对称加密、数字摘要等加密方法产生的电子签名。数字签名产生于 1978 年，在 20 世纪 90 年代后被大量采用。与电子签名的其他种类相比较，数字签名发展较为迅速并且也较为成熟，是电子签名的主要形式，也是电子签名法调整的重点对象。

知识拓展

"电子签名"与"数字签名"的关系

有人把"电子签名"完全等同于"数字签名"，这是不准确的。实现电子签名的技术手段有很多种，而数字签名是目前电子商务、电子政务中应用最普遍、技术最成熟、可操作性最强的一种电子签名方法。数字签名采用规范化的程序和科学化的方法，用于鉴定签名人的身份及对一项电子数据内容的认可。数字签名还能验证出文件的原文在传输过程中有无变动，确保传输电子文件的完整性、真实性和不可抵赖性。所以，我国《电子签名法》中提到的签名，一般指的是"数字签名"。

三、国外关于电子签名的立法

（一）国外关于电子签名法律的立法

世界上第一部电子签名法是美国犹他州 1995 年制定的《犹他州电子交易法》。该法规定：电子签名符合手写签名的要求，并且可在法院诉讼中接纳为证据，电子合同得以强制执行。此后，有关电子商务和电子签名的法律开始在各个国家陆续制定。

2000 年 10 月美国国会通过《全球和国内商业法中的电子签名法案》，并由总统克林顿以电子方式签署为法律。它是一项重要的电子商务立法，其突出特点是，采纳了"最低限度"模式来推动电子签名的使用。该法案将重点放在查证签名人的意图上，并赋予电子签名、电子合同和电子记录与传统形式和手写签名相同的法律效力和可执行力。它不但承认了"数字签名技术",而且也授权在未来签名人可使用其他任何类型的签名技术。

新加坡于 1998 年颁布了《电子交易法》,对数据电文、电子签名、电子商务合同和认证机构等电子交易中的重点问题都进行了规定。《电子交易法》关于电子签名的内容占据了大量篇幅,是该法的核心内容。《电子交易法》还赋予数据电文和电子签名与书面形式和传统签名同等的法律效力。

日本在 2000 年 5 月颁布《电子签名及认证业务的法律》,并颁布与之相配套的《电子签名法的实施》《电子签名法有关指定调查机关的省令》和《基于商业登记的电子认证制度》等相关法律,对电子签名的立法原则、立法宗旨、电子签名的效力、认证机关等作出明确的规定。2000 年 6 月,又颁布了《数字化日本之发端——行动纲领》,该纲领重申了电子签名认证系统对发展电子商务的重要意义,并分析了几类具体认证系统及日本应采取的态度,行动纲领建议立法要明确"电子签名"的法律地位、保障"电子签名"所使用技术的中立性等。

德国在 2001 年 5 月 16 日公布了《关于电子签名框架的立法》,对电子签名效力的规定严格遵循了技术中立性的原则,规定了"高级电子签名"和"合格电子签名"。所谓"高级电子签名"主要用于识别签名人的身份并表明其认可所签署文件的内容。所谓"合格电子签名"是指其生成时以有效合格证书为基础或者以安全签名制成单位生成的先进电子签名,被视为"合格电子签名"的电子签名必须符合一定条件。

🚩 知识链接

"高级电子签名"与"合格电子签名"

根据《关于电子签名框架的立法》的规定,"高级电子签名"是指符合下列条件的电子签名:

(1) 只属于签名密钥持有人;
(2) 可用于鉴别签名密钥持有人;
(3) 可通过签名密钥持有人单独控制的手段制作;并且
(4) 与相关的数据相联系,使得它可辨别数据的任何嗣后变化。

根据《关于电子签名框架的立法》的规定,"合格电子签名"是指符合下列条件的电子签名:

(1) 该签名的制作以有效合格证书为依据,并且
(2) 由安全的签名制作单位制作。

1996 年联合国国际贸易法委员会推出的《电子商务示范法》,其中第 7 条对"签字"问题做了具体规定。由于《电子商务示范法》的规定过于简单,缺乏可操作性,联合国国际贸易法委员会于 2001 年通过《电子签名示范法》。该法共有 12 条,对电子

签名的一般效力、签名各方当事人的义务、可靠系统等方面内容作了规定。

欧盟委员会 1997 年 4 月提出《欧洲电子商务行动方案》之后，欧盟各国又于同年 7 月在波恩召开了有关全球信息网络的部长级会议，并通过了《支持电子商务发展的部长宣言》。随着电子商务的发展，为了在欧洲的层面上制定一个统一的电子签名法律框架，欧盟委员会于 1999 年 12 月 13 日制定了《关于建立电子签名共同法律框架的指令》。

目前，世界上已有 60 多个国家和地区制定了相关的法律法规，这些立法对规范电子签名活动，保障电子安全交易，维护电子交易各方的合法权益，促进电子商务的健康发展起到了重要作用。

2004 年 8 月 28 日，中华人民共和国第十届全国人大常委会第十一次会议通过了《电子签名法》，这是我国电子商务领域的第一部法律，被业界人士看作"中国首部真正意义上的信息化法律"。《电子签名法》的颁布，对商务、政务活动都产生了深远的影响，并大大促进了我国电子商务的发展。

（二）国外主要电子签名法律的立法模式

国外关于电子签名的立法，大致可以分为三种类型。

1. 技术特定型立法模式

技术特定型立法模式是指由法律指定某种特定的技术作为电子签名的法定技术，并且只赋予由这种技术所产生的电子签名的法律地位。这种模式的立法将数字签名技术作为电子签名的法定技术，只承认数字签名的法律地位，规定只有通过非对称密钥加密技术作出的电子签名才具有与传统手写签名同等的法律效力，实际上是数字签名的立法。

技术特定型立法模式起源于美国犹他州的《数字签名法》，该法明确规定，以数字方式签署的文件如同纸面书写的一样有效。采用这种立法模式的还有意大利、俄罗斯、马来西亚等国。

2. 技术中立型立法模式

技术中立型立法模式主要关注签名相应的功能以及这些功能所借以转化为技术应用的方法，是对广义范围的电子签名给予法律承认，也称为功能等同方式。这种立法模式没有具体确定实现电子签名的技术方案，而是规定只要达到一定的要求，任何电子签名技术手段都享有与传统手写签名同等的法律地位。

技术中立型立法模式的代表是联合国国际贸易法委员会制定的《电子签名示范法》。该法的第 3 条规定，该法任何条款的适用概不排除、限制或剥夺满足一定要求或者符合适用法律要求的制作电子签名的任何方法的法律效力。采用这种立法模式的国家有澳大利亚、美国、加拿大等国。

3. 折中型立法模式

技术特定型立法模式和技术中立型立法模式都存在一定的局限性，折中型立法模式主要是试图解决以上两种立法模式存在的缺陷。折中型立法模式一方面对电子签名规定了技术要求，对使用数字签名或以数字签名为代表的安全电子签名的效力作出具体规定，规定了有关当事人的权利义务关系，另一方面规定了广义电子签名的一般效力，为新的技术发展留下空间，使立法更加具有持久性。

技术中立型立法模式的代表是新加坡的《电子交易法》。采用这种立法模式的还有欧盟、我国的台湾地区等。

上述国家和地区通过各种立法模式，对电子签名方式提出了法律上的要求，使电子签名具有某种最低法律地位，同时，又赋予某种电子认证技术更大的法律效力。

四、我国电子签名法的立法概况

2004年8月28日，第十届全国人民代表大会常务委员会第十一次会议通过了《电子签名法》，自2005年4月1日起施行。这是我国电子商务领域的第一部法律。

《电子签名法》的颁布，对商务、政务活动都产生了深远的影响，并大大促进了我国电子商务的发展。《电子签名法》经2015年4月24日，《电子签名法》经第十二届全国人民代表大会常务委员会第十四次会议第一次修正；2019年4月23日，根据第十三届全国人民代表大会常务委员会第十次会议《关于修改〈中华人民共和国建筑法〉等八部法律的决定》修正。现行《电子签名法》共五章：第一章总则，第二章数据电文，第三章电子签名与认证，第四章法律责任，第五章附则。

在立法上，电子签名有广义和狭义之分。广义的电子签名，是指不限定技术形式和技术范围的电子签名，包括电子化签名、生理特征签名和数字签名等。狭义的电子签名，只限定于数字签名。联合国《电子签名示范法》和我国《电子签名法》采取的都是广义电子签名的立场。美国犹他州《数字签名法》就采取了狭义电子签名的立场，即仅针对数字签名进行立法调整。

（一）我国《电子签名法》的立法目的

我国《电子签名法》的第1条开宗明义阐明其立法目的："为了规范电子签名行为，确立电子签名的法律效力，维护有关各方的合法权益，制定本法。"

在一些国家和地区关于电子签名的立法中，一般都首先明确规定其立法目的。综合来看主要有以下几个方面：承认数据电文以及电子签章的法律地位，保障电子交易安全，维护各方当事人的合法权益，并且通过电子签名立法来推动电子商务的发展。

> **小贴士**
>
> **新加坡《电子交易法》阐明的立法目的**
>
> 新加坡《电子交易法》在序言部分阐明了立法目的：
> 1. 通过可靠的电子记录便利电子信息的交流；

2. 便利电子商务、消除电子交易中因书面形式、签字要求产生的不确定性，并促进保障实施电子商务所必须的法律和商业设施的发展；

3. 便利向政府和法定代表人进行文件的电子备案，并通过可靠记录的方式促进政府提供高效服务；

4. 较少伪造电子记录、故意或非故意的更改记录以及在电子商务和其他电子交易中欺诈的发生；

5. 帮助建立关于电子记录的确定性和完整性的统一的规则、规定和标准；

6. 促进各种建立对电子记录和电子商务的完整性与可靠性的自信心，通过使用电子签字给予相应的任何形式的电子媒介以确定性和完整性，推动电子商务的发展。

（二）我国《电子签名法》的适用范围

《电子签名法》第3条规定："民事活动中的合同或者其他文件、单证等文书，当事人可以约定使用或者不使用电子签名、数据电文。当事人约定使用电子签名、数据电文的文书，不得仅因为其采用电子签名、数据电文的形式而否定其法律效力。"但是，以下文书不适用《电子签名法》：

(1) 涉及婚姻、收养、继承等人身关系的。

(2) 涉及土地、房屋等不动产权益转让的。

(3) 涉及停止供水、供热、供气、供电等公用事业服务的。

(4) 法律、行政法规规定的不适用电子文书的其他情形。

这是因为涉及人身关系、不动产权益转让和共用服务事业的领域事关重大，而且电子商务的普及还远远未达到对全社会的覆盖，还有相当一部分国民并不适应电子签名这种新兴事物，而且电子技术还存在不稳定性的问题，所以在这些事关重大的领域排除电子签名的使用，在当前是适宜的。至于在将来，随着电子技术的发展和普及，法律会随着社会需求的变化和技术的发展而修改。

另外，《电子签名法》第35条规定："国务院或者国务院规定的部门可以依据本法制定政务活动和其他社会活动中使用电子签名、数据电文的具体办法。"随着信息化水平的提高，在政府部门实施的经济、社会管理活动中，也开始使用电子手段，如电子报关、电子报税、电子年检等，依据行政许可法规定而采用数据电文方式所提出的行政许可申请等活动，都涉及电子签名的法律效力问题。

第二节 电子签名的法律效力

一、电子签名的法律效力概述

（一）电子签名的可靠性

电子签名的法律效力即通过法律规定或当事人约定，赋予电子签名合法性、有效性,从而对当事人发生法律拘束力。电子签名要取得与传统签名同等的法律地位,可以通过立法、司法、合同约定等途径来实现,其中最重要的是立法途径。《电子签名法》第 14 条规定:"可靠的电子签名与手写签名或者盖章具有同等的法律效力。"《电子签名法》第 13 条规定,可靠电子签名需要满足以下条件:

(1) 电子签名制作数据用于电子签名时,属于电子签名人专有。

(2) 签署时电子签名制作数据仅由电子签名人控制。

(3) 签署后对电子签名的任何改动能够被发现。

(4) 签署后对数据电文内容和形式的任何改动能够被发现。

当事人也可以选择使用符合其约定的可靠条件的电子签名。

伪造、冒用、盗用他人的电子签名,构成犯罪的,依法追究刑事责任;给他人造成损失的,依法承担民事责任。

小贴士

联合国《电子签名示范法》规定的可靠电子签名的条件

联合国《电子签名示范法》第 6 条规定,凡法律规定要求有一人的签名时,如果根据各种情况,包括根据任何有关协议,所用电子签名既适合生成或传送数据电文所要达到的目的,而且也同样可靠,则对于该数据电文而言,即满足了该项签名要求。符合下列条件的电子签名视作可靠的电子签名:

(1) 签名制作数据在其使用的范围内与签名人而不是还与其他任何人相关联。

(2) 签名制作数据在签名时处于签名人而不是还处于其他任何人的控制之中。

(3) 凡在签名后对电子签名的任何更改均可被觉察。

(4) 如果签名的法律要求目的是对签名涉及的信息的完整性提供保证,凡在签名后对该信息的任何更改均可被觉察。

(二) 数据电文效力的法律规定

1. 数据电文的法律效力

我国《电子签名法》的第二章规定了"数据电文",确认了数据电文为符合法律法规要求的书面形式。《电子签名法》第 2 条规定:"能够有形地表现所载内容,并可以随时调取查用的数据电文,视为符合法律、法规要求的书面形式。"

在我国《合同法》中,规定合同当事人订立合同,可以采用书面形式、口头形式和其他形式。《合同法》明确规定,合同的书面形式是指合同书、信件和数据电文(包括电报、电传、传真、电子数据交换和电子邮件)等可以有形地表现所载内容的形式。

我国《民法典》规定,民事法律行为可以采取书面形式、口头形式或者其他形式;法律、行政法规规定或者当事人约定采用特定形式的,应当采用特定形式。合同当事人订立合同，可以采用书面形式、口头形式或者其他形式。以电子数据交换、电子邮件等方式能够有形地表现所载内容，并可以随时调取查用的数据电文，视为书面形式。

2. 数据电文的证据效力

数据电文的证据效力对于电子商务具有十分重要的意义。《电子签名法》《民法典》确认了数据电文为书面形式，还明确了数据电文不得仅因为其是以电子、光学、磁或者类似手段生成、发送、接收或者储存的而被拒绝作为证据使用。

按照我国有关证据的法律规定，以书面形式存在的文件属于书证的范畴。而书证作为证据提交时，必须提交原件。数据电文最原始的形式是储存在计算机内的磁性介质中的电子数据。随着计算机与网络技术的发展和应用，电子信息的安全性大大增强了，数据电文已经具备与书面文件相同的一些技术特征。

数据电文的"原件"可以保留在初始磁性介质中，网络文件可以被复制到硬盘或软盘上，保证数据文件可以像书面文件一样通过签字来进行核记。

《电子签名法》第5条规定，符合下列条件的数据电文，视为满足法律、法规规定的原件形式要求：

（1）能够有效地表现所载内容并可供随时调取查用。

（2）能够可靠地保证自最终形成时起，内容保持完整、未被更改。在数据电文上增加背书以及数据交换、储存和显示过程中发生的形式变化不影响数据电文的完整性。

关于数据电文的保存，《电子签名法》第6条规定，符合下列条件的数据电文，视为满足法律、法规规定的文件保存要求：

（1）能够有效地表现所载内容并可供随时调取查用。

（2）数据电文的格式与其生成、发送或者接收时的格式相同，或者格式不相同但是能够准确表现原来生成、发送或者接收的内容。

（3）能够识别数据电文的发件人、收件人以及发送、接收的时间。

电子签名人应当妥善保管电子签名制作数据。电子签名人知悉电子签名制作数据已经失密或者可能已经失密时，应当及时告知有关各方，并终止使用该电子签名制作数据。

电子签名人知悉电子签名制作数据已经失密或者可能已经失密未及时告知有关各方、并终止使用电子签名制作数据，未向电子认证服务提供者提供真实、完整和准确的信息，或者有其他过错，给电子签名依赖方、电子认证服务提供者造成损失的，承担赔偿责任。

根据有关证据的法律规则，证据必须具有真实性。认定数据电文具有证据的效力，还必须依据法律的规定进行认定。我国《电子签名法》第8条规定，审查数据电文作为证据的真实性，应当考虑以下因素：

（1）生成、储存或者传递数据电文方法的可靠性。

（2）保持内容完整性方法的可靠性。

(3) 用以鉴别发件人方法的可靠性。
(4) 可以证明数据电文可靠、完整的其他相关因素。

二、数据电文的发送与接收

（一）数据电文的发送

数据电文发送的法律问题主要是解决如何确定数据电文发送人的身份和责任归属。我国《电子签名法》规定，有下列情形之一的，视为发件人发送：

(1) 经发件人授权发送的。
(2) 发件人的信息系统自动发送的。
(3) 收件人按照发件人认可的方法对数据电文进行验证后结果相符的。

当事人对以上规定的事项另有约定的，从其约定。

数据电文进入发件人控制之外的某个信息系统的时间，视为该数据电文的发送时间。

（二）数据电文的接收

《民法典》对于数据电文到达的规定是：采用数据电文的意思表示，相对人指定特定系统接收数据电文的，该数据电文进入该特定系统时生效；未指定特定系统的，相对人知道或者应当知道该数据电文进入其系统时生效。当事人对数据电文形式的意思表示的生效时间另有约定的，按照其约定。

《电子签名法》规定，收件人指定特定系统接收数据电文的，数据电文进入该特定系统的时间，视为该数据电文的接收时间；未指定特定系统的，数据电文进入收件人的任何系统的首次时间，视为该数据电文的接收时间。两部法律的规定是一致的。根据当事人意思自治原则，当事人对数据电文的发送时间、接收时间另有约定的，从其约定。

法律、行政法规规定或者当事人约定数据电文需要确认收讫的，应当确认收讫。发件人收到收件人的收讫确认时，数据电文视为已经收到。

（三）数据电文的发送地点和接收地点

我国《电子签名法》规定，发件人的主营业地为数据电文的发送地点，收件人的主营业地为数据电文的接收地点。没有主营业地的，其经常居住地为发送或者接收地点。当事人对数据电文的发送地点、接收地点另有约定的，从其约定。

案例 4-1

刘先生和张女士夫妻二人在某房屋中介处求购房屋，并与其签订了"独家求购服务协议"。刘先生夫妻二人看中了黄先生所有的一套住房，由于黄先生是新加坡籍人，签约时人不在国内，刘先生和张女士在中介的安排下以电子邮件方式与卖房人黄先生签订了"房屋转让合同",该合同中黄先生的签名系电子签名。

合同约定卖方将其所有的房屋出售给刘、张二人,并约定双方协同到房地产交易中心签订"存量房买卖合同",否则视为违约。后卖房人拒绝前往办理手续,刘、张二人诉至法院要求卖房人承担违约责任。签订"房屋转让合同"后,刘先生、张女士已经将定金交付至中介,纠纷发生后,中介将尚未交付卖方的定金20000元退还给刘、张二人。庭审中,被告黄先生称自己没有签订过房屋转让合同,也没有收取过两原告的定金。

请分析:被告黄先生的电子签名是否具有合同生效的法律效力?

案情分析:涉及房屋等不动产权益转让的合同不适用电子签名。本案"房屋转让合同"中被告黄先生一方签名系采用电子签名形式完成,被告本人未到场,亦未委托他人签订合同,加之在庭审中否认与二原告签订过"房屋转让合同",该合同因当事人未有效签名而尚未成立,不产生法律效力。

第三节 电子认证法律制度

一、电子认证概述

(一) 电子认证的概念

电子认证是指电子认证服务机构为电子签名相关各方提供真实性、可靠性验证的活动。广义上的电子认证包括认证机构、电子认证行为和数字证书等法律制度。狭义上的电子认证仅指电子认证行为,即由认证机构采用电子方法证明电子签名人真实身份或者电子信息真实性的行为。我国《电子认证服务管理办法》第2条规定,电子认证服务是指为电子签名相关各方提供真实性、可靠性验证的公众服务活动。

许多国家或地区都通过立法的形式对电子认证及认证机构作出规定。关于电子认证的法律规范一般与电子签名规定在同一部法律文件中。联合国《电子签名示范法》、欧盟《电子签名共同框架指令》、新加坡《电子交易法》等对于电子签名和电子认证进行了规范。新加坡在1999年又通过了《新加坡电子交易(认证机构)规则》和《新加坡认证机构安全方针》,对于认证机构相关的事项作出规定。

日本电子商务促进委员会于1998年发布《认证机构指南》以及《交叉认证指南》。1999年决定建立政府主管的企业间网络交易电子认证制度,并在2001年开始实施《电子签名及认证业务相关法律》。

为了贯彻实施《电子签名法》,规范电子认证服务活动,调整与电子认证服务活动有关的社会关系,中华人民共和国信息产业部于2005年1月28日通过了《电子认证服务管理办法》,于2005年4月1日起施行。2009年2月18日,工业和信息化部公布了新制定的《电子认证服务管理办法》,原办法废止,2015年4月对部分条款做了修订。该办法分总则,电子认证服务机构,电子认证服务、电子认证服务的暂停、终止,电子签名认证证书,监督管理,罚则,附则共8章43条。中华人民共和国工业和信息化部依法对电子认证服务机构和电子认证服务实施监督管理。

> 小贴士
>
> **电子签名人与电子签名依赖方**
>
> 我国《电子签名法》规定了电子签名人与电子签名依赖方等用语的含义。
>
> 电子签名人,是指持有电子签名制作数据并以本人身份或者以其所代表的人的名义实施电子签名的人。电子签名依赖方,是指基于对电子签名认证证书或者电子签名的信赖从事有关活动的人。

(二) 电子认证的特征

(1) 电子认证的目的在于验证一个电子信息发送者的声明身份是否属实。

(2) 电子认证只用于电子签名活动,在传统的签名活动中用不到,因此也称为"电子签名认证"。

(3) 电子认证机构是依法设立的中立第三方,它不参与交易,不是运用电子签名进行交易活动的一方当事人,它只为电子签名相关各方提供有关电子签名真实性、可靠性的验证。

(4) 电子认证是一种信用认证。认证机构向电子签名信赖各方提供的是经过一定技术手段核实的、有关电子签名人的基本信息,是一种信用服务。认证机构的这种服务是面向社会公众提供的,认证机构也是一种独立的社会服务机构,政府职能部门应加强对认证活动的监管,以防止虚假的认证活动对公众合法权益产生损害,导致社会信用危机。

(三) 电子认证的作用

当事人身份确认直接关系到合同当事人权利、义务的分配以及发生纠纷后的求偿对象。在传统的经营活动中,经营者身份的确认主要通过工商管理机关的登记实现。在网络空间,电子商务经营者的身份确认不能通过查看工商登记机关的登记材料完成,而通过网络账号和电子邮件地址并不能确定在网络空间从事某项经营活动的人就是物理空间中的"那个人"。

电子签名是通过两个环节将合同权利义务归属于某个特定主体的:首先,电子签名将电子合同的权利义务与一个特定的签名符号相联系;其次,电子签名的独特性将签名归属于一个特定的主体,从而达到将合同权利与义务归属于这个特定主体的目的,这一目的就是通过电子认证对签名主体的身份认定实现的。具体来说，电子认证的作用主要有以下两个方面。

1. 防止欺诈

在电子商务环境下，交易双方当事人可能互不相见，特别是跨国交易的当事人相距甚远，难以形成信赖关系，容易发生欺诈行为，而且在发生欺诈事件后，当事人开展救济的难度比较大，救济方法也非常有限，救济成本很高，甚至会高于损失。所以，事先对各种欺诈予以防范，才是最经济的选择。

电子认证可以起到减少或防止欺诈的作用。认证机构通过向其用户提供可靠的在线证书状态查询，保证其证书上的用户和公钥是正确的，满足用户实时证书验证的要求，从而解决了可能被欺骗的问题。

认证机构的在线证书目录提供证书公开信息服务，其中包括用户姓名、公开密钥、电子邮件地址、证书有效期以及其他信息的数字化的文件。认证机构还对每个证书都附加有电子签名，以证明证书的内容是可靠的。

如果用户的私有密钥丢失或被盗，就不能再用来加密信息。为了应付这种危险状况，大多数认证机构都能提供作废证书表，以维护广大用户的合法权益不受侵犯。

电子签名人知悉电子签名制作数据已经失密或者可能已经失密未及时告知有关各方、并终止使用电子签名制作数据，未向电子认证服务提供者提供真实、完整和准确的信息，或者有其他过错，给电子签名依赖方、电子认证服务提供者造成损失的，承担赔偿责任。

2. 防止否认

在电子交易领域中，当事人也应当遵循诚实信用原则，不得否认一项交易事实。电子签名具有不可否认性，具体包括数据信息的发送、接收及其内容的不可否认，这既是技术要求，也是对交易双方当事人的行为规范。

认证机构通过提供有效认证服务，在技术上防止通信方否认已经发生的通信。特别是在当事人双方发生纠纷的情况下，提供有效的认证，信息发送人难以否认其信息发送行为及法律责任，而信息接收人不能否认其已经接收到信息的事实，这就为交易当事人在技术上提供了预防性保护，避免一方当事人试图否认曾发送或接收到某一数据信息而欺骗另一方当事人的行为发生。行为规范上的不得否认，是以一定的组织保障和法律责任为基础的，其作用的实现，既依赖于合同条款、技术手段、认证机构所提供的认证服务，也依赖于立法、司法制度的保障。

（四）电子认证的效力

电子认证的效力，是指电子认证对电子签名各方的拘束力，以及司法实践中法院对其拘束力的认定。电子认证的效力来源，一般有两种情况。

（1）各方当事人的约定。当事人通过协议约定如何确认电子签名的效力，如何选择技术方案,以及由谁来做第三方认证机构,这种方式确认的电子认证的效力相对薄弱,在发生纠纷的情况下,以及涉及第三方的情况下,其效力可能要接受法院的审查和认定。

(2) 法律的规定,由立法机关制定法律或授权政府主管部门制定具有普遍约束力的规则,以立法方式保障电子认证的效力具有法律依据,其效力更强。

二、电子认证机构的设立

(一) 电子认证机构的设立条件

电子认证机构是电子商务活动中专门从事颁发认证证书的机构。提供电子认证是一项复杂的技术工程,需要有专门技术人才从事电子认证工作。同时,作为具有权威性的第三方认证机构还需要具有相应的人力、物力、管理等条件。

我国《电子签名法》规定,提供电子认证服务的认证机构,应当具备下列条件。

1. 具有与提供电子认证服务相适应的专业技术人员和管理人员

认证机构人员素质的高低,直接影响着认证行为的效果,对证书用户或信赖证书的交易影响重大。法律法规规定了认证人员必须具备的条件。我国《电子认证服务管理办法》规定,电子认证服务机构中从事电子认证服务的专业技术人员、运营管理人员、安全管理人员和客户服务人员不少于 30 名。

2. 具有与提供电子认证服务相适应的资金和经营场所

认证机构必须具备一定的资金作为营业财产。根据《电子认证服务管理办法》的规定,电子认证服务机构的注册资本不低于人民币 3000 万元,具有固定的经营场所和满足电子认证服务要求的物理环境。

3. 具有符合国家安全标准的技术和设备

认证机构开展业务必须具有的设备,包括硬件和软件两个方面。《电子认证服务管理办法》规定,电子认证服务机构具有符合国家有关安全标准的技术和设备。

4. 具有国家密码管理机构同意使用密码的证明文件

为保障信息安全,保障国家、社会以及其他合法权益,我国法律法规规定,电子认证服务机构应当具有国家密码管理机构同意使用密码的证明文件。

5. 法律及行政法规规定的其他条件

根据《电子签名法》的规定,《电子认证服务管理办法》第 5 条作了更具体的规定,即电子认证服务机构应当具备下列条件:

(1) 具有独立的企业法人资格。

(2) 具有与提供电子认证服务相适应的人员。从事电子认证服务的专业技术人员、运营管理人员、安全管理人员和客户服务人员不少于 30 名,并且应当符合相应岗位技能要求。

(3) 注册资本不低于人民币 3000 万元。
(4) 具有固定的经营场所和满足电子认证服务要求的物理环境。
(5) 具有符合国家有关安全标准的技术和设备。
(6) 具有国家密码管理机构同意使用密码的证明文件。
(7) 法律、行政法规规定的其他条件。

(二) 电子认证服务的行政许可和登记

1. 行政许可的概念和特征

所谓行政许可，是指国家行政机关根据公民、法人或其他组织的申请，经依法审查，准予其从事特定活动的行为。

行政许可有以下特征：

(1) 行政许可需要公民、法人或者其他组织提出书面申请。
(2) 行政许可是行政管理主体实施的行政行为，是一项重要的行政权力。
(3) 行政许可针对的对象是申请人。
(4) 行政许可的内容是准予申请人从事其所申请的特定活动。

2. 电子认证机构设立的申请、受理与审批

我国《电子签名法》和《电子认证服务管理办法》规定，从事电子认证服务，应当向国务院信息产业主管部门提出申请，并提交符合法律规定条件的相关材料。可见，从事电子认证服务活动属于行政许可的范围。

《电子认证服务管理办法》第 6 条规定，申请电子认证服务许可的，应当向工业和信息化部提交下列材料：

(1) 书面申请。
(2) 人员证明。
(3) 企业法人营业执照副本及复印件。
(4) 经营场所证明。
(5) 国家有关认证检测机构出具的技术、设备、物理环境符合国家有关安全标准的凭证。
(6) 国家密码管理机构同意使用密码的证明文件。

工业和信息化部对提交的申请材料进行形式审查。申请材料齐全、符合法定形式的，应当向申请人出具受理通知书。申请材料不齐全或者不符合法定形式的，应当当场或者在 5 日内一次告知申请人需要补正的全部内容。

工业和信息化部对决定受理的申请材料进行实质审查。需要对有关内容进行核实的，指派 2 名以上工作人员实地进行核查。工业和信息化部对与申请人有关事项书面征求中华人民共和国商务部等有关部门的意见。

工业和信息化部应当自接到申请之日起 45 日内作出准予许可或者不予许可的书面

决定。不予许可的，应当书面通知申请人并说明理由；准予许可的，颁发《电子认证服务许可证》，并公布下列信息：

(1)《电子认证服务许可证》编号。

(2) 电子认证服务机构名称。

(3) 发证机关和发证日期。

电子认证服务许可相关信息发生变更的，工业和信息化部应当及时公布。申请人应当持电子认证许可证书依法向工商行政管理部门办理企业登记手续。电子认证服务机构在《电子认证服务许可证》的有效期内变更公司名称、住所、法定代表人、注册资本的，应当在完成工商变更登记之日起15日内办理《电子认证服务许可证》变更手续。

《电子认证服务许可证》的有效期为5年。许可证有效期届满，电子认证服务机构要求延续的，应当在许可证有效期届满30日前向工业和信息化部申请办理延续手续。并自办结之日起5日内公布相关信息。

电子认证服务机构不得倒卖、出租、出借或者以其他形式非法转让《电子认证服务许可证》。未取得电子认证经营许可证的任何组织和个人不得从事电子认证活动。

取得认证资格的电子认证服务机构，在提供电子认证服务之前，应当通过互联网公布下列信息：

(1) 机构名称和法定代表人。

(2) 机构住所和联系办法。

(3)《电子认证服务许可证》编号。

(4) 发证机关和发证日期。

(5)《电子认证服务许可证》有效期的起止时间。

三、电子认证服务

电子认证服务机构应当按照工业和信息化部公布的《电子认证业务规则规范》等要求，制定本机构的电子认证业务规则和相应的证书策略，在提供电子认证服务前予以公布，并向工业和信息化部备案。电子认证业务规则和证书策略发生变更的，电子认证服务机构应当予以公布，并自公布之日起30日内向工业和信息化部备案。电子认证服务机构应当按照公布的电子认证业务规则提供电子认证服务。

（一）电子认证服务内容

电子认证服务机构应当保证提供下列服务：

(1) 制作、签发、管理电子签名认证证书。

(2) 确认签发的电子签名认证证书的真实性。

(3) 提供电子签名认证证书目录信息查询服务。

（4）提供电子签名认证证书状态信息查询服务。

（二）电子签名认证证书

电子认证服务提供者签发的电子签名认证证书应当准确无误，并应当载明下列内容：

（1）签发电子签名认证证书的电子认证服务机构名称。
（2）证书持有人名称。
（3）证书序列号。
（4）证书有效期。
（5）证书持有人的电子签名验证数据。
（6）电子认证服务机构的电子签名。
（7）工业和信息化部规定的其他内容。

有下列情况之一的，电子认证服务机构应当对申请人提供的证明身份的有关材料进行查验，并对有关材料进行审查：

（1）申请人申请电子签名认证证书。
（2）证书持有人申请更新证书。
（3）证书持有人申请撤销证书。

（三）电子签名认证证书的撤销

有下列情况之一的，电子认证服务机构可以撤销其签发的电子签名认证证书：

（1）证书持有人申请撤销证书。
（2）证书持有人提供的信息不真实。
（3）证书持有人没有履行双方合同规定的义务。
（4）证书的安全性不能得到保证。
（5）法律、行政法规规定的其他情况。

（四）境外电子签名认证证书的认可

经工业和信息化部根据有关协议或者对等原则核准后，中华人民共和国境外的电子认证服务机构在境外签发的电子签名认证证书与依照《电子认证服务管理办法》设立的电子认证服务机构签发的电子签名认证证书具有同等的法律效力。

四、电子认证服务机构的义务

（一）告知义务

电子认证服务机构在受理电子签名认证证书申请前，应当向申请人告知下列事项：

（1）电子签名认证证书和电子签名的使用条件。

(2) 服务收费的项目和标准。
(3) 保存和使用证书持有人信息的权限和责任。
(4) 电子认证服务机构的责任范围。
(5) 证书持有人的责任范围。
(6) 其他需要事先告知的事项。

(二) 签订合同的义务

电子认证服务机构受理电子签名认证申请后,应当与证书申请人签订书面合同,明确双方的权利义务。签订合同是电子认证服务机构的义务,不是申请人的义务,如果未签订合同,法律责任应由电子认证服务机构承担。

电子认证服务合同是证书持有人和认证机构就对其电子签名进行认证而缔结的合同,认证的目的是由认证机构对证书持有人的电子签名及相应的身份属性作出有效证明,使他人基于对认证机构及其提供的专业信用服务的信任相信该证明,并基于此等信任行事。由此可见,认证合同虽然是证书持有人与认证机构缔结的,它的目的却主要是实现证书信赖人的信赖利益,因此,电子认证服务合同是涉他合同,认证机构对证书的信赖人负有保证以至赔偿义务。

因为电子认证服务活动是一种持续性服务,因此,电子认证服务合同是持续性合同。

(三) 提供持续认证服务的义务

电子认证服务机构在提供认证服务过程中应当履行下列义务:
(1) 保证电子签名认证证书内容在有效期内完整、准确。
(2) 保证电子签名依赖方能够证实或者了解电子签名认证证书所载内容及其他有关事项。
(3) 妥善保存与电子认证服务相关的信息。

(四) 保密义务

电子认证服务机构应当遵守国家的保密规定,建立完善的保密制度。电子认证服务机构对电子签名人和电子签名依赖方的资料,负有保密的义务。

(五) 完善内部管理的义务

电子认证服务机构应当建立完善的安全管理和内部审计制度。
电子认证服务机构应当对其从业人员进行岗位培训。
取得电子认证服务许可的电子认证服务机构,在电子认证服务许可的有效期内不得降低其设立时所应具备的条件。

(六) 接受监管的义务

电子认证服务活动作为行政许可事项,应当主动接受工业和信息化部的监督管理。

电子认证服务机构应当如实向工业和信息化部报送认证业务开展情况报告、财务会计报告等有关资料。

电子认证服务机构有下列情况之一的，应当及时向工业和信息化部报告：

(1) 重大系统、关键设备事故。

(2) 重大财产损失。

(3) 重大法律诉讼。

(4) 关键岗位人员变动。

五、电子认证服务的暂停和终止

电子商务交易活动具有连续性，电子认证服务提供者暂停或者终止电子认证服务的，将会影响到交易双方当事人的合法权益。因此，电子认证服务提供者暂停或者终止电子认证服务应当履行以下义务：

(1) 应当在暂停或者终止服务 90 日前，就业务承接及其他有关事项通知有关各方。

(2) 应当在暂停或者终止服务 60 日前向工业和信息化部报告。经过批准以后才可以停止经营活动。

(3) 应当与其他电子认证服务提供者就业务承接进行协商，作出妥善安排。

(4) 电子认证服务提供者未能就业务承接事项与其他电子认证服务提供者达成协议的，应当申请工业和信息化部安排其他电子认证服务提供者承接其业务。

电子认证服务提供者被依法吊销电子认证许可证书的，其业务承接事项的处理按照工业和信息化部的规定执行。

六、对电子认证机构的监督管理

工业和信息化部对电子认证服务机构进行定期、不定期的监督检查，监督检查的内容主要包括法律法规符合性、安全运营管理、风险管理等。工业和信息化部对电子认证服务机构实行监督检查，不得妨碍电子认证服务机构正常的生产经营活动，不得收取任何费用。工业和信息化部对电子认证服务机构实行监督检查时，应当记录监督检查的情况和处理结果，由监督检查人员签字后归档。公众有权查阅监督检查记录。

工业和信息化部根据监督管理工作的需要，可以委托有关省、自治区和直辖市信息产业主管部门承担具体的监督管理事项。

工业和信息化部对电子认证服务机构进行年度检查并公布检查结果。年度检查采取报告审查和现场核查相结合的方式。审查的内容主要有：

(1) 资产和财务状况。

(2) 信息披露与保密情况。

(3) 义务开展情况及业务处理与业务要求是否相符。

(4) 安全系统运行情况。

(5) 信息行政管理部门认为应当审查的其他情况。

为了加强对国内电子商务认证机构的管理，工业和信息化部成立了国家电子商务认证机构管理中心，并由信息化推进司负责对管理中心的业务指导和管理。管理中心的主要职责有：

(1) 统筹规划我国电子商务认证机构的总体布局，规范国内电子商务认证机构的建设。

(2) 组织研究和提出有关电子商务认证的法规和技术标准，为制定电子商务认证法规和技术标准提出建议。

(3) 组织制定国内电子商务认证机构的有关管理、运行和安全等规章制度，管理和监督我国境内的电子商务认证机构。

(4) 组织协调国内电子商务认证机构之间的交叉认证。

(5) 承办工业和信息化部交办的其他事项。

七、电子认证服务机构的法律责任

电子签名人或者电子签名依赖方因依据电子认证服务提供者提供的电子签名认证服务从事民事活动遭受损失，电子认证服务提供者不能证明自己无过错的，承担赔偿责任。

电子认证服务提供者不遵守认证业务规则、未妥善保存与认证相关的信息，或者有其他违法行为的，由工业和信息化部责令限期改正；逾期未改正的，吊销电子认证许可证书，其直接负责的主管人员和其他直接责任人员 10 年内不得从事电子认证服务。吊销电子认证许可证书的，应当予以公告并通知工商行政管理部门。

案例 4-2

民商事审判中电子数据证据的认定

原告某航空有限公司诉称，原、被告签订《合作协议》，约定由原告向被告提供机票代购服务，被告工作人员杜某某等人陆续从原告处领取代购机票但并未支付票款。请求法院判令被告支付拖欠票款。被告青岛某乡村俱乐部有限公司辩称，杜某某等不具有票务代理资格，其票款签单不应由被告公司负担。被告已付原告票款，请求法院驳回原告诉讼请求。

法院经审理查明，原、被告签订《合作协议》，约定由原告按被告指示要求向其提供机票订座、出票、送票服务。被告指定其工作人员张某、崔某为代订票负责人，被告不得接受原告其他员工的订票事宜；被告有机票订购需要时，可通过电话、传真、MSN 等形式向原告联系、确认。

法院认为，原告提交的崔某、杜某某 QQ 聊天记录所载时间、对话内容能够与《记账凭证》、已付票款明细、被告财务人员电话录音等证据相互印证，应予以采信，综合其他已认定证据，对杜某某代表被告取票的代理人资格予以确认。

法院认为，原告提交的张某 QQ 聊天记录，在证据形式上，能够通过其原始载体 QQ 软件出示证据的"原件"；在证据内容上，能够与被告提交的张某书面证言、被告当庭陈述内容相互佐证。而被告未能提交涉案相关 QQ 聊天记录，以对原告证据中所列聊天对话内容予以反驳，应承担举证不能的不利后果。综合 QQ 系统的相对闭合性、安全性，以及相关证据的相互印证关系，对原告提交的张某 QQ 聊天记录予以采信。

法院经审理认为，基于上述证据分析，并结合其他案件查明事实，应认定被告自原告处共领取机票价值 10 余元，被告已付票款 6 万余元，尚欠原告机票款人民币 4 万余元，遂判令被告支付原告所欠机票款及其利息损失。

复习思考题

一、【选择题】（多项选择）

1. 下列说法正确的是（　　）。
   A. 电子签名是以电子形式出现的数据。这种电子形式的数据非借助机械的转化不能为人体感官所感知
   B. 电子签名是附着于数据电文的。电子签名可以是数据电文的一个组成部分，也可以是数据电文的附属，与数据电文具有某种逻辑关系、能够使数据电文与电子签名相联系
   C. 电子签名必须能够识别签名人身份并表明签名人认可与电子签名相联系的数据电文的内容
   D. 电子签名是不以电子形式出现的数据

2. 下列文书不适用《电子签名法》的是（　　）。
   A. 涉及婚姻、收养、继承等人身关系的
   B. 涉及土地、房屋等不动产权益转让的
   C. 涉及停止供水、供热、供气、供电等公用事业服务的
   D. 民事活动中的合同

3. 可靠电子签名需要满足（　　）条件。
   A. 电子签名制作数据用于电子签名时，属于电子签名人专有
   B. 签署时电子签名制作数据仅由电子签名人控制
   C. 签署后对电子签名的任何改动能够被发现
   D. 签署后对数据电文内容和形式的任何改动能够被发现

4. 电子认证服务提供者暂停或者终止电子认证服务应当履行的义务包括（　　）。
   A. 应当在暂停或者终止服务 90 日前，就业务承接及其他有关事项通知有关各方

B. 应当在暂停或者终止服务 60 日前向工业和信息化部报告。经过批准以后才可以停止经营活动
C. 应当与其他电子认证服务提供者就业务承接进行协商，作出妥善安排
D. 电子认证服务提供者未能就业务承接事项与其他电子认证服务提供者达成协议的，应当申请工业和信息化部安排其他电子认证服务提供者承接其业务

二、【判断题】

1. 电子认证服务活动作为行政许可事项，应当主动接受工业和信息化部的监督管理。（　　）
2. 传统签名应用于物理空间，电子签名是网络空间的签名。（　　）
3. 数字签名是指以对称密钥加密、非对称加密、数字摘要等加密方法产生的电子签名。（　　）
4. 电子认证的效力来源只来自各方当事人的约定。（　　）

三、【问答题】

1. 简述电子签名的概念。
2. 我国《电子签名法》对数据电文的证据效力有什么规定？
3. 电子认证的主要作用是什么？
4. 电子认证机构设立需要具备哪些条件？

第五章 电子支付法律制度

【学习目标】
1. 掌握电子支付的概念、特征、电子支付工具的特点及使用规定。
2. 掌握电子支付各方的义务和责任。
3. 了解《电子支付指引(第一号)》的主要内容。
4. 掌握《电子银行业务管理办法》的主要内容。
5. 掌握《非金融机构支付服务管理办法》的主要内容。
6. 掌握《非银行支付机构网络支付业务管理办法》的主要内容。
7. 了解美国、欧盟和国际组织立法概况。

第一节 电子支付概述

随着电子商务的发展,传统的支付方式已不能适应其需求,电子货币应运而生。它的流通速度远远快于传统货币,可以加快货币周转,提高资金使用效率,促进商品经济的发展。由于电子货币通过计算机转账系统处理各项业务,减少了印刷开支,节约了流通费用。对消费者而言,使用简单方便,安全可靠,不受任何营业时间限制,可以享受更多的金融服务,促进商品交易的实现。

一、电子支付概念及特征

(一) 电子支付的概念

电子支付,也称在线支付,是指通过网络直接或间接地向银行等金融机构发出付款指令,实现货币支付与资金转移的行为,主要包括网上支付和移动支付等方式。

在电子支付中,主要的交易主体是从事电子商务交易的单位和个人,主要中介机构是银行等金融机构。通过电子终端,以电子计算机及其网络为手段,传递的信息是载有特定信息的电子数据,最终的目的是付款人直接或间接向银行业金融机构发出支付指令,实现具有实时支付效力的货币支付与资金转移。

(二) 电子支付的特征

与传统的支付方式相比,电子支付具有下面几个特征。

1. 电子支付具有较强的技术性

这是电子支付不同于传统支付方式的基本特征。电子支付是采用先进的技术通过电子数据流转来完成信息传输,其各种支付方式都是采用数字化的方式进行的,而传统支付方式则是通过现金的流转、票据的转让及银行的汇兑等物理实体形态完成。

2. 电子支付的工作环境是一个开放性的系统平台

电子支付系统是由客户、银行等金融机构、系统经营主体、通信线路提供者、计算机软件或硬件供应商、电力公司等主体构成的复杂的网络支付系统,是电子技术发展的产物。通过该系统,债务人可不受时空限制地实现向债权人给付金钱的行为,而传统支付方式则是在一个较为封闭的系统中运行。

3. 电子支付具有方便、快捷、高效、经济的优点

电子支付使用的是先进的网络和通信等手段,具有不受时空限制的特点,它以电子商务为商业基础,以商业银行为主体,为网上交易的客户提供的电子结算手段,诸如支票、票据等金融交易的进行实行无纸化作业。而传统支付使用的是传统通信媒介,往往会受到时空的限制。相比之下电子支付具有方便、快捷、高效、经济的优点。

二、电子支付系统的产生与发展

支付是为了清偿债权债务关系而将资金从付款人账户转移到收款人账户的过程,支付工具和支付系统的演变和发展是与人类文明的演变过程相一致的。20 世纪 50 年代末,当计算机在银行业务中得到应用后,发达国家的一些银行利用计算机、终端机、电子信息网络等电子通信设备建立了高速划拨资金的电子支付系统。

电子支付系统改变了传统的支付结算方式,降低了成本,提高了效益,从而得到迅速发展。各国相继建立了大额电子支付系统和主要为消费者服务的 POS 系统、ATM 系统。货币作为支付工具在历经了实物、贵金属和纸张载体之后,在支付领域最引人注目的电子货币出现了。

电子货币的出现极大地突破了现实世界的时空限制。因特网在人们生活和工作中的广泛应用使人们可以利用电子货币更快地处理经济事务。新的支付工具和支付系统在给人们带来高效的同时,也对传统法律制度形成了强烈的冲击,世界各国和国际组织对电子货币和电子支持系统予以密切关注,并颁布了相应的法律。

三、电子支付系统的构成

电子支付合同法律关系涉及当事人众多,一般包括客户、银行等金融机构、通信线路提供者、计算机软件或硬件供应商、电力公司等。

(一)电子支付服务提供者

在电子支付法律关系中,涉及的电子支付服务提供者包括银行等金融机构,按其在电子支付中的作用,可以分为以下几种类型。

(1) 付款人银行、收款人银行、中介银行。付款人银行指直接接受付款人支付指令的银行。收款人银行,指直接向收款人支付资金的银行。中介银行指位于付款人银行和收款人银行之间的银行。

(2) 始发银行、接收银行、终端银行。始发银行指在一系列付款指令中,第一个向其他银行发出指令的银行。接收银行指接收指令人的指令支付或接受资金的银行。终端银行指在一系列付款指令中,最后收到其他银行指令的银行。

(3) 发卡人、接单银行。发卡人(发卡银行等金融机构)指发行信用卡的银行等金融机构。接单银行指特约商户的开户银行,接受特约商户的消费者(持卡人)的付款——电子资金划拨。电子支付交易中的银行一般是CHIPS或CNAPS等系统的成员。

(二) 电子支付服务接受者

电子支付服务接受者即客户,是在银行开有账户并通过银行与第三方进行交易的自然人、法人及其他组织,在交易中即为购买方或销售方。购买方是付款方,在电子支付中第一个发出资金支付指令的人,在电子支付中又被称为持卡人。销售方也就是收款方,在电子支付中支付资金的最终受益人,在电子支付中又称为特约商店。

(三) 电子资金划拨系统

小额资金划拨系统主要有:销售点终端设备(POS)、自动柜员机(ATM)、居家银行服务(HB)、自动清算所(ACH)。大额资金划拨系统主要有联邦电划系统(CHIPS)、清算所银行间支付系统(SWIFT)、环球银行间金融电讯协会(CNAPS)。

电子支付的当事人因电子支付方式的不同而有差别。例如网上支付的当事人往往涉及发出电子支付指令的客户(又称买家)、接受电子支付指令的客户、提供电子支付网络环境服务的经营商、银行等;移动支付的当事人一般会涉及发出电子支付指令的客户、提供移动通信服务的经营商、银行等。

银行与其他机构合作开展电子支付业务的,其合作机构的资质要求应符合有关法律、法规的规定。也就是说,非银行机构参与电子支付结算活动的,只有符合一定条件,并经过有关主管部门认定,才能从事该项服务。国家有关主管部门拟将非银行机构纳入支付清算组织进行监督管理,并对其机构性质、业务开办资质、注册资本金、审批程序、机构风险控制等作出相应规定。

▶ 知识链接

电子支付关系中银行的作用

在电子支付关系中,银行仍然起着支付结算和资金清算中介机构的作用,一般而言,接受客户委托发出电子支付指令的发起银行称为"发起行",电子支付指令接受人的开户银行或接受人未在银行开立账户而电子支付指令确定的资金汇入银行称为"接受行"。

如果银行自身提供了电子支付的网络环境,一般就不涉及提供该项服务的经营商,否则,银行只有与提供电子网络环境的经营商合作,才能完成电子支付行为。

四、电子支付各方的义务和责任

按照我国金融法律制度的规定,中国人民银行和国务院银行业监督管理机构应当依法对电子支付服务提供者进行监督管理。根据《电子商务法》第53条至第57条的规定,电子支付服务提供者和用户应分别承担以下义务和责任。

(一)电子支付服务提供者的义务和责任

1. 提供安全支付服务的义务

电子支付服务提供者应当提供安全的支付服务,应当确保电子支付指令的完整性、一致性、可跟踪稽核和不可篡改。电子支付服务提供者提供电子支付服务不符合国家有关支付安全管理要求,造成用户损失的,应当承担赔偿责任。电子支付服务提供者应当向电子支付服务接受者免费提供对账服务以及最近3年的交易记录。

2. 账户实名制管理的义务

电子支付服务提供者为电子支付服务接受者开立账户的,应对账户实行实名制管理,不得开立匿名、假名账户。

3. 提供公开透明服务的告知义务

电子支付服务提供者应当告知电子支付服务接受者电子支付服务的功能、使用方法、注意事项、相关风险和收费标准等事项,不得附加不合理交易条件。

4. 确认支付的义务

由于电子支付不像传统的面对面的货币交付,电子支付服务接受者通过电子网络以点击的方式支付后,不能通过感官感知资金是否从自己账户中支付出去,是否到达收款方账户,所以,电子支付服务提供者完成电子支付后,应当及时准确地向电子支付服务接受者提供符合约定方式的确认支付信息。电子支付指令未能成功执行的,电子支付服务提供者应当及时提示电子支付服务接受者,采取必要的补救措施。

如果由于支付系统的原因导致支付指令发生错误的,电子支付服务提供者应当及时查找原因,并采取相关措施予以纠正。造成电子支付服务接受者损失的,电子支付服务提供者应当承担赔偿责任,但能够证明支付错误非自身原因造成的除外。

5. 采取措施防止损失扩大的义务

电子支付服务提供者发现支付指令未经授权,或者收到电子支付服务接受者支付指令未经授权的通知时,应当立即采取措施防止损失扩大。电子支付服务提供者未及时采取措施导致损失扩大的,对损失扩大部分承担责任。

电子支付服务提供者有义务维护电子支付系统的安全，如果未经授权发生了支付，很可能是电子支付服务系统被违法犯罪行为人攻击并利用了，所以未经授权的支付造成的损失，由电子支付服务提供者承担，除非其他法律另有规定。但是，能够证明未授权支付是因电子支付服务接受者的过错造成的，且电子支付服务提供者能够证明自己没有过错的，电子支付服务提供者不承担责任。如果双方都有过错，根据过错的大小分担损失。

6. 电子支付服务提供者不得挪用备付金

电子支付服务接受者可以按照约定要求电子支付服务提供者将其备付金划转至本人结算账户，电子支付服务提供者不得设置障碍或者收取不合理的费用。所谓备付金，是指非银行支付机构作为电子支付服务提供者，办理电子支付服务接受者委托的支付业务而实际收到的预收待付货币资金。

（二）电子支付服务接受者的义务和责任

（1）电子支付服务接受者应当向电子支付服务提供者提供真实有效的身份信息和联系信息，并在相关信息变更后及时通知电子支付服务提供者。

（2）合理使用、妥善保管。电子支付服务接受者应当按照与电子支付服务提供者的约定，在合法范围内使用电子支付服务、支付服务费用，妥善保管交易密码、电子签名数据等安全工具。电子支付服务接受者发现安全工具遗失、被盗用或者其他未授权交易的，应当及时通知电子支付服务提供者。

（3）电子支付服务接受者应当对所发出的支付指令的正确性负责，在发出支付指令前应当核对支付指令所包含的金额、收款人等完整信息。因电子支付服务接受者的过错造成的损失，且电子支付服务提供者能够证明自己没有过错的，由电子支付服务接受者自行承担责任。

五、主要的电子支付工具

在电子商务环境下，传统支付方式已不能适应商务活动电子化的要求，在很多场合必须要由全新的电子支付方式来代替。由于使用的传输网络、传输协议和支付程序的不同以及不同的相互组合方式，在实践中衍生出多种电子支付工具。

（一）信用卡（Credit Card）

信用卡是银行向可信赖的客户提供无抵押的短期周转信贷的一种手段。由银行或其他财务机构签发给那些资信状况良好的人，用于在指定的商家购物和消费，或在指定银行机构存取现金的特制卡片，是一种特殊的信用凭证，具有转账结算功能、消费借贷功能、储蓄功能和汇兑功能。银行为信用卡用户提供不限地域存取现金、支付、结算的服务。

信用卡支付关系一般涉及持卡人（买方）、商家（卖方）、发卡人（信用卡公司或银行）和银行。在线信用卡电子支付基本流程是：交易完成后，持卡人就其所传送的信息先进行电子签名加密，然后将信息本身和电子签名经认证机构的认证后，连同数字证书一并传送至商家，商家通过银行从持卡人的信用卡账户上划拨走这笔交易的费用。

（二）智能卡（Master Card）

随着信息技术的进步，信用卡逐渐发展成为能够读写大量数据、更加安全可靠的智能卡。智能卡中一般有硬件的逻辑保护，以密码加密形式来保护其存储内容不被非法更改。智能卡提供了一种简便的方法，可用来存储和解释私人密钥和数字证书，非常好地解决了与电子商务的结合问题。智能卡上存放的证书使持卡人的身份得到认证，并直接在每一次网上购物时签上客户的电子签名。

由于智能卡内安装了嵌入式微型控制器芯片，因而可储存并处理数据。卡上的价值受用户的个人识别码（PIN）保护，因此只有用户能访问它。多功能智能卡内还嵌有高性能的、独立的基本软件，能够像个人电脑那样自由地增加和改变功能。

这种智能卡还设有"自爆"装置，如果违法分子想打开智能卡非法获取信息，卡内软件上的内容将立即自动消失。智能卡是目前最常用的电子支付工具，可在商场、饭店、车站、互联网等许多场所使用，可采用刷卡记账、结账、提取现金、网上结算等方式进行支付。

（三）电子支票（Electronic Check）

电子支票是纸基支票的电子替代品，它借鉴纸基支票转移支付的优点，利用数据电讯方式将钱款从一个账户转移到另一个账户。这种电子支付方式是在与商家及银行相连的网络上以密码方式传递的，多数使用公用密钥加密签名或使用个人身份证号码代替手写签名。网络银行和大多数银行金融机构，通过建立电子支票支付系统，在各个银行之间发出和接收电子支票，向用户提供电子支付服务。

用电子支票支付，处理费用较低，而且银行也能为参与电子商务的商家提供标准化的资金信息，是一种很有效率的电子支付手段。

电子支票支付过程包含三个实体：购买方、销售方以及金融机构。在电子支票支付方式中，购买方通过计算机系统从金融机构那里获得一个电子方式的付款证明，这个以电子流为表现形式的付款证明表明购买方账户中欠金融机构的钱，购买方把这个付款证明交给销售方，销售方再转交给金融机构，整个处理过程如同传统的支票。电子支票今后的发展趋势是逐步过渡到互联网上进行传输，即采用电子资金转账（Electronic Fund Transfer）或网上银行（Electronic Banking）方式。

（四）电子现金（Electronic Cash/Digital Money）

电子现金是一种以数据形式流通的货币。它把现金数值转换成为一系列的加密序列数,通过这些序列数来表示现实中各种金额的市值,用户在开展电子现金业务的银行开设账户并在账户内存钱后,就可以在接受电子现金的商店购物了。

电子现金的优势在于完全脱离了实物载体,无须直接与银行信息系统连接便可使用,支付过程更加方便。一般适用于小额交易。仅从技术层面上讲,各个商家都可以发行电子现金,但是如果不加以规范控制,可能会带来相当严重的经济金融问题。

(五)其他电子支付工具

除了上述的信用卡、智能卡、电子现金和电子支票外,还有电子零钱、安全零钱、在线货币等。这些支付工具的共同特点都是将现金或货币数字化和电子化,利于在网络中传输、结算和支付,利于网络银行使用,利于实现电子支付或在线支付。

六、电子支付安全标准

电子支付安全标准是为了满足电子支付的安全性要求而开发出的集加密技术、电子签名和信息摘要技术、安全认证技术于一体的各种安全技术措施或者安全技术协议。目前国际上常用的两种电子支付的安全标准是 SSL 和 SET 协议。

(一)安全套接层协议(SSL)

安全套接层协议(Secure Socket Layer)是一种保护 Web 通信的工业标准,主要目的是提供互联网上的安全通信服务,能够对信用卡和个人数据、电子商务提供较强的加密保护,是国际上最早应用于电子商务的一种网络安全协议。在网络上普遍使用,能保证双方通信时数据的完整性、保密性和互操作性,在安全要求不太高时可用。

SSL 协议运行的基点是商家对客户信息保密的承诺,客户的信息首先传到商家,商家阅读后再传到银行。这样,客户资料的安全性便受到威胁。另外,整个过程只有商家对客户的认证,缺少了客户对商家的认证。在电子商务的初始阶段,由于参加电子商务的公司大都是信誉较好的公司,这个问题没有引起人们的重视。随着越来越多的公司参与电子商务,对商家认证的问题也就越来越突出,SSL 的缺点完全暴露出来,SSL 协议也逐渐被新的 SET 协议所取代。

(二)安全电子交易协议(SET)

安全电子交易协议(Secure Electronic Transaction)是由 Visa 和 MasterCard 两大信用卡组织提出的以信用卡为基础的电子付款系统规范,用来确保在开放网络上持卡交易的安全性。SET 规范使用了公开密钥体系对通信双方进行认证,并利用 Hash 算法鉴别信息的真伪,以维护在任何开放网络上的个人金融资料的安全性。

SET 体系中的核心技术包括电子签名和信息摘要、数字证书的签发、电子信函、公开密钥的加密等。其中还有一个关键的认证机构(CA),负责发布和管理数字证书。SET 协议规定发给每个持卡人一个数字证书。持卡人(客户)选中一个口令,用它对数字证书和私钥、信用卡号以及其他信息加密存储。

七、电子支付的步骤

根据 SET 协议的工作流程图，可将整个工作程序分为下面七个步骤。

第一步，消费者填写网上购物信息。消费者利用自己的计算机通过互联网选订所要购买的物品，并在计算机上输入订货单，订货单上需包括在线商店、购买物品名称及数量、交货时间及地点等相关信息。

第二步，在线商店对消费者填写的网上购物信息作出应答。通过电子商务服务器与有关在线商店联系，在线商店作出应答，告诉消费者所填订货单的货物单价、应付款数、交货方式等信息是否准确，是否有变化。

第三步，消费者选择付款方式，确认订单，签发付款指令。此时 SET 开始介入。

第四步，在 SET 中，消费者必须对订单和付款指令进行电子签名。此处利用双重签名技术保证商家看不到消费者的账号信息。

第五步，在线商店接受订单后，向消费者所在银行请求支付认可。信息通过支付网关到收单银行，再到电子支付工具的发行公司确认。批准交易后，返回确认信息给在线商店。

第六步，在线商店发送订单确认信息给消费者。消费者端软件可记录交易日志，以备将来查询。

第七步，在线商店发送货物或提供服务，并通知收单银行将钱从消费者的账号转移到商店账号，或通知发卡银行请求支付。在认证操作和支付操作中间一般会有一个时间间隔，例如，在每天的下班前请求银行结一天的账。

在整个电子支付过程中，前两步与 SET 无关，从第三步开始 SET 起作用，一直到第七步，在处理过程中，通信协议、请求信息的格式、数据类型的定义等都有明确的规定。在操作的每一步，消费者、在线商店、支付网关都通过 CA 来验证通信主体的身份，以确保通信的对方不是冒名顶替。所以，也可以简单地认为，SET 协议充分发挥了认证中心的作用，以维护在任何开放网络上的电子商务参与者提供信息的真实性和保密性。

😊 小贴士

中国人民银行数据显示，2021 年银行业金融机构共处理电子支付业务 2749.69 亿笔，金额 2976.22 万亿元。其中，网上支付业务 1022.78 亿笔，金额 2353.96 万亿元，同比分别增长 16.32% 和 8.25%；移动支付业务 1512.28 亿笔，金额 526.98 万亿元，同比分别增长 22.73% 和 21.94%。此外，非银行支付机构处理网络支付业务 10283.22 亿笔，金额 355.46 万亿元，同比分别增长 24.30% 和 20.67%。以目前第三方电子支付企业收取 0.1% 的服务费测算，2021 年中国第三方电子支付服务业的营业收入为 3554.6 亿元左右。

据中国支付清算协会报告显示，2021 年人民币跨境支付系统处理业务 334.16 万笔，金额 79.6 万亿元，同比分别增长 51.55% 和 75.83%，日均处理业务 1.34 万笔，金额 3184 亿元，是电子支付行业的重要增长点。

资料来源：商务部《中国电子商务报告 2021》，第 25 页。

八、强化安全意识，避免电子支付风险

用户在网络上进行电子交易时，要强化安全意识，避免支付过程中可能产生的风险，具体而言，须注意以下几点。

(1) 确保网站网址的正确，我国的电子交易网站一般都是链接到银行进行交易，不要在不明来历的商户网站直接输入账号信息。

(2) 查看网站是否有 ICP 号，ICP 号是否正确，国家规定经营性网站必须在当地的通信管理局登记。

(3) 查看网站是否有工商局的标志，标志是否登记。例如，对于北京的经营性网站，必须到工商局办理网站备案登记，该标志是一个红色的盾牌，点击网站界面上的红盾，会自动链接到工商局的网站上，显示出该网站的登记信息，可以查看该信息与网站实际情况是否一致。

(4) 正规电子交易网站在传输用户账号信息时都要加密，此时地址是以"https"而不是通常的"http"开头的。加密传输时，浏览器下面会出现一个小锁，点击小锁会显示证书，只能相信权威机构颁发的证书。目前我国电子交易常用的证书包括由中国金融认证中心（CFCA）颁发的证书和各个银行自己颁发的证书。

第二节　电子支付的相关法律问题

一、电子支付工具的效力问题

现在，使用银行卡进行支付已经比较普遍，其效力已经得到充分认可。但对于电子支票和电子现金，因为其与传统法律法规有一定的抵触，其效力存在一定的争议。

（一）电子支票的效力

电子支票是纸质支票的电子替代物，电子支票将纸质支票信息改变为带有数字签名的电子报文，或利用其他数字电文代替纸质支票的全部信息，使用数字签名和自动验证技术来确定其合法性，可以在网络上直接传输，是网络电子支付工具之一。互联网的迅速发展，使电子支票为大额结算提供了便利。

我国电子支票的法律地位主要是《中华人民共和国票据法》（以下简称《票据法》）调整。《票据法》第4条规定，"票据出票人制作票据，应当按照法定条件在票据上签章"；第7条又规定，"票据上的签章，为签名、盖章或者签名加盖章"。《票据法》中其他有关签章的规定，以及《票据管理实施办法》《支付结算办法》的相关内容的规定，其基本含义都是一致的。

目前，我国各银行一般规定，出票人必须在支票上使用数码印鉴，原来加盖在支票上的图章印鉴不再作为识别出票人的标记，电子计算机只按照数码印鉴确认出票人授权指令的有效性。

（二）电子现金的法律地位

电子现金是现实货币以数字信息形式的存在，通过互联网流通，但比现实货币更加方便、经济，其实质与现实货币一般无二，是一般等价物的一种表现形式。但是，电子现金的法律地位一直难以确定。

二、对网上支付违法犯罪活动的防范与惩治

随着电子商务的发展，尤其是网上支付方式的广泛使用，网上金融违法或金融犯罪随之而来。网上金融违法犯罪行为既有传统的方式，如洗钱等违法交易，也有一些新的形式，如黑客攻击问题等。

1. 与网上支付有关的洗钱

网上支付出现后，客观上也为洗钱活动提供了更多的机会和更大的空间。网上支付工具有着体积小、适合远距离传输、匿名性等特点。对于犯罪分子而言，这都是可乘之机。洗钱，就是犯罪分子通过一定的方法和手段，将非法所得的资金，变成合法资金。在网络上，犯罪分子可以更安全、放心地利用网上支付，将自己的非法所得经过几个商家或其他机构的流动，洗成合法收入。

加密技术为网上支付工具提供了一定程度的安全，并保护了客户的隐私权，但对于执法者调查和惩治犯罪带来了严重的障碍。因此使执法机构在一定条件下，获得有关的密钥成了一种必然要求。

为更加有效地打击违法犯罪行为，保障网上交易安全，维护交易秩序，可以建立一定的密钥托管机制，使政府在特定条件下能够获得密码技术中的私人密钥，作为预防洗钱等违法犯罪行为的措施。

2. 违法交易的法律责任分担问题

银行卡是目前消费者经常使用的电子支付工具之一，由于网上支付的许多信息都是通过国际互联网传递的，而互联网是一个开放的网络，使用电子支付的客户信息可能被其他人得到，并利用来进行诈骗活动。当下，如何保护客户信息不被非法利用已经成为不容回避的法律问题。

对于违法交易的法律责任分担，消费者往往处在受害者地位。消费者多为个人，各国法律规定虽不尽相同，但大都偏重于保护消费者。消费者承担的责任有限，如以美国为例，调整银行卡使用人、商家和银行之间关系的法律大多作出了对消费者有利的规定：消费者承担责任有限；调查的责任由发卡银行承担；发卡行要进行一定的信息披露。在网上支付中，引进了认证中心和电子签名，其合法性在很多国家和地区都得到了认可。但如何认证商家和银行之间的关系仍需进一步规范。

3. 黑客攻击网络安全问题

黑客们对网络电子支付也构成了巨大的威胁。消费者的个人信息存储于银行，如果银行的网络遭到攻击，很可能使所有的私人信息泄露，如果补救不及时，很可能给消费者造成巨大损失。我国已先后出台了一系列法律，约束和惩治黑客的行为。但是巨大的利益诱惑往往使不法分子铤而走险。因此，网络技术上不断完善也是必不可少的。

第三节 中国电子支付立法概况

近年来，随着金融电子化水平的不断提高和金融基础设施的完善，我国制定发布了一系列电子支付法律制度，保障了电子支付活动的稳定和顺利进行，促进了我国电子商务的发展。2005年《电子签名法》的颁布和实施，确认了电子签名的法律效力，加快了电子支付立法进程。

为规范电子支付业务，2005年10月，中国人民银行制定了《电子支付指引（第一号）》。该指引旨在规范电子支付，防范支付风险，保证资金安全，维护银行及其客户在电子支付活动中的合法权益，促进电子支付业务健康发展。2005年11月，原中国银行业监督管理委员会颁布的《电子银行业务管理办法》成为电子银行业务设立与运行的基础法律依据。

2009年2月工业和信息化部发布了《电子认证服务管理办法》，规范电子认证服务行为，对电子认证服务提供者实施监督。2009年5月18日，中国人民银行发布《银行卡卡片规范》；中国人民银行2009年10月发布了《电子商业汇票业务管理办法》，使电子支付中的电子商业汇票业务得以依法运行。

中国人民银行于2010年发布了《非金融机构支付服务管理办法》，规范第三方电子支付服务，规定非金融机构依法申请电子支付许可证，才能提供电子支付服务；规定了监督与管理和罚则。该办法的目的在于防范支付风险，保护当事人的合法权益，实质上也扩大了电子支付金融服务主体范围，使第三方电子支付取得了合法地位。

2015年，中国人民银行发布《非银行支付机构网络支付业务管理办法》，进一步规范第三方电子支付业务。2019年1月1日开始实施的《电子商务法》也对电子支付业务作出规定。

为加强电子支付风险的监督管理，2005年11月，原中国银行业监督管理委员会颁布的《电子银行业务管理办法》，是对电子银行业务监督管理主要依据。2006年2月又发布了《电子银行安全评估指引》。中国人民银行于2006年11月发布的《金融机构反洗钱规定》也在防范金融风险、维护银行和客户在电子支付过程中的合法利益等方面发挥了积极的作用。

在电子支付网络安全保护方面，我国有一系列法律法规和部门规章对其予以调整，包括《刑法》、《计算机信息系统安全保护条例》及其实施办法、《计算机信息网络国际互联网安全保护管理办法》、《金融机构计算机信息系统安全保护工作暂行规定》、《互联网安全保护技术措施规定》等。

以下重点介绍电子支付业务方面的规范制度。

一、《电子支付指引（第一号）》

为规范电子商务支付业务，防范支付风险，保证资金安全，维护银行及其客户在电子支付活动中的合法权益，促进电子支付业务的健康发展，中国人民银行在2005年10月26日制定并发布了《电子支付指引（第一号）》，以规范银行和客户之间的电子支付行为。该指引自发布之日起生效。有关部门选择了先通过"指引"这种规范性文件的方式引导和规范电子支付行为，待条件成熟再以相应部门规章或法律、行政法规的立法模式加以调整。

中国人民银行发布的《电子支付指引（第一号）》主要是调整银行和客户之间的权利义务关系，而未规定电子支付行为中其他当事人之间的权利义务关系。中国人民银行正在进一步研究并制定相应的指引，以规范电子支付关系中其他当事人之间的权利义务关系。

下面就《电子支付指引（第一号）》的有关内容，包括电子支付交易的有效性、客户和银行的权利和义务、信息披露支付安全等方面的规定进行介绍。

（一）支付业务的申请

客户和银行之间发生的支付业务，银行应根据审慎性原则，确定办理电子支付业务客户的条件，客户在符合相应条件的前提下，按照一定的程序办理电子支付的申请手续。具体程序如下。

1. 银行公开办理电子支付业务的相关信息

根据《电子支付指引（第一号）》第8条的规定，银行应向公众公开披露办理电子支付业务的以下相关信息：

(1) 银行名称、营业地址及联系方式。
(2) 客户办理电子支付业务的条件。
(3) 所提供的电子支付业务品种、操作程序和收费标准等。

（4）电子支付交易品种可能存在的全部风险，包括该品种的操作风险、对外采取的安全措施、无法采取安全措施的安全漏洞等。

（5）客户使用电子支付交易品种可能产生的风险。

（6）提醒客户妥善保管、使用或授权他人使用电子支付交易存取工具（如卡、密码、密匙、电子签名制作数据等）的警示性信息。

（7）争议及差错处理方式等。

2. 客户提出申请

客户依照银行公布的办理电子支付业务的信息向银行提出办理电子支付业务的申请，银行应当认真审核客户申请办理电子支付业务的基本信息资料，并应当告知客户所提供信息的使用目的和范围、安全保护措施以及客户未提供或未真实提供相关资料信息的后果。

3. 签订电子支付合同或协议

客户认可银行办理电子支付业务的相关要求之后，与银行以书面或电子方式签订电子支付合同或协议，即可开展电子支付业务。

根据《电子支付指引（第一号）》第13条的规定，该合同或协议的内容包括：

（1）客户指定办理电子支付业务的账户名称和账号。

（2）客户应保证办理电子支付业务账户的支付能力。

（3）双方约定的电子支付类型、交易规则、认证方式（如密码、密钥、数字证书、电子签名）等。

（4）银行对客户提供的申请资料和其他信息的保密义务。

（5）银行根据客户要求提供交易记录的时间和方式。

（6）争议、差错处理和损害赔偿责任等。

根据《电子支付指引（第一号）》第14条的规定，客户与银行进行电子支付业务的过程中，发生下列情形时，应当及时向银行提出电子或书面申请：①终止电子支付协议的；②客户基本资料发生变更的；③约定的认证方式需要变更的；④有关电子支付业务资料、存取工具被盗或遗失的；⑤客户与银行约定的其他情形。

如果客户利用电子支付方式从事违反国家法律、法规活动的，银行应当按照有关部门的要求停止为其办理电子支付业务。

客户提出终止电子支付协议或银行停止为客户办理电子支付业务的，银行应当按会计档案的管理要求妥善保存客户的申请资料，保存期限至电子支付业务终止后5年。

（二）电子支付指令的发起和接收

电子支付指令的发起和接受应当依照以下程序进行。

1. 电子支付指令的发起

这是客户根据需要就货币支付和资金转移通过电子终端，根据其与发起行签订的协议，发出电子支付指令。

2. 电子支付指令的确认

在客户发出电子支付指令前，发起行应建立必要的安全程序，在提示客户对指令的准确性和完整性进行确认的前提下，对客户身份和电子支付指令再次进行确认，并应能够向客户提供纸质或电子交易回单，同时形成日志文件等记录，保存至交易后5年。

3. 电子支付指令的执行

发起行在确认客户电子支付指令完整和准确后，通过安全程序执行电子支付指令。发起行执行该指令后，客户不得要求变更或撤销电子支付指令。

4. 电子支付指令的接收

接受行收到电子支付指令后，应当按照协议规定，及时回复确认。

根据《电子支付指引（第一号）》的有关规定，在电子支付指令的发起和接收过程中，发起行和接收行应确保电子支付指令传递的可跟踪稽核和不可篡改。如果电子支付指令需转换为纸质支付凭证的，其纸质支付凭证必须记载以下事项（具体格式由银行确定）：①付款人开户行名称和签章；②付款人名称、账号；③接收行名称；④收款人名称、账号；⑤大写金额和小写金额；⑥发起日期和交易序列号。

（三）安全控制

鉴于电子支付方式的特殊性，电子支付面临的各种安全风险不容忽视。《电子支付指引（第一号）》为此专门作出了相应的规定。

1. 建立有效的安全管理制度

银行应针对与电子支付业务活动相关的风险，建立有效的安全管理制度。这类制度包括但不限于计算机设备安全管理制度、计算机网络系统安全管理制度、数据库安全管理制度、电子交易安全管理制度，等等。

2. 采用符合规定的安全标准

银行在开展电子支付业务时采用的信息安全标准、技术标准、业务标准等应当符合有关规定。

3. 限制电子支付的金额

银行应根据审慎性原则并针对不同客户，在电子支付类型、单笔支付金额和每日累计支付金额等方面作出合理限制。

（1）银行通过互联网为个人客户办理电子支付业务，除采用数字证书、电子签名等安全认证方式外，单笔金额不应超过1000元人民币，每日累计金额不应超过5000元人民币。

（2）银行为客户办理电子支付业务，单位客户从其银行结算账户支付给个人银行结算账户的款项，其单笔金额不得超过5万元人民币，但银行与客户通过协议约定，能够实现提供有效付款依据的除外。

（3）银行应在客户的信用卡授信额度内，设定用于网上支付交易的额度供客户选择，但该额度不得超过信用卡的预借现金额度。

4. 合理使用客户信息资料

银行使用客户资料、交易记录等，不得超出法律、法规许可和客户授权的范围。

5. 保守客户秘密

银行应依法对客户的资料信息、交易记录等保密。除国家法律、行政法规另有规定外，银行应当拒绝除客户本人以外的任何单位或个人的查询。银行应采取必要措施为电子支付交易数据保密。

（1）对电子支付交易数据的访问须经合理授权和确认。

（2）电子支付交易数据须以安全方式保存，并防止其在公共、私人或内部网络上传输时被擅自查看或非法截取。

（3）第三方获取电子支付交易数据必须符合有关法律、法规的规定以及银行关于数据使用和保护的标准与控制制度。

（4）对电子支付交易数据的访问均须登记，并确保该等级不被篡改。

6. 及时与客户核对电子支付交易情况

银行应与客户约定，及时或定期向客户提供交易记录、资金余额和账户状态等信息，核对电子支付交易情况。

7. 保护电子支付交易数据的完整性和可靠性

银行应采取必要措施保护电子支付交易数据的完整性和可靠性。

（1）制定相应的风险控制策略，防止电子支付业务处理系统发生有意或无意的危害数据完整性和可靠性的变化，并具备有效的业务容量、业务连续性计划和应急计划。

（2）保证电子支付交易与数据记录程序的设计发生擅自变更时能被有效侦测。

（3）有效防止电子支付交易数据在传送、处理、存储、使用和修改过程中被篡改，任何对电子支付交易数据的篡改能通过交易处理、监测和数据记录功能被侦测。

（4）按照会计档案管理的要求，对电子支付交易数据，以纸介质或磁性介质的方式进行妥善保存，保存期限为 5 年，并方便调阅。

8. 建立合理的授权机制

银行应建立合理的授权机制，确保对电子支付业务处理系统的操作人员、管理人员以及系统服务商有合理的授权控制：

（1）确保进入电子支付业务账户或敏感系统所需的认证数据免遭篡改和破坏。对此类篡改都应是可侦测的，而且审计监督应能恰当地反映出这些篡改的企图。

（2）对认证数据进行的任何查询、添加、删除或更改都应得到必要授权，并具有不可篡改的日志记录。

9. 建立职责分离的管理体系

银行应采取有效措施，建立职责分离的管理体系，以保证电子支付业务处理系统中的职责分离。

（1）对电子支付业务处理系统进行测试，确保职责分理。

（2）开发和管理经营电子支付业务处理系统的人员维持分离状态。

（3）交易程序和内控制度的设计确保任何单个的雇员和外部服务供应商都无法独立完成一项交易。

10. 强化认证服务体系的作用

银行采用数字证书或电子签名方式进行客户身份认证和交易授权的，提倡由合法的第三方认证机构提供认证服务。如客户因依据该认证服务进行交易遭受损失，认证服务机构不能证明自己无过错，应依法承担相应责任。

11. 及时通报重大安全事项

银行应建立电子支付业务运作重大事项报告制度，及时向监管部门报告电子支付业务经营过程中发生的危及安全的事项。

二、《电子银行业务管理办法》

电子银行业务，是指商业银行等银行业金融机构利用面向社会公众开放的通讯通道或开放型公众网络，以及银行为特定自助服务设施或客户建立的专用网络，向客户提供的银行服务。

电子银行业务包括利用计算机和互联网开展的银行业务（以下简称网上银行业务），利用电话等声讯设备和电信网络开展的银行业务（以下简称电话银行业务），利用移动电话和无线网络开展的银行业务（以下简称手机银行业务），以及其他利用电子服务设备和网络，由客户通过自助服务方式完成金融交易的银行业务。

（一）申请与变更

1. 金融机构开办电子银行业务，应当具备下列条件：

（1）金融机构的经营活动正常，建立了较为完善的风险管理体系和内部控制制度，在申请开办电子银行业务的前一年内，金融机构的主要信息管理系统和业务处理系统没有发生过重大事故。

（2）制定了电子银行业务的总体发展战略、发展规划和电子银行安全策略，建立了电子银行业务风险管理的组织体系和制度体系。

（3）按照电子银行业务发展规划和安全策略，建立了电子银行业务运营的基础设施和系统，并对相关设施和系统进行了必要的安全检测和业务测试。

（4）对电子银行业务风险管理情况和业务运营设施与系统等，进行了符合监管要求的安全评估。

(5) 建立了明确的电子银行业务管理部门，配备了合格的管理人员和技术人员。

(6) 中国银监会要求的其他条件。

2. 金融机构开办电子银行业务，除上述所列条件外，还应具备以下条件：

(1) 电子银行基础设施设备能够保障电子银行的正常运行。

(2) 电子银行系统具备必要的业务处理能力，能够满足客户适时业务处理的需要。

(3) 建立了有效的外部攻击侦测机制。

(4) 中资银行业金融机构的电子银行业务运营系统和业务处理服务器设置在中华人民共和国境内。

(5) 外资金融机构的电子银行业务运营系统和业务处理服务器可以设置在中华人民共和国境内或境外。设置在境外时，应在中华人民共和国境内设置可以记录和保存业务交易数据的设施设备，能够满足金融监管部门现场检查的要求，在出现法律纠纷时，能够满足中国司法机构调查取证的要求。

3. 金融机构申请开办电子银行业务，根据电子银行业务的不同类型，分别适用审批制和报告制

(1) 利用互联网等开放性网络或无线网络开办的电子银行业务，包括网上银行、手机银行和利用掌上电脑等个人数据辅助设备开办的电子银行业务，适用审批制。

(2) 利用境内或地区性电信网络、有线网络等开办的电子银行业务，适用报告制。

(3) 利用银行为特定自助服务设施或与客户建立的专用网络开办的电子银行业务，法律法规和行政规章另有规定的遵照其规定，没有规定的适用报告制。

金融机构开办电子银行业务后，与其特定客户建立直接网络连接提供相关服务，属于电子银行日常服务，不属于开办电子银行业务申请的类型。

4. 电子银行的申请、批准

金融机构申请开办需要审批的电子银行业务之前，应先就拟申请的业务与中国银监会进行沟通，说明拟申请的电子银行业务系统和基础设施设计、建设方案，以及基本业务运营模式等，并根据沟通情况，对有关方案进行调整。进行监管沟通后，金融机构应根据调整完善后的方案开展电子银行系统建设，并应在申请前完成对相关系统的内部测试工作。内部测试对象仅限于金融机构内部人员、外包机构相关工作人员和相关机构的工作人员，不得扩展到一般客户。

金融机构申请开办电子银行业务时，可以在一个申请报告中同时申请不同类型的电子银行业务，但在申请中应注明所申请的电子银行业务类型。

5. 金融机构增加或变更需要审批的电子银行业务类型，应向中国银监会或其派出机构报送以下文件和资料（一式三份）

(1) 由金融机构法定代表人签署的增加或变更业务类型的申请。

(2) 拟增加或变更业务类型的定义和操作流程。

(3) 拟增加或变更业务类型的风险特征和防范措施。

(4) 有关管理规章制度。

(5) 申请单位联系人以及联系电话、传真、电子邮件信箱等联系方式。

(6) 中国银监会要求提供的其他文件和资料。

6. 电子银行的批准

中国银监会或其派出机构在收到金融机构申请开办需要审批的电子银行业务完整申请材料3个月内，作出批准或者不批准的书面决定；决定不批准的，应当说明理由。

金融机构开办电子银行业务后，可以利用电子银行平台进行传统银行产品和服务的宣传、销售，也可以根据电子银行业务的特点开发新的业务类型。已经实现业务数据集中处理和系统整合的银行业金融机构，获准开办电子银行业务后，可以授权其分支机构开办部分或全部电子银行业务。其分支机构在开办相关业务之前，应向所在地中国银监会派出机构报告。

(二) 风险管理

1. 建立电子银行风险控制制度

金融机构应当将电子银行业务风险管理纳入本机构风险管理的总体框架之中，并应根据电子银行业务的运营特点，建立健全电子银行风险管理体系和电子银行安全、稳健运营的内部控制体系。

金融机构的电子银行风险管理体系和内部控制体系应当具有清晰的管理架构、完善的规章制度和严格的内部授权控制机制，能够对电子银行业务面临的战略风险、运营风险、法律风险、声誉风险、信用风险、市场风险等实施有效的识别、评估、监测和控制。

2. 对电子银行风险的设施控制

金融机构应当保障电子银行运营设施设备，以及安全控制设施设备的安全，对电子银行的重要设施设备和数据，采取适当的保护措施。

(1) 有形场所的物理安全控制，必须符合国家有关法律法规和安全标准的要求，对尚没有统一安全标准的有形场所的安全控制，金融机构应确保其制定的安全制度有效地覆盖可能面临的主要风险。

(2) 以开放型网络为媒介的电子银行系统，应合理设置和使用防火墙、防病毒软件等安全产品与技术，确保电子银行有足够的反攻击能力、防病毒能力和入侵防护能力。

(3) 对重要设施设备的接触、检查、维修和应急处理，应有明确的权限界定、责任划分和操作流程，并建立日志文件管理制度，如实记录并妥善保管相关记录。

(4) 对重要技术参数，应严格控制接触权限，并建立相应的技术参数调整与变更机制，并保证在更换关键人员后，能够有效防止有关技术参数的泄漏。

(5) 对电子银行管理的关键岗位和关键人员，应实行轮岗和强制性休假制度，建立严格的内部监督管理制度。

3. 电子银行交易数据的保密控制

金融机构应采用适当的加密技术和措施，保证电子交易数据传输的安全性与保密性，以及所传输交易数据的完整性、真实性和不可否认性。

金融机构采用的数据加密技术应符合国家有关规定，并根据电子银行业务的安全性需要和科技信息技术的发展，定期检查和评估所使用的加密技术和算法的强度，对加密方式进行适时调整。

金融机构应建立电子银行入侵侦测与入侵保护系统，实时监控电子银行的运行情况，定期对电子银行系统进行漏洞扫描，并建立对非法入侵的甄别、处理和报告机制。

金融机构应采取适当措施，保证电子银行业务符合相关法律法规对客户信息和隐私保护的规定。

4. 明确电子银行风险责任

金融机构应当与客户签订电子银行服务协议或合同，明确双方的权利与义务。

在电子银行服务协议中，金融机构应向客户充分揭示利用电子银行进行交易可能面临的风险，金融机构已经采取的风险控制措施和客户应采取的风险控制措施，以及相关风险的责任承担。

5. 电子银行对用户身份和交易信息的认证

金融机构应采取适当的措施和采用适当的技术，识别与验证使用电子银行服务客户的真实、有效身份，并应依照与客户签订的有关协议对客户作业权限、资金转移或交易限额等实施有效管理。

金融机构开展电子银行业务，需要对客户信息和交易信息等使用电子签名或电子认证时，应遵照国家有关法律法规的规定。金融机构使用第三方认证系统，应对第三方认证机构进行定期评估，保证有关认证安全可靠和具有公信力。

6. 电子银行对用户电子支付安全的保护

金融机构应当建立相应的机制，搜索、监测和处理假冒或有意设置类似于金融机构的电话、网站、短信号码等信息骗取客户资料的活动。

金融机构发现假冒电子银行的非法活动后，应向公安部门报案，并向中国银监会报告。同时，金融机构应及时在其网站、电话语音提示系统或短信平台上，提醒客户注意。

金融机构应尽可能使用统一的电子银行服务电话、域名、短信号码等，并应在与客户签订的协议中明确客户启动电子银行业务的合法途径、意外事件的处理办法，以及联系方式等。

已实现数据集中处理的银行业金融机构开展网上银行类业务，总行（公司）与其分支机构应使用统一的域名；未实现数据集中处理的银行业金融机构开展网上银行类业务时，应由总行（公司）设置统一的接入站点，在其主页内设置其分支机构网站链接。

金融机构应建立电子银行入侵侦测与入侵保护系统，实时监控电子银行的运行情况，定期对电子银行系统进行漏洞扫描，并建立对非法入侵的甄别、处理和报告机制。

（三）数据交换与转移管理

电子银行业务的数据交换与转移，是指金融机构根据业务发展和管理的需要，利用电子银行平台与外部组织或机构相互交换电子银行业务信息和数据，或者将有关电子银行业务数据转移至外部组织或机构的活动。

金融机构根据业务发展需要，可以与其他开展电子银行业务的金融机构建立电子银行系统数据交换机制，实现电子银行业务平台的直接连接，进行境内实时信息交换和跨行资金转移。

金融机构根据业务发展或管理的需要，可以与非银行业金融机构直接交换或转移部分电子银行业务数据。金融机构向非银行业金融机构交换或转移部分电子银行业务数据时，应签订数据交换（转移）用途与范围明确、管理职责清晰的书面协议，并明确各方的数据保密责任。

金融机构可以为电子商务经营者提供网上支付平台。为电子商务提供网上支付平台时，金融机构应严格审查合作对象，签订书面合作协议，建立有效监督机制，防范不法机构或人员利用电子银行支付平台从事违法资金转移或其他非法活动。

（四）业务外包管理

电子银行业务外包，是指金融机构将电子银行部分系统的开发、建设，电子银行业务的部分服务与技术支持，电子银行系统的维护等专业化程度较高的业务工作，委托给外部专业机构承担的活动。

金融机构在选择电子银行业务外包服务供应商时，应充分审查、评估外包服务供应商的经营状况、财务状况和实际风险控制与责任承担能力，进行必要的尽职调查。金融机构应充分认识外包服务供应商对电子银行业务风险控制的影响，并将其纳入总体安全策略之中。金融机构应建立完整的业务外包风险评估与监测程序，审慎管理业务外包产生的风险。

金融机构对电子银行业务处理系统、授权管理系统、数据备份系统的总体设计开发，以及其他涉及机密数据管理与传递环节的系统进行外包时，应经过金融机构董事会或者法人代表批准，并应在业务外包实施前向中国银保监会报告。

（五）跨境业务活动管理

电子银行的跨境业务活动，是指开办电子银行业务的金融机构利用境内的电子银行系统，向境外居民或企业提供的电子银行服务活动。金融机构的境内客户在境外使用电子银行服务，不属于跨境业务活动。

金融机构提供跨境电子银行服务，除应遵守中国法律法规和外汇管理政策等规定外，还应遵守境外居民所在国家（地区）的法律规定。境外电子银行监管部门对跨境电子银行业务要求审批的，金融机构在提供跨境业务活动之前，应获得境外电子银行监管部门的批准。

金融机构开展跨境电子银行业务，除应按照《电子银行业务管理办法》的有关规定向中国银保监会申请外，还应当向中国银保监会提供以下文件资料：①跨境电子银行服务的国家（地区），以及该国（地区）对电子银行业务管理的法律规定；②跨境电子银行服务的主要对象及服务内容；③未来三年跨境电子银行业务发展规模、客户规模的分析预测；④跨境电子银行业务法律与合规性分析。

（六）监督管理

银监会依法对电子银行业务实施非现场监管、现场检查和安全监测，对电子银行安全评估实施管理，并对电子银行的行业自律组织进行指导和监督。

1. 电子银行自我评估

金融机构应定期对电子银行业务发展与管理情况进行自我评估，并应每年编制《电子银行年度评估报告》。报告应至少包括以下几方面内容。

（1）本年度电子银行业务的发展计划与实际发展情况，以及对本年度电子银行发展状况的分析评价。

（2）本年度电子银行业务经营效益的分析、比较与评价，以及主要业务收入和主要业务的服务价格。

（3）电子银行业务风险管理状况的分析与评估，以及本年度电子银行面临的主要风险。

（4）其他需要说明的重要事项。

2. 重大安全事故和风险事件的报告制度

金融机构应当建立电子银行业务重大安全事故和风险事件的报告制度，并保持与监管部门的经常性沟通。

对于电子银行系统被恶意攻破并已出现客户或银行损失，电子银行被病毒感染并导致机密资料外泄，以及可能会引发其他金融机构电子银行系统风险的事件，金融机构应在事件发生后 48 小时内向中国银监会报告。

3. 电子银行安全评估

电子银行安全评估是金融机构开办或持续经营电子银行业务的必要条件，也是金融机构电子银行业务风险管理与监管的重要手段。金融机构应按照中国银监会的有关规定，定期对电子银行系统进行安全评估，并将其作为电子银行风险管理的重要组成部分。

金融机构电子银行安全评估工作，应当由符合一定资质条件、具备相应评估能力的评估机构实施。中国银监会负责制定评估机构开展电子银行安全评估业务的资质条件和电子银行安全评估的相关制度,并负责对评估机构参与电子银行安全评估的业务资质进行认定。

(七) 电子银行的法律责任

1. 因安全隐患、金融机构内部违规操作等造成损失的责任

金融机构在提供电子银行服务时,因电子银行系统存在安全隐患、金融机构内部违规操作和其他非客户原因等造成损失的,金融机构应当承担相应责任。因客户有意泄漏交易密码,或者未按照服务协议尽到应尽的安全防范与保密义务造成损失的,金融机构可以根据服务协议的约定免于承担相应责任,但法律法规另有规定的除外。

2. 擅自开办,或者未经批准增加或变更造成损失的责任

金融机构未经批准擅自开办电子银行业务,或者未经批准增加或变更需要审批的电子银行业务类型,造成客户损失的,金融机构应承担全部责任。法律法规明确规定应由客户承担的责任除外。

3. 对外包服务商失职造成损失的责任

金融机构已经按照有关法律法规和行政规章的要求,尽到了电子银行风险管理和安全管理的相应职责,但因其他金融机构或者其他金融机构的外包服务商失职等原因,造成客户损失的,由其他金融机构承担相应责任,但提供电子银行服务的金融机构有义务协助其客户处理有关事宜。

4. 非违法行为造成较大隐患的责任

金融机构开展电子银行业务违反审慎经营规则但尚不构成违法违规,并导致电子银行系统存在较大安全隐患的,中国银监会将责令限期改正;逾期未改正,或者其安全隐患在短时间难以解决的,中国银监会可以区别情形,采取下列措施:

(1) 暂停批准增加新的电子银行业务类型。

(2) 责令金融机构限制发展新的电子银行客户。

(3) 责令调整电子银行管理部门负责人。

案例 5-1

石晓敏与中国农业银行股份有限公司武汉民院支行储蓄存款合同纠纷案

石晓敏在农行民院支行先后办理两张存款储蓄卡,并同时开通了网上银行和掌上银行(手机银行)业务,且两张卡共用一个掌上银行账户。石晓敏每次登陆掌上银行时,农行民院支行的信息服务平台 (95599) 均会向其发送提示短信和验证码短信,石晓敏需将激活码发送给信息服务平台并输入相关密码方能激活登陆。

2018 年 7 月 24 日至 26 日期间,上述银行卡账户发生 5 笔转账交易:除 1 笔交易为手机银行 (MBNK) 业务外,其他均为超级网银 (IBPS) 业务。案涉 4 笔转账交易的 IP 地址均属于柬埔寨，但交易时案涉银行卡（包括 U 盾）一直由石晓敏持有。2018年 7 月 26 日，石晓敏向湖北省武汉市公安局武汉东湖新技术开发区分局关东派出所报案称其储蓄卡被盗刷。

一审法院认为，石晓敏在使用手机银行时系统会发送验证码至其手机，用户需用手机再回复验证码并输入密码方能登陆并操作转账，如果手机验证码和密码泄漏，也可能导致其他人操作其手机银行账户。石晓敏并未提供有效证据证明是农行民院支行未尽到安全保障义务才导致其账户出现了转账交易，其诉讼请求不具有事实和法律依据，不予支持。遂判决：驳回石晓敏的诉讼请求。

二审法院认为，综合一、二审已查明的石晓敏案涉转账汇款交易情况、案涉转账交易的 IP 地址异常、石晓敏事发后及时报案等事实，人民法院以接近真实的高度盖然性作为证明标准，可以确认案涉转账汇款交易非石晓敏本人操作，案涉争议款项应系被他人盗取。只要因非持卡人原因造成持卡人资金损失，银行就应承担责任，即只有存在法定的免责事由，银行才可以免责。武汉中院遂判决撤销原判，改判农行民院支行赔偿石晓敏因案涉银行卡被盗刷所造成的存款本金损失 6 万元及利息损失。

资料来源：（2020）鄂 01 民终 9885 号民事判决书。

三、《非金融机构支付服务管理办法》

（一）非金融机构支付服务概念

依据《非金融机构支付服务管理办法》的规定，非金融机构支付服务是指非金融机构在收付款人之间作为中介机构提供下列部分或全部货币资金转移服务，包括网络支付、预付卡的发行与受理、银行卡收单以及中国人民银行确定的其他支付服务。

网络支付是指依托公共网络或专用网络在收付款人之间转移货币资金的行为，包括货币汇兑、互联网支付、移动电话支付、固定电话支付、数字电视支付等。

预付卡是指以营利为目的发行的、在发行机构之外购买商品或服务的预付价值，包括采取磁条、芯片等技术以卡片、密码等形式发行的预付卡。

银行卡收单是指通过销售点（POS）终端等为银行卡特约商户代收货币资金的行为。

（二）非金融机构支付服务的申请与许可

1. 申请

中国人民银行负责《支付业务许可证》的颁发和管理。

非金融机构申请《支付业务许可证》的，需经所在地中国人民银行副省级城市中心支行以上的分支机构审查后，报中国人民银行批准。

2. 条件

《支付业务许可证》的申请人应当具备下列条件：

（1）在中华人民共和国境内依法设立的有限责任公司或股份有限公司，且为非金融机构法人。

（2）有符合《非金融机构支付服务管理办法》规定的注册资本最低限额。

（3）有符合公司制企业法人性质、相关领域从业经验、一定营利能力等相关资质的出资人。

（4）有5名以上熟悉支付业务的高级管理人员。

（5）有符合要求的反洗钱措施。

（6）有符合要求的支付业务设施。

（7）有健全的组织机构、内部控制制度和风险管理措施。

（8）有符合要求的营业场所和安全保障措施。

（9）申请人及其高级管理人员最近3年内未因利用支付业务实施违法犯罪活动或为违法犯罪活动办理支付业务等受过处罚。

3. 需要提交的材料

申请人应当向所在地中国人民银行分支机构提交下列文件、资料。

（1）书面申请，载明申请人的名称、住所、注册资本、组织机构设置、拟申请支付业务等。

（2）公司营业执照（副本）复印件。

（3）公司章程。

（4）验资证明。

（5）经会计师事务所审计的财务会计报告。

（6）支付业务可行性研究报告。

（7）反洗钱措施验收材料。

（8）技术安全检测认证证明。

（9）高级管理人员的履历材料。

（10）申请人及其高级管理人员出具的无犯罪记录承诺书。

（11）主要出资人的相关材料。

（12）申请资料真实性声明。

4. 申请人公告

申请人应当在收到受理通知后按规定公告下列事项：

（1）申请人的注册资本及股权结构。

（2）主要出资人的名单、持股比例及其财务状况。

（3）拟申请的支付业务。

（4）申请人的营业场所。

（5）支付业务设施的技术安全检测认证证明。

5. 批准及公告

中国人民银行分支机构依法受理符合要求的各项申请,并将初审意见和申请资料报送中国人民银行。中国人民银行审查批准的,依法颁发《支付业务许可证》,并予以公告。

《支付业务许可证》自颁发之日起,有效期5年。支付机构拟于《支付业务许可证》期满后继续从事支付业务的,应当在期满前6个月内向所在地中国人民银行分支机构提出续展申请。中国人民银行准予续展的,每次续展的有效期为5年。

(三) 非金融机构支付服务的监督与管理

1. 规范业务

非金融支付机构应当按照《支付业务许可证》核准的业务范围从事经营活动,不得从事核准范围之外的业务,不得将业务外包。支付机构不得转让、出租、出借《支付业务许可证》。

非金融支付机构应当按照审慎经营的要求,制订支付业务办法及客户权益保障措施,建立健全风险管理和内部控制制度,并报所在地中国人民银行分支机构备案。

非金融支付机构应当确定并公开披露支付业务的收费项目和收费标准,并报所在地中国人民银行分支机构备案、报送支付业务统计报表和财务会计报告等资料。

非金融支付机构应当制定支付服务协议,明确其与客户的权利和义务、纠纷处理原则、违约责任等事项。公开披露支付服务协议的格式条款,并报所在地中国人民银行分支机构备案。

2. 对客户备付金的保护规定

非金融支付机构接受客户备付金时,只能按收取的支付服务费向客户开具发票,不得按接受的客户备付金金额开具发票。支付机构接受的客户备付金不属于支付机构的自有财产。非金融支付机构只能根据客户发起的支付指令转移备付金,禁止支付机构以任何形式挪用客户备付金。

非金融支付机构接受客户备付金的,应当在商业银行开立备付金专用存款账户,存放备付金。中国人民银行另有规定的除外。在该商业银行的一个分支机构只能开立一个备付金专用存款账户。非金融支付机构的分公司不得以自己的名义开立备付金专用存款账户,只能将接受的备付金存放在支付机构开立的备付金专用存款账户。

非金融支付机构应当与商业银行的法人机构或授权的分支机构签订备付金存管协议,明确双方的权利、义务和责任;向所在地中国人民银行分支机构报送备付金存管协议和备付金专用存款账户的信息资料。

非金融支付机构调整不同备付金专用存款账户头寸的,由备付金存管银行的法人机构对支付机构拟调整的备付金专用存款账户的余额情况进行复核,并将复核意见告知支付机构及有关备付金存管银行。支付机构应当持备付金存管银行的法人机构出具的复核意见办理有关备付金专用存款账户的头寸调拨。

备付金存管银行应当对存放在本机构的客户备付金的使用情况进行监督,并按规定向备付金存管银行所在地中国人民银行分支机构及备付金存管银行的法人机构报送客户备付金的存管或使用情况等信息资料。

对非金融支付机构违反备付金管理规定使用客户备付金的申请或指令,备付金存管银行应当予以拒绝;发现客户备付金被违法使用或有其他异常情况的,应当立即向备付金存管银行所在地中国人民银行分支机构及备付金存管银行的法人机构报告。

非金融支付机构的实缴货币资本与客户备付金日均余额的比例,不得低于10%。客户备付金日均余额是指备付金存管银行的法人机构根据最近90日内支付机构每日日终的客户备付金总量计算的平均值。

3. 支付指令的记载事项

非金融支付机构应当在客户发起的支付指令中记载事项:

(1) 付款人名称。
(2) 确定的金额。
(3) 收款人名称。
(4) 付款人的开户银行名称或支付机构名称。
(5) 收款人的开户银行名称或支付机构名称。
(6) 支付指令的发起日期。

客户通过银行结算账户进行支付的,支付机构还应当记载相应的银行结算账号。客户通过非银行结算账户进行支付的,支付机构还应当记载客户有效身份证件上的名称和号码。

4. 支付指令安全性要求

非金融支付机构应当按规定核对客户的有效身份证件或其他有效身份证明文件,并登记客户身份基本信息。明知或应知客户利用其支付业务实施违法犯罪活动的,应当停止为其办理支付业务。

非金融支付机构应当具备必要的技术手段,确保支付指令的完整性、一致性和不可抵赖性,支付业务处理的及时性、准确性和支付业务的安全性;具备灾难恢复处理能力和应急处理能力,确保支付业务的连续性。

非金融支付机构应当依法保守客户的商业秘密,不得对外泄露。法律法规另有规定的除外。非金融支付机构应当按规定妥善保管客户身份基本信息、支付业务信息、会计档案等资料。

5. 接受主管机关监督

非金融支付机构应当接受中国人民银行及其分支机构定期或不定期的现场检查和非现场检查,如实提供有关资料,不得拒绝、阻挠、逃避检查,不得谎报、隐匿、销毁相关证据材料。

中国人民银行及其分支机构依据法律、行政法规、中国人民银行的有关规定对支付机构的公司治理、业务活动、内部控制、风险状况、反洗钱工作等进行定期或不定期现场检查和非现场检查。

非金融支付机构有下列情形之一的,中国人民银行及其分支机构有权责令其停止办理部分或全部支付业务。

(1) 累计亏损超过其实缴货币资本的50%。

(2) 有重大经营风险。

(3) 有重大违法违规行为。中国人民银行及其分支机构的工作人员有违法情形的,依法给予行政处分;构成犯罪的,依法追究刑事责任。

四、《非银行支付机构网络支付业务管理办法》

(一) 非银行支付机构网络支付业务概念

非银行支付机构是指依法取得《支付业务许可证》,获准办理互联网支付、移动电话支付、固定电话支付、数字电视支付等网络支付业务的非银行机构。非银行支付机构依照中国人民银行有关规定接受分类评价,并执行相应的分类监管措施。

网络支付业务,是指收款人或付款人通过计算机、移动终端等电子设备,依托公共网络信息系统远程发起支付指令,且付款人电子设备不与收款人特定专属设备交互,由支付机构为收付款人提供货币资金转移服务的活动。此处所称收款人特定专属设备,是指专门用于交易收款,在交易过程中与支付机构业务系统交互并参与生成、传输、处理支付指令的电子设备。

(二) 客户管理

1. 建立健全客户身份识别机制

非银行支付机构应当遵循"了解你的客户"原则,建立健全客户身份识别机制。支付机构为客户开立支付账户的,应当对客户实行实名制管理,建立客户唯一识别编码,采取持续的身份识别措施,不得开立匿名、假名支付账户。

2. 与客户约定责任、权利和义务

非银行支付机构应当与客户签订服务协议,约定双方责任、权利和义务,至少明确业务规则(包括但不限于业务功能和流程、身份识别和交易验证方式、资金结算方式等)、收费项目和标准,查询、差错争议及投诉等服务流程和规则,业务风险和非法活动防范及处置措施,客户损失责任划分和赔付规则等内容。

非银行支付机构为客户开立支付账户的,还应在服务协议中以显著方式告知客户,并采取有效方式确认客户充分知晓并清晰理解下列内容:"支付账户所记录的资金余额不同于客户本人的银行存款,不受《存款保险条例》保护,其实质为客户委托支付机构保管的、所有权归属于客户的预付价值。该预付价值对应的货币资金虽然属于客户，但不以客户本人名义存放在银行，而是以支付机构名义存放在银行，并且由支付机构向银行发起资金调拨指令。"非银行支付机构应当确保协议内容清晰、易懂，并以显著方式提示客户注意与其有重大利害关系的事项。

3. 开立账户

获得互联网支付业务许可的支付机构，经客户主动提出申请，可为其开立支付账户。支付机构不得为金融机构，以及从事信贷、融资、理财、担保、信托、货币兑换等金融业务的其他机构开立支付账户。

（三）业务管理

1. 业务范围限制

非银行支付机构不得经营或者变相经营证券、保险、信贷、融资、理财、担保、信托、货币兑换、现金存取等业务。

2. 支付机构扣划客户银行账户资金要求

非银行支付机构向客户开户银行发送支付指令，扣划客户银行账户资金的，支付机构和银行应当执行下列要求。

（1）非银行支付机构应当事先或在首笔交易时自主识别客户身份并分别取得客户和银行的协议授权，同意其向客户的银行账户发起支付指令扣划资金。

（2）银行应当事先或在首笔交易时自主识别客户身份并与客户直接签订授权协议，明确约定扣款适用范围和交易验证方式，设立与客户风险承受能力相匹配的单笔和单日累计交易限额，承诺无条件全额承担此类交易的风险损失先行赔付责任。

（3）除单笔金额不超过 200 元的小额支付业务，公共事业缴费、税费缴纳、信用卡还款等收款人固定并且定期发生的支付业务，以及符合《非银行支付机构网络支付业务管理办法》第 37 条规定的情形以外，非银行支付机构不得代替银行进行交易验证。

3. 关联管理及分类管理支付账户

非银行支付机构应根据客户身份对同一客户在本机构开立的所有支付账户进行关联管理，并按照下列要求对个人支付账户进行分类管理。

（1）对于以非面对面方式通过至少一个合法安全的外部渠道进行身份基本信息验证，且为首次在本机构开立支付账户的个人客户，支付机构可以为其开立Ⅰ类支付账户，账户余额仅可用于消费和转账，余额付款交易自账户开立起累计不超过 1000 元（包括支付账户向客户本人同名银行账户转账）。

（2）对于支付机构自主或委托合作机构以面对面方式核实身份的个人客户，或以非面对面方式通过至少三个合法安全的外部渠道进行身份基本信息多重交叉验证的个人客户，支付机构可以为其开立Ⅱ类支付账户，账户余额仅可用于消费和转账，其所有支付账户的余额付款交易年累计不超过 10 万元（不包括支付账户向客户本人同名银行账户转账)。

(3) 对于支付机构自主或委托合作机构以面对面方式核实身份的个人客户,或以非面对面方式通过至少五个合法安全的外部渠道进行身份基本信息多重交叉验证的个人客户,支付机构可以为其开立Ⅲ类支付账户,账户余额可以用于消费、转账以及购买投资理财等金融类产品,其所有支付账户的余额付款交易年累计不超过 20 万元(不包括支付账户向客户本人同名银行账户转账)。

客户身份基本信息外部验证渠道包括但不限于政府部门数据库、商业银行信息系统、商业化数据库等。其中,通过商业银行验证个人客户身份基本信息的,应为Ⅰ类银行账户或信用卡。

4. 非银行支付机构转账业务管理

非银行支付机构办理银行账户与支付账户之间转账业务的,相关银行账户与支付账户应属于同一客户。支付机构应按照与客户的约定及时办理支付账户向客户本人银行账户转账业务,不得对Ⅱ类、Ⅲ类支付账户向客户本人银行账户转账设置限额。

非银行支付机构为客户办理本机构发行的预付卡向支付账户转账的,应当按照《支付机构预付卡业务管理办法》相关规定对预付卡转账至支付账户的余额单独管理,仅限其用于消费,不得通过转账、购买投资理财等金融类产品等形式进行套现或者变相套现。

5. 交易管理

对交易信息保护要求。非银行支付机构应当确保交易信息的真实性、完整性、可追溯性以及在支付全流程中的一致性,不得篡改或者隐匿交易信息。

划回资金处理。因交易取消(撤销)、退货、交易不成功或者投资理财等金融类产品赎回等原因需划回资金的,相应款项应当划回原扣款账户。

业务操作行为规范。对于客户的网络支付业务操作行为,支付机构应当在确认客户身份及真实意愿后及时办理,并在操作生效之日起至少 5 年内,真实、完整保存操作记录。客户操作行为包括但不限于登录和注销登录、身份识别和交易验证、变更身份信息和联系方式、调整业务功能、调整交易限额、变更资金收付方式,以及变更或挂失密码、数字证书、电子签名等。

(四) 风险管理与客户权益保护

1. 建立客户风险管理制度和机制

非银行支付机构应当综合客户类型、身份核实方式、交易行为特征、资信状况等因素,建立客户风险评级管理制度和机制,并动态调整客户风险评级及相关风险控制措施。

非银行支付机构应当根据客户风险评级、交易验证方式、交易渠道、交易终端或接口类型、交易类型、交易金额、交易时间、商户类别等因素,建立交易风险管理制度和交易监测系统,对疑似欺诈、套现、洗钱、非法融资、恐怖融资等交易,及时采取调查核实、延迟结算、终止服务等措施。

非银行支付机构应当向客户充分提示网络支付业务的潜在风险,及时揭示不法分子新型作案手段,对客户进行必要的安全教育,并对高风险业务在操作前、操作中进行风险警示。

2. 风险准备金和交易赔付制度

非银行支付机构应当建立健全风险准备金制度和交易赔付制度,并对不能有效证明因客户原因导致的资金损失及时先行全额赔付,保障客户合法权益。

3. 客户信息保护和风险控制

非银行支付机构应当依照中国人民银行有关客户信息保护的规定,制定有效的客户信息保护措施和风险控制机制,履行客户信息保护责任。非银行支付机构不得存储客户银行卡的磁道信息或芯片信息、验证码、密码等敏感信息,原则上不得存储银行卡有效期。因特殊业务需要,支付机构确需存储客户银行卡有效期的,应当取得客户和开户银行的授权,以加密形式存储。非银行支付机构应当以"最小化"原则采集、使用、存储和传输客户信息,并告知客户相关信息的使用目的和范围。支付机构不得向其他机构或个人提供客户信息,法律法规另有规定,以及经客户本人逐项确认并授权的除外。

非银行支付机构应当通过协议约定禁止特约商户存储客户银行卡的磁道信息或芯片信息、验证码、有效期、密码等敏感信息,并采取定期检查、技术监测等必要监督措施。特约商户违反协议约定存储上述敏感信息的,支付机构应当立即暂停或者终止为其提供网络支付服务,采取有效措施删除敏感信息、防止信息泄露,并依法承担因相关信息泄露造成的损失和责任。

4. 支付账户余额付款交易的验证与限额管理

非银行支付机构可以组合选用下列三类要素,对客户使用支付账户余额付款的交易进行验证:①仅客户本人知悉的要素,如静态密码等;②仅客户本人持有并特有的,不可复制或者不可重复利用的要素,如经过安全认证的数字证书、电子签名,以及通过安全渠道生成和传输的一次性密码等;③客户本人生理特征要素,如指纹等。支付机构应当确保采用的要素相互独立,部分要素的损坏或者泄露不应导致其他要素损坏或者泄露。

非银行支付机构采用数字证书、电子签名作为验证要素的,数字证书及生成电子签名的过程应符合《电子签名法》《金融电子认证规范》(JR/T0118—2015)等有关规定,确保数字证书的唯一性、完整性及交易的不可抵赖性。非银行支付机构采用一次性密码作为验证要素的,应当切实防范一次性密码获取端与支付指令发起端为相同物理设备而带来的风险,并将一次性密码有效期严格限制在最短的必要时间内。非银行支付机构采用客户本人生理特征作为验证要素的,应当符合国家、金融行业标准和相关信息安全管理要求，防止被非法存储、复制或重放。

非银行支付机构应根据交易验证方式的安全级别，按照《非银行支付机构网络支付业务管理办法》第 24 条规定要求对个人客户使用支付账户余额付款的交易进行限额管理。

5. 网络支付业务相关系统设施、技术等业务安全要求

非银行支付机构网络支付业务相关系统设施和技术，应当持续符合国家、金融行业标准和相关信息安全管理要求。如未符合相关标准和要求，或者尚未形成国家、金融行业标准，支付机构应当无条件全额承担客户直接风险损失的先行赔付责任。

非银行支付机构应当在境内拥有安全、规范的网络支付业务处理系统及其备份系统，制定突发事件应急预案，保障系统安全性和业务连续性。非银行支付机构为境内交易提供服务的，应当通过境内业务处理系统完成交易处理，并在境内完成资金结算。

6. 保护客户权益

及时告知支付指令完成后的结果。非银行支付机构应当采取有效措施，确保客户在执行支付指令前可对收付款客户名称和账号、交易金额等交易信息进行确认，并在支付指令完成后及时将结果通知客户。对不正常交易应当及时提示客户和采取补救措施。

尊重客户自主选择权。非银行支付机构应当充分尊重客户自主选择权，不得强迫客户使用本机构提供的支付服务，不得阻碍客户使用其他机构提供的支付服务。支付机构应当公平展示客户可选用的各种资金收付方式，不得以任何形式诱导、强迫客户开立支付账户或者通过支付账户办理资金收付，不得附加不合理条件。

（五）监督管理

1. 报告义务

非银行支付机构提供网络支付创新产品或者服务、停止提供产品或者服务、与境外机构合作在境内开展网络支付业务的，应当至少提前 30 日向法人所在地中国人民银行分支机构报告。非银行支付机构发生重大风险事件的，应当及时向法人所在地中国人民银行分支机构报告；发现涉嫌违法犯罪的，同时报告公安机关。

2. 分类监管

中国人民银行及其分支机构对照分类管理措施相应条件，动态确定支付机构适用的监管规定并持续监管。支付机构分类评定结果和支付账户实名比例不符合分类管理措施相应条件的，应严格按照《非银行支付机构网络支付业务管理办法》第 10 条至第 12 条和第 24 条等相关规定执行。中国人民银行及其分支机构可以根据社会经济发展情况和支付机构分类管理需要，对支付机构网络支付业务范围、模式、功能、限额及业务创新等相关管理措施进行适时调整。

3. 行业自律

非银行支付机构应当加入中国支付清算协会，接受行业自律组织管理。中国支付清算协会应当根据本办法制定网络支付业务行业自律规范，建立自律审查机制，向中国人民银行备案后组织实施。此外，中国支付清算协会应当建立信用承诺制度，要求支付机构以标准格式向社会公开承诺依法合规开展网络支付业务、保障客户信息安全和资金安全、维护客户合法权益、如违法违规自愿接受约束和处罚。

第四节 国外电子支付立法

一、美国电子支付的立法

美国出台了一系列的法律和文件，它们在不同的角度和程度上相互关联，从而在整体上构成了电子商务的法律基础和框架，其中包括：以信息为主要内容的《电子信息自由法案》《个人隐私保护法》《公共信息准则》等；以基础设施为主要内容的《1996年电信法》；以计算机安全为主要内容的《计算机保护法》《网上电子安全法案》等；以商务实践为主要内容的美国《统一商法典》第4A编、《统一电子交易法》和《国际国内电子签名法》；还有属于政策性文件的《国家信息基础设施行动议程》与《全球电子商务政策框架》等。

美国联邦储备银行发布的条例和操作规范，对票据托收、电子划拨、涉及ATM、电话付款、转账卡交易的披露、通知、交单日期、责任划分、纠纷解决等作出了一些规定。美国民间清算机构制定了一些章程和运作规则，包括美国自动清算所协会、清算所银行间支付系统等。目前，美国自动清算所协会将要完善电子支付章程，将为使用自动化清算所进行支付的互联网交易进一步完善运作规则和章程。

电子支付运作规则的完善会使电子商务厂家大量使用自动化清算所网络进行电子支付。为完善这项运作规则，全美自动清算所协会已经成立了工作组，工作组将调查诸如支付授权鉴定、支付系统风险及为开始使用自动化清算所系统进行在线支付的最低安全标准。同时，全美自动清算所协会互联网委员会将制定出较完善的行业运作规范。

下面重点介绍美国《统一商法典》第4A编和美国《统一电子交易法》的主要内容。

（一）美国《统一商法典》第4A编的主要内容

美国《统一商法典》第4A编（Article 4A of *Uniform Commercial Code*）是世界上第一部专门调整大额电子资金划拨的法律。到1996年2月，美国《统一商法典》第4A编已被美国所有的州以及哥伦比亚特区采用，成为美国《统一商法典》中被采用范围最广的一编。

1. 规定了"支付命令"的定义

"支付命令"是美国《统一商法典》第4A编中用以表示电子支付指令的概念，它是指发送人对接收银行的一项指令，这项指令以口头方式、电子方式或书面形式传送，是支付或使另一家银行支付固定的或可确定的货币金额给受益人的指令。

支付命令须同时具备以下条件：①该指令除了支付时间外未规定向受益人支付的条件；②接收银行将通过借记发送人的账户，或以其他方式从发送人处收到支付，来得到偿付；且③这项指令由发送人直接传送给接收银行，或通过代理人、资金划拨系统或通信系统传送给接收银行。

2. 规定了大额电子资金划拨各当事人的权利义务

根据美国《统一商法典》第4A编之规定，对于签发给受益人银行的支付命令，受益人银行对支付命令的接受使发送人承担向受益人银行支付该命令的金额的义务，同时也使受益人银行承担向受益人支付的义务。

对于签发给受益人银行以外的接收银行的支付命令，接收银行对支付命令的接受也使发送人承担向接收银行支付该命令的金额的义务，而接收银行则承担对发送人的义务，在执行日，签发符合发送人支付命令的支付命令，并且遵循发送人在实施资金划拨中使用的任何中间银行或资金划拨系统，或在资金划拨中传递支付命令的方式的指令。

3. 规定了安全程序的定义及其技术要求

为解决支付命令的认证及未能检测出欺诈而造成损失时的责任分担问题，美国《统一商法典》第4A编的起草者发明了一种认证方法——安全程序。所谓"安全程序"，是指由客户和接收银行间的协议所建立的程序，其目的在于：①证实支付命令或修改或撤销支付命令的信息是客户发出的，或②发现支付命令或信息在传递过程中或在内容上的错误。

就安全程序所使用的技术，美国《统一商法典》第4A编规定，安全程序可以要求使用算法（algorithms）或其他密码、确认字符（identifying words）或数字、加密、回呼程序（callback procedure）或类似的安全工具（security devices）。但支付命令或信息上的签字和客户授权的签字样本的比较其本身不是安全程序。

4. 规定了存在欺诈时损失分担的一般规则及该规则的重要例外

美国《统一商法典》第4A编规定，只有在客户根据代理法对签发支付命令进行了授权时，客户才受不是客户本人签发的支付命令的约束，此时，接收银行接收的支付命令称为授权的支付命令（authorized payment order）。因此，未经授权的支付命令所造成损失的风险一般应由银行承担，此为存在欺诈时损失分担责任的一般规则。

这项规则的例外是，如果接收银行与其客户达成协议，以客户的名义签发给银行的支付命令将通过安全程序进行认证且银行遵循了安全程序，在满足一定条件时，无论支付命令是否得到客户授权，接收银行接收的支付命令均视为客户签发的支付命令。此时，接收银行接收的支付命令称为证实的支付命令（verified payment order），即使该支付命令事实上未经客户的授权，此欺诈所造成的损失仍由客户承担。

知识链接

接收银行接收的支付命令存在欺诈时应承担损失的条件

根据美国《统一商法典》第4A编的规定，只要满足下列条件之一，接收银行接收的支付命令存在欺诈时，欺诈所造成的损失由银行承担：（1）客户与银行未达成关于使用安全程序的协议；（2）银行使用的安全程序不具有商业上的合理性；（3）银行未遵守具有商业上的合理性的安全程序；（4）银行未按善意接受支付命令；（5）银行的客户证明，欺诈人既不是客户的雇员或代理人，也不是从客户控制的来源得到秘密安全信息；或（6）银行以明示的书面协议，限制其有权强制执行支付命令或保留就支付命令的付款的范围。

（二）美国《统一计算机信息交易法》的主要内容

美国《统一计算机信息交易法》为美国网上计算机信息交易提供了基本的法律规范。该法立法的根本目的是保障电子商务的发展，让所有的交易者能够预见其交易行为的法律后果，使合法的交易行为得到法律的保护。该法将美国电子商务立法推进了一大步。美国各州正在积极采纳该法。《统一计算机信息交易法》的主要内容如下。

1. 规定了《统一计算机信息交易法》的适用范围

《统一计算机信息交易法》主要调整的是无形财产贸易，更确切地说是包括版权、专利权、集成电路权、商标权、商业秘密权、公开形象权等在内的知识产权贸易，而不适用于有关印刷出版的书籍、报纸、杂志等的交易。

2. 规定了电子代理人概念及其功能

《统一计算机信息交易法》针对电子商务的特点，引入了"电子代理人"这一非常重要的概念，正式承认了借助网络自动订立的合同的有效性。电子代理人是指在没有人检查的情况下，独立采取某种措施或者对某个电子信息或者履行作出反应的某个计算机程序、电子的或其他的自动手段。

电子代理人的出现使合同的缔结过程可以在无人控制的情况下自动完成。例如，当申请注册免费电子邮件地址的用户，登录到电子邮箱提供者的网页上，要求注册电子邮件地址时，网页会出示一份很长的格式合同，详细规定了用户使用电子邮件的条件和要求，最后则是一个很大的表示同意（I agree）的图标，如果用户点击了这一图标，就表示同意注册电子邮件的全部合同条件，并将这一同意的意思表示发送给对方的电子代理人，用户与电子邮箱提供者之间的合同就成立了。

3. 规定了自动的格式许可合同对用户和消费者的约束力

由于网络上的计算机信息交易大量采用自动生成的格式许可合同的形式，因此为了保护格式合同相对人（即用户和消费者）的利益，《统一计算机信息交易法》规定，格式许可合同的对方当事人只有在对合同条款表示同意的情况下，才受合同约束。

如果有些格式条款不易为人所察觉（例如字体过小，含义模糊），或者相互冲突，则对格式合同的相对人不具有约束力。在这种情况下，如果格式合同的相对人已经付了款，支付有关费用或者遭受了损失，则格式合同的提供方应当予以合同补偿。

4. 规定计算机信息的提供者对其提供的计算机信息的担保义务

《统一计算机信息交易法》规定计算机信息的提供者对其提供的计算机信息负有担保的义务，即担保其提供的计算机信息不侵害任何第三方的权利，在许可期间被许可人的利益不会因为任何第三方对计算机信息主张权利而受到损害。具体而言，计算机信息提供者应当担保其许可的专利权或其他知识产权在其所属国的领域内是合法、有效的。如果计算机信息提供者不想承担担保义务，则必须向接受者作出清楚的说明。

例如，在计算机信息的网上自动交易中标明在用户享用信息之时，如受到干扰，提供者不承担担保责任。当然，一旦计算机信息提供者不承担担保义务，其信息的市场价值就降低了。

二、欧盟电子支付立法

在全球性电子商务的发展浪潮中，欧盟国家意识到法律是电子商务发展的重要软环境，因此，欧盟从1997年底到2007年初颁布的一系列重要法律文件以保障和促进欧盟内部电子商务的发展。欧洲议会于1999年12月13日通过了《电子签名指令》，于2000年5月4日又通过了《电子商务指令》。

这两部法律文件协调与规范了电子商务立法的基本内容，构成了欧盟国家电子商务立法的核心和基础，其中《电子商务指令》更是全面规范了关于开放电子商务的市场、电子交易、电子商务服务提供者的责任等关键问题。欧盟成员国在自2000年5月起的18个月内，将电子商务指令制订成为本国法律。欧盟的指令与一般的国家法不完全相同，它们具有地区性国际条约的性质。

欧盟《电子商务指令》的主要内容如下。

1. 规定了信息社会服务的定义及范围

欧盟使用信息社会服务（information society services）一词来概括其法律规范的各类电子商务活动。信息社会服务一般是指在接受服务的用户的要求下，通过处理和存储数据的电子装置远程提供的服务。

欧盟法律协调的信息社会服务范围只包括在线信息、在线广告、在线购物、在线签约等通过计算机网络进行的经贸活动，不涉及安全、标识、产品责任、货物运输和配送等网下的活动。欧盟要求成员国保障信息社会服务在联盟统一市场内的自由流通，不得要求从事信息社会服务的企业在建立和提供之前履行任何审批手续。

2. 规定了信息社会服务的法律管辖

电子商务跨国界流通的性质使法律的适用成为一个难点。欧盟的法律规定，为了保证法律适用的确定性，信息社会服务应当受服务提供者机构所在国法律的管辖。

服务提供者机构所在国是指在一段时间内实际从事经济活动的固定的机构所在国。例如公司总部所在国或者主要营业机构所在国。某个公司通过互联网网站提供服务的所在地不是指支持网站运行的技术所在地或者网站可以被访问的地点，而是指网站从事经济活动的地点。

例如，一个公司不论将其网站服务器设在哪个国家，也不论其网站能够在多少个国家被访问，只要其主要营业地设在欧盟某个成员国内的，就要受该国法律的管辖。如果某个从事信息社会服务的公司为了规避欧盟某个成员国的法律，故意选择将营业机构设在另一成员国内，那么前一成员国有权对设立在他国但其全部或大部分活动是在本国实施的服务提供者适用本国法律，以制裁该服务提供者规避本国法律的行为。

3. 规定了通过电子邮箱进行商业性宣传的要求

通过电子邮箱进行商业性宣传对于信息社会服务获得融资支持，以及发展广泛的新型免费服务的意义重大。为了保护消费者利益，保障公平竞争，欧盟要求商业性宣传（包括价格打折、促销优惠、促销竞争或游戏）必须符合多个透明度要求，让服务接受者有充分的选择的自由。因此，欧盟规定在任何情况下，擅自发送的商业性宣传材料都必须被明确标明，并且不应导致接受者通信费用的增加。

4. 规定了以电子形式缔结的合同的有效性和约束力

欧盟要求成员国应当保证其法律系统允许合同以电子形式缔结，保证适用于合同过程的法律规则不给采用电子形式的合同制造障碍，并不因为这些合同采取了电子形式而剥夺其有效性和约束力。欧盟还要求成员国承认电子签名具有与亲笔签名同样的效力。

5. 规定了信息社会服务者的责任

信息社会服务提供者的责任是关系到电子商务发展的又一核心问题。这一问题如果不能得到很好地解决，将阻碍市场的顺利运行，损害跨国服务的发展和正常的市场竞争。因此，欧盟要求成员国不得给服务提供者施加一种一般性的监控义务，因为服务提供者没有能力保证通过其计算机系统的信息的合法性。

欧盟法律还规定，服务提供者在作为纯粹的信息传输管道时或者进行信息缓存时，享受责任豁免的地位，即不因其传输或者存储的信息中含有违法内容而承担法律责任。这是因为在上述情况下，服务提供者对信息的传输和存储是技术性的、自动的和暂时的，服务提供者并不知道被传输或存储信息的内容，也不对被传输或存储的信息内容作任何修改。但是，服务提供者故意与其服务接受者合谋从事违法活动，则不属于责任限制之列。

总之，从全球电子商务立法的角度来看，欧盟的电子商务立法无论在立法思想上、立法内容上、还是立法技术上都是很先进的。欧盟有关电子商务的立法进程虽然比美国稍慢（美国于1999年颁布了《统一计算机信息交易法》），但是立法实施的速度将与美国相当，甚至稍快于美国。

三、国际性组织电子支付立法

（一）《电子商务示范法》

1.《电子商务示范法》的产生过程

随着电子数据交换（electronic data interchange，EDI）等现代通信手段在国际商业中的使用迅速增多，各国对 EDI 的法律规定不尽相同，在国际贸易中所面临的法律问题越来越多。1991 年，联合国国际贸易法委员会下属的国际支付工作组开始负责制定一部世界性的 EDI 统一法。

1993 年，该工作组在维也纳召开第 26 届大会，会议全面审议了世界上第一部 EDI 统一法草案《电子数据交换及贸易数据通信手段有关法律方面的统一规则草案》。由于不同法系的法律不可能很快协调完备，为适应各国对 EDI 统一法的迫切要求，统一法采取了灵活的"示范法"（model law）形式。

同时，由于科学技术的不断进步，信息高速公路和国际互联网络变得更加普及，到 1996 年为止，在国际互联网上展开的开放式数据交换比 EDI 得到更广泛的应用。因此，1996 年联合国国际贸易法委员会大会决定，统一法标题中不再使用"电子数据交换"（EDI）的字样，代之以"电子商务"（electronic commerce），并将《示范法草案》名称改为《电子商务示范法》。同年 12 月 16 日，联合国国际贸易法委员会第 85 次全体大会以 51/162 号决议通过了《电子商务示范法》这一法律范本。该法解决了世界上许多国家在电子商务法律上的空白或不完善的问题，促进了全球电子商务的发展。

2.《电子商务示范法》的主要内容

《电子商务示范法》共分为两部分，第一部分涉及电子商务总的方面，共三章 15 条。第二部分只有一章 2 条，它涉及货物运输中使用的电子商业。

第一章"一般条款"，包括适用范围、定义、解释、经由协议的改动等 4 个条款；第二章"对数据电文的适用的法律要求"，包括对数据电文的法律承认、书面形式、签字、原件、数据电文的可接受性和证据力、数据电文的留存；第三章"数据电文的传递"，包括合同的订立和有效性，当事各方对数据电文的承认，数据电文的归属、确认、收讫、发出和收到数据电文的时间、地点等 5 个条款。

3.《电子商务示范法》对金融业的影响

《电子商务示范法》是联合国国际贸易委员会为适应科技进步和电子商务的迅速发展，对传统以书面文件为基础而制定的一系列法律提出了挑战等一系列情况，而制定的供各国进行有关电子商务立法作参考的法律范本。同时，它也为各国电子商务的尽可能统一提供了一个示范的法律模式。

电子商务是世纪之交信息产业新的增长点，以电子商务为代表的网络经济是知识经济的重要组成部分。网上银行、网上证券交易、网上保险销售、网上外汇交易等金融业电子商务越来越多,代表了金融服务业中一种新的强有力的生产力。

这种在网络上以数据电文这一非纸质的比特流方式所进行的金融业务往来,正强烈地冲击着传统的金融业,金融机构非中介化、网络化、全球化、电子化之趋势越来越强,这种通过数据电文缔结电子合同来达成的非面对面的金融服务交易方式,产生了诸如电子合同之合法有效、原件、数字签名、合同成立的时间和地点等法律问题。这意味着传统的法律已经越来越不适应金融业电子商务发展的需要,并成为束缚无国界的电子商务的羁绊。

《电子商务示范法》正是解决这一矛盾的统一法,虽然它既不是国际条约,也不是国际惯例,仅仅是起到示范作用的有关电子商务的法律范本,却有助于有关国家完善、健全其有关传递和存贮信息的现行法律法规和惯例,并给全球化的金融业电子商务创造一个尽可能统一的、良好的法律环境。

(二)《电子贸易和结算规则》

国际商会很早就开始致力于电子商务惯例的收集和整理,但其主要工作集中在电子签名的登记和认证等方面的问题。目前,国际商会负责电子商务工程的工作小组,正在起草制订《电子贸易和结算规则》,该规则对电子支付的安全性、数字签名、加密及数字时间签章作了规定,一旦获得正式通过,将成为全球电子商务及电子支付的指导性交易规则。

复习思考题

一、【选择题】(不定项选择)

1. 电子支付的类型按电子支付指令发起方式分为( )。

   A. 网上支付

   B. 电话支付

   C. 移动支付

   D. 销售点终端交易

   E. 自动柜员机交易和其他电子支付

2. 主要的电子支付工具包括( )。

   A. 信用卡

   B. 智能卡

   C. 电子支票

   D. 电子现金

3. 对电子现金的法律地位评价正确的是( )。

   A. 是现实货币以数字信息形式的存在

B. 通过互联网流通

C. 比现实货币更加方便、经济

D. 其实质与现实货币一般无二，是一般等价物的一种表现形式

4. 电子支付服务提供者提供电子支付服务不符合国家有关支付安全管理要求，造成用户损失的情况，（　　）应当承担赔偿责任。

A. 电子支付服务提供者

B. 电子支付用户

C. 银行

D. 电子认证机构

二、【判断题】

1. 电子支付的工作环境是一个开放性的系统平台。（　　）

2. 目前国际上常用的两种电子支付的安全标准是 SSL 和 SET 协议。（　　）

3. 非银行支付机构可以经营或者变相经营证券、保险、信贷、融资、理财、担保、信托、货币兑换、现金存取等业务。（　　）

4. 非银行支付机构提供网络支付创新产品或者服务、停止提供产品或者服务、与境外机构合作在境内开展网络支付业务的，应当至少提前 20 日向法人所在地中国人民银行分支机构报告。（　　）

三、【问答题】

1. 简述在电子商务活动中电子支付的含义。

2. 电子支付工具有哪些？

3. 《支付业务许可证》的申请人应当具备哪些条件？

4. 简述非金融机构支付服务的概念？

第六章 电子商务税收法律制度

【学习目标】
1. 了解电子商务对传统税收的影响，熟悉我国电子商务税收原则。
2. 掌握我国电子商务税收法律师规定。
3. 了解电子商务发展对我国现行税法的影响。
4. 掌握我国跨境电子商务税收法律规定。

税收是国家财政收入的主要来源，也是国家宏观经济调控的手段。国家通过税法的制定和实施，规范税收活动，保证税收目的的实现。电子商务的快速发展对传统税收制度产生了冲击，提出了新的挑战，引发了一系列税收问题，对未来税收制度的发展产生了一定的影响。在此背景下，有必要对传统税收制度加以调整，以适应电子商务的快速发展。

第一节 电子商务税收概述

国际互联网的迅速普及和电子商务的迅猛发展，改变了传统贸易方式，在某种程度上也给现行税制及其管理手段提出了新的要求。信息革命在推进税收征管现代化，提高征税质量和效率的同时，也对传统的税收理论、税收原则和税收征管实践提出了新的挑战。本节在分析电子商务对传统税收政策冲击的基础上，探讨我国电子商务税收面临的选择和我国在电子商务税收方面应坚持的原则。

一、电子商务税收的特征及对传统税收的影响

电子商务以其高科技性、无形性和交易虚拟化等特征，使纳税主体、客体的认定以及纳税环节、地点等基本税法要素面临新的问题和困境。同时，电子商务也加大了税收征管和稽查的难度，对常设机构的概念提出了挑战，税收管辖权面临新问题。

（一）电子商务对传统税收理论的影响

电子商务使传统的税收原则有必要进行适度调整，并且，由于网上交易商品形态的变化，电子商务的课税对象也有了较大的不确定性，进而使纳税人、纳税环节等税法要素随之发生变化。由于电子商务是以无形化的方式在虚拟市场中进行交易活动，其无纸化操作的快捷性、交易参与者的流动性等特点，使纳税主体、客体、纳税环节、

纳税地点等按照传统税法进行界定存在困难。

1. 电子商务带来纳税主体的虚拟化

纳税主体即纳税人，又称纳税义务人，是指税法上负有直接纳税义务的单位和个人，包括自然人、法人和其他组织。我国现行税法规定，凡从事商务活动的单位和个人，都要办理税务登记。现实市场确定纳税主体比较容易，而在互联网环境的市场不是实体的，而是虚拟的，网上的任何一个产品都是触摸不到的。

在这样的虚拟市场中，看不到传统概念中的商场、店面、销售人员，就连涉及商品的手续，包括合同、单证甚至资金等，都以虚拟的方式出现；而且，互联网的使用者具有隐匿性、流动性，通过互联网进行交易的双方，可以隐匿姓名、居住地等，企业可以轻而易举地改变经营地点，从一个高税率国家转移到一个低税率国家。所有这些，都造成了纳税主体的不确定性。

2. 电子商务使纳税客体发生了变化

纳税客体即课税对象，是规定对什么征税的问题。课税对象作为税收法律制度的核心构成要素，表明国家征税的具体界限，是区分不同税种的主要标志，也是决定税收属性的主要依据。电子商务中，虚拟的数字化产品与服务对传统课税对象划分方式提出挑战，并对税收征管产生影响。

在交易内容上，电子商务具有数字化特征，使许多传统的商品交易变成了数字信息的交易，这在一定程度上改变了产品的性质，使商品、劳务和特许权难以区分。在交易模式上，电子商务交易活动不是在传统的物理交易场所进行的，而是在虚拟的交易场所进行，买者与卖者互不谋面，减少了商务活动的中间环节，提高了交易效率。

电子商务中的财产作为一种虚拟财产，是网络空间中虚拟社会的产物，产生于网络空间却已蔓延进入真实社会层面，不仅在整个现实社会具有不容忽视的重要地位，而且已经成为一种全新的财产，已无法纳入传统财产的范畴。

3. 电子商务使传统的纳税环节难以适用

纳税环节是指税法规定的课税对象在从生产到消费的流转过程中应当缴纳税款的环节。税法对纳税环节的规定是基于有形商品流通过程和经营业务活动的，主要适用对流转税的征收。在传统交易中，商品要经历生产、批发、零售和进出口等环节才能从生产者到消费者手中，纳税环节就是要解决在那些环节征税的问题，它关系到税收由谁负担，税款是否及时足额入库以及纳税是否便利等问题。

电子商务简化了传统商品流转过程的多个环节，往往是从生产者直接到消费者，中间环节的消失导致相应的课税点消失，加重了税收流失的现象，其中以流转税最为严重。

4. 电子商务使纳税地点难以确认

纳税地点的确认，是实施税收管辖的重要前提。现行税法规定的纳税地点主要包括机构所在地、经济活动发生地、财产所在地、报关地等。在目前的电子商务交易中主要涉及的有买方所在地、卖方所在地、服务器所在地、网络服务商所在地等，它们一般都处在不同的地方，甚至可能分布在不同的国家。

电子商务的无国界性和无地域性特点，导致无法确定贸易商品的供应地和消费地，从而无法行使税收管辖权，使纳税地点难以确认，并使偷税漏税及重复征税行为的发生难以避免。

（二）电子商务对现行税法实践的影响

电子商务的出现，改变了商品的流转方式，有形商品可以转化为数字形式而存在，使交易的商品流转化为信息流，并通过网络来传递，这就改变了商品的传统交易形式，而且电子商务产生了新的信息资源，这些都对现行税收实践造成了冲击。

例如，原来以有形商品形式出现的书籍、报刊和软件等，现在都可以通过数字化的形式从互联网上直接下载使用，还可以通过复制的方式进行传播，这种交易行为的性质是提供商品还是提供服务或特许权使用，界限模糊。

对于这种交易行为应该按照销售货物征税，还是按照提供劳务征税，或按转让无形资产征税，现行税法难以判断；同时，对于这种交易行为的所得，应视为生产经营所得，还是视为提供劳务或特许权使用所得，其标准也很难界定。因此，由于电子商务环境下交易对象的数字化，进一步引发了税法适用上的不确定性。

此外，交易凭证的电子化改变了传统的纸质凭证、账簿形式，使税务机关追踪、审查交易活动失去了纸面基础，再加上电子加密技术的应用，增大了税务机关获取交易主体真实身份、交易活动真实内容的难度。

二、我国电子商务税收的政策选择

电子商务在我国迅速发展，对我国的税收制度带来了直接的挑战。改革现行税制，促进电子商务的发展，我国税务部门必须在以下几个税收政策的基本方面作出选择。

（一）对电子商务是否征税的选择

无论是通过电子商务方式进行的交易，还是通过其他方式达成的交易，它们的本质都是实现商品或劳务的转移，差别仅在于实现的手段不同。因此，根据现行流转税制和所得税制的规定，应对电子商务活动征税。如果仅对传统贸易方式征税，而不对电子商务交易方式征税，则有违公平税负和税收中性原则，从而不利于资源的有效配置和社会主义市场经济的健康发展。

在美国，沃尔玛等传统的零售商对电子商务免征销售税也存在较大的异议。在我国，电子商务日渐成为一种重要的商务活动形式，如不征税，政府将会失去很大的一块税源，不利于政府职能的有效发挥。而且，由于电子商务具有无地域、无国界的特点，如果不及时出台电子商务税收征管的可行性办法，会使得在日益复杂的国际税收问题面前，税收的国家主权和由此带来的国家利益受到影响。

当然，为了推动电子商务在中国的快速发展，制定相应的税收鼓励政策是必要的，但主要应通过延迟开征时间和一定比例的税收优惠来实现。

（二）对电子商务是否开征新税的选择

在电子商务飞速发展的今天，对电子商务是否开征新税仍然存在两种截然不同的认识。

反对开征新税的观点认为：经济发展是税制变化的决定性因素，开征新税的前提应是经济基础发生实质性的变革。电子商务同样属于商品经济的范畴，其交易内容与传统贸易并无实质性的区别，只是交易形式有变化。因此可以认定电子商务的经济基础仍然是商品经济，并未使经济基础发生实质性的变革，不应当开征新税。

坚持开征新税的观点认为：网上交易的税种是由交易的内容来决定的，而不是由电子商务的形式来决定的，电子商务中产生了数字化、电子化的新型商品与服务，该商品具有虚拟化和无形化的特征，冲击了传统的经济基础，带来了税基的变化，继而使税种发生变化。因此，必须开征新税，一种较有代表性的观点是以因特网传送的信息流量的字节数作为计税依据计算应纳税额，开征新税——比特税。

比特税方案一经提出即引起广泛的争议。就目前我国电子商务的发展现状和税制建设来说，征收比特税显然是不现实的。比较可行的做法是不开征新的税种，而是运用现有税种，对一些传统的税收基本概念、范畴重新进行界定，对现行税法进行适当修订，在现行增值税、消费税、关税、所得税、印花税等税种中补充有关电子商务的税收条款，将电子商务征税问题纳入现行税制框架之下。

（三）对电子商务适用税种的选择

在不对电子商务征收新税种的情况下，原有税种如何适用于电子商务，需区别情况对待。电子商务形成的交易一般可分为两种，即在线交易和离线交易。所谓在线交易是指直接通过因特网完成产品或劳务交付的交易方式，如计算机软件、数字化读物、音像唱片的交易等。

所谓离线交易是指通过因特网达成交易的有关协议，商务信息的交流、合同签订等商务活动的处理以及资金的转移等直接依托因特网来完成，而交易中的标的物——有形商品或服务的交付方式以传统的有形货物的交付方式实现转移。

（四）对电子商务中国际税收管辖权的选择

世界各国在对待税收管辖权问题上，有实行居民管辖权的"属人原则"的，也有实行地域管辖权的"属地原则"的，不过，很少有国家只单独采用一种原则来行使国际税收管辖权的，往往是以一种为主，另一种为辅。

一般来说，发达国家的公民有大量的对外投资和跨国经营活动，能够从国外取得大量的投资收益和经营所得，因此多坚持以"属人原则"为主来获取国际税收的管辖权。发展中国家的海外收入较少，希望通过坚持以"属地原则"为主来维护本国对国际税收的管辖权。

根据我国目前外来投资较多的实际情况，在行使电子商务的国际税收管辖权问题上，应坚持以"属地原则"为主、"属人原则"为辅的标准。

三、电子商务税收法律政策构建的基本前提

电子商务以其虚拟化、无形化、无界化、无纸化以及电子支付的特点对以实物交易为基础的现行税收法律制度和原则造成了冲击，暴露了许多法律的空白和漏洞，传统的税法体系对其无法适从。良好的诚信体系、法律环境、技术环境和与电子商务相适应的税收原则是构建完善的电子商务税收体系的基本前提。

（一）诚信基础

诚信是市场经济发展的基石，建立电子商务诚信体系是实施电子商务税收的前提之一。同时电子商务税收诚信也是电子商务信用系统的有机组成部分，其内容应当包括：构建电子商务诚信评估机制、中介机制；培养电子商务企业诚信经营与纳税意识和消费者诚信消费习惯；建立完善的电子商务税收信用评价体系；建立完善的电子商务税收信用监督体系。

（二）法律基础

电子商务活动是在网络虚拟市场中进行的一种全新的交易，必须用完善的法律予以调整。但由于其发展具有一定的超前性，目前的税收法律还不能满足电子商务的要求。所以，要对电子商务进行征税，必须建立完善的法律体系。

一是对相关法律法规进行修订。在电子商务交易中，原有的法律法规已不能满足需要，增加涉税电子商务部分，完善电子商务涉税程序法与实体法，使电子商务主体的权利得到保障，义务得以顺利完成。

二是制定新法。随着电子商务活动的发展，电子商务税收政策必然成为税法中的重要组成部分，制定新的与电子商务相适应的税收政策已经势在必行。并且电子商务中出现新的网络信息商品，继续采用传统的税收法律法规，显然已经不合时宜。

（三）技术基础

为了提高税收征收效率，减少税款的流失，应加快税务机关的信息化建设，建立电子税务，研制开发电子化的税务票证系统和电子征税软件，研制包括电子发票、电子税票、电子报表等税务凭证。建立网络税务平台和网络税务认证中心。该系统可以保证税收征管系统自动运行中对纳税人及其基本资料提供可靠依据，从而确定电子交易的双方，以便确定纳税人，掌握有关交易信息，进行科学合理的税收征收管理活动。

小贴士

《北京市关于进一步深化税收征管改革的实施方案》中关于电子发票的要求

2021年8月28日,中共北京市委办公厅和北京市人民政府办公厅联合印发《北京市关于进一步深化税收征管改革的实施方案》的通知,其中对电子发票提出要求:落实发票电子化改革任务。借力发票电子化改革,推进税务领域数字化转型升级。

上线应用全国统一的电子发票服务平台,24小时在线免费为纳税人提供电子发票申领、开具、交付、查验等服务。2025年基本实现发票全领域、全环节、全要素电子化,着力降低制度性交易成本。

(四)税收原则基础

电子商务的到来虽然对现有的税收理论和税收实践产生了巨大的冲击,给税收活动带来了新问题,但仍然必须坚持税收法定主义、税收公平和税收效率三项原则。

1. 税收法定主义原则

税收法定主义原则要求电子商务税收法律制度除了遵守现行的税收理论和政策外,还应当包括以下具体内容:如果开征新税,必须在法律法规确定的范围内征收;税收构成要素和征管程序必须由法律加以限定,法律对税收要素和征管程序的规定应当尽量明确,以避免出现漏洞;征收机关必须严格按照法律的规定征收,不得擅自变更税收要素和法定征收程序;纳税人必须依法纳税,同时也享受法律规定的权利。

知识链接

我国《税收征收管理法》第3条规定,"税收的开征、停征以及减税、免税、退税、补税,依照法律的规定执行;法律授权国务院规定的,依照国务院制定的行政法规的规定执行。"

"任何机关、单位和个人不得违反法律、行政法规的规定,擅自作出税收开征、停征以及减税、免税、退税、补税或其他同税收法律、行政法规相抵触的决定。"

2. 税收公平原则

税收公平原则就是指国家征税要使各个纳税人承受的负担与其经济状况相适应,并使纳税人之间的税收负担水平保持均衡。电子商务作为一种新兴的贸易方式,虽然是一种数字化的商品或服务的贸易,但并没有改变商品交易的本质,仍然具有商品交易的基本特征。因此,按照税法公平原则的要求,电子商务和传统的贸易活动应该使用相同的税法,承担相同的税收负担。税收公平原则支持和鼓励商品经营者采取电子商务的方式开展贸易,但并不强制推行这种交易方式。

3. 税收效率原则

税收效率原则主要是指税法的制定和执行必须有利于社会经济运行效率和税收行政效率的提高，税法的调整也必须有利于提高社会经济效率和减少纳税人的纳税成本，电子商务税收同样必须坚持效率原则。

为此，在制定电子商务税收政策时，一方面，应当以电子商务的发展水平和税收征管水平为前提，确保税收政策能够准确贯彻执行；另一方面，力求将纳税人利用电子商务进行偷税漏税与避税的可能性降到最低。同时，应当贯彻肯定、明确、简洁、易于操作的原则，将纳税人的纳税成本和税务机关的征税成本控制在最低水平，提高税收效率。

四、我国电子商务税收应遵循的原则

我国已经成为电子商务消费大国，电子商务的发展在一定程度上会弱化来源地税收管辖权，如果免征电子商务的"关税"和"增值税"，将会严重损害我国的经济利益。针对这种情况，我国在电子商务税收方面应遵循以下原则。

（一）税收中性原则

税收法律法规在加强税收征收管理、防止税收流失的同时不应阻碍电子商务的发展，而应着力考虑现行税种与网上交易的协调。目前世界上已颁布网上贸易税收法律法规的政府和权威组织都强调取消阻碍电子商务发展的税收壁垒，坚持税收中性原则和公平原则。在考虑制定电子商务税收法律法规时，也应以交易的本质内容为基础，而不应考虑交易的形式，以避免税收对经济的扭曲，使纳税人的决策取决于市场规则而不是出于对税收因素的考虑。

（二）居民管辖权与地域管辖权并重的原则

由于欧美等国作为发达国家提出以"居民管辖权"取代"地域管辖权"的目的是保护其先进技术输出国的利益，发展中国家如果没有自己的对策，放弃"地域管辖权"将失去大量税收收入。所以税收法律法规的制定应充分考虑我国及广大发展中国家的利益，在互利互惠的基础上，联合其他发展中国家，坚持居民管辖权与地域管辖权并重的原则。

（三）区别对待的原则

对于完全意义上的网上交易，如国内供应商提供的软件销售、网络服务等无形产品，无论购买者来自国内还是国外都应暂时免税；而对于以网络为媒介的间接电子商务形式，如利用网上订货形成的实物交割交易形式，应比照传统交易方式征收增值税，适用相同税制。

(四）便于征收、便于缴纳的原则

税收政策的制度应考虑互联网的技术特征和征税成本，如采取电子申报、电子缴纳、电子稽查等方式，便于税务部门征收管理以及纳税人的缴纳。

(五）完善适应电子商务的税收征管方法

世界各国对电子商务的税收征管问题都十分重视且行动非常积极：例如，OECD（经济合作与发展组织）成员国同意免征电子商务关税，但也认为在货物的定义不稳定的情况下决定一律免征关税是不妥的，与此同时把通过互联网销售的数字化产品视为劳务销售而征税。日本规定软件和信息这两种商品通常不征收关税，但用户下载境外的软件、游戏等也有缴纳消费税的义务。

新加坡和马来西亚的税务部门都规定在电子商务中的软件供应行为要征收预提税。欧盟贸易委员会也提出了建立以监管支付体系为主的税收征管体制的设想。德国税务稽查部门设计了通过金融部门的资金流动掌握电子商务企业涉税信息的方案，以及"反向征税"机制等。

综合各国的经验以及结合我国的国情，可考虑对网络服务器进行强制性的税务链接、海关链接和银行链接，以保证对电子商务实时、有效的监控，确保税收征管，打击利用网上交易逃避纳税义务的行为。同时，税务部门应与银行、信息及网络技术部门密切配合，力争开发出自动征税软件等专业化的税款征收工具，并加紧培养财税电算化人才，以适应电子商务的特点。

此外，我国要积极开展国际合作与协调，站在发展中国家的利益上参与国际对话。国际互联网贸易的蓬勃发展促使世界经济全球化、一体化，也使国际税收协调在国际税收原则、立法、征收管理、稽查等诸方面需要更紧密的配合，以形成广泛的税收协定网。因此我国应积极参与国际互联网贸易税收理论、政策的制定，并积极参与国际对话。

随着全球经济一体化进程的加快，电子商务在我国快速普及，形成巨大的市场，可供纳税的收入将大幅度增加，税务部门应密切跟踪电子商务发展新动向，研究世界范围内关于电子商务税收的政策主张，同时加强与国内其他有关部门的配合，尽早研究制定出适合我国国情，又与国际接轨的电子商务税收原则和税收政策。

第二节 电子商务的发展对我国现行税法的影响

一、电子商务对我国现行流转税的影响

(一）电子商务对我国现行增值税的影响

我国《增值税暂行条例》规定：在中华人民共和国境内销售货物或者加工、修理

修配劳务（以下简称劳务），销售服务、无形资产、不动产以及进口货物的单位和个人，为增值税的纳税人，应当依照本条例缴纳增值税。

在电子商务时代的跨国或国内交易中，顾客通过上网订购商品主要有以下两种情形。

1. 如果商品并非经由网络电子化传送，例如某公司向国外网站购买某种商品，当这些商品需要离线（off-line）交易时，电子商务对增值税影响不大，例如这些商品运抵我国海关时，海关依照规定代征进口产品增值税。

2. 如果商品经由网络电子化传送，属在线交易（on-line）情况，增值税的适用确有问题。例如：

（1）某甲在国外网站通过互联网以电子的形式传送数字化产品给国内某乙，是否课征进口商品增值税？假如认定其是进口货物，按税法规定应征收增值税，但实际上政府能否收到这笔税令人怀疑。因为，依照税法规定，进口货物的收货人或代理人为纳税人。当数字化产品以电子的形式化传送时，这些收货人一般是消费者大众，每宗交易的数量又相对较少，他们一般不会也不可能想到要到税务机关申报纳税，税务机关也很难掌握有关的资料。

（2）某甲在国外网站通过互联网向国内用户提供修理、修配的技术支援指导，按税法规定属应税劳务。问题是，在某甲不主动申报的情况下，税务机关发现该类交易的可能性微乎其微。

（3）为鼓励货物出口，我国《增值税暂行条例》明确规定，"纳税人出口货物，税率为零"，对出口货物采取优惠政策。假如有某一纳税人在我国设立的某一网站销售货物或应税劳务给全世界消费者使用，则此时如何区别内销与外销？在纳税人极力夸大其外销份额的情况下，税务机关又如何查核事实真相？

（二）电子商务对关税的影响

电子商务对关税的影响类似于对增值税的影响。在上述有关增值税论述的两种情形中，第一种方式下的交易同目前国际邮购方式无异，在商品经过海关时，按规定予以征免关税。第二种方式下，在通过互联网订购数字化商品时，客户直接从网上下载商品，不必征关税，这已获国际认同。但是，由于许多有形商品可以转化成数字化产品，预计未来关税会相应减少。

此外，由于我国对低于一定金额的物品免征进口关税，在未来跨国界小额进口逐渐取代中间代理商品额进口且将有形商品转化为数字化商品的情况下，将会对我国关税有所影响。

（三）电子商务对消费税的影响

消费税是我国对特定商品除增值税外加征的一种税，消费税税目、税率的调整，由国务院决定。消费税由税务机关征收，进口的应税消费品的消费税由海关代征，应当向报关地海关申报纳税。邮寄进境的应税消费品的消费税连同关税一并计征,纳税人销售的应税消费品,以及自产自用的应税消费品,除国务院财政、税务主管部门另有规定外,应当向纳税人机构所在地或者居住地的主管税务机关申报纳税。

电子商务对消费税的影响类似于对增值税、关税的影响,在此不再赘述。

二、电子商务对现行所得税的影响

(一)电子商务对所得来源地认定的影响

目前,我国对非居民纳税人仅就其来源于国内的所得征税,而对居民纳税人则对其境内、境外全部所得征税。假定我国居民在 A 国设立一个网站,直接通过互联网向全世界销售商品,则我国居民由该网站取得的所得,是否属于来源于 A 国的所得?

1. 该所得来源于何国,对居民公司有如下影响

(1)假定 A 国认定其为来源于 A 国之所得,我国也同意此观点,则居民公司须就该所得在我国纳税,其在 A 国已缴纳的所得税可抵扣我国的企业所得税。

(2)假如 A 国认定其为来源于 A 国之所得,我国不予承认,则居民公司必须就该项所得在我国纳税,且在 A 国已缴纳的税款不得抵扣,因而造成双重征税。

2. 该所得归属于何国,对居民个人有如下影响

(1)如果 A 国认定其为来源于 A 国之所得,我国也同意此观点,则该笔个人所得在 A 国要缴纳所得税,但在国内合并申报时可按规定获得抵扣。

(2)如果双方均认为来源于本国的所得,则将造成双重征税。

(二)电子商务对所得种类的影响

在我国实行分类所得税制,不同种类所得适用不同的税率。电子商务时代,营业所得、特许权收入、劳务报酬等所得之间的分类变得模糊不清。

🚩 知识链接

某非居民公司通过互联网传送统计资料给我国用户时,其取得的所得,应属来源于我国的所得,但是属于哪种呢?

【解析】

(1)如果这些数据类似书籍杂志刊载的数据,电子化传送与取自实体文件并无不同,应属营业利润。

(2)如果这些数据资料是专为顾客搜集加工的,属提供劳务一类。

(3)如果这些数据资料是特别为顾客开发程式之用,属智力财产,应视为特许权使用。

在上述情况下,对电子商务交易的不同认定将会导致对所得税适用的影响。由于所得类型模糊化,又将导致新的避税行为。

三、电子商务对我国现行涉外税收的影响

（一）电子商务对总机构认定的影响

我国《企业所得税法》规定，外商投资企业的总机构设在我国境内，就来源于中国境内、境外所得缴纳所得税。

在互联网未盛行时，总机构是指在我国境内设立的负责该企业经营管理与控制的中心机构，必须有实体建筑物的存在，以便公司人员可以集会讨论诸如管理等问题。然而互联网科技盛行之后，在网上通过可视会议系统的通信技术，即使不具有实体建筑物，仍然可以在境外进行管理与控制。在这种情况下，如何认定总机构地点？如果参加可视会议的人员遍布全球，则公司的决策地点又如何认定是个需要解决的问题。

（二）电子商务对固定营业场所的影响

如前所述，依我国税法规定，非居民如有来源于我国境内的所得，在没有税收协定的情况下，我国必须对此所得课税。然而在与非居民所在国有税收协定的情况下，非居民企业若在我国有"营业利润"，当该营业利润并非通过该非居民企业设在我国的常设机构（permanent establishment，PE）所取得时，我国无权对此课税。

（1）传统的PE是指一个企业进行全部或部分营业的固定营业场所，其概念包括：

经营的固定场所，包括管理机构、分支机构、办事处、工厂、车间等，但专为采购货品用的仓库或保养场所而非用以加工制造货品的，不在此列；

营业代理人，但此代理人如果是为自己经营的，则不在此列。

（2）在电子商务交易中，由于可以任意在任何国家设立或租用一个服务器，成立一个商业网站，PE的传统定义受到挑战。

假定一新加坡企业在我国设立一个网站，提供商品目录，直接接受全世界顾客的订货而完成交易行为，此种情况下的网站是否具有PE的性质值得讨论。

① 这个网站是否是一个企业从事全部或部分营业的固定营业场所？或者目的仅为储存、展示或运送属于该企业货物或商品的设备？如果这些商品是数字化商品，因它储存并展示在该网站中，且网站也直接运送商品给顾客，似乎网站不属于PE，然而当考虑到顾客可直接在网站上订货且被接受，此时网站又是企业从事全部或部分营业的固定营业场所，似乎又是PE了。

② 如果这些商品不属于数字化商品，不能通过互联网下载到顾客处，此时该网站不一定视为PE，但当顾客在该网站订货并收到货物（如书籍），该网站是否属代理人？

③ 上述例子，如改为该网站是银行提供存款的服务或证券机构提供股票即期、远期等交易服务时，情形又有变化，似乎应该视为PE。

④ 如果将该网站视为PE，则由于网站能轻易从一国流动至另一国，甚至当先进的手提电脑可充当服务器时，业主很可能会为了避税，而将网站迁移至低税率或其他避

税地区，这并不影响网站的效率。

（三）电子商务对转移价格的影响

在电子商务普及的情况下，利用转移价格避税的问题将更为普遍。传统交易中利用转移价格避税已屡见不鲜，税务机关均使用可比较利润法、成本加价法、转售价格法等对非常规交易的价格和利润进行调整。在电子商务时代，赢利企业可通过互联网或内部网络从事交易或进行价格转移，这势必对传统的转移定价调整方法带来挑战。

（四）电子商务对国际税务合作的影响

由于电子商务对各国税收带来的影响不尽相同，各国之间税收利益也必须进行新的调整。某些国家是信息技术大国，势必利用其技术上的优势地位损害其他国家利益。

例如，美国总统克林顿在《全球电子商务纲要》中宣布"互联网应为免税区，产品及劳务如经由互联网传送者，均应一律免税"。由于美国是信息输出大国，其主张当然对自身有利，此主张一宣布就遭到其他国家的反对。如此种种，必将带来新的国际税收冲突以及为解决冲突而进行的新的国际税务合作。

第三节 世界范围内对电子商务涉税问题的对策

目前，通过互联网进行跨国交易方兴未艾，然而传统的税收已成为阻碍互联网推广的因素之一。为此，一些国家、地区及经济组织均提出相应措施，积极应对。

一、世贸组织的措施

1998年5月20日，世贸组织132个成员方的部长在日内瓦达成一项协议，对在互联网上交付使用的软件和货物至少免征关税一年。但这并不涉及实物采购，即从一个网址定购产品，然后采取普通方式通过有形边界交付使用。

二、经合组织的关注焦点

经合组织（OECD）1997年11月在芬兰举行会议，该会议达成以下共识：①任何课税均应维持中性及确保分配公平，应避免重复征税及过多的征纳成本；②政府应与企业共同合作解决课税问题；③国际间应共同合作解决电子商务课税问题；④征税不应妨碍电子商务的正常发展；⑤比特税是不可行的。

1998年10月8日，经合组织（OECD）部长会议达成协议，各成员国一致同意协力制订统一的网上交易税收办法，协议的主旨是对一切网上交易不实行"比特税"，在税收中性的基础上，传统的税收原则适用于网上交易，避免不同的国家对某笔交易重复征税，确认网上交易间接税的征收以"消费地"而不是以"生产地"为基础。

会议还决定了国际组织今后对网上交易税收的政策分工：关税由世贸组织负责，海关程序由世界海关组织（WCO）负责；增值税由欧盟负责；国际税收和直接税问题由经合组织（OECD）负责。

自 1998 年召开电子商务的专题会议后，OECD 已建立专门小组，负责解决电子商务课税领域的重大原则问题。在有关人员针对电子商务课税问题已达成共识的基础上，OECD 关注常设机构、转移定价、特许权使用费用等争议，试图找到谨慎的解决途径，以期能在更长的期间内发挥效力。

三、欧盟的"清晰与中性的税收环境"

1997 年 4 月欧洲贸易委员会发布了《欧洲电子商务动议》，支持美国财政部的电子商务税收的中性原则，认为通过修改现行税收原则较之开征新税和附加税为更佳。

1997 年 7 月 8 日，有 20 个国家参加的欧洲电信部长级会议通过了支持电子商务的宣言《波恩部长级会议宣言》，主张官方应尽量减少不必要的限制，帮助民间企业自主发展以促进互联网商业竞争、扩大互联网的商业应用。这些文件，初步阐明了欧盟为电子商务的发展创建"清晰与中性的税收环境"的基本政策原则。

欧盟经济一体化的发展为电子商务的运用提供了极美好的前景，但是由于欧盟一体化强化了税收的居民概念，损伤税收的属地原则，欧盟成员国对直接投资所给予的最优惠税收待遇的竞争将更加激烈。

目前欧洲委员会仅对电子商务在欧洲的扩展所产生的许多问题采取初步的反应，在一次欧洲委员会与欧洲议会、欧洲理事会、欧洲经济和社会委员会以及区域委员会的通信中，欧洲委员会在税收方面仅谈到支持税收的中性，反对开征任何形式的新税。欧盟各成员国也参与了 OECD 成员国间的讨论和咨询。

1999 年，欧洲委员会公布了网上交易的税收准则：不开征新税和附加税，努力使现行各税特别是增值税更适应网上交易的发展，在增值税上，对电子转播视同劳务，确保税收中性原则，欧盟以外的国家以联机形式提供给欧盟个人的无形资产，如音乐、音像或软件等商务须在欧盟征税，减轻从事网上交易者的税收奉行难度，对网上交易加强管理和执行力度，确保税款的有效征收。为了便利税收征管，建议在网上交易中使用无纸票据，以及采取电子化的增值税纳税申报。

四、ECTSG 提出的电子商务税收政策建议

1998 年 4 月 1—2 日，由 IBM 公司、太阳电子公司和美国联机公司等代表组成的电子商务税收研究委员会（ECTSG）召开会议，同一些其他企业代表们商讨了电子商务带来的税收问题，特别是增值税的有关问题。

ECTSG 认为，为了适应电子商务的发展，税收政策必须力求符合以下标准：①中

性原则，采用不同的购买方式或应用不同技术的各类交易，均应受到同等的税收待遇；②避免国际间双重征税，进出口均只服从一个国家的税制；③减轻管理和奉行负担，从而减少电子商务的税收成本。

ECTSG 提出的实现其税收政策目标的具体对策是：

（1）对电子商务交易的课税不应重于其他可比性传统交易；

（2）电子商务进口税率不得高于对国内电子商务的课税（中性原则）；

（3）通过互联网进行商业活动的公司不应附加特别课税和奉行负担；

（4）为了避免国际电子商务的双重征税问题，须根据 OECD 税收协定范本，尽快执行有关间接税的退税和免税规定，并偿付因延期退税而发生的利息；

（5）必须制定统一的国际性规定，据以确定在电子商务中由哪国（是供应方所在国，买方所在国或是使用服务所在国）向未办理增值税登记的买方征收其应交的增值税；对增值税和其他间接税须尽量扩大国际间的协调范围，尽量避免反复修改；

（6）欧盟 15 国范围内的增值税法规应具有普遍性和一致性特点。但由于各成员国分别实行不同法规，使得在欧洲履行增值税义务难乎其难，所以最理想的做法是在欧洲建立统一的增值税征管制度；

（7）必须将现金流动和增值税奉行成本降到最低程度；

（8）税务当局须利用新技术以简化登记、申报和纳税等程序；

（9）税收制度应灵活机动，以适应不断变化的商业模式，顺应贸易全球化趋势。

ECTSG 反对对电子商务开征"比特税"以及其他新税，因为这违背了中性原则，而且还会遏制电子商务的发展，CETSG 称赞美国政府和欧洲委员会采取反对"比特税"的政策立场。

五、其他国家对电子商务涉税的对策

（一）加拿大

早在 1994 年，加拿大税收专家阿瑟科德尔就在一篇论文中提出开征一种新税——比特税，建议对全球网络信息传输的每一个数字单位征税，包括数据搜集、通话、图像和声音、传送等数字化信息。1997 年 4 月，加拿大财政部组成一个委员会，研究电子商务课税的问题，在 1998 年 4 月，该委员会提出报告。主张课税应具中性和公平；电子商务不应侵蚀现有税基；比特税并不可行等。

（二）澳大利亚

澳大利亚税务当局 1997 年 8 月颁布《税法与互联网》对税务当局如何获取互联网交易信息做了讨论，并制定出几项规范政策。该报告建议：（1）澳国公司的登记号码须展示在其网站上。（2）寻求适用的管理电子货币之法令。（3）使用高科技以确保交易资料的真实性。（4）在销售税方面，讨论数字化产品的产品归类情形。

澳国税务当局认为在电子商务交易下，传统的所得来源原则、居住地及常设机构的概念均须予以修正，同时这也需要国际间的共同合作。

（三）日本

日本国际贸易和工业部于1997年5月颁布《关于数字化经济》一文，对电子商务涉及的税收问题给予了一定的关注，认为在电子商务环境下，消费地点难以确认，课税管辖权的问题也会产生，应对通过互联网传送的软件征收预提所得税。

英国、荷兰、新加坡等国也赞成保持税收的中性原则。荷兰的态度同美国的一样，对网上贸易实行免税政策，期限暂定为3年。

六、美国提出电子商务税收的个性原则

美国是电子商务的发源地，也是世界上第一个对此作出政策反应的国家。1996年11月美国财政部就发表了《全球电子商务选择性的税收政策》一文，这是一国政府首次公开探讨电子贸易尤其是国际互联网贸易的税收问题。

1. 技术特征方面

《全球电子商务选择性的税收政策》指出"没有对互联网等先进技术的特征的理解，就无法制定出相应的对策"，对所得划分、常设机构确定时，应考虑到网络独一无二的技术特征，突破传统有形和无形的概念。

2. 政策原则方面

在制定有关税收政策及税务管理措施时，应遵循中性原则，以免阻碍新技术的发展。

税收应不影响企业对市场行为和贸易方式的经济选择，而应确保市场成为确定贸易方式成败的唯一力量。《全球电子商务选择性的税收政策》认为，最好的中性是不开征新税或附加税；按居民管辖权征税。该文件指出，新技术及国际互联网贸易的发展要求居民管辖权发挥更大的作用。

在网络空间中，很多情况下难以将一项所得与特定的收入来源地联系在一起，地域管辖权已难以有效地运用，将逐渐失去其合理性。而与此同时，几乎所有的纳税人都是某个国家的居民，因此从管理便利的角度看，地域管辖权应让位于居民管辖权。

3. 税务管理方面

税务部门必须改进管理，采用新技术，应尽力与私营部门合作，应避免双重征税。文件还对常设机构、会计记录的保存作了初步探讨。

美财政部认为，没有必要对国际税收原则做根本性的修改，但是要形成国际共识，以确保不对全球电子商务征收新的或歧视性税收；明确对电子商务征税的管辖权，以避免双重税赋。1997年冬，美国全国州长协会在华盛顿召开会议，力促国会通过议案管理互联网商务，敦促美国联邦政府尽快颁布电子商务征税的法令。提议各州应该对

所有的电子商务和电子订购"建立一个单一的州内销售税率",并找到一条途径把这份收入分配给地方政府。

目前,美国约有 40 个州对电子商务征税,由于各州税法不一致,此类税收官司不断发生。州长协会提议创建一个第三方组织的网络担负起向州政府交税的职责,明确表示不打算将征税的权力交给联邦政府。加州和弗吉尼亚州的代表对此方案投了反对票。

1997 年 7 月 1 日,克林顿政府发布《全球电子商务纲要》,提出了美国对电子商务征税的三项基本原则:

① 既不扭曲也不阻碍电子商务的发展,税收政策要避免对电子商务形式的选择发生影响,避免足以改变交易性质或交易地点的刺激性效果的产生;

② 保持税收政策的简化与透明度;

③ 对电子商务的税收政策要与美国现行税制相协调,并与国际税收基本原则保持一致。

面对电子商务的迅速发展,美国政府在积极寻求电子商务税收问题的永久性的解决办法,并使其合法化。为了促进电子商务的发展需要建立一套新的税制为政府机构提供适当的收入。

这种税制应当能够保证不存在特殊的因素来破坏互联网的成长,也没有不公平的税种来阻碍电子商务的成长。为网络贸易免税的战略使得电子商务能够在市场的大舞台上大显身手,同时也保证了美国电子商务领先于时代大潮,适应迅速发展的市场要求。

七、发展中国家对电子商务涉税的对策

不同国家和地区对网上贸易征税规定不同,例如美国规定对其不征税、欧盟则按传统税种进行征收,这就使得网上贸易在不同国家和地区之间享受不同的税收待遇,必然造成国际税收的不协调。一些国家(尤其是发展中国家)由于在网上贸易处于被动地位,为避免税收流失,有可能制定一些抵制性措施,这不利于国际贸易的发展。

发展中国家对美国财政部文件提出的按居民管辖权征税仍有异议,因为这样会使主要作为技术引进的发展中国家失去很多税收收入。因此,发达国家与发展中国家在税收管辖权分配问题上还需不断协调。

目前还没有哪个国家的现行税制能够解决电子商务税收问题,其原因是建立这样一个税收体制非常困难,为此,许多国家正在着手考虑如何面对这场挑战。发展中国家如果没有自己的方针政策,完全赞同发达国家的态度,本国的经济利益将受到损害。

发展中国家要有自己的方针政策,防止来源地税收管辖权的弱化,其首要任务是解决如何对互联网提供者提供的服务和在网上销售的商品及服务征税这一技术难题。

因此,广大的发展中国家任务变得更加紧迫和艰巨。一方面,要维护本国的财政利益,同发达国家相抗争;另一方面,又要与广大的互联网用户和互联网服务提供者周旋。

> **知识链接**
>
> 尽管发达国家竭力标榜"公平、中性、透明和不开征新税",但出于对各自财政利益的保护,各发达国家都在积极制定对策,要在电子商务征税中强化居民税收管辖权。这将使受电子商务冲击已变得模糊不清的地域税收管辖权受到进一步限制和削弱,广大发展中国家对此密切关注并严加防范。
>
> 电子商务为广大发展中国家的企业,尤其是以往无实力从事跨国经营的中小企业提供了进入国际市场的现实可能性,它们可以在国际互联网络上介绍产品、展示企业形象,发布广告和信息,提供服务进而直接成交。只要进入电子商务的国际市场,便可分享由发达国家倡导创建的"免税的电子空间"。
>
> 目前,中国税制在设计上尚未对网上交易作出明确规定,但是考虑到电子商务在全球的发展,特别是如果互联网零关税持续下去的话,对发展中国家而言,则意味着保护民族工业最有效的手段,即关税保护屏障将完全失效。从这个意义上讲,为了推动我国电子商务的发展,或者更长远地讲为扶植、保护我们的民族工业,使其面临世界范围内的竞争,中国也有必要对从事电子交易的企业实行某些税收优惠政策。

第四节 我国电子商务税收的法律对策

目前,电子商务在我国已经飞速发展,面对扑面而来的电子商务发展大潮,制定我国电子商务方面的税收政策,改革现行税制,促进电子商务的发展已变得刻不容缓。既要借鉴发达国家的先进经验,又应充分考虑我国的国情,使我国的电子商务税收政策在保证与国际接轨的同时,又能维护国家主权和保护国家利益,并不断推进我国电子商务的发展进程。

一、修改完善现行税制,增加有关应对电子商务的条款

以现行税制为基础,对由于电子商务的出现而产生的税收问题有针对性地进行税法条款的修订、补充和完善,对网上交易暴露出来的征税对象、征税范围、税目、税率等方面的问题适时进行调整。

对现行的增值税、消费税、所得税以及关税等税种增加电子商务税收方面的规定,明确网上销售商品与提供劳务所适用的税种和税率。同时研究确定电子商务的网址和服务器视同为常设机构所在地或经营活动所在地等问题。

二、坚持居民管辖和地域管辖并重的原则

美国以纳税人的全部收入、成本在居住国较易控制为由,提出以居民管辖权取代地域管辖权,这是美国出于维护其作为先进技术输出国的利益,并未考虑到发展中国家的利益。特别是 1998 年 5 月 20 日,世贸组织 132 个成员方部长同意,维持目前互联网上关税为零至少一年。

在互联网实行零关税后,发展中国家的国门不再是保护国内企业的屏障。如果放弃地域管辖权,发达国家可以通过网上交易,绕开发展中国家的关税壁垒,使发展中国家的关税丧失保护作用。我国如果放弃地域管辖权将造成税收收入的大量流失,这在实践上行不通。

在税收管辖权问题上,考虑到我国及广大发展中国家的利益,应坚持居民管辖权与地域管辖权并重的原则。再结合网上交易的特征,在我国现行的增值税、消费税、所得税、关税等条例中补充对网上交易征税的相关条款。具体到劳务提供的税务处理上,对不必出场的网上提供劳务的税收问题,应采取特定的税率分成的方法,在居住国和收入来源国之间划分。

此外,我们应该密切关注智能服务器的发展,保留对来源于智能服务器的所得征税权利,随着智能服务器业务范围的扩大,适时地采取相应的税收政策。

三、建立适应电子商务发展的税收征管体系

电子商务不断发展,使传统的税收征管受到挑战,为此,要建立符合电子商务发展要求的税收征管体系。

1. 开发电子税收软件

从长远看,电子商务将会在各种贸易总额中占相当大的比重,电子商务的税收也将是国家税收的重要组成部分。因此,应尽快开发出功能强大、操作简单的电子税收软件,使其能在每笔交易中自动按交易类别和金额进行统计,计算税金并自动交割入库。

2. 加强税务机关的网络建设

我国要加强税务机关的网络建设,尽早实现与国际互联网的全面连接,并与银行、海关、商业用户实现网上连接,真正实现网上监控与稽查。

3. 积极推行电子报税制度

纳税人通过计算机,输入有关数据,填写申报表,进行电子签章后,将申报数据发送到税务机关数据交换中心。税务机关数据交换中心进行审核验证,并将受理结果返回纳税人,同时将数据信息传递给银行数据交换系统和国库,由银行从企业账户中划拨,并向纳税人递送税款收缴凭证,完成电子申报。

由于采用现代化计算机网络技术,实现了由申报、税票、税款结算等电子信息在

纳税人、银行、国库间的传递。加快了票据的传递速度,缩短了税款滞留的环节和时间,从而确保国家税收及时入库。

四、建立健全适应电子征税的征管模式

(一)建立统一的纳税人识别号

对每一个纳税人应赋予唯一的纳税人识别号,纳税人识别要采用国家标准。对于上网企业最好建立专门的电子商务税务登记制度,使税务机关对上网企业实施监控管理。

首先要抓紧开发、完善征管监控应用系统,要在加强税收日常管理工作的基础上,把从税务登记至税务稽查的各项征管业务全面纳入计算机管理,依托计算机对征收管理的全过程实施监控。

其次要抓住重点加强监控,对增值税、个人所得税和出口产品退税等征管重点、难点,要严格加强监控。

(二)建立四级计算机监控管理网络

国家力争建成中央、省(区、市)、地(市)、县(市)四级计算机网络。

(三)加快金税工程建设

国家建立全国范围的纳税信息网,将纳税企业的各种资料和纳税情况及时录入,便于进行情报交换,实现国际与国内商品价格和相关资料的共享。要做到这些,一是要增加国家对税收征管改革的资金投入;二是要加大税收征管领域软件的开发和硬件方面的技术改造力度,研制具有追踪统计功能的网上征管软件。

▶ **知识链接**

金 税 工 程

金税工程,是吸收国际先进经验,运用高科技手段,结合我国增值税管理实际设计的高科技管理系统。该系统由一个网络、四个子系统构成。一个网络是指国家税务总局与省、地、县国家税务局四级计算机网络;四个子系统是指增值税防伪税控开票子系统、防伪税控认证子系统、增值税稽核子系统和发票协查子系统。金税工程实际上就是利用覆盖全国税务机关的计算机网络对增值税专用发票和企业增值税纳税状况进行严密监控的一个体系。

五、加大税收的征管和稽查力度

(一)建立规范的认证制度

在电子商务中,无论是数字的邮戳服务,还是数字凭证的发放,都不是靠交易

双方自己能完成的,而需要有一个具有权威性和公正性的第三方来完成。认证中心(CA)就是承担网上安全、电子交易认证服务、签发数字证书,并能确认用户身份的服务机构。

这一机构的主要任务是受理数字凭证的申请、签发及对数字凭证的管理。认证制度可以部分解决网上应税行为的难确定性,因而税务部门有必要和认证中心协作,防止避税行为的发生。

(二)规范电子发票

电子发票在未来很可能成为具有法律效力的会计凭证,它的规范性将有利于提高税务工作的效率,为将来的网上税务管理带来便捷,同时也是网上交易的合法依据。

(三)加强与电子银行的合作

电子银行是指采用最新网络技术手段,利用互联网来降低运营成本,开拓新市场,处理传统的银行业务及支持电子商务支付的新型银行。电子银行是一种全新的金融服务,它引起社会的广泛关注,随之而来的是"电子货币""电子支票"等电子支付方式的出现和应用。税务部门应与银行合作,通过"电子货币""电子支票"的实际转移来确定应税行为的发生,同时这也有利于防止逃避税行为的发生。

(四)加强税收稽查工作

在税务稽查方面,加强同工商、银行、海关、法院、公安、边检等部门的联系,共同建立专门的税务电脑监控网络,防止电子商务活动中税收违纪违法行为的发生。

(五)建立密码钥匙管理系统

要求企业将计算机超级密码的钥匙的备份交由国家指定的保密机关,并建立一个密码钥匙管理系统。税务机关在必要时可取得企业计算机的超级密码的钥匙,从而加大稽查力度。

(六)征管、稽查中应重点加强国际情报交流、企业的网络化

开放化使一国税务当局很难全面掌握跨国纳税人的情况,只有通过各国税务机关的密切配合,运用国际互联网等先进技术加强国际情报交流,才能深入了解纳税人的信息,使税收征管、稽查有更充分的依据。在国际情报交流中,尤其应注意有关企业在避税地开设网址及通过该网址进行交易的情报交流,以防止企业利用国际互联网进行避税。

六、加强国际的税收协调与合作

要防止网上交易所造成的税款流失,应加强我国与世界各国税务机关的密切合

作，运用国际互联网等先进技术，加强国际情报交流，深入了解纳税人的信息，使税务征管、稽查有更充分的依据。在国际情报交流中，尤其应注意有关企业在避税地开设网址及通过该网址进行交易的情报交流，防止企业利用国际互联网贸易进行避税。

七、坚持税收中性和效率的有机结合

在不影响纳税人对贸易行为选择的前提下，给予一定的税收优惠政策，扶持电子商务技术的应用和技术创新。首先，降低我国增值税名义税率，达到国际增值税平均水平，平衡国内外纳税人之间的税负水平；其次，在生产型增值税向消费型增值税转型时，把电子商务企业进行的基础设施投资纳入其中，鼓励企业的投资行为；再次，在所得税方面，对电子商务企业实行一定程度的产业税收优惠，放宽在固定资产折旧年限和办法、投资抵免、工资扣除和研发费用上的限制；最后，对网络交易不开征新税和附加税，而是通过对传统税法一些概念、范畴的重新界定和对现有税制的修补来处理电子商务引发的税收问题，以促进电子商务在我国的进一步发展。

八、培养面向网络时代的税收专业人才

电子商务与税收征管，偷逃与堵漏，避税与反避税，归根到底都是技术与人才的竞争。电子商务是一门前沿科学，围绕电子商务的各种相关知识在不断发展，而目前我国税务部门大多缺乏网络技术人才。因此，要顺应时代潮流，大力培养既懂税收业务知识又懂电子网络知识且精通外语的复合型人才，以适应电子商务迅速发展的需要，确保国家税收利益。

复习思考题

一、【选择题】

1. 构建完善的电子商务税收体系的基本前提（　　）。

　A. 良好的诚信体系

　B. 法律环境

　C. 技术环境

　D. 与电子商务相适应的税收原则

2. 电子商务的到来虽然对现有的税收理论和税收实践产生了巨大的冲击，给税收活动带来了新问题，但仍然必须（　　）原则。

　A. 坚持税收法定主义

　B. 坚持税收公平主义

　C. 坚持税收效率主义

D. 坚持税收中性

3. 世界各国对电子商务涉税问题提出哪些对策（　　）。

A. 美国提出电子商务税收的个性原则

B. 欧盟的"清晰与中性的税收环境"

C. 1998年10月8日，经合组织（OECD）部长会议达成协议，各成员国一致同意协力制定统一的网上交易税收办法

D. ECTSG 提出的电子商务税收政策

4. 我国如何建立符合电子商务发展要求的税收征管体系（　　）。

A. 开发电子税收软件

B. 加强税务机关的网络建设

C. 积极推行电子报税制度

D. 采用现代化计算机网络技术

二、【判断题】

1. 电子商务使传统的纳税程序难以适用。（　　）

2. 为了推动电子商务在中国的快速发展，制定相应的税收鼓励政策是必要的，但目前应予免税。（　　）

3. 美国是电子商务的发源地，也是世界上第一个对电子商务税收作出政策反应的国家。（　　）

4. 目前还没有哪个国家的现行税制能够解决电子商务税收问题，其原因是建立这样一个税收体制非常困难。（　　）

三、【问答题】

1. 电子商务的发展对传统的税收理论有哪些冲击？

2. 我国电子商务税收应遵循的原则有哪些？

3. 对我国电子商务中的如何课税问题提出自己的见解。

第七章　电子商务中的知识产权法律制度

【学习目标】
1. 了解知识产权的概念、特征、种类。
2. 了解电子商务著作权、商标权、专利权的法律保护。
3. 了解域名的相关法律规定和法律保护。

电子商务通过互联网开拓了一个全新的超越国界的巨大市场。在电子商务活动中，知识产权保护制度受到了冲击，著作权及其邻接权的关系、域名与商标的冲突、商标权和专利权等都面临着法律适用的新问题。如何在以互联网为基础的电子商务时代保护知识产权，是世界各国面临的一个新课题。

第一节　知识产权与知识产权法概述

一、知识产权的概念与特征

（一）知识产权的概念

知识产权（Intellectual Property），是指权利人对其智力创造的成果所依法享有的专有权利。主要包括专利权、著作权、商标权等。

▶ 知识链接

《民法典》第 123 条的规定

民事主体依法享有知识产权。
知识产权是权利人依法就下列客体享有的专有的权利：（1）作品；（2）发明、实用新型、外观设计；（3）商标；（4）地理标志；（5）商业秘密；（6）集成电路布图设计；（7）植物新品种；（8）法律规定的其他客体。

（二）知识产权的特征

知识产权作为一种对于智力成果所享有的权利，具有以下几个特征。
1. 非物质性
知识产权的客体是智力成果，其内容是具有非物质性的作品、发明创造、外观设计和商标等，是在无形物上的特殊权利。

2. 专有性（排他性）

知识产权的专有性是指知识产权的所有人对智力成果在特定时期内所具有的排他性的独占权，非经知识产权人的许可或者法律特别规定，他人不得实施受知识产权控制行为；否则，构成侵权行为。

3. 地域性

知识产权的地域性是指知识产权只在授予其权利的国家或者确认其权利的国家产生，并只能在该国范围内发生法律效力并得到法律保护，其他国家对于未经其授予知识产权的智力成果没有给予法律保护的义务。

4. 时间性

知识产权的时间性是指知识产权只在法律规定的期限内受到法律保护。如果一项知识产权超过了法律规定的保护期，这一权利就自行失效。

二、知识产权法的概念

知识产权法是指调整知识产权的确认、保护、行使和管理过程中所发生的各种社会关系的法律规范的总称。

知识产权作为一项重要的民事权利在各国普遍获得确认和保护，是调整知识创造、利用和传播中所形成的社会关系的工具，并随着科学技术和商品经济的发展而不断地拓展、丰富和完善。世界经济已经处于知识经济时代，知识产权越来越成为提升市场核心竞争力和进行市场垄断的手段，知识产权制度因此成为国家的基础性制度。

▶ 知识链接

知识产权的国际保护

保护知识产权的国际公约主要有：《与贸易有关的知识产权协定》（TRIPs协定）、《保护工业产权巴黎公约》、《保护文学和艺术作品伯尔尼公约》、《世界版权公约》、《商标国际注册马德里协定》、《专利合作条约》等。其中，世界贸易组织的TRIPs协定被认为是当前世界范围内知识产权保护领域涉及面广、保护水平高、保护力度大、制约力强的国际公约，对中国有关知识产权法律制度的维护具有重要作用。

三、电子商务对知识产权法的影响

（一）电子商务对传统知识产权观念的挑战

知识产权作为一项确认权利、保障权利的制度，要依据一定标准来确认是否授予某一项智力成果的专有权。依据传统的知识产权观念，智力成果是无形的，但是一项智力成果要获得知识产权保护，一般需要采用物质性的载体表示或者显示出来。

但是，在电子商务技术开发和应用的过程中，大量的技术通过计算机数据表现和完成，具有技术的实质特性，可以帮助人们利用计算机完成创造性工作，这些作为计算机语言的数据却不能采用传统知识产权法律所保护的表现形式。

（二）电子商务对传统知识产权特点的挑战

知识产权具有与有形财产不同的特点，如地域性、时间性等。电子商务活动建立在互联网的基础上，网络的传输表现出"公开"的开放性和"无国界"的全球性特点及状态。"公开"为"公知"提供了前提，也为"公用"提供了方便，严重威胁到知识产权所有人的专有权；"无国界"又使知识产权的地域性受到严峻的挑战。

（三）电子商务对知识产权保护程序的挑战

1. 电子商务对法院管辖权提出的挑战

对于任何纠纷而言，管辖法院及适用法律的确定都会对案件当事人的利益产生重要影响。通常，知识产权纠纷案件多依据被告住所地或者侵权行为地来确定管辖法院，并通常以法院地法作为处理纠纷的实体法律依据。但是，互联网上的侵权行为，难以确定具体的行为地点和受害地点。

2. 电子商务对证据及保留提出的挑战

传统的知识产权纠纷诉讼过程中，作为当事人主张权利和行使抗辩权所依据的证据必须是"原物"，这是各国对证据的基本要求。但是，在电子商务活动中，电子数据存储在计算机内，其打印出来的"书面形式"只是一种复制件，无法满足传统诉讼法对于证据"原件"的要求。计算机数据又是可以毫无痕迹地改动的，这种极易改动又给计算机数据作为证据的权威性和可信任性带来了挑战。

四、电子商务经营主体的知识产权保护义务

《电子商务法》对电子商务经营主体的知识产权保护义务做了原则性规定。电子商务经营主体应当依法保护知识产权，建立知识产权保护规则，与知识产权权利人加强合作。

电子商务第三方平台明知平台内电子商务经营者侵犯知识产权的，应当依法采取删除、屏蔽、断开链接、终止交易和服务等必要措施。否则，给知识产权权利人造成损失的，与侵权人承担连带责任。

第三方平台的双向通知义务。电子商务第三方平台接到知识产权权利人发出的平台内经营者实施知识产权侵权行为通知的，应当及时将该通知转送平台内经营者，并依法采取必要措施。

平台内经营者接到转送的通知后，向电子商务第三方平台提交声明保证不存在侵

权行为的，电子商务第三方平台应当及时终止所采取的措施，将该经营者的声明转送发出通知的知识产权权利人，并告知该权利人如果对其不予认可可以向有关行政部门投诉或者向人民法院起诉。知识产权权利人因通知错误给平台内经营者造成损失的，依法承担民事责任。电子商务第三方平台应当及时公示收到的通知、声明及处理结果。

第二节　电子商务中著作权的法律保护

一、著作权与著作权法概述

（一）著作权与著作权法

著作权亦称版权，是指法律赋予文学艺术、科学作品的作者对其创作的作品所享有的专有权利。

著作权法是指调整因著作权而产生的各种社会关系的法律规范的总称。我国的著作权法法律规范主要包括：《宪法》《著作权法》《著作权法实施条例》《民法典》和《刑法》中有关著作权的条款以及各种相关的行政法规、规章等。我国缔结或者加入的与著作权有关的知识产权国际条约、我国与其他国家签订的有关著作权保护的条约，也属于我国著作权法的组成部分。

（二）著作权的主体（著作权人）

著作权的主体包括：作品的作者；其他依照著作权法享有著作权的公民、法人或者其他组织。外国人、无国籍人的作品首先在中国境内出版的，在中国享有著作权。外国人、无国籍人在中国境外发表的作品，根据其所属国或经常居住地国同中国签订的协议或者共同参加的国际条约而享有的著作权，也受中国法律保护。

（三）著作权法保护的对象

著作权法保护的对象是作品，是指文学、艺术和科学领域内，具有独创性并能以某种有形形式复制的智力创作成果。包括：（1）文字作品；（2）口述作品；（3）音乐、戏剧、曲艺、舞蹈、杂技等艺术作品；（4）美术作品、建筑作品；（5）摄影作品；（6）电影作品和以类似摄制电影的方法创作的作品；（7）工程设计图、产品设计图、地图、示意图等图形作品和模型作品；（8）计算机软件；（9）法律、行政法规规定的其他作品。

> **知识链接**
>
> **著作权法中的"文字作品"和"计算机软件"**
>
> 《著作权法实施条例》第 4 条规定："文字作品，是指小说、诗词、散文、论文等

以文字形式表现的作品。"包括文学作品、科学作品与艺术作品等。构成文字作品必须满足独创性的要求。文字作品无论附着在什么载体之上，只要该文字形式得以显示其存在，就属于文字作品。

根据我国《计算机软件保护条例》第2条、第3条的规定，计算机软件是指由开发者独立设计的计算机程序及有关文档。计算机程序包括源程序和目标程序。同一程序的源文本和目标文本应当视为同一作品。源程序是指用高级语言或汇编语言编写的程序，目标程序是指源程序经编译或解释加工以后，可以由计算机直接执行的程序。

（四）著作权的内容

著作权的内容，包括著作人身权和著作财产权。

1. 著作人身权

著作人身权是作者基于作品依法享有的以人身利益为内容的权利，包括：

（1）发表权，即作者决定其作品是否公布于众的权利；

（2）署名权，即表明作者身份，在作品上署名的权利；

（3）修改权，即修改或者授权他人修改作品的权利；

（4）保护作品完整权，即保护作品不受歪曲、篡改的权利。

2. 著作财产权

著作财产权是指能够给著作权人带来经济利益的权利，这种经济利益的实现是基于著作权人对其作品的利用。在我国，著作权的财产权是著作权人通过复制、发行、出租、展览、表演、放映、广播、信息网络传播、摄制或者改编、翻译、汇编等方式使用作品并由此获得报酬的权利，以及许可他人通过以上方式使用作品并由此获得报酬的权利，具体包括：

（1）复制权，即以印刷、复印、拓印、录音、录像、翻录、翻拍等方式将作品制作一份或者多份的权利；

（2）发行权，即以出售或者赠与方式向公众提供作品的原件或者复制件的权利；

（3）出租权，即有偿许可他人临时使用电影作品和以类似摄制电影的方法创作的作品、计算机软件的权利，计算机软件不是出租的主要标的的除外；

（4）展览权，即公开陈列美术作品、摄影作品的原件或者复制件的权利；

（5）表演权，即公开表演作品，以及用各种手段公开播送作品的表演的权利；

（6）放映权，即通过放映机、幻灯机等技术设备公开再现美术、摄影、电影和以类似摄制电影的方法创作的作品等的权利；

（7）广播权，即以无线方式公开广播或者传播作品，以有线传播或者转播的方式向公众传播广播的作品，以及通过扩音器或者其他传送符号、声音、图像的类似工具向公众传播广播的作品的权利；

（8）信息网络传播权，即以有线或者无线方式向公众提供作品，使公众可以在其个人选定的时间和地点获得作品的权利；

（9）摄制权，即以摄制电影或者以类似摄制电影的方法将作品固定在载体上的权利；

（10）改编权，即改变作品，创作出具有独创性的新作品的权利；

（11）翻译权，即将作品从一种语言文字转换成另一种语言文字的权利；

（12）汇编权，即将作品或者作品的片段通过选择或者编排，汇集成新作品的权利。

（五）著作权的保护期

著作人身权与著作财产权所要维护的利益的性质不同，因而保护期限也不同。《著作权法》规定，属于著作人身权的署名权、修改权、保护作品完整权受到永久性保护。发表权和著作财产权的保护期为作者终生及其死亡后50年，截止于死亡后第50年的12月31日，如果是合作作品，截止于最后的作者死亡后第50年的12月31日。

法人或者其他组织的作品、著作权（署名权除外）由法人或者其他组织享有的职务作品，其发表权及相关权的保护期为50年，截止于作品首次发表后第50年的12月31日，但是作品自创作完成后50年内未发表的不再保护。

电影作品和以类似摄制电影的方法创作的作品、摄影作品，其发表权及相关权的保护期为50年，截止于作品首次发表后第50年的12月31日，但作品自创作完成后50年内未发表的不再保护。

（六）邻接权

邻接权是指作品传播者对在传播过程中产生的劳动成果依法享有的专有权，又称作品传播者权，是与著作权相邻近的权利。

作品创作出来后，在公众中传播，传播者在传播作品中有创造性劳动，这种劳动亦应受到法律保护。邻接权与著作权密切相关，是独立于著作权之外的一种权利。

在我国，邻接权主要是指出版者的权利、表演者的权利、录像制品制作者的权利、录音制作者的权利、电视台对其制作的非作品的电视节目的权利、广播电台的权利。

🚩 知识链接

邻接权与著作权的关系

邻接权与著作权同属知识产权的范围，二者关系密切，但又不完全相同。邻接权与著作权的区别表现为：

（1）主体不同：著作权的主体是作品的创作者，而邻接权的主体则是作品的出版者、表演者、音像制作者。

（2）保护对象不同：著作权保护的对象是作品，邻接权保护的对象是经过传播者通过自己创造性劳动加工后的作品。

(3) 内容不同：著作权的内容是指作者对其作品享有的人身权和财产权；邻接权的内容是出版者、表演者、音像制作者对出版、表演、音像制品的权利。

(4) 受保护的前提不同：作品只要符合法定条件，一经产生就可以获得著作权保护，邻接权的取得则必须以著作权人的授权和对作品的再利用为前提。

(七) 著作权的许可使用与转让

著作权的许可使用是指著作权人许可他人行使著作权中的使用权。著作权人可以许可他人行使使用权中的一项权能或数项权能。著作权中财产权利的许可使用，可分为专有许可使用和非专有的许可使用。

著作权中财产权利的转让，是指著作权人将著作权中财产权利转移给他人，包括全部财产权利的转让和部分财产权利的转让。

(八) 侵犯著作权的法律责任

1. 侵犯著作权的行为及其法律责任

《著作权法》规定下列行为属于侵权行为，应当根据情况，承担停止侵害、消除影响、赔礼道歉、赔偿损失等民事责任：

(1) 未经著作权人许可，发表其作品；

(2) 未经合作作者许可，将与他人合作创作的作品当作自己单独创作的作品发表；

(3) 没有参加创作，为谋取个人名利在他人作品上署名；

(4) 歪曲、篡改他人的作品；

(5) 剽窃他人的作品；

(6) 未经著作权人许可，以展览、摄制电影和以类似摄制电影的方法使用作品，或者以改编、翻译、注释等方式使用作品的，《著作权法》另有规定的除外；

(7) 使用他人作品，应当支付报酬而未支付的；

(8) 未经电影作品和以类似摄制电影的方法创作的作品、计算机软件、录音录像制品的著作权人或者与著作权有关的权利人许可，出租其作品或者录音录像制品的，《著作权法》另有规定的除外；

(9) 未经出版者许可，使用其出版的图书、期刊的版式设计的；

(10) 未经表演者许可，从现场直播或者公开传送其现场表演，或者录制其表演的；

(11) 其他侵犯著作权以及与著作权有关的权益的行为。

2. 侵犯邻接权的行为及其法律责任

除法律另有规定的以外，有下列侵权行为的，应当根据情况，承担停止侵害、消除影响、赔礼道歉、赔偿损失等民事责任；同时损害公共利益的，可以由著作权行政管理部门责令停止侵权行为，没收违法所得，没收、销毁侵权复制品，并可处以罚款；情节严重的，著作权行政管理部门还可以没收主要用于制作侵权复制品的材料、工具、设备等；构成犯罪的，依法追究刑事责任：

（1）未经著作权人许可，复制、发行、表演、放映、广播、汇编以及通过信息网络向公众传播其作品的。

（2）出版他人享有专有出版权的图书的。

（3）未经表演者许可，复制、发行录有其表演的录音录像制品，或者通过信息网络向公众传播其表演的。

（4）未经录音录像制作者许可，复制、发行以及通过信息网络向公众传播其制作的录音录像制品的。

（5）未经许可，播放或者复制广播、电视的。

（6）未经著作权人或者与著作权有关的权利人许可，故意避开或者破坏权利人为其作品、录音录像制品等采取的保护著作权或者与著作权有关的权利的技术措施的。

（7）未经著作权人或者与著作权有关的权利人许可，故意删除或者改变作品、录音录像制品等的权利管理电子信息的。

（8）制作、出售假冒他人署名的作品的。

3. 违反著作权法的法律责任

侵犯他人著作权、邻接权的，应当承担停止侵害、消除影响、赔礼道歉、赔偿损失等民事责任；同时损害公共利益的，可以由著作权行政管理部门责令停止侵权行为，没收违法所得，没收、销毁侵权复制品，并可处以罚款；情节严重的，著作权行政管理部门还可以没收主要用于制作侵权复制品的材料、工具、设备等；构成犯罪的，依法追究刑事责任。

二、网络环境下的版权保护

（一）网络作品享有著作权

我国《著作权法》保护的作品是指文学、艺术和科学领域内具有独创性并能以某种有形形式复制的智力成果。网络作品是凭借或者通过计算机完成的作品。作品数字化只是作品的新的表现形式，并不能改变作者对其创作的作品享有的著作权。因此，以各种形式表现出来的网络作品均可以依照《著作权法》的规定享有著作权。

《最高人民法院审理涉及计算机网络著作权纠纷案件适用法律若干问题的解释》确认了受著作法权保护的作品，包括《著作权法》第3条规定的各类作品的数字化形式。在网络环境下无法归于《著作权法》第3条列举的作品范围，但在文学、艺术和科学领域内具有独创性并能以某种有形形式复制的其他智力创作成果，人民法院应当予以保护。

在电子商务中，网络作品著作权的所有者的经济权利主要体现为作品的网络复制权和网络的传播权。

1. 作者享有网络复制权

网络环境下，作品以数字化形式出现，作者的复制权被赋予新的含义。《最高人民法院审理涉及计算机网络著作权纠纷案件适用法律若干问题的解释》确认了作品的数字化形式，因此，作者享有将数字化作品传输至互联网上或将网络上自己的作品复制、下载的权利。

2. 作者享有网络传播权

根据《著作权法》的规定，作者对其作品享有信息网络传播权。在网络环境下，作者享有将其作品通过网络进行传播并获取收益的权利，禁止他人未经其许可而将其作品利用网络进行传播、侵害其著作权的行为，任何人未经许可将他人的作品上网传播，是对著作权人合法权益的侵犯。

（二）侵犯网络作品的作者著作权的形式

侵犯网络作品著作权的行为主要有以下表现形式：

（1）利用他人享有著作权的作品在网上营利；
（2）利用电子公告板传播他人享有著作权的作品；
（3）利用电子邮件传播有著作权的作品；
（4）建立个人网站公开发布他人享有版权的作品。

（三）网络著作权的保护

《著作权法》明确规定了作者对其作品享有信息网络传播权，未经权利人许可，任何人通过信息网络向公众传播其作品均属侵权行为，应承担法律责任。为了顺应著作网络传播形式的发展，保护著作权人、表演者、录音录像制作者（以下统称权利人）的信息网络传播权，鼓励有益于社会主义精神文明、物质文明建设的作品的创作和传播，国务院于 2006 年 5 月 18 日发布了《信息网络传播权保护条例》（以下简称《条例》2013 年修订），专门规定了对网络著作权的保护制度，主要包括以下内容。

1. 适用范围

《条例》规定，权利人享有的信息网络传播权受《著作权法》和《条例》保护。除法律、行政法规另有规定的外，任何组织或者个人将他人的作品、表演、录音录像制品通过信息网络向公众提供，应当取得权利人许可并支付报酬。依法禁止提供的作品、表演、录音录像制品，不受《条例》的保护。权利人行使信息网络传播权，不得违反宪法和法律、行政法规，不得损害公共利益。

2. 权利人采取技术措施保护信息网络传播权

为保护信息网络传播权，权利人有权利采取相应的技术措施。任何组织或者个人不得故意避开或者破坏技术措施，不得故意制造、进口或者向公众提供主要用于避开或者破坏技术措施的装置或者部件，不得故意为他人避开或者破坏技术措施提供技术服务。但是，法律、行政法规规定可以避开的除外。

知识链接

《信息网络传播权保护条例》规定可以避开技术措施的情形

属于下列情形的，可以避开技术措施，但不得向他人提供避开技术措施的技术、装置或者部件，不得侵犯权利人依法享有的其他权利：

①为学校课堂教学或者科学研究，通过信息网络向少数教学、科研人员提供已经发表的作品、表演、录音录像制品，而该作品、表演、录音录像制品只能通过信息网络获取；②不以营利为目的，通过信息网络以盲人能够感知的独特方式向盲人提供已经发表的文字作品，而该作品只能通过信息网络获取；③国家机关依照行政、司法程序执行公务；④在信息网络上对计算机及其系统或者网络的安全性能进行测试。

对提供信息存储空间或者提供搜索、链接服务的网络服务提供者，权利人认为其服务所涉及的作品、表演、录音录像制品，侵犯自己的信息网络传播权或者被删除、改变了自己的权利管理电子信息的，可以向该网络服务提供者提交书面通知，要求网络服务提供者删除该作品、表演、录音录像制品，或者断开与该作品、表演、录音录像制品的链接。权利人应当对通知书的真实性负责。

网络服务提供者接到权利人的通知书后，应当立即删除涉嫌侵权的作品、表演、录音录像制品，或者断开与涉嫌侵权的作品、表演、录音录像制品的链接，并同时将通知书转送提供作品、表演、录音录像制品的服务对象；服务对象网络地址不明、无法转送的，应当将通知书的内容同时在信息网络上公告。服务对象接到网络服务提供者转送的通知书后，认为其提供的作品、表演、录音录像制品未侵犯他人权利的，可以向网络服务提供者提交书面说明，要求恢复被删除的作品、表演、录音录像制品，或者恢复与被断开的作品、表演、录音录像制品的链接。

网络服务提供者接到服务对象的书面说明后，应当立即恢复被删除的作品、表演、录音录像制品，或者可以恢复与被断开的作品、表演、录音录像制品的链接，同时将服务对象的书面说明转送权利人。权利人不得再通知网络服务提供者删除该作品、表演、录音录像制品，或者断开与该作品、表演、录音录像制品的链接。

3. 侵犯网络传播权的行为

《条例》规定，未经权利人许可，任何组织或者个人不得进行下列行为：

（1）故意删除或者改变通过信息网络向公众提供的作品、表演、录音录像制品的权利管理电子信息，但由于技术上的原因无法避免删除或者改变的除外；

（2）通过信息网络向公众提供明知或者应知未经权利人许可被删除或者改变权利管理电子信息的作品、表演、录音录像制品。

4. 网络传播权的合理使用

《条例》规定网络环境下作品的合理使用，对权利人的信息网络传播权给予了一定的限制。《条例》规定，通过信息网络提供他人作品，属于下列情形的，可以不经著作权人许可，不向其支付报酬：①为介绍、评论某一作品或者说明某一问题，在向公众提供的作品中适当引用已经发表的作品；②为报道时事新闻，在向公众提供的作品中不可避免地再现或者引用已经发表的作品；③为学校课堂教学或者科学研究，向少数教学、科研人员提供少量已经发表的作品；④国家机关为执行公务，在合理范围内向公众提供已经发表的作品；⑤将中国公民、法人或者其他组织已经发表的、以汉语言文字创作的作品翻译成的少数民族语言文字作品，向中国境内少数民族提供；⑥不以营利为目的，以盲人能够感知的独特方式向盲人提供已经发表的文字作品；⑦向公众提供在信息网络上已经发表的关于政治、经济问题的时事性文章；⑧向公众提供在公众集会上发表的讲话。

此外，图书馆、档案馆、纪念馆、博物馆、美术馆等可以不经著作权人许可，通过信息网络向本馆馆舍内服务对象提供本馆收藏的合法出版的数字作品和依法为陈列或者保存版本的需要以数字化形式复制的作品，不向其支付报酬，但不得直接或者间接获得经济利益。当事人另有约定的除外。这里规定的为陈列或者保存版本需要以数字化形式复制的作品，应当是已经损毁或者濒临损毁、丢失或者失窃，或者其存储格式已经过时，并且在市场上无法购买或者只能以明显高于标定的价格购买的作品。

《条例》规定了为发展教育事业设定的法定许可，以促进科学文化事业的发展，同时也使权利人的权利得到保障。《条例》规定，为通过信息网络实施九年制义务教育或者国家教育规划，可以不经著作权人许可，使用其已经发表作品的片断或者短小的文字作品、音乐作品或者单幅的美术作品、摄影作品制作课件，由制作课件或者依法取得课件的远程教育机构通过信息网络向注册学生提供，但应当向著作权人支付报酬。

网络服务提供者提供著作权人的作品后，著作权人不同意提供的，网络服务提供者应当立即删除著作权人的作品，并按照公告的标准向著作权人支付提供作品期间的报酬。

为了平衡我国经济发展，大力发展农村科学文化教育事业，需要制定有利于农村发展的法定许可制度。《条例》规定，为扶助贫困，通过信息网络向农村地区的公众免费提供中国公民、法人或者其他组织已经发表的种植养殖、防病治病、防灾减灾等与扶助贫困有关的作品和适应基本文化需求的作品，网络服务提供者应当在提供前公告拟提供的作品及其作者、拟支付报酬的标准。自公告之日起 30 日内，著作权人不同意提供的，网络服务提供者不得提供其作品；自公告之日起满 30 日，著作权人没有异议的，网络服务提供者可以提供其作品，并按照公告的标准向著作权人支付报酬。

依照《条例》规定提供作品的，不得直接或者间接获得经济利益。

5. 侵犯网络传播权的法律责任

违反《条例》的规定，侵权人有下列侵权行为之一的，根据情况承担停止侵害、消除影响、赔礼道歉、赔偿损失等民事责任；同时损害公共利益的，可以由著作权行政管理部门责令停止侵权行为，没收违法所得，非法经营额 5 万元以上的，可处非法经营额 1 倍以上 5 倍以下的罚款；没有非法经营额或者非法经营额 5 万元以下的，根据情节轻重，可处 25 万元以下的罚款；情节严重的，著作权行政管理部门可以没收主要用于提供网络服务的计算机等设备；构成犯罪的，依法追究刑事责任：

（1）通过信息网络擅自向公众提供他人的作品、表演、录音录像制品的。

（2）故意避开或者破坏技术措施的。

（3）故意删除或者改变通过信息网络向公众提供的作品、表演、录音录像制品的权利管理电子信息，或者通过信息网络向公众提供明知或者应知未经权利人许可而被删除或者改变权利管理电子信息的作品、表演、录音录像制品的。

（4）为扶助贫困通过信息网络向农村地区提供作品、表演、录音录像制品超过规定范围，或者未按照公告的标准支付报酬，或者在权利人不同意提供其作品、表演、录音录像制品后未立即删除的。

（5）通过信息网络提供他人的作品、表演、录音录像制品，未指明作品、表演、录音录像制品的名称或者作者、表演者、录音录像制作者的姓名（名称），或者未支付报酬，或者未依照《条例》规定采取技术措施防止服务对象以外的其他人获得他人的作品、表演、录音录像制品，或者未防止服务对象的复制行为对权利人利益造成实质性损害的。

违反《条例》的规定，有下列行为之一的，由著作权行政管理部门予以警告，没收违法所得，没收主要用于避开、破坏技术措施的装置或者部件；情节严重的，可以没收主要用于提供网络服务的计算机等设备；非法经营额 5 万元以上的，可处非法经营额 1 倍以上 5 倍以下的罚款；没有非法经营额或者非法经营额 5 万元以下的，根据情节轻重，可处 25 万元以下的罚款；构成犯罪的，依法追究刑事责任。

（1）故意制造、进口或者向他人提供主要用于避开、破坏技术措施的装置或者部件，或者故意为他人避开或者破坏技术措施提供技术服务的。

（2）通过信息网络提供他人的作品、表演、录音录像制品，获得经济利益的。

（3）为扶助贫困通过信息网络向农村地区提供作品、表演、录音录像制品，未在提供前公告作品、表演、录音录像制品的名称和作者、表演者、录音录像制作者的姓名（名称）以及报酬标准的。

网络服务提供者明知或者应知所链接的作品、表演、录音录像制品侵权的，应当承担共同侵权责任。因权利人的通知导致网络服务提供者错误删除作品、表演、录音录像制品，或者错误断开与作品、表演、录音录像制品的链接，给服务对象造成损失的，权利人应当承担赔偿责任。

网络服务提供者无正当理由拒绝提供或者拖延提供涉嫌侵权的服务对象的姓名（名称）、联系方式、网络地址等资料的，由著作权行政管理部门予以警告；情节严重的，没收主要用于提供网络服务的计算机等设备。

因权利人的通知导致网络服务提供者错误删除作品、表演、录音录像制品，或者错误断开与作品、表演、录音录像制品的链接,给服务对象造成损失的,权利人应当承担赔偿责任。

6. 网络服务提供者不承担赔偿责任的情形

网络服务提供者根据服务对象的指令提供网络自动接入服务,或者对服务对象提供的作品、表演、录音录像制品提供自动传输服务,并具备下列条件的,不承担赔偿责任:

(1) 未选择并且未改变所传输的作品、表演、录音录像制品。

(2) 向指定的服务对象提供该作品、表演、录音录像制品,并防止指定的服务对象以外的其他人获得。

网络服务提供者为提高网络传输效率,自动存储从其他网络服务提供者获得的作品、表演、录音录像制品,根据技术安排自动向服务对象提供,并具备下列条件的,不承担赔偿责任:①未改变自动存储的作品、表演、录音录像制品;②不影响提供作品、表演、录音录像制品的原网络服务提供者掌握服务对象获取该作品、表演、录音录像制品的情况;③在原网络服务提供者修改、删除或者屏蔽该作品、表演、录音录像制品时,根据技术安排自动予以修改、删除或者屏蔽。

网络服务提供者为服务对象提供信息存储空间,供服务对象通过信息网络向公众提供作品、表演、录音录像制品,并具备下列条件的,不承担赔偿责任:①明确标示该信息存储空间是为服务对象所提供,并公开网络服务提供者的名称、联系人、网络地址;②未改变服务对象所提供的作品、表演、录音录像制品;③不知道也没有合理的理由应当知道服务对象提供的作品、表演、录音录像制品侵权;④未从服务对象提供的作品、表演、录音录像制品中直接获得经济利益;⑤在接到权利人的通知书后,根据本条例规定删除权利人认为侵权的作品、表演、录音录像制品。

网络服务提供者为服务对象提供搜索或者链接服务,在接到权利人的通知书后,根据《条例》规定断开与侵权的作品、表演、录音录像制品的链接的,不承担赔偿责任。

(四) 网络著作权纠纷案件的管辖权

《最高人民法院审理涉及计算机网络著作权纠纷案件适用法律若干问题的解释》明确了网络著作权侵权纠纷案件由侵权行为地或者被告住所地人民法院管辖。侵权行为地包括实施被诉侵权行为的网络服务器、计算机终端等设备所在地。对难以确定侵权行为地和被告住所地的,原告发现侵权内容的计算机终端等设备所在地可以视为侵权行为地。

三、计算机软件的保护

计算机软件是指计算机程序及其有关文档。计算机程序是指为了得到某种结果而可以由计算机等具有信息处理能力的装置执行的代码化指令序列,或者可以被自动转换成代码化指令序列的符号化指令序列,或者符号化语句序列。同一计算机程序的源程序和目标程序为同一作品。文档,是指用来描述程序的内容、组成、设计、功能规格、开发情况、测试结果及使用方法的文字资料和图表等,如程序设计说明书、流程图、用户手册等。

鉴于计算机软件的特殊性,《著作权法》规定计算机软件的保护办法由国务院另行规定。据此,国务院制定了《计算机软件保护条例》(2001年12月20日公布,2011年1月8日第一次修订,2013年1月30日第二次修订),这是保护计算机软件知识产权的基本依据。

根据《计算机软件保护条例》,我国对计算机软件保护的法律制度主要有以下几个方面。

(一)计算机软件著作权的归属

计算机软件著作权归属的一般原则是"谁开发谁享有著作权"。软件的开发者是指实际组织、进行开发工作,提供工作条件以完成软件开发,并对软件承担责任的法人或者非法人单位以及依靠自己具有的条件完成软件开发并对软件承担责任的自然人。

中国公民、法人或者其他组织对其所开发的软件,不论是否发表,依照本条例享有著作权。外国人、无国籍人的软件首先在中国境内发行的,依照该条例享有著作权。外国人、无国籍人的软件,依照其开发者所属国或者经常居住地国同中国签订的协议或者依照中国参加的国际条约享有著作权,受该条例保护。对于计算机软件的开发必须是开发者独立开发,并已固定在某种有形物上。

《计算机软件保护条例》和《计算机软件著作权登记办法》对于计算机软件的合作开发、委托开发、指令开发、职务开发、非职务开发作出了规定。

1. 合作开发

由两个以上的自然人、法人或者其他组织合作开发的软件,其著作权的归属由合作开发者签订书面合同约定。无书面合同或者合同未作明确约定,合作开发的软件可以分割使用的,开发者对各自开发的部分可以单独享有著作权;但是,行使著作权时,不得扩展到合作开发的软件整体的著作权。合作开发的软件不能分割使用的,其著作权由各合作开发者共同享有,通过协商一致行使;不能协商一致,又无正当理由的,任何一方不得阻止他方行使除转让权以外的其他权利,但是所得收益应当合理分配给所有合作开发者。

2. 委托开发

受他人委托开发的软件,其著作权的归属由委托者与受委托者签订书面协议约定,如无书面协议或者在协议中未作明确约定的,其著作权属于受委托者。

3. 指令开发

由国家机关下达任务开发的软件,著作权的归属与行使由项目任务书或者合同规定;项目任务书或者合同中未作明确规定的,软件著作权由接受任务的法人或者其他组织享有。

4. 职务开发

自然人在法人或者其他组织中任职期间所开发的软件有下列情形之一的,该软件著作权由该法人或者其他组织享有,该法人或者其他组织可以对开发软件的自然人进行奖励:

(1) 针对本职工作中明确指定的开发目标所开发的软件。

(2) 开发的软件是从事本职工作活动所预见的结果或者自然的结果。

(3) 主要使用了法人或者其他组织的资金、专用设备、未公开的专门信息等物质技术条件所开发并由法人或者其他组织承担责任的软件。

(二) 计算机软件著作权的内容

按照《计算机软件保护条例》的规定,软件著作权人应享有以下权利:

(1) 发表权,即决定软件是否公之于众的权利。

(2) 署名权,即表明开发者身份,在软件上署名的权利。

(3) 修改权,即对软件进行增补、删节,或者改变指令、语句顺序的权利。

(4) 复制权,即将软件制作一份或者多份的权利。

(5) 发行权,即以出售或者赠与方式向公众提供软件的原件或者复制件的权利。

(6) 出租权,即有偿许可他人临时使用软件的权利,但是软件不是出租的主要标的的除外。

(7) 信息网络传播权,即以有线或者无线方式向公众提供软件,使公众可以在其个人选定的时间和地点获得软件的权利。

(8) 翻译权,即将原软件从一种自然语言文字转换成另一种自然语言文字的权利。

(9) 软件著作权人可以许可他人行使其软件著作权,并有权获得报酬。

(10) 应当由软件著作权人享有的其他权利。

(三) 计算机软件著作权的保护期

软件著作权自软件开发完成之日起产生。自然人的软件著作权,保护期为自然人终生及其死亡后 50 年,截止于自然人死亡后第 50 年的 12 月 31 日;软件是合作开发的,截止于最后死亡的自然人死亡后第 50 年的 12 月 31 日。法人或者其他组织的软件著作权,保护期为 50 年,截止于软件首次发表后第 50 年的 12 月 31 日,但软件自开发完成之日起 50 年内未发表的,不再保护。

软件著作权属于自然人的,该自然人死亡后,在软件著作权的保护期内,软件著作权的继承人可以依照我国《继承法》的有关规定,继承除署名权以外的其他权利。软件著作权属于法人或者其他组织的,法人或者其他组织变更、终止后,其著作权在《条例》规定的保护期内由承受其权利义务的法人或者其他组织享有;没有承受其权利义务的法人或者其他组织的,由国家享有。

(四)计算机软件著作权的登记管理

软件著作权人可以向国务院著作权行政管理部门认定的软件登记机构办理登记。软件登记机构发放的登记证明文件是登记事项的初步证明。受主管部门的委托,中国软件登记中心承担计算机软件著作权登记工作。

申请软件著作权登记时,申请者应当向软件登记中心提交软件著作权登记申请表、该软件的鉴别材料及相关的证明文件。申请软件著作权续展登记时,申请者应当于该软件保护期的最后1年之内提出书面申请,交回原登记证明书。申请者在登记申请批准之前,可以随时请求撤回申请。

中国软件登记中心对符合登记的申请,应当立案受理,书面通知申请人。自受理之日起120日之内审查受理申请,申请符合规定的,给予登记,发给相应登记证书,予以公布;申请不符合规定条件的,予以驳回。

(五)软件的合法复制品的保护

《条例》规定,软件的合法复制品的所有人享有下列权利:(1)根据使用的需要把该软件装入计算机等具有信息处理能力的装置内;(2)为了防止复制品损坏而制作备份复制品。这些备份复制品不得通过任何方式提供给他人使用,并在所有人丧失该合法复制品的所有权时,负责将备份复制品销毁;(3)为了把该软件用于实际的计算机应用环境或者改进其功能、性能而进行必要的修改;但是,除合同另有约定外,未经该软件著作权人许可,不得向任何第三方提供修改后的软件。

为了学习和研究软件内含的设计思想和原理,通过安装、显示、传输或者存储软件等方式使用软件的,可以不经软件著作权人许可,不向其支付报酬。

(六)计算机软件著作权的侵权行为及法律责任

1. 计算机软件著作权侵权行为

以下行为属于计算机软件著作权侵权行为:(1)未经软件著作权人许可,发表或者登记其软件的;(2)将他人软件作为自己的软件发表或者登记的;(3)未经合作者许可,将与他人合作开发的软件作为自己单独完成的软件发表或者登记的;(4)在他人软件上署名或者更改他人软件上的署名的;(5)未经软件著作权人许可,修改、翻译其软件的;(6)复制或者部分复制著作权人的软件的;(7)向公众发行、出租、通过信息网络传播著作权人的软件的;(8)故意避开或者破坏著作权人为保护其软件著作权而采取的技术措施的;(9)故意删除或者改变软件权利管理电子信息的;(10)转让或者许可他人行使著作权人的软件著作权的;(11)其他侵犯软件著作权的行为。

2. 侵犯计算机软件著作权应承担相应的法律责任

(1)民事责任。

行为人有侵犯他人软件著作权行为的,除行政处罚外,应当根据情况,承担停止侵害、消除影响、公开赔礼道歉等民事责任。

(2) 行政责任。

行为人有侵犯他人软件著作权行为，同时损害社会公共利益的，应由国家软件著作权行政管理部门给予没收非法所得、罚款等行政处罚。同时，软件登记管理部门工作人员，在软件保护期内，除为执行这些登记管理职务的目的之外，不得利用或者向他人透露申请登记者提交的存档材料及有关情况。违反者，由软件登记管理部门或者上级主管部门给予行政处分。

(3) 刑事责任。

软件登记管理机构工作人员在软件保护期内利用或者向他人透露申请者登记时提交的存档材料及有关情况的，情节严重，构成犯罪的，由司法机关依法追究刑事责任。

四、数据库的保护

数据库是指计算机存储设备中按一定组织方式存储在一起的、相互关联、为用户共同关心的全部数据的集合。数据库是电子商务的重要基础，电子商务从查询、采购、产品展示、订购到销售、储运等所有网上贸易活动都离不开数据库的支持，因此与数据库相关的知识产权保护问题也日益突出。

虽然根据《保护文学艺术作品的伯尔尼公约》《与贸易有关的知识产权协议》和《世界知识产权组织版权条约》的有关规定，数据库应当纳入著作权法的保护范围。现实中，数据库的法律保护问题也随着互联网技术与电子商务的发展而变得十分重要。

案例 7-1

原告达索系统股份有限公司（以下简称达索公司）系计算机软件 CATIAV5R20 的著作权人。原告曾因被告上海知豆电动车技术有限公司（以下简称知豆公司）使用侵权软件于 2017 年 2 月向文化执法总队投诉。文化执法总队在行政执法过程中查获知豆公司使用侵权软件 8 套，期间双方达成和解，并签订了正版软件采购合同，文化执法总队因此对知豆公司依法减轻行政处罚，但知豆公司并未按约支付软件采购款。同年 11 月，达索公司向法院申请证据保全。

保全过程中，经达索公司同意，法院采取确定抽查比例随机抽查的方式对知豆公司经营场所内计算机中安装涉案软件的情况进行证据保全，同时根据所抽查计算机中安装涉案软件的比例推算知豆公司经营场所内所有计算机中安装涉案软件的数量。

经清点，知豆公司经营场所内共有计算机 73 台，其中抽查的 15 台计算机均安装了涉案软件。达索公司遂诉至法院，要求知豆公司停止侵权，并赔偿经济损失及律师费共计 1800 余万元。

一审法院审理后认为，知豆公司未经达索公司许可，在其经营场所内的计算机上安装了涉案软件,侵害了达索公司对涉案软件享有的复制权。虽然达索公司的实际损失及知豆公司的违法所得均难以确定,但现有证据可以证明知豆公司损失超过了著作权法规定的法定赔偿数额的上限 50 万元,故法院综合全案证据情况,同时考虑双方提交的销售合同软件单价、侵权时间、安装侵权软件的计算机数量,以及知豆公司在被行政机关查获使用侵权软件后仍扩大侵权规模的主观恶意等因素,在法定赔偿最高限额之上酌定赔偿数额,判决知豆公司赔偿达索公司经济损失及律师费共计 900 万元。一审判决后,知豆公司不服,提起上诉。

二审法院认为,本案达索公司与知豆公司双方已经就文化执法总队查获的侵权行为达成过和解协议。其后,知豆公司未履行和解协议,反而扩大侵权规模,存在重复侵权行为,侵权主观恶意明显,且达索公司的实际损失已经明显超过法定赔偿的最高限额,故应在法定赔偿最高限额之上酌情确定赔偿金额。遂判决驳回上诉、维持原判。

资料来源:摘自《2018 年上海法院知识产权司法保护十大案件》之八,https://www.pkulaw.com/lar/673b106fa9a894bad0cb3e236a2439b3bdfb.html,访问时间:2023 年 7 月 18 日。

第三节　电子商务中商标权的法律保护

一、商标与商标法

(一) 商标的概念

商标是指商品或者服务上所使用的,用以识别不同生产者、经营者所生产、制造、加工、拣选或者经销的商品或者提供的服务,有显著特征的文字、图形、字母、数字、三维标志、颜色组合或者上述要素的组合构成的可视性标志。

> **知识链接**
>
> **声 音 商 标**
>
> 根据我国《商标法》(2013 年 8 月 30 日第三次修正)第八条规定,"任何能够将自然人、法人或者其他组织的商品与他人的商品区别开的标志,包括文字、图形、字母、数字、三维标志、颜色组合和声音等,以及上述要素的组合,均可以作为商标申请注册。"
>
> 为了配合这一规定,2014 年 4 月 29 日通过修订后的《商标法实施条例》(自 2014 年 5 月 1 日起施行)规定了因声音标志申请商标注册的 5 个条件:(1) 应当在申请书中予以声明。(2) 说明商标的使用方式。(3) 提交符合要求的声音样本。声音样本应当是光盘形式,音频文件不得超过 5MB,格式为 WAV 或者 MP3。(4) 对声音商标进行

描述。如果是音乐性质的，这种描述应当以五线谱或者简谱对申请用作商标的声音加以描述并附加文字说明；如果声音是非音乐性质的，无法用五线谱或者简谱描述的，应当用文字加以描述。(5) 商标描述与声音样本应当一致。

(二) 商标法

商标法是确认商标专用权，规定商标注册、使用、转让、保护和管理的法律规范的总称。它的作用主要是加强商标管理，保护商标专用权，促进商品的生产者和经营者保证商品和服务的质量，维护商标的信誉，保证消费者的利益，促进社会主义市场经济的发展。

1982年8月23日第五届全国人民代表大会常务委员会通过了《商标法》，并分别于1993年2月22日、2001年10月27日、2013年8月30日进行了修订。2002年8月3日，国务院公布《商标法实施条例》，2014年4月29日进行了修订。

此外，我国已经加入了一系列有关保护商标专用权的国际条约，最主要的有《保护工业产权巴黎公约》(1985年3月正式加入)、《商标注册马德里协定》(1989年10月正式加入)、《商标注册公约》等。1994年4月，我国签署《与贸易有关的知识产权协议》。2001年12月，我国正式加入WTO，标志着我国对包括商标权在内的工业产权的保护更加全面。

二、注册商标专用权

(一) 注册商标专用权及其取得

注册商标专用权，或称商标权，是指商标注册人依法对其注册商标所享有的专用权利。我国注册商标专用权的取得实行注册取得原则。另外，商标权的取得还可以通过注册商标的转让、继承等方式。

(二) 注册商标专用权的内容

根据《商标法》以及相关法律法规的规定，注册商标专用权主要包括：

1. 专用权

注册商标专用权是指商标权人对其注册商标所享有的在核定的商品或者服务上独占使用的权利。

2. 使用许可权

注册商标使用许可权是指商标权人享有的、以一定的方式和条件许可他人使用其注册商标并获得收益的权利。

3. 转让权

注册商标转让权是商标权人所享有的将其注册商标转让给他人的权利，是商标权人对其注册商标行使处分权的一种方式。

(三) 注册商标的保护期限与续展

注册商标的有效期为 10 年，自核准注册之日起计算。注册商标有效期满，需要继续使用的，商标注册人应当在期满前 12 个月内按照规定办理续展手续；在此期间未办理的，可以给予 6 个月的宽展期。每次续展注册的有效期为 10 年，自该商标上一届有效期满次日起计算。商标局应当对续展注册的商标予以公告。期满未办理续展手续的，注销其注册商标。

(四) 商标权的法律保护

1. 商标权的保护范围

商标权的保护范围是指禁止在相同或者类似商品或者服务上使用与他人注册商标相同或近似的商标。

2. 侵犯注册商标权的行为

有下列行为之一的，均属侵犯注册商标专用权：(1)未经商标权人许可，在相同或者类似商品上使用与其注册商标相同或近似的商标的行为；(2)销售侵犯注册商标专用权的商品的行为；(3)伪造、擅自制造他人注册商标标识或者销售伪造、擅自制造的注册商标标识的行为；(4)未经商标注册人同意，更换其注册商标并将该更换商标的商品又投入市场的；(5)除以上侵权行为以外给他人的注册商标专用权造成其他损害的。

3. 商标权保护的临时措施

商标注册人或者利害关系人有证据证明他人正在实施或者即将实施侵犯其注册商标专用权的行为，如不及时制止将会使其合法权益受到难以弥补的损害的，可以依法在起诉前向人民法院申请采取责令停止有关行为和财产保全的措施。

为制止侵权行为，在证据可能灭失或者以后难以取得的情况下，商标注册人或者利害关系人可以依法在起诉前向人民法院申请保全证据。

(五) 驰名商标的保护

1. 驰名商标的概念

驰名商标是指在中国为相关公众广为知晓并享有较高声誉的商标。《商标法》规定，认定驰名商标应当考虑下列因素：(1)相关公众对该商标的知晓程度；(2)该商标使用的持续时间；(3)该商标的任何宣传工作的持续时间、程度和地理范围；(4)该商标作为驰名商标受保护的记录；(5)该商标驰名的其他因素。

🚩 知识链接

可以作为证明商标驰名的证据材料

①证明相关公众对该商标知晓程度的有关材料；②证明该商标使用持续时间的有

关材料，包括该商标使用、注册的历史和范围的有关材料；③证明该商标的任何宣传工作的持续时间、程度和地理范围的有关材料，包括广告宣传和促销活动的方式、地域范围、宣传媒体的种类以及广告投放量等有关材料；④证明该商标作为驰名商标受保护记录的有关材料，包括该商标曾在中国或者其他国家和地区作为驰名商标受保护的有关材料；⑤证明该商标驰名的其他证据材料，包括使用该商标的主要商品近三年的产量、销售量、销售收入、利税、销售区域等有关材料。

2. 对驰名商标的法律保护

驰名商标除了获得与一般商标一样的法律保护外，还可以根据有关法律、行政法规获得更多的保护。根据《商标法》和《驰名商标认定和保护规定》的规定，我国对驰名商标的其他保护主要体现在以下几个方面。

（1）对未在我国注册的驰名商标给予保护。

《商标法》第13条规定，为相关公众所熟知的商标，持有人认为其权利受到侵害时，可以依照《商标法》规定请求驰名商标保护。就相同或者类似商品申请注册的商标是复制、模仿或者翻译他人未在中国注册的驰名商标，容易导致混淆的，不予注册并禁止使用。上述规定给予了未在我国注册的驰名商标以商标专用权，体现了我国法律对驰名商标的特殊保护。

（2）扩大对在我国注册的商标保护范围。

《商标法》规定，就不相同或者不相类似商品申请注册的商标是复制、模仿或者翻译他人已经在中国注册的驰名商标，误导公众，致使该驰名商标注册人的利益可能受到损害的，不予注册并禁止使用。上述规定将在我国注册的驰名商标的保护范围扩大到不相同或者不相类似的商品，扩大了对驰名商标的保护范围。

根据《驰名商标认定和保护规定》第13条的规定，当事人认为他人将其驰名商标作为企业名称登记，可能欺骗公众或者对公众造成误解的，可以向企业名称登记主管机关申请撤销该企业名称登记，企业名称登记主管机关应当依照《企业名称登记管理规定》处理。由此可见，对驰名商标的保护已经超出了商标范围而扩大到企业商号或名称了。

（3）驰名商标所有人对恶意注册商标的撤销权不受5年期限的限制。

已经注册的商标，违反有关法律规定的，自商标注册之日起5年内，商标权人或者利害关系人可以请求商标评审委员会宣告该注册商标无效。对恶意注册的，驰名商标所有人不受5年的时间限制。

三、电子商务中的商标权保护

（一）电子商务中的商标权

电子商务活动作为商务活动的一种新手段或者新方式，与商标密切相关。电子商务与商标的联系主要表现在以下几个方面。

1. 电子商务的活动主体需要自己的商品或者服务商标

电子商务活动中的各类主体在其提供的商品或者服务在进入市场时需要有自己的识别性标志，例如提供网络服务的经营主体新浪、搜狐、网易、谷歌，提供网络交易平台的阿里巴巴以及数量庞大的开展网上经营的商业主体，他们都属于利用网络开展网络服务以及电子商务活动的经营主体，他们在提供商品或服务的活动中也会使用各种商品商标和服务商标。

2. 电子商务主体可能会涉及对他人商标的使用

电子商务主体在从事商品流通、服务提供、广告宣传等商业活动的过程中，可能会涉及对他人商标权的使用，例如开展电子商务的商品销售企业要在网上销售商品、发布广告等，这些行为势必涉及其他企业的商标使用。

3. 电子商务主体可能成为商标权的侵权主体

电子商务主体除了自身商标权的开发外，还涉及他人商标权的使用，因此，也可能成为商标权的侵权主体。如果电子商务主体擅自使用他人的商标或者自己在开发和使用商标时，在相同或类似的商品或服务上使用了与他人相同或近似的商标，都可能使自己成为商标侵权主体。

（二）电子商务中商标权保护所面临的问题与对策

1. 商标权的使用和保护环境更加复杂

电子商务活动使商标使用的范围扩大到了网络，这就使商标的使用范围扩大了。随着网络应用的普及，电子商务所促成的交易量迅速增长，货物流通具有隐蔽性强、范围大、取证困难、执行困难等特征，使得商标权的使用和保护环境都变得非常复杂。

2. 电子商务使商标侵权出现新的特点

传统商标侵权的主要形式是将相同或者近似的商标用于相同或者类似的商品上，应用的方式主要是用于商品或商品包装上以及用于商品或服务的广告宣传等，这些商标侵权形式存在现实的表现形式，无论是认定还是查处都有一定的证据基础。

但是，电子商务是利用网络完成交易，商标侵权的形式更加多样和复杂，电子商务中产生了一些新的商标侵权形式，例如网页上的商标标记使用侵权、链接侵权、用商标图形作为网页装潢、将商标作为域名侵权等都成为电子商务中的商标侵权形式。

3. 网络商标侵权行为简单易行

网络的开放性决定了网络侵权行为的实施简单易行。在巨大的网络虚拟空间里，行为人可以在任何时间、任何地点进行商标侵权行为；同时，在技术上，行为人即使不具备高深的计算机知识和操作技能等专业背景，也可以通过网络实施商标侵权行为。

4. 网络商标争议的解决难度更大

网络的跨越时空的特点，决定了确定商标侵权行为人比较困难；网络的虚拟性导致确定侵权者的身份也面临重重困难。从取证的角度看，因为网页不断更新，网上商标使用信息可以随时被删除，所以使商标权人有可能无法及时取证。

5. 网上商标侵权行为的损害后果更为严重

互联网的全球性使网络商标侵权行为的损害范围更广，可以超越国界、跨越行业，所产生的不良影响的持续时间更长，对商标权人商业信誉的损害后果更加严重。

解决电子商务中商标权保护问题，需要做好几个方面的工作：一是尽快完善相关的法律法规；二是加大执法力度，切实保护商标权；三是加强电子商务中对商标的行政保护措施。

（三）电子商务中的驰名商标保护

在电子商务中，驰名商标面临着新的危险和困境，更容易成为网络经济中被侵害的重点。因此，应对驰名商标予以特殊保护，以保护驰名商标所有人的合法权益。将驰名商标的保护延伸到电子商务中，是驰名商标保护制度发展的必然趋势。

第四节 域名的法律保护

一、域名的概念与法律特征

域名是互联网上用户在网络中的名称和地址。在互联网上，人们通过域名来查找入网单位的网络地址。

域名具有以下法律特征。

1. 标识性

域名产生的基础是为了在互联网上区分各个不同组织与机构，即计算机用户。正如人以自己的名字来相互识别一样，在互联网上不同的组织机构是以各自的域名来标识自身而相互区别的。

2. 唯一性

为了保证域名标识作用的发挥，域名必须在全球范围内具有唯一性。由于域名的命名具有一定的规范性，同时它又与 IP 地址等价，可以具有高度的精确性，在此技术保障基础上域名便具有全球唯一性，每个域名都是独一无二的。这是域名标识性的根本保障。

3. 排他性

由于互联网是覆盖全球的，使用范围的广泛性决定了域名必须具有绝对的排他性。在互联网上使用域名必须先申请注册，申请注册遵循"先申请先注册"的原则，即只有欲申请注册的域名不与已注册的所有域名相同，才能获得有效注册，一旦获得注册，它就必须排斥此后欲申请注册的与此相同的域名。

二、域名管理的法律规定

随着电子商务的飞速发展，域名的作用已经远远超出其识别和定位的作用。域名对于企业来说是其进行销售、宣传等各项活动的标识。当顾客经常使用企业的域名时，域名便可以产生与企业的名称或商标相同的作用。

在实践中，许多企业是以其企业的名称或其拥有的商标作为域名使用的，这对提高企业的知名度、树立企业形象和宣传企业都具有十分重要的作用。在电子商务领域，域名的这种标识作用将网络世界的资源带给企业，给企业带来无限的商机。域名的作用对于企业来说将同商标一样成为企业的无形资产。

案例 7-2

奇虎 360 巨资收购域名　交易价创域名交易新高

域名交易市场频频出现电商企业高价收购域名的案例。2015 年 2 月，奇虎 360 公司斥巨资收购国际顶级域名 360.com，收购价格为 1700 万美元，约合人民币 1.1 亿元。目前 360.com 的 whois 信息已经更改为北京奇虎科技有限公司。

此前，360.com 一直由知名电信运营商沃达丰（Vodafone）持有，360 曾与沃达丰谈判多年，试图回购域名但是一直未能如愿。缺少国际顶级域名一直是奇虎的重大品牌隐患，完成此次收购大大提升了奇虎的国际化品牌形象，也消除了顶级域名缺失所带来的品牌隐患。

资料来源：https://www.chinanews.com/stock/2015/02-05/7037470.shtml，访问时间：2023 年 1 月 30 日。

为了加强我国互联网的管理，国务院成立了专门机构负责我国互联网域名系统管理。《中国互联网络域名注册暂行管理办法》《中国互联网络域名注册实施细则》《互联网域名管理办法》是对我国互联网域名系统具体实施管理的重要法律规定。

2017 年 8 月 16 日工业和信息化部审议通过《互联网域名管理办法》，自 2017 年 11 月 1 日起施行（原信息产业部 2004 年 11 月 5 日公布的《中国互联网络域名注册暂行管理办法》同时废止）。《互联网域名管理办法》的制定是为了规范互联网域名服务，保护用户合法权益，保障互联网域名系统安全、可靠运行，推动中文域名和国家顶级域名发展和应用，促进中国互联网健康发展，根据国家有关规定，并参照国际上互联网络域名管理准则制定的。

《互联网域名管理办法》主要规定了以下内容。

（一）域名系统的管理机构

工业和信息化部对全国的域名服务实施监督管理，主要职责是：①制定互联网域名管理规章及政策；②制定中国互联网域名体系、域名资源发展规划；③管理境内的域名根服务器运行机构和域名注册管理机构；④负责域名体系的网络与信息安全管理；⑤依法保护用户个人信息和合法权益；⑥负责与域名有关的国际协调；⑦管理境内的域名解析服务；⑧管理其他与域名服务相关的活动。

各省、自治区、直辖市通信管理局对本行政区域内的域名服务实施监督管理，其主要职责是：①贯彻执行域名管理法律、行政法规、规章和政策；②管理本行政区域内的域名注册服务机构；③协助工业和信息化部对本行政区域内的域名根服务器运行机构和域名注册管理机构进行管理；④负责本行政区域内域名系统的网络与信息安全管理；⑤依法保护用户个人信息和合法权益；⑥管理本行政区域内的域名解析服务；⑦管理本行政区域内其他与域名服务相关的活动。

（二）域名管理

域名注册管理机构是指承担顶级域名系统的运行、维护和管理工作的机构。域名注册服务机构是指受理域名注册申请，直接完成域名在国内顶级域名数据库中注册、直接或间接完成域名在国外顶级域名数据库中注册的机构。这两类机构是涉及域名的注册、服务及管理的主要机构，对这些机构的管理是域名管理工作的重要内容。

1. 对互联网域名根服务器及设立域名根服务器运行机构的管理

在境内设立域名根服务器及域名根服务器运行机构、域名注册管理机构和域名注册服务机构的，应当依据本办法取得工业和信息化部或者省、自治区、直辖市通信管理局（以下统称电信管理机构）的相应许可。

申请设立域名根服务器及域名根服务器运行机构的，应当具备以下条件：①域名根服务器设置在境内，并且符合互联网发展相关规划及域名系统安全稳定运行要求；②是依法设立的法人，该法人及其主要出资者、主要经营管理人员具有良好的信用记录；③具有保障域名根服务器安全可靠运行的场地、资金、环境、专业人员和技术能力以及符合电信管理机构要求的信息管理系统；④具有健全的网络与信息安全保障措施，包括管理人员、网络与信息安全管理制度、应急处置预案和相关技术、管理措施等；⑤具有用户个人信息保护能力、提供长期服务的能力及健全的服务退出机制；⑥法律、行政法规规定的其他条件。

> ▶ **知识链接**
>
> **申请设立域名注册管理机构应当具备的条件**
>
> 申请设立域名注册管理机构的，应当具备以下条件：①域名管理系统设置在境内，

并且持有的顶级域名符合相关法律法规及域名系统安全稳定运行要求；②是依法设立的法人，该法人及其主要出资者、主要经营管理人员具有良好的信用记录；③具有完善的业务发展计划和技术方案以及与从事顶级域名运行管理相适应的场地、资金、专业人员以及符合电信管理机构要求的信息管理系统；④具有健全的网络与信息安全保障措施，包括管理人员、网络与信息安全管理制度、应急处置预案和相关技术、管理措施等；⑤具有进行真实身份信息核验和用户个人信息保护的能力、提供长期服务的能力及健全的服务退出机制；⑥具有健全的域名注册服务管理制度和对域名注册服务机构的监督机制；⑦法律、行政法规规定的其他条件。

2. 对域名注册管理机构和域名注册服务机构的管理

《互联网域名管理办法》规定，在中华人民共和国境内申请设立域名注册服务机构的，应当具备以下条件：①在境内设置域名注册服务系统、注册数据库和相应的域名解析系统；②是依法设立的法人，该法人及其主要出资者、主要经营管理人员具有良好的信用记录；③具有与从事域名注册服务相适应的场地、资金和专业人员以及符合电信管理机构要求的信息管理系统；④具有进行真实身份信息核验和用户个人信息保护的能力、提供长期服务的能力及健全的服务退出机制；⑤具有健全的域名注册服务管理制度和对域名注册代理机构的监督机制；⑥具有健全的网络与信息安全保障措施，包括管理人员、网络与信息安全管理制度、应急处置预案和相关技术、管理措施等；⑦法律、行政法规规定的其他条件。域名注册服务机构不得采用欺诈、胁迫等不正当手段要求他人注册域名。

域名注册管理机构应当自觉遵守国家相关的法律、行政法规和规章，应当通过电信管理机构许可的域名注册服务机构开展域名注册服务，按照电信管理机构许可的域名注册服务项目提供服务。

（三）域名注册

对域名注册管理机构的注册要求

域名注册管理机构应当根据《互联网域名管理办法》制定域名注册实施细则并向社会公开。为了维护国家利益和社会公众利益，域名注册管理机构应当建立域名注册保留字制度进行必要保护。

域名注册服务机构提供域名注册服务，应当要求域名注册申请者提供域名持有者真实、准确、完整的身份信息等域名注册信息。域名注册管理机构和域名注册服务机构应当对域名注册信息的真实性、完整性进行核验。域名注册申请者提供的域名注册信息不准确、不完整的，域名注册服务机构应当要求其予以补正。申请者不补正或者提供不真实的域名注册信息的，域名注册服务机构不得为其提供域名注册服务。

域名注册服务原则上实行"先申请先注册"，相应域名注册实施细则另有规定的，从其规定。

(四)域名使用和管理

域名根服务器运行机构、域名注册管理机构、域名注册服务机构应当在其网站首页和经营场所显著位置标明其许可相关信息。域名注册管理机构还应当标明与其合作的域名注册服务机构名单。域名注册代理机构应当在其网站首页和经营场所显著位置标明其代理的域名注册服务机构名称。

除法律、行政法规另有规定外,域名注册管理机构、域名注册服务机构应当依法存储、保护用户个人信息,未经用户同意不得将用户个人信息提供给他人。

🚩 知识链接

对域名的禁止性规定

任何组织或者个人注册、使用的域名中,不得含有下列内容:①反对宪法所确定的基本原则的;②危害国家安全,泄露国家秘密,颠覆国家政权,破坏国家统一的;③损害国家荣誉和利益的;④煽动民族仇恨、民族歧视,破坏民族团结的;⑤破坏国家宗教政策,宣扬邪教和封建迷信的;⑥散布谣言,扰乱社会秩序,破坏社会稳定的;⑦散布淫秽、色情、赌博、暴力、凶杀、恐怖或者教唆犯罪的;⑧侮辱或者诽谤他人,侵害他人合法权益的;⑨含有法律、行政法规禁止的其他内容的。域名注册管理机构、域名注册服务机构不得为含有前款所列内容的域名提供服务。

域名持有者应当遵守国家有关互联网络的法律、行政法规和规章。

域名注册信息发生变更的,域名持有者的联系方式等信息发生变更的,应当在变更后30日内向域名注册服务机构办理域名注册信息变更手续。域名持有者将域名转让给他人的,受让人应当遵守域名注册的相关要求。

域名持有者有权选择、变更域名注册服务机构。变更域名注册服务机构的,原域名注册服务机构应当配合域名持有者转移其域名注册相关信息。无正当理由的,域名注册服务机构不得阻止域名持有者变更域名注册服务机构。

(五)域名的注销

已注册的域名有下列情形之一的,域名注册服务机构应当予以注销,并通知域名持有者:①域名持有者申请注销域名的;②域名持有者提交虚假域名注册信息的;③依据人民法院的判决、域名争议解决机构的裁决,应当注销的;④法律、行政法规规定予以注销的其他情形。

(六)域名争议

域名争议是指因互联网域名的注册或者使用而引发的争议。为解决域名争议,《域名管理办法》曾做了原则规定,根据原《域名管理办法》的规定,2012年6月28日起施行《中国互联网络信息中心域名争议解决办法》（以下简称《域名争议解决办法》）具体规定域名争议解决的问题（2006年3月17日施行的原《中国互联网络信息中心域名争议解决办法》同时废止）。

现行的《互联网域名管理办法》第42条规定，任何组织或者个人认为他人注册或者使用的域名侵害其合法权益的，可以向域名争议解决机构申请裁决或者依法向人民法院提起诉讼。

1. 适用范围

《域名争议解决办法》适用于因互联网络域名的注册或者使用而引发的争议。所争议域名应当限于由中国互联网络信息中心负责管理的". CN"". 中国"". 公司"". 网络"域名。但是，所争议域名注册期限满两年的，域名争议解决机构不予受理。

2. 争议的解决机构

域名争议由中国互联网络信息中心认可的争议解决机构受理解决。

3. 争议的解决制度

争议解决机构实行专家组负责争议解决的制度。专家组由1名或3名掌握互联网络及相关法律知识，具备较高职业道德，能够独立并中立地对域名争议作出裁决的专家组成。域名争议解决机构通过在线方式公布可供投诉人和被投诉人选择的专家名册。

任何人认为他人已注册的域名与其合法权益发生冲突的，均可以向争议解决机构提出投诉。争议解决机构建立专门的互联网络网站，通过在线方式接受有关域名争议的投诉，并发布与域名争议有关的资料。但经投诉人或者被投诉人请求，争议解决机构认为发布后有可能损害投诉人或者被投诉人利益的资料和信息，可不予发布。

争议解决机构受理投诉后，应当按照程序规则的规定组成专家组，并由专家组根据该办法及程序规则，遵循"独立、中立、便捷"的原则，在专家组成立之日起14日内对争议作出裁决。

知识链接

投诉符合下列条件的，应当得到支持

①被投诉的域名与投诉人享有民事权益的名称或者标志相同，或者具有足以导致混淆的近似性；②被投诉的域名持有人对域名或者其主要部分不享有合法权益；③被投诉的域名持有人对域名的注册或者使用具有恶意。

投诉人和被投诉人应当对各自的主张承担举证责任。

专家组根据投诉人和被投诉人提供的证据及争议涉及的事实，对争议进行裁决。专家组认定投诉成立的，应当裁决注销已经注册的域名，或者裁决将注册域名转移给投诉人。专家组认定投诉不成立的,应当裁决驳回投诉。

知识链接

《域名争议解决办法》的相关规定

被投诉人在接到争议解决机构送达的投诉书之前具有下列情形之一的,表明其对该域名享有合法权益:①被投诉人在提供商品或服务的过程中已善意地使用该域名或与该域名相对应的名称;②被投诉人虽未获得商品商标或有关服务商标,但所持有的域名已经获得一定的知名度;③被投诉人合理地使用或非商业性地合法使用该域名,不存在为获取商业利益而误导消费者的意图。

被投诉的域名持有人具有下列情形之一的,其行为构成恶意注册或者使用域名:①注册或受让域名是为了向作为民事权益所有人的投诉人或其竞争对手出售、出租或者以其他方式转让该域名,以获取不正当利益;②多次将他人享有合法权益的名称或者标志注册为自己的域名,以阻止他人以域名的形式在互联网上使用其享有合法权益的名称或者标志;③注册或者受让域名是为了损害投诉人的声誉,破坏投诉人正常的业务活动,或者混淆与投诉人之间的区别,误导公众;④其他恶意的情形。

在专家组就有关争议作出裁决之前,投诉人或者被投诉人认为专家组成员与对方当事人有利害关系,有可能影响案件的公正裁决的,可以向争议解决机构提出要求专家回避的请求,但应当说明提出回避请求所依据的具体事实和理由,并举证。是否回避,由争议解决机构决定。

专家组根据投诉人和被投诉人提供的证据及争议涉及的事实,对争议进行裁决。专家组认为投诉成立的,应当裁决注销已经注册的域名,或者裁决将注册域名转移给投诉人。专家组认定投诉不成立的,应当裁决驳回投诉。

在依据《域名争议解决办法》提出投诉之前,争议解决程序进行中,或者专家组作出裁决后,投诉人或者被投诉人均可以就同一争议向中国互联网络信息中心所在地的中国法院提起诉讼,或者基于协议提请中国仲裁机构仲裁。

争议解决机构裁决注销域名或者裁决将域名转移给投诉人的,自裁决公布之日起满10日的,域名注册服务机构予以执行。

被投诉人自裁决公布之日起10日内提供有效证据证明有管辖权的司法机关或者仲裁机构已经受理相关争议的,争议解决机构的裁决暂停执行。对于暂停执行的争议解决机构的裁决,域名注册服务机构视情况作如下处理:(1)有证据表明,争议双方已经达成和解的,执行和解协议;(2)有证据表明,有关起诉或者仲裁申请已经被驳回或者撤回的,执行争议解决机构的裁决;(3)有关司法机关或者仲裁机构作出裁判,且已发生法律效力的,执行该裁判。

在域名争议解决期间以及裁决执行完毕前,域名持有人不得申请转让或者注销处于争议状态的域名，也不得变更域名注册服务机构，但受让人以书面形式同意接受争议解决裁决约束的除外。

案例 7-3

上海新蛋电子商务有限公司诉中国食用菌技术开发有限公司计算机网络域名侵权和不正当竞争纠纷一案

原告：上海新蛋电子商务有限公司

被告：中国食用菌技术开发有限公司

原告新蛋公司诉称：新蛋公司是中国新蛋网 www.newegg.com.cn 的创办者，早在 2000 年就注册了域名"newegg.com.cn"，并于 2003 年取得了"new egg 新蛋"的商标专有权。该商标的申请日期为 2002 年 4 月 1 日，初审公告日期为 2003 年 3 月 14 日。

新蛋公司发现域名"newegg.cn"被食用菌技术公司于 2003 年抢注，食用菌技术公司的主要经营范围为技术开发、技术转让、技术培训、技术咨询、技术服务，培植食用菌，销售灵芝孢籽粉，与"newegg"没有任何关系。因此，食用菌技术公司没有注册、使用该域名的正当理由。根据《最高人民法院关于审理涉及计算机网络域名民事纠纷案件适用法律若干问题的解释》（简称《计算机网络域名案件司法解释》）第四条的规定，食用菌技术公司的行为已经构成侵权。

被告食用菌技术公司辩称：一、食用菌技术公司注册涉案域名的时间为 2003 年 3 月 25 日，距新蛋公司起诉时间已远远超过两年的诉讼时效，故新蛋公司全部诉讼请求应当被驳回。二、新蛋公司并不享有与涉案域名主体识别部分"newegg"相关的在先法定权利。新蛋公司所请求保护的民事权益并不存在，更谈不上合法有效。

法院认为，域名是企业在互联网上的"商标"，是其他企业用户识别和访问企业网站最为重要的线索。虽然"newegg.com.cn"与"newegg.cn"分别为三级和二级域名，但两者的主要识别部分完全相同，已经足以造成相关公众的误认。食用菌技术公司注册"newegg.cn"域名以及设置域名指向的行为侵犯了新蛋公司的合法权益，构成不正当竞争，其应当承担相应的民事法律责任。

判决结果：一、"newegg.cn"域名由原告上海新蛋电子商务有限公司注册并使用；二、被告中国食用菌技术开发有限公司赔偿原告上海新蛋电子商务有限公司因本案纠纷支付的合理开支人民币 2 万元。

资料来源：http://www.110.com/panli/panli-281081.html，访问时间：2023 年 7 月 18 日。

第五节　电子商务中专利权的法律保护

一、专利与专利法

（一）专利与专利权

广义的专利一词通常有三种含义：一是指由国家专利机关授予的专利权，二是指取得专利权的发明创造，三是指专利文献。

狭义的专利仅指专利权，是指一项发明创造，由申请人向国家专利审批机关提出专利申请，经国家专利审批机关依法审查核准后，向专利申请人授予的、在规定的时间内对该项发明创造享有的专有权。

（二）专利法

专利法，是调整在确认和保护发明创造的专有权以及在利用专有的发明创造过程中产生的社会关系的法律规范的总称。

二、专利权

（一）专利权主体

专利权主体，是指有权提出专利申请并获得专利权的人。当一项发明创造依法取得专利权后，专利申请人就成为专利所有人或持有人。专利权人可以是个人，也可以是单位。我国公民、法人和外国人、外国企业均可成为专利权的主体。

（二）专利权客体

专利权客体，也称专利权的保护对象，是指依法可以取得专利权的发明创造，包括发明、实用新型和外观设计。

> **知识链接**
>
> **发明、实用新型、外观设计**
>
> 发明，是指对产品、方法或者其改进所提出的新的技术方案。
>
> 实用新型，是指对产品的形状、构造或者其结合所提出的适于实用的新的技术方案。
>
> 外观设计，是指对产品的形状、图案或者其结合以及色彩与形状、图案的结合所作出的富有美感并适于工业应用的新设计。

（三）专利权人的权利

专利权人的权利是指专利权人对其发明创造依法享有的权利，是在一定时间、一定范围内对获得专利权的发明创造、实用新型、外观设计所享有的专有权。

1. 独占实施权

独占实施权又称排他权，是指专利权人享有独占制造、使用和销售专利产品或使用专利方法的权利。除法律规定的情况外，任何单位或个人未经专利权人许可，都不得实施其发明创造。包括为了生产经营目的而制造、使用、销售、进口其专利产品或者使用其专利方法以及使用、销售、进口依其专利方法直接获得的产品。

2. 转让权

专利申请权和专利权都可以转让。转让专利申请权或者专利权的，当事人应当订立书面合同，并向国务院专利行政部门登记，由国务院专利行政部门予以公告。专利申请权或者专利权的转让自登记之日起生效。

3. 许可权

专利权人有许可他人实施其专利并收取费用的权利。任何单位或者个人实施他人专利，应当与专利权人订立实施许可合同。被许可人无权许可合同规定以外的人实施该专利。

4. 标记权

专利权人有权在其专利产品或者该产品的包装上标明专利标记和专利号。发明人或者设计人无论是否是专利权人，都有权在专利文件上写明自己是发明人或者设计人。

（四）专利权的取得

专利申请人向国务院专利行政部门提交专利申请文件是申请专利的法定程序。国务院专利行政部门在受理专利申请案后对其进行形式审查。经初步审查认为符合《专利法》要求的，自申请日起满 18 个月，即行公布。国务院专利行政部门可以根据申请人的请求早日公布其申请。

发明专利申请自申请日起 3 年内，国务院专利行政部门可以根据申请人随时提出的请求，对其申请进行实质审查；申请人无正当理由逾期不请求实质审查的，该申请即被视为撤回。国务院专利行政部门认为必要的时候，也可以自行对发明专利申请进行实质审查。

发明专利申请经实质审查没有发现驳回理由的，由国务院专利行政部门作出授予发明专利权的决定，发给发明专利证书，同时予以登记和公告。发明专利权自公告之日起生效。实用新型和外观设计专利申请经初步审查没有发现驳回理由的，由国务院专利行政部门作出授予实用新型专利权或者外观设计专利权的决定，发给相应的专利证书，同时予以登记和公告。实用新型专利权和外观设计专利权自公告之日起生效。

📁 案例 7-4

沈阳东辰日用品有限公司诉石家庄尚朴家具有限公司、浙江天猫网络有限公司等侵害实用新型专利权纠纷案

东辰公司诉称：其享有实用新型专利权的"十字卡柱"产品被尚朴家具公司仿冒，仿冒产品在天猫网、淘宝网销售。其认为，被诉侵权产品与涉案专利技术无实质区别，被诉侵权产品列入涉案专利权保护范围。首先，涉案专利技术方案中的"十字卡柱"仅对压簧一端起固定作用，以防止压簧伸缩时发生位置移动。被诉侵权产品中的"圆柱"亦起到固定压簧防止位移的功能，二者在功能和效果上没有实质性不同，属于等同技术特征。其次，涉案专利技术方案中，虽然没有具体表述用什么方式方法将开关杆另一端固定在压盖上，但国家知识产权局专利复审委员会《无效宣告请求审查决定书》明确指出，固定方式可采用现有技术中的多种能够固定的方式，这是本领域普通技术人员无须任何创造性劳动就能做到的。

一审法院在技术原理及功能没有改变的情况下，只因被诉侵权产品开关杆固定方式略有改动，即认定超出了专利权保护范围，是错误的。另外，其向一审法院提起诉讼之后，被诉侵权产品仍在天猫公司、淘宝公司网上销售。根据《侵权责任法》第三十六条的规定，天猫公司、淘宝公司应当对被诉侵权产品扩大销售部分，承担连带赔偿责任。

尚朴公司提交意见称：根据涉案专利权利要求中"压簧的另一端固定在手柄槽内的十字卡柱上"的描述，"十字卡柱"应当理解为具有"卡"的功能的"十字柱"。所谓"卡"，是指同时限制压簧径向和轴向位移的固定方式。被诉侵权产品中的"圆柱"仅具有限制压簧径向位移的功能，与涉案专利"十字卡柱"属于不同的技术特征。二者在技术手段、功能和效果几个方面均存在很大差异，亦不构成等同技术特征。在涉案专利无效宣告审查过程中，专利权人解释开关杆是通过按钮伸出的一部分固定在压盖上，开关杆与压盖接触。被诉侵权产品是通过开关杆装有压簧的一端压在水滴形槽内进行固定。二者既不相同也不等同。

天猫公司和淘宝公司共同提交意见称：原审法院关于被诉产品没有侵害东辰公司专利权的认定是正确的。即便认定侵权，其提供电子商务交易平台的行为，亦不构成侵权，不应承担赔偿责任。其在收到一审起诉状后及时核查并删除了被诉侵权产品的网页链接，不应对所谓的扩大损害部分承担连带赔偿等法律责任。

法院认为，虽然涉案专利技术方案中的"十字卡柱"并非具有统一含义的规范技术术语，说明书或附图亦没有对其具体形状或结构做进一步解释或界定，但根据涉案专利权利要求中关于"压簧的另一端固定在手柄槽内的十字卡柱上"的限定理解，"压

簧"的一端系"固定"在"十字卡柱"上。结合权利要求明确限定的"固定"装配要求，可以认定"压簧"装配于"十字卡柱"上后，应当实现既限制"压簧"径向位移，又限制其轴向脱落的技术效果。与此不同的是，被诉侵权产品不仅未采用十字形柱体，而且将"压簧"套装在"圆柱"上后，"压簧"在手柄槽翻转时自然脱落。"圆柱"仅能限制"压簧"径向位移，无法防止其轴向脱落，"压簧"与"圆柱"之间并非"固定"关系。

由此可见，被诉侵权产品"压簧""套装"在手柄槽内的"圆柱"上，与专利技术方案"压簧""固定"在手柄槽内的"十字卡柱"上，所采取的技术手段，实现的功能和达到的效果均存在明显差异，不能认定为等同技术特征。原审法院认定专利技术方案中的"十字卡柱"应当具有既限制"压簧"径向位移，又限制其轴向脱落的功能，与被诉侵权产品中的"圆柱"并非相同或等同技术特征，并进而认定被诉侵权产品没有落入涉案专利权保护范围，并无不当。东辰公司认为被诉侵权产品中的"圆柱"与专利技术方案中的"十字卡柱"构成等同技术特征的申请理由，依法不予支持。

资料来源：最高人民法院民事裁定书（2014）民申字第2240号。

三、电子商务中的专利权保护

（一）电子商务活动与专利权

电子商务活动与专利权的关系主要体现在以下几个方面。

1. 电子商务主体自身专利的开发和利用

电子商务主体作为一类市场主体，在从事各类经营活动、参与市场竞争的过程中，不可避免地会涉及自身专利技术的开发和利用。随着竞争的加剧，知识产权成为企业的核心竞争力，电子商务主体自身的专利技术开发和利用也会更加突出。因此，专利技术开发和利用会成为电子商务主体重要的活动内容，电子商务活动与专利技术、专利权的关系将日益密切。

2. 电子商务主体对他人专利技术的利用

电子商务活动主体为节约开发成本，可以通过专利受让和专利许可的方式取得专利权或者专利技术的使用权，成为电子商务主体和电子商务活动涉及专利权的一种方式。

3. 电子商务主体可能成为专利权的侵权主体

在对他人的专利技术、专利方法的应用过程中，电子商务主体也可能会侵犯他人的专利权，成为专利权的侵权主体，例如未经权利人许可而使用权利人的专利技术、专利方法的行为，就是侵犯他人专利权的行为。

（二）电子商务活动中专利权的保护问题

互联网是计算机技术集中应用的产物，网络本身会涉及各类技术的应用。在利用网络开展电子商务活动的过程中也会涉及网络利用技术以及一些不同于传统交易方式的特殊商业方法的应用，这些都可能涉及专利权，涉及专利法对这些技术以及特殊方法的确认和保护。

四、对计算机软件的专利保护

鉴于依据著作权保护权利人在电子商务中计算机软件权利所存在的不足，为了满足电子商务领域的计算机信息技术保护的需要，一些国际组织和各国政府都在利用专利法保护计算机信息技术方面作出了努力和探索，形成了一些有益的做法。

（一）国际上的做法

由于电子商务的发展仅有几十年的时间，电子商务中的计算机程序产生专利保护的时间就更短了，所以，在现有的知识产权国际公约中，大多数都没有专门涉及计算机程序的专利权保护问题。

在现有的电子商务国际文件中，其内容主要涉及电子商务的活动规则，没有关于电子商务中的专利权保护问题的规定。因此，国际上对于电子商务中的计算机程序给予专利权保护的做法，主要来源于对现有国际文件的解释性认识。

世界贸易组织《与贸易有关的知识产权协议》对于专利的保护范围确定为："任何一项发明创造，无论是产品还是程序，无论在任何的技术领域，只要它们是新颖的具有创造性和具有工业实用性的，都可以被授予专利。"《与贸易有关的知识产权协议》因此被认为是运用专利制度保护计算机程序的重要国际性文件，为计算机程序的专利保护奠定了基础，使计算机程序的可获得专利权保护成为一种趋势。

（二）美国对电子商务中专利权的保护

美国是电子商务发展的起源国，也是世界上电子商务发展较快的国家。美国法律为电子商务的发展创设了宽松的法律环境。在针对电子商务的各种法律制度中包括了计算机程序的专利保护制度。1996年2月，美国专利商标局发布了《与计算机相关的发明的审查基准》，根据该《审查基准》，"与计算机相关的发明"包括计算机应用的发明和运用了计算机可读载体的发明。在此基础上，美国产生了很多关于计算机程序以及计算机程序支撑产生的商业方法获得专利保护的案例。

> **知识链接**
>
> **《与计算机相关的发明的审查基准》的相关规定**
>
> 按照《审查基准》规定，如果一个计算机可读载体中包含了计算机程序，并且该程序在程序和实现程序功能的载体之间建立了功能性或结构性联系，则可被认为属于专利法保护客体。同样，如果一个计算机可读载体中包含了数据结构，并且该

数据结构在数据结构和实现数据结构功能的载体之间建立了功能性或结构性联系,则它将是法定的(专利)保护客体种类之一。

(三) 我国对电子商务中专利权的保护

我国《专利法》规定,授予专利权的发明是指对产品、方法或其改进所提出的新的技术方案。这是判断一项发明创造是否属于能够授予专利权的范围时必须坚持的原则。因此,无论是计算机程序还是商业方法,只要能够构成专利法意义上的"技术方案"就具备了被授予专利权的可能性。

2006 年 7 月 1 日,经过修订后施行的《专利审查指南》中的第九章专门规定了关于涉及计算机程序的发明专利申请的若干规定。根据《专利审查指南》,涉及计算机程序的发明专利申请还具有与其他领域的发明专利申请相同的一般性,对于该第九章未提及的一般性审查事项,应当遵循指南的其他规定,对涉及计算机程序的发明专利申请进行审查。

根据现有的相关规范性文件,我国的法律法规并不排除给予计算机软件和所形成的商业方法以专利权保护。但是,给予保护的基准较一般的技术发明的审查基准要复杂和严格。

电子商务的发展给传统的专利权保护带来了新的课题,为了不限制并且鼓励电子商务的发展,同时也为了鼓励创新、鼓励发明创造、推动电子商务领域的计算机技术应用,各国政府都对电子商务中的计算机软件的专利保护问题作出了规定。

目前,在计算机软件专利权保护问题上仍然存在很多问题需要深入研究和解决,但是,对计算机软件给予专利保护的趋势不会改变。

复习思考题

一、【选择题】(不定项选择)

1. 下列属于著作权人身权的有(   )。
   A. 发表权   B. 署名权
   C. 修改权   D. 复制权

2. 关于著作权产生的时间,表述正确的是(   )。
   A. 自作品首次公开发表时
   B. 自作者有创作意图时
   C. 自作品得到国家著作权行政管理部门认可时
   D. 自作品完成创作之日起

3. 域名具有以下法律特征(   )。
   A. 标识性
   B. 唯一性

C. 排他性

D. 不确定性

4. 专利权人的权利（　　）。

A. 独占实施权

B. 转让权

C. 许可权

D. 标记权

二、【判断题】

1. 时事新闻不享有著作权。（　　）
2. 作者的署名权、修改权、保护作品的完整权的保护期没有限制。（　　）
3. 专利权主体，是指有权提出专利申请并获得专利权的人。（　　）
4. 驰名商标是指在世界为相关公众广为知晓并享有较高声誉的商标。（　　）

三、【简答题】

1. 知识产权的特点是什么？
2. 电子商务对知识产权法有什么影响？
3. 简述电子商务中专利权的法律保护。

第八章　电子商务市场秩序的法律规定

【学习目标】
1. 了解电子商务主体的市场准入制度。
2. 了解电子商务反不正当竞争、反垄断的概念和法律适用。
3. 了解电子商务领域消费者权益保护的法律保护。

电子商务交易已渗透到社会经济的诸多领域，网络化生产和消费的模式正在成型。但我国流通领域电子商务发展起步较晚、基础薄弱，网上交易的配套服务体系还不健全，导致电子商务市场秩序混乱，时有不正当竞争和垄断、消费者保护规则不完善等问题的发生。为促进电子商务的健康发展，规范电商秩序、完善各项法律政策，建立完善的电子商务秩序是当务之急。

为此，我国制定了《电子商务法》，并在第 1 条即指出，为了保障电子商务各方主体的合法权益，规范电子商务行为，维护市场秩序，促进电子商务持续健康发展，制定本法。

第一节　电子商务主体的市场准入

一、电子商务主体的概念

电子商务主体是电子商务法律关系的参加者，是在电子商务法律关系中享有权利和承担义务的个人或者组织。法律作为调整人的社会生活的规范，调整的角度一般是主体和行为，在电子商务领域也同样如此。

广义的电子商务主体，既包括商事主体，也包括消费者、政府采购人等非商事主体；狭义的电子商务主体，则仅指电子商务中的商事主体，即电子商务企业。电子商务企业有两种类型：一类是采取电子商务交易手段的传统企业；一类是为电子商务交易提供基础设施服务和辅助服务的现代互联网服务企业（ISP），如互联网联结商（IAP）与互联网内容提供商（ICP）、网吧等。

二、电子商务主体的特殊性

电子商务主体与传统商事主体既有共性，也有其特殊性。就共性而言，电子商务主体和传统商法中的商事主体（商人）均在于追求盈利，其商事行为都具有营利性，都要恪守法律和伦理规范。电子商务作为现代商事行为，与传统商事行为的区别与其说是本质层面的，不如说是现象和手段层面的。

具体说来，电子商务是以"电子"为手段，以"盈利"为目的的商事行为。因大部分乃至整个交易过程均在网上通过点击鼠标完成，所以具有虚拟的特点；但电子商务行为的效力最终要落实到法律行为制度（尤其是合同法律制度）和侵权制度上，电子商务行为最终要设定各方当事人之间的债权债务关系。电子商务行为的本质仍是商事行为，电子技术、网络技术仅是电子商务主体实现盈利目的的手段和载体而已。

电子商务主体仍是商事主体，电子商务行为仍是商事行为。电子商务市场绝非空中楼阁、海市蜃楼，而是实实在在的市场，有实实在在的市场主体。之所以有人将电子商务市场称为"虚拟市场"，将电子商务主体称为"虚拟主体"，只不过是由于传统的商事行为主体往往近在咫尺，且交易伙伴较为固定、封闭，而电子技术和网络技术有能力把人数众多的、远在天涯的陌生交易伙伴"拴"在一起而已。

三、电子商务主体需要市场准入制度

近年来，我国电子商务主体涉足电子商务市场的数量不断增多，从事经营的领域不断拓宽，电子技术、信息技术和网络技术在推动投资贸易活动方面起到了举足轻重的推动作用。从法律调整的范围而言，传统商法的适用范围在向电子商务市场延伸。如《公司法》《合伙企业法》《个人独资企业法》《消费者权益保护法》《反不正当竞争法》《广告法》《产品质量法》《合同法》等现行立法中的多数法律规范适用于电子商务主体，因为电子商务主体的设立条件和市场准入条件依然要合乎法律保护的消费者利益与社会公共利益。

例如，投资者要发起设立经营网站信息服务的有限责任公司，必须遵守《公司法》规定的条件与程序；投资者要设立以电子网络为唯一或者为主要营销手段的商业流通公司，也要遵守《公司法》规定的条件与程序。

除了传统的民商事法律外，《电子商务法》第9条特别规定："本法所提到的电子商务经营者，是指通过互联网等信息网络从事销售商品或者提供服务的经营活动的自然人、法人和非法人组织，包括电子商务平台经营者、平台内经营者以及通过自建网站、其他网络服务销售商品或者提供服务的电子商务经营者。本法所提到的电子商务平台经营者，是指在电子商务中为交易双方或者多方提供网络经营场所、交易撮合、信息发布等服务，供交易双方或者多方独立开展交易活动的法人或者非法人组织。本法所提到的平台内经营者，是指通过电子商务平台销售商品或者提供服务的电子商务经营者。"

另外，在调整电子商务主体市场准入的行政法规方面，目前主要有《市场主体登

记管理条例》（2022 年 3 月 1 日施行）、《网络交易监督管理办法》、《电信条例》、《互联网信息服务管理办法》等。

 小贴士

《市场主体登记管理条例》

《市场主体登记管理条例》是我国制定的首部统一规范各类市场主体登记管理的行政法规，对各单行法律法规中关于市场主体登记管理的相关制度进行了优化和统一，确立了我国市场主体登记管理的基础性制度。其颁布前，关于市场主体登记管理的规定散见于《公司登记管理条例》《企业法人登记管理条例》《合伙企业登记管理办法》《农民专业合作社登记管理条例》及《企业法人法定代表人登记管理规定》之中。该条例第一次整合了我国所有市场主体登记规范、管理规则。

四、电子商务主体市场准入的基本原则

电子商务市场准入应坚持和体现以下六个基本原则。

（1）降低交易成本，提高交易安全。降低交易成本，提高交易安全，即电子商务市场准入及退出立法应以降低交易成本、提高交易安全为制度设计的基本理念。

（2）适度监管。适度监管原则要求对于电子商务市场的监管应当把握好"度"，既不过于放松，也不过分严格，根据电子商务市场监管工作的实际需要进行监管。

（3）分类监管。分类监管原则是指根据电子商务主体的不同类型对其实施不同内容、不同程度的差异化监管。

（4）线上线下市场公平竞争。线上线下市场公平竞争原则是指维护电子商务市场主体与线下市场主体之间的公平竞争，实现网络经济与实体经济的均衡发展。

（5）鼓励创新。鼓励创新原则，即鼓励电子商务主体在其经营内容、经营模式等领域进行创新，建立灵活、开放的电子商务市场准入及退出制度体系。

（6）社会共治。社会共治原则是指通过行政管理机关之外的第三方主体，如第三方交易平台经营商、行业协会等实现对电子商务市场准入及退出的共同监督管理。

五、现阶段我国电子商务市场准入制度的现状

（一）我国电子商务市场经营主体准入相关法律法规

目前，我国网络市场经营主体准入涉及法律层面的有已颁布了的《电子签名法》；在行政法规层面有国务院颁布的《互联网信息服务管理办法》；在部门规章层面，商务部制定了《关于网上交易的指导意见》和《网络交易服务规范》，尤其是 2010 年 6 月，国家工商行政管理总局颁布了《网络商品交易及有关服务行为管理暂行办法》等。

而且从法律调整的范围而言，规范传统商事主体的法律适用范围在向网络市场延伸。《公司法》《合伙企业法》《个人独资企业法》《消费者权益保护法》《反不正当竞争法》《广告法》《合同法》和《行政许可法》等现行立法中的多数法律规范涉及电子商务，因此在没有出台有关网络市场准入的特别规定之前，网络市场经营主体的设立条件和经营行为依然要合乎现行法律法规有关保护消费者利益与社会公共利益的一般原则性要求。

《电子商务法》第10条规定，电子商务经营者应当依法办理市场主体登记。但是，个人销售自产农副产品、家庭手工业产品，个人利用自己的技能从事依法无须取得许可的便民劳务活动和零星小额交易活动，以及依照法律、行政法规不需要进行登记的除外。

（二）我国电子商务主体准入的具体规定

我国现行立法允许设立的企业，既有法人企业，也有非法人企业。因此，各类电子商务企业可以依《公司法》登记注册为公司制企业，也可以依《合伙企业法》和《个人独资企业法》登记注册为非法人企业（如合伙企业、个人独资企业）。

由于我国长期以来对外商投资企业实行分套立法的思路，《全民所有制工业企业法》等按照投资者所有制性质分别制定的法文件依然有效，有些电子商务企业的登记注册还应当适用这些按照投资者身份和所有制性质分别制定的法律和行政法规。

当然，从长远看，随着我国市场经济体制改革步伐的加快，国内市场主体平等原则的强化，以及外国公司及外国人根据世贸组织规则享有的国民待遇原则的落实，立法者应当抛弃区分投资者身份和所有制性质而分套立法的思路，最终按照投资者责任形式和企业组织形态分别立法。

无论是现代企业制度，还是传统企业制度，只要是有效的法律制度，都一体适用于各类电子商务企业。工商行政管理机关应当一如既往地按照企业立法规定的条件与程序做好电子商务企业的登记管理工作，建立与完善对各类电子商务企业的"经济户口"监管体系。

电子商务企业有两种类型：一类是采取电子商务交易手段的传统企业，包括法人企业和非法人企业；一类是采取为电子商务交易提供基础设施服务和辅助服务的现代互联网服务商（ISP），主要有互联网联结商（IAP）、互联网内容提供商（ICP）等。

其中，ICP通过互联网为用户提供各种信息服务，如刊播网上广告、代制作网页、出租服务器内存空间、主机托管、有偿提供特定信息内容、电子商务等网上应用服务等。IAP则在计算机网络传输中提供基础的通讯服务，提供客户机与服务器间的连接，以支持用户访问网上信息。

对于采取电子商务交易手段的传统企业而言，传统企业虽然采取了电子商务的交易平台，但仍然是在其核定的经营范围之内开展经营活动，无论是经营的商品或者服务的内容、种类，还是经营的方式（批发或者零售），都未发生变化。因此，不必前往工商行政管理机关办理变更经营范围的登记程序，只需履行域名登记等有关程序。

对于互联网服务商而言，现行立法和政策要求互联网服务商在办理设立登记程序之前，必先前往有关部门（如信息产业部门、文化部门等）履行前置审批程序，然后才能前往工商行政管理机关办理企业设立登记程序或者企业变更登记程序。

根据《电信条例》第7条之规定，投资者设立经营互联网服务业务的企业，或者现有企业欲经营互联网服务业务，在办理企业登记程序之前，必须申领经营许可证。凡是业务覆盖范围在两个以上省、自治区、直辖市的，须经国务院信息产业主管部门审查批准，取得《跨地区增值电信业务经营许可证》；业务覆盖范围在一个省、自治区、直辖市行政区域内的，须经省、自治区、直辖市电信管理机构审查批准，取得《增值电信业务经营许可证》。

国务院信息产业主管部门或者省、自治区、直辖市电信管理机构应当自收到申请之日起60日内审查完毕，做出批准或者不予批准的决定。予以批准的，颁发《跨地区增值电信业务经营许可证》或者《增值电信业务经营许可证》；不予批准的，应当书面通知申请人并说明理由。

申请人申领经营许可证，必须满足《电信条例》第7条规定的条件：(1)经营者为依法设立的公司；(2)有与开展经营活动相适应的资金和专业人员；(3)有为用户提供长期服务的信誉或者能力；(4)国家规定的其他条件。从事经营性互联网信息服务，还应当具备《互联网信息服务管理办法》第6条规定的条件：(1)有业务发展计划及相关技术方案；(2)有健全的网络与信息安全保障措施，包括网站安全保障措施、信息安全保密管理制度、用户信息安全管理制度等。

申请人取得经营许可证后，即可在工商行政管理机关办理企业设立登记或者变更登记。工商行政管理机关办理企业登记时，应当严格审查申请设立的企业是否具备企业立法和行业特别立法规定的企业设立条件，尤其是《公司法》规定的各项设立条件，如最低注册资本要求、经营场所要求、经营管理人员要求等，预防注册资本不实的"皮包公司"，危害电子商务中的应有秩序。

根据法律法规对特定行业的特别规定，如果需要申请人取得电信管理机构之外的行业主管部门许可的，工商行政管理机关还应要求申请人提交行业主管部门的许可文件。例如，根据《互联网信息服务管理办法》第5条之规定，从事新闻、出版、教育、医疗保健、药品和医疗器械等互联网信息服务，依照法律、行政法规以及国家有关规定须经有关主管部门审核同意的，企业还应在申请经营许可或者履行备案手续前，依法经有关主管部门审核同意。

（三）现阶段我国电子商务市场准入法律制度存在的问题

现阶段我国电子商务市场准入法律制度存在的主要问题有如下几个方面。

1. 立法中缺乏统一的企业市场准入法律制度

从当前的电子商务企业市场有关的立法来看，立法过程滞后，整个电子商务企业市场缺乏统一的企业市场准入法律制度，仅仅只有一些实体立法，如《公司法》《合伙企业法》等，也有一些程序立法，如《企业法人登记管理条例》。《电子商务法》虽规定了电子商务主体，但没有统一电子商务主体的准入规则。

虽然既有法律法规也有一些对电子商务企业准入的限制，但是，还是有电子商务企业，由于组织形式不一样，在设立时采用不同的企业登记条件和程序，使得电子商务市场准入中存在不平等。这样的现象不利于我国电子商务企业准入法律法规的制定。

2. 立法漏洞多，所立法律不完善

在我国电子商务领域，《企业法人登记管理条例》《网络商品交易及有关服务行为管理暂行办法》等法律法规，均是行政法规或者部门规章，相关法律的立法层级较低，与市场经济中我国电子商务企业的市场地位极不相称，相关法律法规无法有效保障我国电子商务企业的快速发展。2018年颁布的《电子商务法》在很大程度上改善了这个领域的立法层级，今后会进一步完善。

3. 监管部门多，审批项目多、程序复杂

长期以来，在"严把市场准入关"理念的影响下，我国对企业市场准入管理十分严格，为了防止不达标企业进入市场，在企业登记上设立了许多监管部门，审批项目多，审批程序复杂，使得企业登记效率极其低下，企业设立速度也较慢。电子商务市场作为一个低成本、高效率和开放性的市场，要求电子商务企业的进入条件适度、程序高效。政府在对电子商务市场进行管理和调控时，应避免管理中管理部门过多，导致电子商务市场准入法律制度不适用现象的发生。

第二节　电子商务反不正当竞争的法律规定

一、电子商务反不正当竞争的定义和特点

电子商务模式中的不正当竞争是传统经济模式中不正当竞争的历史演化，是信息技术进步的产物，其本质是与传统的不正当竞争行为一样，都是一种违背市场公平竞争、诚实守信原则及扰乱市场正常秩序的行为。我国《反不正当竞争法》第2条第2款规定："本法所称的不正当竞争，是指经营者违反本法规定，损害其他经营者的合法权益，扰乱社会经营秩序的行为。"第2款第3条规定："本法所称的经营者，是指从事商品经营或者营利性服务的法人、其他经济组织或个人。"

就其本质及法律的可适用性而言，网络虚拟空间的不正当竞争行为与现实市场环境下的并无二致。但是电子商务的突出特征是使重要的商业活动通过电脑及信息通道构成的网络世界完成。这种环境和手段的改变，使电子商务中的不正当竞争与现实市

场环境下的不正当竞争具有不同的特点。

（一）主体的复杂性

电子商务主体包括以下几类：电子商务交易者，电子商务服务者，电子商务认证机构，电子商务监管者。狭义的电子商务主体，仅指电子商务中的商事主体，即电子商务企业。电子商务企业有两种类型：一类是采取电子商务交易手段的传统企业；一类是为电子商务交易提供基础设施服务和辅助服务的现代互联网服务企业。不正当竞争往往发生在同行业经营者之间。

（二）世界性或国际性

网络的无国界性，导致网络上发生的不正当竞争行为必然带有国际性。

（三）技术性和高科技性

计算机网络的高科技性导致以此为基础的电子商务活动具有相当的技术性，由此引发的不正当竞争同样具有高科技性。

（四）表现的多样性

《反不正当竞争法》列举了11种不正当竞争行为。电子商务的不正当竞争行为大致分为两类：一种是以网络为工具的传统不正当竞争行为在电子商务中的新表现；一种是电子商务下独有的不正当竞争行为。

（五）具有多变性

在电子商务领域由于技术发展快、周期短，使得新形式的不正当竞争行为不断涌现，呈现出多变性。

二、不正当竞争行为在电子商务中的表现

（一）贬损行为

贬损行为主要是通过网络捏造、散布虚假事实，损害竞争对手的商业信誉或商品信誉等行为。随着互联网的普及，一些电子商务企业利用网络的方便、快捷、廉价和不受地域限制的特点进行虚假宣传来抬高自己，贬低其他同类经营者。

有的企业在自己的网站上发布竞争对手不实信息，收集竞争对手不利信息进行链接或者专门让网友发泄对该公司商品、服务的不满；利用电子邮件软件传输的便利发送不实邮件；在BBS上以讨论问题的形式造谣诽谤、捏造散布虚假事实。网络传输的快速，可能在一夜之间摧毁企业好不容易树立起来的形象。

（二）虚假广告宣传行为

网站广告为了吸引人们的注意力夸大其词，使用自己是网络第一家、最好的最全

面的等用语。它通过对自己提供服务的内容和质量做夸大其词不真实的宣传,来引诱更多的消费者来访问他的网站,获取知名度和经济上的利益;一些电子商务企业搞虚假宣传,声称上网者可购买到低于市场价的商品,误导消费者。如东方网景公司对外宣传录音笔市场价1500元,上网购买跳楼价50元;喷墨打印机市场价500元,上网购买跳楼价50元,但实际网民上网后能购买到此价格商品的概率是万分之一。

有些还通过搞评比、对比,拿自己的优点比别人的缺点,误导消费者。有的公司做虚假广告,以假地名误导消费者,如北京西城区一网络公司,声称自己是跟某个政府机关合办的政府网站,在其网站上标出的地址是国家税务局的地址,其实,该公司与国家税务局无任何关系。

(三) 混淆行为

混淆行为是指在经营活动中采取一些旨在使消费者对该经营者与其竞争对手的营业所、商品或工商业活动提供的服务产生混淆的行为。在电子商务中一些企业通过良好的服务、广泛的宣传形成驰名品牌,其域名也广为人知。有些企业将自己经营的电子商务与商标权人的商品或服务造成混淆;或在自己网页上将他人的注册商标、商号、厂商名称或者知名商品特有的名称、包装、装潢用作链接标志。

当被用作链接的标志具有一定的知名度时,就可能在消费者中产生混淆。可见混淆行为可以通过或借助计算机信息网络进行。而对网站域名包括网站标识和内容的假冒行为不仅侵害了电子商务的一个品牌,更多的是对网络服务的质量和网络交易安全性及网络交易市场秩序的破坏,也使整个电子商务界的交易面临困境和信任危机。

(四) 侵犯商业秘密的行为

商业秘密是指不为公众所知悉、能为权利人带来经济利益、具有实用性并经权利人采取保密措施的技术信息和经营信息。在电子商务中,网络技术的应用使商业秘密的保护更为困难。电子邮件的普及,国际信息网的运用,以及尔虞我诈的虚拟商场、不择手段获取商业利益的情形,使商业秘密时时处于岌岌可危的状态之中。

例如,通过更改企业主页上的邮箱链接或服务器上的邮件管理器配置等方式盗窃商业秘密,网站擅自公布商业秘密,利用管理网站的优势,随意窃取、泄露或使用上网企业与个人的具有商业价值的保密性资料信息;员工利用电子邮件有意或无意地传送企业商业秘密信息,以FTP传输文件、BBS电子公告板、新闻组和远程登录等方式都可能造成对商业秘密的侵害,而黑客入侵、破坏等行为更是严重威胁商业秘密的安全。

(五) 域名纠纷

域名是与网络上的数字型IP地址相对应的字符型地址。域名已不仅仅是一种网络地址,而是一种在因特网上代表企业形象及商誉的商业标识符号。由于域名具有标识性、唯一性和排他性的特点，将知名企业的企业名称、商号或者企业的商标作为域名进行抢先注册或进行使用，或者是待价而沽，进行转让、出租等行为越来越多；有些设立抱怨网站，这些网站在他人公司或商标之后加上谩骂或丑化的文字，随着技术的进步，出现了使用自然语言访问互联网络实名，它可以说是外加的一种域名。例如，将他人的注册商标抢注为网络实名，或者将知名人物注册为域名等等。这些现象都违反了诚实信用原则，是不正当竞争行为。

（六）用技术措施实施不正当竞争行为

通过不正当的技术手段阻止用户使用对方软件。如"百度 IE 搜索伴侣"软件和"3721 网络实名"软件均采取了用自己的软件注册表信息替代对方软件注册表信息的措施，可以认定双方均通过不正当的技术手段阻止了用户使用对方软件，导致双方原本平等地接受用户的选择，变为只有一方能被用户选择，另一方则丧失了被选择的机会。

利用加框的超链接技术。采用 Frame 加框技术，分割网页视窗，将他人网站呈现在自己网站上，当浏览者点击超链接时，他人网站上的内容会出现在此网站某一区域，而此网站页面上的广告则始终呈现在浏览者面前，而且地址栏中网址仍是原网站的，让浏览者误以为链接的内容是网站自身的一部分。用户也就因此不能接触他人站点主页的广告，从而造成他人的经济损失。

利用关键字技术。这是指投机者利用埋设技术以关键字的方式把他人的驰名商标写入自己的网页，当浏览者利用搜索引擎搜索该关键字所属网站时，该投机者的网站和该驰名商标的网站便能一同显现，投机者以此来搭便车，提高点击率。

（七）其他不正当竞争行为

有的电子商务网站和其他网站签订排他性协议，约定不得在其网站置放任何竞争者的网络广告，或者向用户发送竞争者的促销电子邮件，否则即为违约。一些电子商务公司为了吸引网民点击、上网，在网上开展了设立奖励一套住房、一辆汽车、美国旅游等各种抽奖活动，吸引网民，提高上网率，此外，还有利用技术优势垄断经营等不正当竞争行为。

三、我国目前关于电子商务领域不正当竞争行为的法律规制

（一）电子商务反不正当竞争法律机制的构建

目前，根据法律位阶的高低，我国现行立法中涉及电子商务中不正当竞争行为的法律法规可以分为三个层次。

首先，是法律层次，包括《民法典》《刑法》《反不正当竞争法》《著作权法》《商标法》等基本法律，还有全国人大常委会《关于维护互联网安全的决定》。在规制互联网不正当竞争行为的法律法规中，《反不正当竞争法》与知识产权法的适用最为

普遍。

其次，是行政法规层次，包括保护网络安全的法规和规章，如《计算机信息系统安全保护条例》《计算机信息网络国际互联网安全保护管理办法》《电信管理条例》，以及针对网络新型知识产权制定的配套法规，如《互联网著作权行政保护办法》《信息网络传播权保护条例》等。

再次，是国务院各部门和地方政府制定的一些网络行为管理规章制度，如信息产业部《互联网电子公告服务管理规定》《中国互联网行业自律公约》《电子认证服务管理办法》等，也发挥着规制电子商务中不正当竞争行为的积极作用。

最高人民法院也针对互联网知识产权及不正当竞争纠纷出台了一系列的司法解释，如《关于审理涉及计算机网络域名民事纠纷案件适用法律若干问题的解释》《关于审理涉及计算机网络著作权纠纷案件适用法律若干问题的解释》，以及《最高人民法院关于审理不正当竞争民事案件应用法律若干问题的解释》（以下简称《若干解释》）；等等。

以上的立法、司法解释和相关规定涉及网络域名监管、网络商标权保护、网络著作权保护等诸多方面，当中或多或少都涵盖到规制电子商务中不正当竞争的问题，而《若干解释》则是第一次对我国反不正当竞争法作出的司法解释，对于电子商务中反不正当竞争行为有非常重要的意义。《若干解释》对反不正当竞争法上规定的知名商标的认定做了详细说明，并对虚假宣传和侵犯商业秘密这两类不正当竞争行为进行了重点阐释。

《若干解释》对知名商标特有的名称、包装、装潢为他人所使用构成不正当竞争的情况进行了解释，规定必须是知名商标特有的具有显著特征的名称、包装、装潢才是反不正当竞争法保护的对象。《若干解释》规定误认为与知名商品的经营者具有许可使用、关联企业关系等特定联系的情形；并明确规定，在相同商品上使用相同或者视觉上基本无差别的商品名称、包装、装潢，应当视为足以造成和他人知名商品相混淆，这为在网络上规制假冒仿冒商标、利用关键词系统搭便车、域名抢注等行为提供了更为具体的法律依据。

《若干解释》对虚假宣传做出的阐释，明确将对比广告纳入了虚假宣传的范围之内。

（二）电子商务领域反不正当竞争法存在的问题

1. 电子商务领域反不正当竞争中的相关法律过于原则化和粗略

《反不正当竞争法》的规定过于原则化，而在电子商务领域的不正当竞争行为的复杂化，导致一些法院在审判相关案件时适用条款较为困难。还有许多规则需要细化，如：何为"公认的商业道德"？侵权人造成的损害包括哪些损害？具体惩罚性规定包括哪些？经营者主体资格是否符合电子商务发展的需要？这些都是当前迫切需要完善的地方。

2. 电子商务中的一些不正当竞争行为缺少明确的法律规制

我国《反不正当竞争法》对于不正当行为的规定采用列举式的方式，往往不能适应不断出现的不当电子商务竞争行为，更无法全面涵盖所有的不正当竞争行为。一些法学学者针对电子商务中的不正当竞争行为列举了7种典型的不正当竞争行为：专门开发一些拦截其他网站商业广告的软件的行为、软件恶意捆绑行为、特定软件故意和其他软件不能兼容、诱导用户关闭或卸载其他商家的软件、擅自改变用户终端其他软件行为、超文本链接中的不正当竞争行为、网络服务提供商明知其存在不正当行为却没有制止的不作为行为。

也有学者将上述行为进行归纳分类：第一类是传统经济模式中的不正当竞争行为，利用了互联网这一载体进行的不正当行为，"新瓶子装旧酒"。第二类是电子商务中特有的不正当竞争行为，脱离了网络就不复存在。对于第一类的行为，现实中有法律可依，对于第二类行为目前还没有明确的法律规范。

3. 反不正当竞争法有关损害赔偿计算的规定仍不完备

一方面，依据《若干解释》中的规定以及我国司法实践中的经验，我国电子商务不正当竞争中赔偿计算以推定和定额计算相结合的方式计算赔偿数额。当前我国实行的《反不正当竞争法》是20世纪90年代制定的，并没有考虑电子商务这一特殊的商业模式。

如果判决不赔偿或者赔偿不到位，有失法律的公平。由于电子商务的特殊性，往往导致举证困难，很多人从事不正当竞争行为，却不必担心违法成本。此外，网络服务商平台具有双边特性，其共同目标就是通过发展免费用户扩大收费用户，现实中法院判决可能只考虑收费用户，即显损失，而忽视了隐损失，即免费用户。

另一方面，我国电子商务不正当竞争损害赔偿范围不明确，当前赔偿范围只包括直接损失赔偿，不包括一些间接损害的赔偿，互联网经济模式中的商誉比传统模式中的价值更加放大，日本、德国等国家都对商誉损失作出了赔偿规定，我国还没有对此作出相关规定。

（三）忽视对消费者的权益保护

消费者作为市场经济活动的基础，起着决定性作用，电子商务中消费者作用一样重要，网络经济中，谁拥有了庞大的用户，谁就掌握了先机，因此，消费权益保护是反不正当竞争中一个重要部分。

经营者之间的不正当竞争，最终买单的可能就是消费者，侵害了消费者的选择权、知情权，人身、财产受保护的权利等。有些恶意软件和垃圾邮件往往被植入病毒，造成消费者电脑死机崩溃，甚至导致消费者重要资料和纪念资料永久性丢失而不能恢复，给消费者造成了财产损失和精神伤害。

当前的反不正当竞争法律只注重保护竞争者的正当权益，忽视了消费者权益的保护，这与电子商务经济的最终目的是不相合的。因此，如何在电子商务中保护消费者的合法权益，同时保证竞争者的正当权益，是反不正当竞争法律需要完善的一个方面。

第三节 电子商务领域反垄断的法律规定

一、电子商务反垄断的概念

以电子商务为相对独立的市场，同时将电子商务置于整个市场经济大环境的背景下来进行电子商务立法是基本出发点。这就必然要遵循市场经济法制化的基本原则，即防止垄断、鼓励竞争、维护公平的经济运行秩序。

电子商务市场的反垄断问题已成为世界范围的研究热点。对于电子商务这样一种以技术为特征的全新商业模式，竞争规则同样是有效的。电子商务以互联网为技术平台，从而在根本上赋予了市场竞争一种新的概念，技术的发展有力地促进了以技术为特征的电子商务市场的竞争性，但是这并不意味着电子商务市场就不存在反垄断的必要性。恰恰相反，这种强调技术的市场发展模式往往使大型电子商务企业凭借其技术优势而迅速获取了市场力，并以该市场力来进一步谋求市场支配力量和滥用市场支配力，从而谋取垄断利润。

我国《反垄断法》规定的垄断行为包括：（1）经营者达成垄断协议；（2）经营者滥用市场支配地位；（3）具有或者可能具有排除、限制竞争效果的经营者集中。

二、垄断行为的种类

（一）垄断协议

所谓垄断协议是两个或两个以上的企业为了排除或者限制竞争而达成的合意，它并不局限于书面形式，还包括了口头协议和协同行为。垄断协议在不同国家其名称不同，但各国都通过立法予以禁止，如美国的《谢尔曼法》。

垄断协议又被区分为横向垄断协议和纵向垄断协议。横向协议是具有竞争关系的企业达成的，旨通过固定价格、划分市场、联合抵制其他竞争对手等方式排除或限制竞争。纵向协议是没有竞争关系的、而有交易关系的企业间达成的排除垄断限制竞争的协议。

（二）滥用市场支配地位

我国《反垄断法》根据经营者在相关市场的市场份额和相关市场的竞争状况、控制销售市场、自身的财力和技术条件、其他经营者在交易上的依赖程度、进入相关市场的难易程度等因素来认定经营者是不是在相关市场具有市场支配地位。滥用市场支配地位又被划分为以下几种类型：垄断高价或低价、掠夺性定价、拒绝交易、强制交易、搭售或者附加不合理的条件、差别待遇。

(三) 经营者集中

《反垄断法》控制经营者集中是因为经营者集中会改变相关市场的市场结构,使得相关市场的市场集中度增加。集中后的经营者在相关市场的市场控制力会得到大大的强化,经营者集中会抑制相关市场内的竞争,最终损害消费者利益和社会公共福利。

经营者集中有以下三种情形:(1)经营者合并;(2)经营者通过取得股权或者资产的方式取得对其他经营者的控制权;(3)经营者通过合同等方式取得对其他经营者的控制权或者能够对其他经营者施加决定性影响。

在电子商务中,经营者集中常见的形式就是合并。电子商务经营者通过合并可以优化资源配置以推出新的产品服务,帮助获得领先于其他竞争者的优势,取得竞争性利益。各国普遍反对在电子商务市场中通过合并来创造优势,并对于电子商务中的合并附加限制性条件,以防止电子商务企业通过滥用合并获得市场支配地位。

(四) 知识产权滥用

知识产权是一项专有性权利,具有垄断的性质。知识产权法对创新的保护使经营者能够在电子商务市场中较为容易地获取或者维持垄断地位,《反垄断法》在电子商务市场的实施可以有效地制衡知识产权人在电子商务市场的滥用所拥有的知识产权。这里主要所指的知识产权是计算机软件著作权与专利权。计算机技术是维系电子商务的重要支柱,在电子商务市场的作用较为重要。而专利权一旦在电子商务市场被滥用,必然会削弱其他非专利权人的竞争力,极其容易被用于限制或排除竞争。

▶ 知识链接

电子商务领域反垄断的现实需要

以微软案为例,无论这场反垄断案的结局是否公平与完美,都可以反映出电子商务领域确实需要反垄断。在国内,随着电子商务近年来的蓬勃发展,一些电子商务领域的巨头也被推上了反垄断的风口浪尖。

在"奇虎360起诉腾讯滥用市场支配地位"一案中,由于腾讯公司在"3Q大战"期间滥用其即时通信工具QQ的市场支配地位、强制用户卸载已安装的360软件,奇虎360公司针对该行为提起反垄断诉讼,并索赔1.5亿元。此外,在淘宝商城出台2012年的招商新办法和价格调整公告后,遭到中小卖家的抵制,许多专家也表示淘宝商城涉嫌滥用市场支配地位,建议中小卖家提出反垄断诉讼,一时间闹得沸沸扬扬。

三、电子商务领域垄断地位的认定

对于垄断地位的认定,应当采用定量分析和定性分析相结合的办法。

(一)电子商务领域垄断地位的定量分析

我国《反垄断法》第19条规定,按所占市场份额被推定具有市场支配地位的既可以是整体,也可以是其中的任何一家企业,除非这些企业能够证明相互之间存在实质性竞争,否则将被推定为具有市场支配地位。单从法条来看垄断定性很是容易,但是想要获得电子商务领域相关市场份额的经济数据是有很大难度的,特别是对于相对实力较弱的原告方而言。例如在百度案中,原告历经千辛万苦证明百度公司在相关市场的支配性地位但还是以失败告终。

在一审和二审期间,原告提交大量证据,其中包括百度网站相关文章、www.eryi.org 网站相关文章、"CNNIC 发布中国搜索引擎市场广告主与用户行为研究报告"、《中国证券报》相关文章、"2008 年搜索引擎用户调查报告"、北京正望咨询有限公司网站 "2009 年搜索引擎用户调查报告发布"等证据。但是法院最终认为,涉及市场份额这类专业性事实的证明问题,还是应当有相关的经济数据作基础,因此没有采纳前述证据。最终,原告因为不能证明百度公司占据中国搜索引擎市场的支配地位而败诉。

> **小贴士**
>
> **《反垄断法》第19条的规定**
>
> 有下列情形之一的,可以推定经营者具有市场支配地位:
> (一)一个经营者在相关市场的市场份额达到二分之一的;
> (二)两个经营者在相关市场的市场份额合计达到三分之二的;
> (三)三个经营者在相关市场的市场份额合计达到四分之三的。
> 有前款第二项、第三项规定的情形,其中有的经营者市场份额不足十分之一的,不应当推定该经营者具有市场支配地位。
> 被推定具有市场支配地位的经营者,有证据证明不具有市场支配地位的,不应当认定其具有市场支配地位。

所以,在定量分析方面,要加强相关数据监控,建立主流数据库,由专业机构或行业协会定期或按照企业的申请出具权威性的、具有法律效力的调查报告,以便在实践中加以运用。

(二)电子商务领域垄断地位的定性分析

许多国家或地区的反垄断法或判例都将反映企业综合经济实力的各种因素确立为认定企业市场支配地位的标准之一。美国某法院在 1953 年的 "US. v. United Shoe Machinery Co" 中认为,企业占有 75% 的市场占有率虽然对认定其是否具有垄断力是重要的，但市场占有率本身对案件的结果并不具有决定性意义，除了市场占有率外，法院还要考察其他因素，包括企业制定价格的行为、企业及其竞争对手的竞争实力、企业的研究优势、企业产品的货色品种等，也就是说，市场占有率不再是认定企业具有垄断力的唯一依据。德国《反对限制竞争法》第 19 条也有类似规定。

在众多因素中，应该特别注意考察其他经营者进入壁垒的情形，因为有时它是决定市场支配地位的最重要因素，特别是在电子商务领域。所谓进入壁垒，是指其他经营者进入相关市场的难易程度。判断一个企业是否具有市场支配能力，除了考虑其市场占有率外，还要看其是否会排除或限制竞争。

如果一个企业虽然具有很高的市场占有率，但其他经营者很容易进入该相关市场，就说明该企业不会排除或限制竞争，即不具有市场支配地位。

在 WorldCom/MCI 合并案中，欧盟委员会认为，互联网产业从表面上看是低进入障碍的，但实际上它的基本市场结构是有等级之分，或者说是呈金字塔状的，不同的等级具有不同的特点。就较低等级的产业而言，供应商普遍较多且几乎不存在进入障碍，但在金字塔顶部的产业则集中度很高。

金字塔顶部产业进入的障碍多种多样，通常包括国家法律规定的条件、网络或者其他基础设施的控制、知识产权方面的障碍、客户对产品的依赖程度、进入市场的资金或技术、信息方面的障碍等。在奇虎诉腾讯一案中，奇虎认为腾讯即时通信产品具有垄断地位，并同时指出腾讯公司目前拥有产品相关专利超过 2000 项，并通过专利的排他性极大地限制了同类经营者的发展和其他经营者进入该领域。

可见，进入互联网领域金字塔顶部还是有一定难度的。相反的，在电子商务较低等级的产业，进入难度则相对较低。自从 2010 年 1 月份第一家团购网站"满座"上线以来，中国团购网络市场开始火爆，短短 6 个月已经发展到近一千家团购网站。当然，其中不乏倒闭和根本没有开团的网站，不过网络团购的势头不可阻挡。

经过两年多的发展，团购行业市场份额的集中化已经越来越明显，团购行业的洗牌已经开始，但是依然还没有哪家网站是处于市场支配地位的。综上，在电子商务领域，判断一家企业是否具有市场支配地位，要先看该企业是处于相对较高等级的产业还是较低等级的产业，然后再进行市场进入难度的分析。

四、电子商务领域反垄断法实施情况

2008 年开始实施的《反垄断法》围绕着垄断协议、滥用市场支配地位、经营者集中、滥用行政权力排除、限制竞争四种垄断行为展开。此后出台了一系列司法、立法解释等为《反垄断法》的实施提供了详细的依据。

2008 年 8 月 1 日国务院颁布实施的《国务院关于经营者集中申报标准的规定》列举了经营者集中的情形和经营者集中申报的标准。2009 年 11 月 21 日，商务部公布了

《经营者集中申报办法》和《经营者集中审查办法》，这两个"办法"是在《反垄断法》与《国务院关于经营者集中申报标准的规定》的基础上对经营者集中更为明确与详细的操作指南。由国家工商行政管理总局发布，2009年7月1日实施的《工商行政管理机关制止滥用行政权力排除、限制竞争行为程序规定》和《工商行政管理机关查处垄断协议、滥用市场支配地位案件程序规定》规定了执行反垄断行为的相关程序。

由国家工商行政管理总局发布，2011年2月1日起实施的《工商行政管理机关禁止垄断协议行为的规定》与《工商行政管理机关禁止滥用市场支配地位行为的规定》以及《工商行政管理机关制止滥用行政权力排除、限制竞争行为的规定》是对《反垄断法》的细化规定。同年实施的由国家发展和改革委员会根据《反垄断法》制定《反价格垄断行政执法程序规定》主要是解决针对价格垄断的执法程序问题。

2012年1月30日通过，同年6月1日实施的《最高人民法院关于审理因垄断行为引发的民事纠纷案件应用法律若干问题的规定》为司法领域审理垄断行为引起的民事纠纷提供了依据。

从总体上看，我国反垄断法律体系正在逐渐形成，相关的法律在不断完善。对电子商务市场来说，以上的法律、法规还是过于抽象，很多情况下不能直接适用于电子商务市场，对于电子商务市场的立法与执法还有待加强。

第四节 电子商务领域的消费者权益保护

一、电子商务消费者的概念和特征

《消费者权益保护法》是直接保护消费者的合法权益的法律，是保护在交易中分散的、相对处于弱势地位的广大消费者权益的重要法律。通过立法保护消费者权益，有利于限制经营者的不正当竞争行为，鼓励公平竞争，维护国家经济发展的良好的竞争秩序。还可以促使企业致力于提高产品质量和服务质量，提高企业经济效益，同时也有利于提高人民生活水平和生活质量，推动社会发展与进步。

（一）消费者与电子商务消费者

消费者是指购买商品、使用商品或接受服务的人，包括自然人、法人或其他社会组织。根据《消费者权益保护法》的规定，消费者是专指生活消费者，即为了满足生活需要而直接购买商品、使用商品或接受服务的居民个人，而不包括生产消费者。

电子商务消费者则是指通过网络购买商品、使用商品或接受服务的人。

《消费者权益保护法》中的消费者应该包括电子商务消费者。换言之，电子商务消费者与消费者之间并没有本质的区别，只不过是二者购买使用商品或接受服务的方式不同而已。正是从这个意义上说，在电子商务交易中发生消费纠纷时，合法权益受到侵害的消费者可以援用《消费者权益保护法》主张权利。

 小贴士

联合国大会《保护消费者准则》提出的一般性原则

1985年联合国大会通过的《保护消费者准则》提出了保护消费者权益的一般性原则，主要有：

(1) 保护消费者的健康和安全不受危害；
(2) 促进和保护消费者的经济利益；
(3) 使消费者得到充足信息；
(4) 使消费者能够按照个人意愿和需要作出选择；
(5) 消费者教育；
(6) 提供有效的消费者赔偿办法；
(7) 组织消费者团体或组织的自由。

这些权利被许多国家的消费者权益保护法所采用。

(二) 消费者权益保护法的概念和特征

1. 消费者权益保护法的概念

消费者权益保护法的概念可以从广义和狭义两个方面来理解。

广义的消费者权益保护法，是指调整在确认消费者权利，规定经营者的义务，以及国家在保护消费者权益的过程中发生的社会关系的法律规范的总称。既包括《消费者权益保护法》这部保护消费者权益的基本法律，也包括其他法律、行政法规中的有关规定，以及单行的保护消费者权益的行政法规。

狭义的消费者权益保护法，则专指1993年10月31日第八届全国人民代表大会常务委员会第四次会议通过的、1994年1月1日起施行的《消费者权益保护法》。该法于2013年10月25日由第12届全国人民代表大会常务委员会第5次会议第二次修正。

2. 消费者权益保护法的特征

消费者权益保护法具有如下法律特征：

(1) 专门性

消费者的权利，如人身安全权、财产安全权等，从法律的角度来看，属于民事权利的范畴，是民法保护的对象。而消费者权益保护法，是专门保护消费者在生活消费过程中的权益的法律，其专门性十分突出。因此，相对于民法，消费者权益保护法是特别法，民法是普通法。

(2) 实体性与程序性相结合

在消费者权益保护法中，既有关于消费者权利、经营者义务，以及国家在保护消费者合法权益方面的权利等实体性的规定,也有关于解决消费纠纷的途径等程序性的规定。因此,消费者权益保护法是集实体法与程序法于一身的法律。

(3) 经济性

消费者生活消费行为的实质是一种经济行为,经营者的经营行为当然更是经济行为。保护消费者的权益,解决消费纠纷,明确经营者对消费者合法权益的责任,以及关于国家对消费者权益的保护,消费者自我保护的组织和权利,以及侵害消费者合法权利的法律责任等规定,从根本上说,有利于维护社会主义市场经济秩序,促进经济发展。

二、网络环境下消费者保护的特殊性

除了传统上的消费者保护外,网络环境下的消费者保护还具有一定的特殊性。在线交易完全是在一个虚拟的环境下完成的,需要特殊的取得消费者信任的保障制度。这种网络环境有着不同于传统的商务环境的特点。

(一) 在线交易的主要特点

1. 在线交易不是面对面的交易

在线交易不是面对面的交易,没有面对面议价、选物的过程,消费者不能直接感官接触货物,只能通过描述、广告、图片去实现购物,无法检查货物也无法充分挑选货物。在电子商务的环境下,如果经营者没有充分公开相关信息,存在引起消费者误解和上当受骗的可能。

2. 在线交易不是即时结清的交易

在线交易中,通常先由消费者通过信用卡或其他支付方式付款,经营者收到款才发货,或是先由经营者送货上门,然后付款,这两种付款方式都不是传统的一手交钱一手交货的方式。

(二) 消费者权利在网络环境下的特殊性

电子商务在提供便捷、丰富的消费商品和服务的同时,传统交易下所产生的纠纷及风险并没有随着高科技的发展而消失。相反,因为网络的虚拟性、流动性、隐匿性及无国界性的特点,对交易安全及消费者权益的保护提出了更多的挑战,引发了不少的问题,增加了消费者遭受损失的机会。

1. 消费者知情权方面的特殊性

知情权是消费者的一项基本权利。我国《消费者权益保护法》第8条规定:"消费者享有知悉其购买、使用的商品或者接受的服务的真实情况的权利。消费者有权根据商品或服务的不同情况,要求经营者提供商品的价格、产地、生产者、用途、性能、规格登记、主要成分、生产日期、有效日期、检验合格证明、使用方法说明、售后服务的内容、规格、费用等有关情况"。

但是,消费者知情权的实现是与传统交易方式中的一系列环节相配套的。在传统的交易方式中,消费者可以直接面对经营者,充分了解经营者的服务和商品的功用;而在电子商务中,除了送货之外,消费者和经营者并不见面,通过网上宣传了解商品信息,通过网络订货,通过电子银行结算,由配送机构送货上门。在这种情况下,就产生了消费者看不到商品,无法掌握商品真实可靠信息的问题。

2. 交易安全方面的特殊性

保障安全权是我国《消费者权益保护法》规定的消费者所享有的最基本的权利。在电子商务时代,交易安全问题又是电子商务中的基础问题。电子商务是建立在互联网上的虚拟空间中的商务活动,交易的当事人可能处在不同的地区,只是通过电子货币或网上银行来进行交易,也就给一些网络黑客通过入侵系统、修改消费者的账户、划走账上资金提供了可乘之机。

在电子商务中,由于传统商务方法已经无法保障交易安全,使越来越多的消费者对这种新型的交易方式产生了怀疑。根据 TRUSTE 调查,在美国,隐私权保护或网络安全已经成为电子商务发展最大的挑战,68%的受调查对象认为只有在隐私权保护得到有效保证的前提下才会从事网络交易;在没有从事网络交易的互联网使用者中,63%的人最担心的是个人信息安全,而在网络消费者中,41%的人最关心的是个人信息的使用情况。在我国的网上浏览者中,有45%的潜在消费者由于担心个人隐私和交易安全得不到有效保障而放弃了网上购物。

3. 消费者隐私权保护方面的特殊性

网上隐私权是指公民在网上享有的私人生活安宁与私人信息依法受到保护,不被他人非法侵犯、知悉、搜集、利用和公开的一种人格权,也包括禁止在网上泄露某些个人信息,包括事实、图像等。传统消费活动中,消费者无须披露个人信息,经营者也不必整理、利用有限的信息,因而隐私权保护不属于消费者权益保护中的突出问题。但在网络环境下,在经营者预先设置的表格中填上个人信息是申请电子邮件、购买商品、访问一些专业网站等许多网络活动的前提条件。

追求商业利益最大化的网上经营者往往利用计算机惊人的整理和分类信息的能力,对消费者的个人信息资料进行收集整理并应用于以营利为目的经营活动中,从而使消费者在不知情的情况下使自己的身份、家庭情况、兴趣爱好、信用状况、医疗记录、职业记录、上网习惯、网络活动踪迹等个人信息暴露于外人,侵犯了消费者对其个人隐私享有的隐瞒、支配、维护、利用权。

4. 消费者退换货方面的特殊性

消费者能否退换货涉及其与经营者之间权利义务的平衡问题。一方面让消费者享有在一定期限内的商品退换货保证,既是经营者的一种销售手段,也是消费者应有的权利。然而,在电子商务环境下,由于网络交易的特殊性,消费者没有机会检验商品,从而作出错误购买决定的可能性较大；另一方面经营者的权益也可能受到消费者退换货的影响。

《消费者权益保护法》及相关法律法规所规定的消费者退换货的权利在数字化商品面前就遭遇了尴尬。数字化商品一般包括音乐CD、影视DVD、软件、电子书籍等，这些都是通过线上传递的方式交易的，并且消费者在购买这些数字化商品前，大多有浏览其内容或使用试用版本的机会。但是，若根据传统的消费者保护原则，消费者在通过上线传递的方式购买了数字化商品之后，又提出退货的要求，则很可能产生对商家不公平的情形。因为商家无法判断消费者在退还商品之前，是否已经保留了复制品，而消费者保存复制品的可能性又非常大。此外，与电子商务中消费者退换货的权利相关的问题还有很多。

比如，在商品送货上门之后，相应的配送费用应由谁来承担；如果是因为网上的商品信息不够充分，致使消费者在收到货物后发现与所宣传的不完全符合或存在没有揭示过的新特点，能否视为欺诈或假冒伪劣等而适用双倍返还价款的处罚；如果由于商品本身的特性导致一些问题无法通过网络知悉，消费者购买或使用后才发现，双方又无退换货约定和法律法规依据，消费者能否提出退货的要求，是否会被视为违约，等等。因此，传统的《消费者权益保护法》中关于退换货的规定，在电子商务中是一个重新被审视的问题。

工商总局公布的《网络交易管理办法》第16条规定，网络商品经营者销售商品，消费者有权自收到商品之日起七日内退货，且无须说明理由，但有四种商品除外：消费者定做的，鲜活易腐的，在线下载或者消费者拆封的音像制品、计算机软件等数字化商品，以及交付的报纸、期刊。"办法"规定，除了这四类商品之外，其他根据商品性质并经消费者在购买时确认不宜退货的商品，不适用无理由退货。消费者退货的商品应当完好。

这实质上是网络交易中的后悔权，是因为网络交易不像实体店可以货比三家，可能存在色差或是由于网络技术手段的影响使货物失真，再加上部分网络欺诈现象的存在，消费者的知情权和自主选择权可能受到影响。这是网络交易中对传统的《消费者权益保护法》中关于退换货规定的细化和深入。

《电子商务法》第17条规定，"电子商务经营者应当全面、真实、准确、及时地披露商品或者服务信息，保障消费者的知情权和选择权。电子商务经营者不得以虚构交易、编造用户评价等方式进行虚假或者引人误解的商业宣传，欺骗、误导消费者。"

《电子商务法》第20条规定，"电子商务经营者应当按照承诺或者与消费者约定的方式、时限向消费者交付商品或者服务，并承担商品运输中的风险和责任。但是，消费者另行选择快递物流服务提供者的除外。"

《电子商务法》第21条规定，"电子商务经营者按照约定向消费者收取押金的，应当明示押金退还的方式、程序，不得对押金退还设置不合理条件。消费者申请退还押金，符合押金退还条件的，电子商务经营者应当及时退还。"

《电子商务法》第23条规定，"电子商务经营者收集、使用其用户的个人信息，应当遵守法律、行政法规有关个人信息保护的规定。"

😊 小贴士

2014年3月15日，修订后的《消费者权益保护法》正式实施。《消费者权益保护法》新增了三项制度，即无需要理由退货（后悔权）、非现场购物信息披露、网络交易平台提供者担责等，规定经营者采用网络、电视、电话、邮购等方式销售商品，消费者有权自收到商品之日起7日内退货，且无须说明理由。

2014年8月21日，国家工商总局下发通知，要求工商部门对电商企业的落实情况进行检查，督促电商企业认真落实《消费者权益保护法》的相关规定。

5. 格式条款方面的特殊性

在网上购物过程中，网站一般都订有格式条款，其内容由商家事先制订，给消费者提供的只是"同意"或"不同意"的按钮。这些格式条款，由于内容早已确定，没有合同另一方的意思表示。常见的对消费者不公平的格式条款主要有以下几种类型：(1)经营者减轻或免除自己的责任；(2)加重消费者的责任；(3)规定消费者在所购买的商品存在瑕疵时，只能要求更换，不得解除合同或减少价款，也不得要求赔偿损失；(4)因系统故障、第三人行为（如网络黑客）等因素产生的风险由消费者负担；(5)经营者约定有利于自己的纠纷解决方式等。

总之，这些格式条款的使用剥夺或限制了消费者的合同自由，消费者面对"霸王条款"，因为不了解相关知识，无暇细看或者即使发现问题也无法修改格式条款等情形，面临不利的境地。

另外，一些经营者采用强制链接、浏览等方式导致消费者选择权受损。经营者为了开展业务，往往与多个网站建立友好链接，这本来是为消费者提供的方便之举，但是一些不法经营者却将这种链接设定为强制链接，消费者只要上了一个网站，就必须进入其他相关网站浏览。更有甚者，个别网站还强行修改消费者的浏览器设置，将其网站设为主页，使消费者每次上网必须先浏览其产品。

6. 管辖权方面的特殊性

根据我国《民事诉讼法》的有关规定，因侵权行为提起的诉讼，由侵权行为地（包括侵权行为发生地和侵权行为结果地）或者被告住所所在地人民法院管辖。在传统交易模式中，依据现有法律确定侵权行为的管辖法院是比较容易的。然而，电子商务是以互联网为运行平台进行商务活动的，而互联网的无国界性打破了主权疆界的界限，并动摇了在传统的有形世界、地域主权基础上形成的司法管辖基础。

在虚拟的网络空间中地理界限消失，很难判断网上活动发生的具体地点和确切范围,而将其对应到某一特定的司法管辖区域就更加困难。某一次具体的网上活动可能是多方的,活动者分别处于不同管辖区域或跨国家内,这种随机性和全球性使几乎任何一次网上活动都是跨区域或跨国家的,从而可能造成国内或国际司法管辖权的冲突。而消费者合法权益问题可能受到立法差异、管辖权限制和地方保护主义等多方面的阻碍。

7. 损害责任的承担方面的特殊性

电子商务的完成需要多个主体的参与,任何一个供销链出现问题,都会损害消费者的合法权益。如果货物受损,各方互相推诿,必然会使消费者陷入困境;此外,无论是网上银行、网上购物、网上炒股还是网上服务,安全性、准确性和及时性都是很重要的。尤其是在我国电子商务发展的初期,在交易安全性与准确性方面发生问题是不可避免的。

在网络运营过程中会经常遇到一些障碍,这些障碍或来自技术操作方面或来自互联网上的病毒,或其他不可预测又一时无法排除的原因,导致电子商务中的交易中止,从而给消费者带来损失。不管错误原因是来自黑客袭击还是系统失误,责任终归是要有人来承担的,那么应该是商家还是顾客承担风险?相关法律法规对于电子商务中这一责任的承担还有待进一步明确。

8. 人身安全方面的特殊性

消费者的人身安全权,是指消费者在网上购买的物品不会对自己的生命和健康构成威胁。现在网络商店所提供的商品种类愈来愈多样化,消费者所选购的范围也愈来愈广,这就要求网络商品的安全性有足够的质量及安全性保障。与传统的消费者一样,从网上购买产品的消费者也有获得质量合格的产品的权利。

质量不合格的产品会给消费者的人身带来损害,如从网上购买的食品过期或变质,就很可能伤害消费者的人身健康;网上买来的家用电器缺乏安全保障,也会给消费者带来人身伤害。给消费者的生命和健康带来损害,就是侵犯了消费者的安全权,违反了我国《消费者权益保护法》及相关法律法规的规定,会令消费者丧失对网上购物的信心。

9. 财产安全方面的特殊性

消费者的财产安全权,指消费者的财产不受侵害的权利。通过网络银行支付货款对消费者的财产安全权有一定的威胁。由于国际互联网本身是个开放的系统,而网络银行的经营实际上是变资金流动为网上信息的传递,这些在开放系统上传递的信息很容易成为众多网络"黑客"的攻击目标。

目前,多数的消费者不敢通过网络上传自己的信用卡账号等关键信息也是基于这个原因,就是担心自己的财产受到侵害,这同时也严重制约了网络银行的业务发展。我国网络商场采取的支付手段还是邮寄或当面交易,在传统支付法律体系下,电子支付交易安全就无法保障。以法律来保障消费者在电子支付过程中的财产权,在我国目前尚有困难，只能从技术上来保证消费者信用卡的密码不会被泄露。如果网络银行达不到规定的要求，就要承担赔偿责任。

10. 消费者索赔权方面的特殊性

消费者的权利被侵犯时产生的索赔权，又称损害赔偿权或求偿权，是法律赋予消费者利益受损时享有的一种救济权。

由于网络媒体不受时间和地域的限制，其传输信息的速度非常快，涉及面十分广，有关部门要对其进行有效监管难度非常大。当侵权行为发生后，消费者往往因为无法得知经营者的真实身份或经营者处于异地导致过高的诉讼成本以及举证困难、法律适用不确定等原因而放弃索赔权。因此，当网上消费纠纷产生后，有关部门在处理时要坚持举证责任倒置的原则，即由经营者承担举证责任。

为了减轻消费者的负担，降低投诉成本，可以考虑建立一个统一的全国性网上投诉中心和全国联网的"经济户口"数据库。这样，当消费者的合法权益遭到侵犯时，可以通过网络快速、经济地向主管部门投诉。主管部门在接到投诉后，应及时进行调查取证，在适当的期限内进行处理，并将处理的结果反馈给消费者，从而达到维护消费者合法权益目的。

复习思考题

一、【选择题】（多项选择）

1. 电子商务主体包括以下哪几类（　　）。

    A. 电子商务交易者

    B. 电子商务服务者

    C. 电子商务认证机构

    D. 电子商务监管者

2. 我国《反垄断法》规定的垄断行为包括（　　）。

    A. 经营者达成垄断协议

    B. 经营者滥用市场支配地位

    C. 具有或者可能具有排除、限制竞争效果的经营者集中

    D. 知识产权滥用

3. 下列属于电子商务企业的有（　　）。

    A. 法人企业

    B. 非法人企业

    C. 互联网联结商（IAP）

    D. 互联网内容提供商（ICP）

4. 下列哪些行为属于不正当竞争行为（　　）。

    A. 通过网络捏造、散布虚假事实，损害竞争对手的商业信誉或商品信誉等行为

B. 虚假广告宣传行为

C. 在经营活动中采取一些旨在使消费者对该经营者与其竞争对手的营业所、商品或工商业活动提供的服务产生混淆的行为

D. 通过不正当的技术手段阻止用户使用对方的软件

二、【判断题】

1. 电子商务主体是电子商务法律关系的参加者，是在电子商务法律关系中享有权利和承担义务的个人或者是组织。（　　）

2. 《消费者权益保护法》中的消费者应该包括电子商务消费者。（　　）

3. 个人销售自产农副产品、家庭手工业产品，个人利用自己的技能从事依法无须取得许可的便民劳务活动和零星小额交易活动也需要进行登记。（　　）

4. 必须是知名商标特有的具有显著特征的名称、包装、装潢才是反不正当竞争法保护的对象。（　　）

三、【简答题】

1. 电子商务主体的市场准入制度包括哪些内容？

2. 电子商务领域的不正当竞争有哪些表现形式？

3. 消费者权益保护在电子商务领域有哪些特殊性？

第九章 电子商务安全法律制度

【学习目标】
1. 了解电子商务安全、电子商务安全隐患及安全要求。
2. 了解电子商务安全的监督管理机构、职责,掌握我国电子商务安全立法概况。
3. 了解计算机系统及互联网安全法的主要内容。
4. 熟悉网络安全法律制度。
5. 熟悉网络交易安全法律制度。

传统商务交易的双方当事人通常是面对面的,交易双方比较容易建立相互的信任关系,易于保证交易过程的安全性。而电子商务的交易活动是通过网络进行的,买卖双方互不见面,因而缺乏传统交易中的信任感和安全感。由此可见,电子商务网络安全不容小觑,安全隐患有可能制约电子商务的发展。如何建立安全、便捷的电子商务应用环境,已经成为商家和用户都十分关心的问题,也是电子商务法要解决的重要问题。

第一节 电子商务安全概述

一、电子商务安全内容

电子商务安全从整体上可以分为三大部分:计算机网络安全、信息安全和交易安全。

计算机网络安全主要是指计算机和网络本身存在的安全问题,也就是保障电子商务平台的可用性和安全性的问题,其内容主要包括计算机网络设备安全、计算机网络系统安全、数据库安全等。网络安全是针对计算机网络本身可能存在的安全问题,实施网络安全增强方案,以保证计算机网络本身的安全性为目标。

信息安全是指电子商务信息在网络的传递过程中所面临的信息被窃取、被篡改、被假冒和被恶意破坏等问题。电子商务中的信息安全主要涉及信息内容安全、信息传输、信息存储、信息使用者身份鉴别与确定等方面,具有信息保密性、信息完整性、信息真实性、信息的不可否认性和不可变更性等要求。

交易安全是指电子商务虚拟市场交易过程中存在的交易主体真实性、资金的被盗用、合同的法律效力、交易行为被抵赖等问题。交易安全是传统商务活动在互联网上应用时产生的各种安全问题,在计算机网络安全和信息安全的基础上,如何保障电子商务过程顺利进行,即实现电子商务的保密性、完整性、可鉴别性、不可伪造性和不可抵赖性。

二、电子商务安全隐患

电子商务安全威胁来自多方面,以下介绍主要的一些电子商务安全隐患。

(一)计算机网络安全隐患

1. 计算机病毒

计算机病毒通过互联网传播给网上用户,具有极大的危害,病毒可以使计算机和计算机网络系统陷入瘫痪、数据和文件丢失。在网络上传播计算机病毒可以通过公共匿名下 EPT 文件传送,也可以通过邮件和邮件的附加文件传播。

2. 操作系统中存在的安全隐患

网络上的数据传输是基于 TCP/IP 通信协议进行的,这些协议缺乏保证传输过程中的信息不被窃取的安全措施。

在计算机上存储、传输和处理的电子信息,还没有像传统的邮件通信那样进行信封保护和签字盖章。信息的来源和去向是否真实,内容是否被改动以及是否泄漏等,在应用层支持的服务协议中是凭着君子协议来维系的。

3. 黑客(hacker)入侵问题

互联网是一个开放的、无控制机构的网络,黑客经常会侵入网络中的计算机系统,或者窃取积木数据和盗用特权,或者破坏重要数据,或者使系统功能得不到充分发挥,甚至瘫痪。

4. 拒绝服务(dos,denial of service)攻击

拒绝服务攻击已经成为威胁互联网安全的重要攻击手段,这种攻击行为使网站服务器充斥大量要求回复的信息,消耗网络宽带或者系统资源,导致网络或系统不堪负荷以至于瘫痪而停止正常的网络服务。黑客不正当地使用标准协议或连接方法,向攻击的服务发出大量的信息,占用及超越攻击服务器所能处理的能力,使它死机或不能正常地为用户服务。

随着电子商务的兴起,对网站的实时性要求越来越高,拒绝服务攻击对网站的威胁越来越大,如 2000 年 2 月美国雅虎、亚马逊、CNN 就因被拒绝服务攻击而陷入瘫痪。此外,电子邮件存在着被拆看、误投和伪造的可能性。使用电子邮件来传输重要机密文件会存在很大的危险。

(二)信息安全隐患

1. 窃取信息

在没有采用加密措施或加密等级不高时,数据信息在网络上以明文形式传送,入侵者在数据包经过的网关或路由器上可以截获传送的信息。通过多次窃取和分析，可以找到信息的规律和格式，进而得到传输信息的内容，造成网上传输信息泄露，如消费者的银行账号、密码、交易内容以及企业的商业秘密等。

2. 篡改信息

当入侵者掌握了信息的格式和规律后，通过各种技术手段和方法，将网络上传送的信息数据在中途修改、删除或重放（指只能使用一次的信息被多次使用），然后再发向目的地，从而破坏信息的真实性和完整性，损害他人的经济利益，妨碍电子商务交易的顺利进行，如有些人未经授权进入网络交易系统，改变客户数据、取消客户订单等。

3. 信息假冒

由于掌握了数据的格式，并可以篡改通过的信息，攻击者可以冒充合法用户发送假冒的信息或者主动获取信息，以破坏交易、破坏被假冒一方的信誉或者盗取被假冒一方的交易成果等，而远端用户通常很难分辨，容易造成交易双方互相不信任，例如有人假冒某客户的信息订购并取得商品，真正的客户却要承担付款或者返还商品的责任。有一些不法分子建立以另一个企业名称相同或者近似的服务器，以此假冒该企业进行销售活动。

4. 信息破坏

信息破坏包括由于网络硬件和软件的问题而导致信息传递的丢失与谬误，以及一些恶意程序的破坏而导致的电子商务信息遭到破坏。

5. 发布虚假信息

在从事电子商务的过程中，参与电子商务的各方当事人需要合作，但同时为了各自的利益也存在着竞争，甚至欺诈。有些企业与信息供应商违反公平竞争法则，发布虚假的信息在互联网上进行欺诈，还有的信息发布者不及时进行信息更新处理，使用陈旧过时的信息冒充现在的信息，以达到欺诈消费者的信任、获取财物的目的。

（三）交易安全隐患

在互联网上的电子商务交易过程中，最核心的和最关键的问题是商务交易的安全性。一般来说，商务安全中普遍存在着以下几种安全隐患：

1. 信息的保密难度更高

电子商务是建立在一个较为开放的互联网络环境上的，它所依托的网络本身也就是由于开放式互联形成的市场，因此在这一新的支撑环境下，势必要用相应的技术手段来延续和提高信息的保密性。例如银行卡的账号或是用户个人信息可能被盗用，订货和付款信息就会被竞争对手获悉。

交易中的商务信息具有保密的要求，也需要遵循一定的保密规则。因为交易中的商务信息往往涉及商业机密，因此，在电子商务中的信息一般都要进行加密。

2. 不易确定交易者的真实身份

网上交易不同于传统交易，交易双方无法对对方的身份进行现场确认，而且很可能相隔千里，素昧平生，往往不易确认对方的身份，因此更容易发生欺诈行为。

3. 交易更容易被反悔和单方面抵赖

交易抵赖有多种形式，如发信者事后否认曾经发送过某条信息或者指令，收信者事后不承认曾经收到过某条信息或指令；再如购买者做了订单不承认，商家卖出的商品因价格差而不承认原有的交易等。因此，不易确定交易过程中所收到的交易信息是否是合作对象发出的。

4. 交易信息的完整性易受损

电子商务交易各方各类信息的完整性势必会影响到贸易过程中的交易和经营策略，交易的文件是不可以被修改的，否则就会给交易双方带来损失。

电子商务的出现，由计算机代替了人们大多数复杂的劳动，也以信息系统的形式整合了企业贸易中的各个环节，但是互联网的开放和信息处理的自动化也使维护贸易各方商业信息的完整性、安全性容易受到损害。

三、电子商务活动安全性的要求

（一）系统的可靠性要求

计算机及网络系统的硬件和软件工作应具有可靠性，不会因为计算机故障或意外原因造成信息损失、失效或丢失。

（二）服务的有效性要求

电子商务应能够防止服务失败情况的发生，预防由于网络故障或病毒发作等因素产生的系统停止服务等情况，保证交易数据能够准确快速地传送。

（三）交易信息的保密性要求

电子商务系统应能保证交易信息在存储、传输及处理过程中不被他人窃取，应对用户所传送的信息进行有效的加密，防止信息被截取破译。

（四）数据完整性要求

数据完整性是指在数据处理过程中，原来数据和现行数据之间保持完全一致，信息在存储中不被篡改和破坏，以及在传输过程中收到的信息和原发送的信息保持一致。

（五）信息的不可否认性要求

交易信息的发送方不可否认已经发送的信息，接收方也不可否认已经收到的信息。

（六）身份认证的要求

电子商务系统应提供安全有效的身份认证机制，确保交易双方的信息都是合法有效的，以便在发生交易纠纷时提供法律依据。

（七）访问控制要求

设置不同的访问权限，让有不同权限的用户得到的资源与服务有所区别，用户只能访问系统中授权和指定的资源，无授权系统的资源将被拒绝访问。

四、电子商务安全的监督管理机构及职责

（一）计算机信息系统安全的监督管理机构

依据1994年2月18日国务院发布的《计算机信息系统安全保护条例》，公安部主管全国计算机信息系统安全保护工作，国家安全部、国家保密局和国务院其他有关部门，在国务院规定的职责范围内做好计算机信息系统安全保护的有关工作。

对计算机信息系统中发生的案件，有关使用单位应当在24小时内向当地县级以上人民政府公安机关报告。公安机关发现影响计算机信息系统安全的隐患时，应当及时通知使用单位采取安全保护措施。公安部在紧急情况下，可以就涉及计算机信息系统安全的特定事项发布专项指令。此外，对计算机病毒和危害社会公共安全的其他有害数据的防止研究工作，由公安部归口管理。

公安机关对计算机信息系统安全保护工作行使以下监督职权：监督、检查、指导计算机信息系统安全保护工作；查处危害计算机信息系统安全的违法犯罪案件；履行计算机信息系统安全保护工作的其他监督职责。

（二）交易安全的监督管理机构

根据国务院关于机构设置的规定，电子商务的交易安全由工商行政管理机关负责监督管理。工商行政管理机关负责监督管理市场交易行为和网络商品交易及有关服务的行为，查处电子商务交易中的违法行为。

（三）信息安全认证的监督管理机构

信息安全认证的监督管理机构是中国网络安全审查技术与认证中心。该中心于2006年批准成立，隶属于国家市场监督管理总局。依据《网络安全法》《网络安全审查办法》及国家有关强制性产品认证法律法规，该中心承担网络安全审查技术支撑和认证工作；在批准范围内开展与网络安全相关的产品、管理体系、服务、人员认证和培训等工作；同时设有国家信息安全产品质量监督检验中心。

五、电子商务安全法立法概况

（一）我国电子商务安全法立法

我国的计算机安全立法工作开始于20世纪80年代。1981年，公安部成立计算机

安全监察机构，并着手制定有关计算机安全方面的法律法规和规章制度。1987年成立了国家信息中心，其下设政策研究室，专门研究信息法规问题。国务院信息化工作领导小组成立后，其下设的"法规组"在我国信息化立法和制定相关法规方面发挥了重要作用。作为国家电信和信息化工作的主管部门，信息产业部负责保障电信和信息网络的运行安全。

目前，我国现行电子商务安全法律、法规、规章及规范性文件已形成配套体系。

综合性管理方面的法律法规有：《国家安全法》《人民警察法》《保守国家秘密法》《网络安全法》《刑法》《治安管理处罚法》等。

计算机信息系统和网络安全保护方面的法律法规有：《网络安全法》《全国人大常委会关于维护互联网安全的决定》《全国人民代表大会常务委员会关于加强网络信息保护的决定》《计算机信息系统安全保护条例》《计算机病毒防治管理办法》《计算机信息网络国际联网安全保护管理办法》《关于执行〈计算机网络联网安全保护管理办法〉中有关问题的通知》《互联网信息服务管理办法》《计算机信息系统国际联网保密管理规定》《互联网安全保护技术措施规定》等。

交易与信息保护方面的法律法规有：《民法典》《电子商务法》《电子签名法》《数据安全法》《个人信息保护法》《电子支付指引（第一号）》《网络交易监督管理办法》《商用密码管理条例》《电子认证服务管理办法》《电子认证服务密码管理办法》等。

（二）国外有关电子商务安全法立法

欧盟、美国、日本、韩国是制定电子商务法较早且实施较为成功的国家和地区，他们通过增加交易透明度、最低限度要求消费者个人数据等来保护网上购物中消费者的合法权益。

1. 欧盟与欧洲各国

1995年欧盟发布了《个人资料保护指令》。1996年，欧洲联盟议会和部长理事会向欧盟各成员国政府发出了《关于数据库法律保护的指令》，涉及各种形式的数据库保护。1997年，欧盟通过了《确保电子通信的安全和信任：建立有关电子签名和加密问题的欧洲框架》的工作文件。1998年，欧盟颁布了《关于处理个人数据及其自由流动中保护个人隐私的指令》（又称《欧盟隐私保护指令》）。

1998年11月，欧盟《私有数据保密法》开始实施，涉及输入网络站点、存储于互联网服务器上的及内联网上传播的私有数据保护问题。1999年，欧盟制定了《电子签名的统一框架指令》，主要用于指导和协调欧盟各国的电子签名立法，涉及电子认证服务的市场准入、电子认证服务管理和国际协调、认证中的数据保护、电子认证书内容的规范等方面。2000年，欧盟批准和美国签订《安全港协议》，保护客户个人资料和信息。

2001年欧盟颁布《关于网络犯罪的公约》，为计算机信息系统和网络安全运行奠定了法律基础。2017年欧盟实施《数据保护法》,用以保护消费者的数据和隐私。

2018年5月25日,欧洲联盟出台《通用数据保护条例》。该法案被公认为目前全球对用户个人数据保护最严格的法律,其适用范围涵盖所有与欧盟个人数据收集和处理相关的商业主体,违规企业将最高被处以上一年度全球营业额的4%或2000万欧元作为罚款。

案例 9-1

谷歌成 GDPR 处罚目标 被法国罚款 5700 万美元

法国数据保护机构 CNIL 于 2019 年 1 月宣布,对谷歌处以 5000 万欧元(约合 5700 万美元)的罚款,原因是它没有向用户正确披露如何通过其搜索引擎、谷歌地图和 YouTube 等服务收集数据,以展示个性化广告。

自从 2018 年 5 月欧盟隐私法——《通用数据保护条例》(GDPR)生效以来,这项处罚是迄今数额最大的。这表明,监管机构正在履行一项承诺,即利用这些规则打击那些业务依赖数据收集的互联网公司。Facebook 也是欧洲数据保护机构数次调查的对象。

在一份声明中,这家监管机构表示,谷歌的做法掩盖了其服务"如何能够揭示人们私人生活的重要部分,因为它们基于大量的数据、各种各样的服务和几乎无限的可能组合。"此外,鉴于谷歌的庞大规模(有大约 20 种不同的服务),使得它的数据收集规模"特别大",而且具有"侵入性"。

专门研究隐私法的巴黎律师事务所 Frieh associés 的合伙人拉斐尔·达纳表示,随着数据保护法的出台,硅谷公司应该会在整个欧洲受到更多惩罚。他还称:"这将改变互联网公司从用户数据中获得的利润与被处以罚款的风险之间的视角。"

资料来源:腾讯科技网, https://tech.qq.com/a/20190122/001464.htm, 访问日期:2023 年 7 月 1 日。

欧洲各国也制定了一系列法律来保护电子商务的安全。英国于 1984 年制定了《数据保护法》,规定链接服务提供商必须为诽谤性内容承担法律责任。2000 年 3 月起生效的《1998 年数据保护法》,取代了《1984 年数据保护法》,主要强调了个人数据传送的隐私权保护。德国于 1997 年制定了《联邦数据保护法》,此后还制定了《电子签名法》。意大利 1996 年通过了第 675/96 号立法文件,对个人数据保护作了规定;此外意大利将计算机犯罪与刑法联系起来,修改了有关条款,加大了对计算机犯罪分子的打击力度。

2. 美国

为防止利用计算机、网络犯罪,美国采取了一系列措施加速信息基础设施建设,并且颁布了《1986年国家信息基础保护法》《1986年计算机诈骗与滥用法》《1987年计算机安全法》《1987年联邦计算机安全处罚条例》《2002年信息安全管理法》《2002年网络安全增强法》《2009年网络安全法》等法律法规。

在保障电子商务活动的安全方面，美国立法也颇多，如《1984年冒名存取和计算机欺诈及滥用法》《1986年电子通信隐私保护法案》《1988年计算机适用及个人隐私保护法》《1996年经济间谍法》《1997年消费者网络隐私保护法》《1997年联邦网络隐私保护法》《1999年在线隐私保护法》《1999年统一计算机信息交易法》《1999年统一电子交易法》《2000年全球及全国电子签名法》《2000年国际与国内电子签章法》《2005年个人数据隐私与安全法》等法律法规。

3. 其他国家

新加坡1993年出台《滥用计算机法》（1998年修订），制定该法的目的是应对日益严重的计算机犯罪及其严重后果，以适应电子商务发展的需要。与该法配套，新加坡政府还制定了《信息安全指南》（1999年）和《电子认证安全指南》。1998年制定的《电子交易法》为电子交易做了全面的法律规定。

1998年，韩国通过了《电子签名法》，1999年通过了《电子商务基本法》，这两部法律均于1999年7月起生效。此外，韩国还制定了《计算机软件保护法》等法律。

日本于2000年将商业计算机软件等信息产品定为"信息财产"并予以法律保护，同年，日本还制定了《电子签名认证法》。

1988年，澳大利亚在私权保护法中对个人信息的保护作出了具体的规定。为顺应电子商务的发展，1999年，澳大利亚出台了《电子交易法》。

加拿大于1997年开始在电子商务管理中健全公共秘钥基础设施保密系统，对网上出现的不良信息加强管理，并且在技术上使用防暴力晶片，以阻止暴力和色情信息进入家庭和学校；此外，加拿大在2001年1月起实施《个人隐私法》，以保护电子商务中的个人隐私。1999年颁布了《统一电子商务法》，规范电子商务活动。

第二节 计算机系统及互联网安全法

电子商务安全的技术基础是计算机系统和互联网安全，因此，本节首先阐述计算机系统及互联网安全法。

一、计算机信息系统安全保护制度

国务院《计算机信息系统安全保护条例》详细规定了计算机信息系统的安全保护制度、安全监察及相关的法律责任。为了加强对计算机病毒的预防和治理，保护计算机信息系统安全，保障计算机的应用与发展，公安部制定了《计算机病毒防治管理办法》。《计算机信息系统安全专用产品检测和销售许可证管理办法》对安全专用产品检测和销售许可证制度作出具体规定。这些法律制度在我国计算机系统安全保护方面起着重要作用，其主要内容如下。

(一) 计算机病毒和有害数据防治制度

计算机病毒是指编制或者在计算机程序中插入的破坏计算机功能或者毁坏数据，影响计算机使用，并能自我复制的一组计算机指令或者程序代码。有害数据是指计算机信息系统及其存储介质中存在、出现的，以计算机程序、图像、文字、声音等多种形式表示的有害数据和有害计算机程序（含计算机病毒）。有害数据可以分为以下三类：(1) 危害国家安全内容的有害数据；(2) 危害社会治安秩序内容的有害数据；(3) 危害计算机信息系统的有害数据。

公安部公共信息网络安全监察部门主管全国的计算机病毒防治管理工作。地方各级公安机关具体负责本行政区域内的计算机病毒防治管理工作。任何单位和个人应当接受公安机关对计算机病毒防治工作的监督、检查和指导。

从事计算机病毒防治产品生产的单位，应当及时向公安部公共信息网络安全监察部门批准的计算机病毒防治产品检测机构提交病毒样本。

计算机病毒防治产品检测机构应当对提交的病毒样本及时进行分析、确认，并将确认结果上报公安部公共信息网络安全监察部门。

对计算机病毒的认定工作，由公安部公共信息网络安全监察部门批准的机构承担。

计算机信息系统使用单位的病毒防治职责包括：①建立本单位的计算机病毒防治管理制度；②采取计算机病毒安全技术防治措施；③及时检测、清除计算机信息系统中的计算机病毒，并备有检测、清除的纪录；④使用具有计算机信息系统安全专业产品销售许可证的计算机病毒防治产品；⑤对因计算机病毒引起的计算机信息系统瘫痪、程序和数据严重破坏等重大事故及时向公安机关报告，并保护现场。

从事计算机设备或者媒体生产、销售、出租、维修行业的单位和个人，应当对计算机设备或者媒体进行计算机病毒检测、清除工作，并备有检测、清除的记录。

任何单位和个人在计算机信息网络上下载程序、数据或者购置、维修、借入计算机设备时，应当进行计算机病毒检测。

任何单位和个人销售、附赠的计算机病毒防治产品，应当具有计算机信息系统安全专用产品销售许可证，并贴有"销售许可"标记。

任何单位和个人不得有下列传播计算机病毒的行为：①故意输入计算机病毒，危害计算机信息系统安全；②向他人提供含有计算机病毒的文件、软件、媒体；③销售、出租、附赠含有计算机病毒的媒体；④其他传播计算机病毒的行为。

任何单位和个人不得制作计算机病毒。任何单位和个人不得向社会发布虚假的计算机病毒"疫情"。

(二) 安全专用产品检测和销售许可证制度

计算机信息系统安全专用产品是指用于保护计算机信息系统安全的专用硬件和专用软件产品。国家对计算机信息系统安全专用产品的销售实行许可证制度。

《计算机信息系统安全专用产品检测和销售许可证管理办法》对安全专用产品检测和销售许可证制度作出了如下具体规定。

1. 安全专用产品检测和销售许可证的主管机关

中国境内的安全专用产品进入销售市场,实行销售许可证制度。安全专用产品的生产者在其产品进入市场销售之前,必须申领《计算机信息系统安全专用产品销售许可证》(以下简称《销售许可证》)。安全专用产品的生产者申领销售许可证,必须对其产品进行安全功能检测和认定。公安部计算机管理监察部门负责销售许可证的审批颁发工作和安全专用产品安全功能检测机构(以下简称检测机构)的审批工作。地(市)级以上人民政府公安机关负责销售许可证的监督检查工作。

2. 监察机构的申请与批准

经省级以上技术监督行政主管部门或者其授权的部门考核合格的检测机构,可以向公安部计算机管理监察部门提出承担安全专用产品检测任务的申请。

公安部计算机管理监察部门对提出申请的检测机构的检查条件和能力进行审查,经审查合格的,批准其承担安全用品检测任务。

公安部计算机管理监察部门对承担检测任务的检测机构每年至少进行一次监督检查。

被取消检测资格的检测机构,两年后方准许重新申请承担安全专用产品的检测任务。

3. 安全专用产品的检测

安全专用产品的生产者应当向公安部计算机管理监察部门批准的检测机构申请安全功能检测。对在国内生产的安全专用产品,由其生产者负责送交检测;对境外生产在国内销售的安全专用产品,由国外生产者指定的国内具有法人资格的企业或单位负责送交检测。当安全专用产品的安全功能发生改变时,安全专用产品应当进行重新检测。

检测机构收到检测申请、样品及其他有关材料后,应当按照安全专用产品的功能说明,检测其是否具有计算机信息系统安全保护功能。

检测机构应当及时检测,并将检测报告报送公安部门计算机管理监察部门备案。

4. 销售许可证的审批和颁发

安全专用产品的生产者申领销售许可证,应当向公安部计算机管理监察部门提交申请。

公安部计算机管理监察部门自接到申请之日起,应当在 15 日内对安全专用产品作出审核结果,特殊情况下可以延至 30 日;经审查合格的,颁发销售许可证和安全专用产品"销售许可"标记,不合格的,书面通知申领者并说明理由。

对于已经取得销售许可证的安全专用产品,生产者应当在固定位置标明"销售许可"标记,任何单位和个人不得销售无"销售许可"标记的安全专用产品。

销售许可证只对所申请销售的安全专用产品有效。当安全专用产品的功能发生改变时,必须重新申领销售许可证。销售许可证自批准之日起两年内有效,期满需要延期的,应当于期满前 30 日内向公安部计算机管理监察部门申请办理延期手续。

(三)其他计算机信息系统安全保护制度

《计算机信息系统安全保护条例》还规定了其他计算机信息系统安全保护制度。

1. 计算机信息系统安全等级制度

计算机信息系统实行安全等级保护。安全等级的划分标准和安全等级保护的具体办法,由公安部会同有关部门制定。为了规范信息安全等级保护管理,根据《计算机信息系统安全保护条例》等有关法律法规,制定《信息安全等级保护管理办法》。

2. 计算机机房安全管理制度

计算机机房应当符合国家标准和国家有关规定。在计算机机房附近施工的,不得危害计算机信息系统的安全。

3. 计算机信息系统国际联网备案制度

进行国际联网的计算机信息系统,由计算机信息系统的使用单位报省级以上人民政府公安机关备案。

4. 计算机信息媒体进出口申报制度

运输、携带、邮寄计算机信息媒体进出境的,应当如实向海关申报。

5. 计算机信息系统使用单位安全负责制度

计算机信息系统的使用单位应当建立健全安全管理制度,负责本单位计算机信息系统的安全保护工作。

6. 计算机信息系统中发生的案件限时报告制度

对于计算机信息系统中发生的案件,有关使用单位应当在 24 小时内向当地县级以上人民政府公安机关报告。

▶ **知识链接**

计算机信息系统的安全保护等级

我国《信息安全等级保护管理办法》第 7 条规定,信息系统的安全保护等级分为以下五级:

第一级,信息系统受到破坏后,会对公民、法人和其他组织的合法权益造成损害,但不损害国家安全、社会秩序和公共利益。

第二级,信息系统受到破坏后,会对公民、法人和其他组织的合法权益产生严重损害,或者对社会秩序和公共利益造成损害,但不损害国家安全。

第三级,信息系统受到破坏后,会对社会秩序和公共利益造成严重损害,或者对国家安全造成损害。

第四级,信息系统受到破坏后,会对社会秩序和公共利益造成特别严重损害,或者对国家安全造成严重损害。

第五级,信息系统受到破坏后,会对国家安全造成特别严重损害。

《信息安全等级保护管理办法》第8条规定,信息系统运营、使用单位依据本办法和相关技术标准对信息系统进行保护,国家有关信息安全监管部门对其信息安全等级保护工作进行监督管理。

二、国际互联网络管理制度

(一)国际互联网出入口信道管理规定

1.《计算机信息网络国际联网管理暂行规定实施办法》对国际联网出入口信道的管理规定

为了加强对计算机信息网络国际联网的管理,保障国际计算机信息交流的健康发展,1996年2月1日,国务院发布了《暂行规定实施办法》。

计算机信息网络直接进行国际联网,必须使用邮电部(现工业和信息化部)国家公用电信网提供的国际出入口信道。任何单位和个人不得自行建立或者使用其他信道进行国际联网。

自然人、法人和其他组织使用的计算机或者计算机信息网络,需要进行国际联网的,必须通过接入网络进行国际联网。计算机或者计算机信息网络需要接入网络的,应当征得接入单位的同意,并办理登记手续。

国际出入口信道提供单位有责任向互联网单位提供所需的国际出入口信道和公平、优质、安全的服务,并定期收取信道使用费。互联单位开通或扩充国际出入口信道,应当到国际出入口信道提供单位办理有关信道开通或扩充手续,并在国务院信息化工作领导小组办公室备案。国际出入口信道提供单位在接到互联网单位的申请后,应当在100个工作日内为互联网单位开通所需的国际出入口信道。国际出入口信道提供单位与互联单位应当签订相应的协议,严格履行各自的责任和义务。

2.《计算机信息网络国际联网出入口信道管理办法》的管理规定

我国境内的计算机信息网络直接进行国际联网,必须使用工业和信息化部国家公用电信网提供的国际出入口信道。任何单位和个人不得自行建立或者使用其他信道(含卫星信道)进行国际联网。电信管理局负责国际联网出入口信道的提供和管理。

直接进行国际联网的计算机信息网络运行单位（以下简称互联单位），应当向工业和信息化部申请办理使用国际出入口信道手续。互联单位在办理手续时，应当提供有效批准文件及有关网络规模、应用范围、接入单位、所需信道等的相关资料。互联单位在办理手续后，应将前款事项变更情况，每半年向工业和信息化部申报一次。

工业和信息化部对互联单位的申请进行审核，对符合规定条件的，由电信管理局在 30 日内提供所需的国际出入口信道。未经工业和信息化部批准，任何单位不得为计算机信息网络国际联网提供出入口信道。

电信管理局应当加强国际出入口信道的管理，向互联单位提供优质可靠的服务。

互联单位使用专用国际信道，按照现行国际出租电路标准收费；对教育、科研部门内部使用的国际信道资费实行优惠。

此外，2002 年 6 月 26 日，原信息产业部发布《国际通信出入口局管理办法》对国际联网出入信道的管理工作作出了进一步详细规定。

（二）国际联网经营许可证制度

《暂行规定实施办法》规定，新建互联网络，必须经部（委）级行政主管部门批准后，向国务院信息化工作领导小组提交互联单位申请书和互联网络可行性报告，由该小组审议，提出意见并报国务院批准。互联网络可行性报告的内容应当包括：网络服务性质和范围、网络技术方案、经济分析、管理办法和安全措施等。

接入网络必须通过互联网络进行国际联网。接入单位拟从事国际联网经营活动的，应当向有权受理从事国际联网经营活动申请的互联单位主管部门或者主管单位申请领取国际联网经营许可证；未领取国际联网经营许可证的，不得从事国际联网经营业务。

接入单位拟从事非经营活动的，应当报经有权受理从事非经营活动申请的互联单位主管部门或者主管单位审批；未经批准的，不得接入互联网络进行国际联网。申请领取国家联网经营许可证或者办理审批手续时，应当提供计算机信息网络的性质、应用范围和主机地址等资料。国际联网经营许可证的格式由领导小组统一制定。

（三）市场准入制度

《暂行规定实施办法》规定，从事国际联网经营活动的和从事非经营活动的接入单位必须具备的条件是：

（1）依法设立的企业法人或者事业法人；
（2）具有相应的计算机信息网络、装备以及相应的技术人员和管理人员；
（3）具有健全的安全保密管理制度和技术保护措施；
（4）符合法律和国务院规定的其他条件。

接入单位从事国际联网经营活动的，除必须具备上述四项条件外，还应当具备为用户提供长期服务的能力。

从事国际联网经营活动的接入单位的情况发生变化，不再符合上述（1）（2）项规定条件的，其国际联网经营许可证由发证机构予以吊销；从事非经营活动的接入单位的情况发生变化，不再符合上述（1）项规定条件的，其国际联网资格由审批机关予以取消。

接入单位除具备上述条件外，还要向互联单位主管机关或者主管单位提交接入单位申请书和接入网络可行性报告。互联单位主管机关或者主管单位应当在收到接入单位申请书后20个工作日内，将审批意见以书面形式通知申请单位。

（四）安全责任

《暂行规定实施办法》规定，国际出入口信道提供单位、互联单位和接入单位，应当建立相应的网络管理中心，依照法律和国家有关规定加强对本单位及其用户的管理，做好网络信息安全管理工作，确保为用户提供良好、安全的服务。互联单位与接入单位应当负责本单位及其用户有关国际联网的技术培训和管理教育工作。

互联单位、接入单位和用户应当遵守国家有关法律、行政法规，严格执行国家安全保密制度；不得利用国际联网从事危害国家安全、泄露国家秘密等违法犯罪活动；不得制作、查阅、复制和传播妨碍社会治安和淫秽色情等有害信息；发现有害信息应当及时向有关主管部门报告，并采取有效措施，不得使其扩散。

用户应当服从接入单位的管理，遵守用户守则；不得擅自进入未经许可的计算机系统篡改他人信息；不得在网上散发恶意信息，冒用他人名义发出信息，侵犯他人隐私；不得制造、传播计算机病毒及从事其他侵犯网络和他人合法权益的活动。用户有权获得接入单位提供的各项服务；有义务缴纳相关费用。

国际出入口信道提供单位、互联单位和接入单位应当保存与其服务相关的所有信息资料；在国务院信息化工作领导小组办公室和有关主管部门进行检查时，应当及时提供有关信息资料。国际出入口信道提供单位、互联单位每年2月份向国务院信息化工作领导小组提交上一年度有关网络运行、业务发展、组织管理的报告。

五、国际联网安全保护制度

为了加强对计算机信息网络国际联网的安全保护，维护公共秩序和社会稳定，根据《计算机信息系统安全保护条例》《计算机信息网络国际联网管理暂行规定》和其他法律法规的规定，公安部制定了《计算机信息网络国际联网管理安全保护管理办法》，对计算机信息网络国际联网安全保护管理做了详细的规定。

（一）主管机关及其安全监督职责

1. 国际联网安全保护的主管机关

公安部计算机管理监察机构负责计算机信息网络国际联网的安全管理工作，应当保护计算机信息网络国际联网的公共安全，维护国际联网业务的单位和个人的合法权益和公众利益。省、自治区、直辖市公安厅（局），地（市）、县（市）公安局，应当有相应机构负责国际联网的安全保护管理工作。

2. 主管机关的安全监督职责

公安机关计算机管理监察机构应当掌握互联单位、接入单位和用户的备案情况，建立备案档案，进行备案统计，并按照国家有关规定逐级上报。

公安机关计算机管理监察机构应当督促互联单位、接入单位及有关用户建立、健全安全保护管理制度。监督、检查网络安全保护管理以及技术培训措施的落实情况。在组织安全检查时，有关单位应当派人参加。对安全检查中发现的问题，公安机关计算机管理监察机构应当提出改进意见，作出详细记录，存档备案。

公安机关计算机管理监察机构发现含有禁止任何单位和个人制作、复制、查阅和传播信息内容的地址、目录或者服务器时，应当责令有关单位关闭或者删除。

公安机关计算机管理监察机构应当负责追踪和查处通过计算机信息网络进行的违法行为和针对计算机信息网络的犯罪案件，对危害国家安全、泄露国家秘密、侵犯合法权益以及侵犯用户的通信自由和通信秘密的违法犯罪行为，应当按照国家有关规定移送有关部门或者司法机关处理。

（二）安全保护责任

从事国际联网业务的单位和个人应当接受公安机关的安全监督、检查和指导，如实向公安机关提供有关安全保护的信息、资料及数据文件，协助公安机关查处通过国际联网的计算机信息网络的违法犯罪行为。

国际出入口信道提供单位、互联单位的主管部门或者主管单位，应当依照法律和国家有关规定负责国际出入口信道、所属互联网络的安全保护管理工作。

互联单位、接入单位及使用计算机信息网络国际联网的法人和其他组织应当履行下列安全保护职责：

（1）负责本网络的安全保护管理工作，建立健全安全保护管理制度；

（2）落实安全保护技术措施，保障本网络的运行安全和信息安全；

（3）负责对本网络用户的安全教育和培训；

（4）对委托发布信息的单位和个人进行登记，并对所提供的信息内容按照本办法第五条进行审核；

（5）建立计算机信息网络电子公告系统的用户登记和信息管理制度；

（6）发现有《计算机信息网络国际联网管理安全保护管理办法》第4条至第7条所列情形之一的，应当保留有关原始记录，并在24小时内向当地公安机关报告；

（7）按照国家有关规定，删除本网络中含有《计算机信息网络国际联网管理安全保护管理办法》第五条内容的地址、目录或者关闭服务器。

用户在接入单位办理入网手续时，应当填写用户备案表。备案表由公安部监制。

互联单位、接入单位、使用计算机信息网络国际联网的法人和其他组织（包括跨省、自治区、直辖市联网的单位和所属的分支机构），应当自网络正式联通之日起30日内，到所在地的省、自治区、直辖市人民政府公安机关指定的受理机关办理备案手续。以上单位应当负责将接入本网络的接入单位和用户情况报当地公安机关备案，并及时报告本网络中接入单位和用户的变更情况。

使用公用账号的注册者应当加强对公用账号的管理，建立账号使用登记制度。用户账号不得转借、转让。涉及国家事务、经济建设、国防建设、尖端科学技术等重要领域的单位办理备案手续时，应当出具其行政主管部门的审批证明。前款所列单位的计算机信息网络与国际联网，应当采取相应的安全保护措施。

六、互联网安全保护技术措施制度

公安部根据《计算机信息网络国际联网安全保护管理办法》，制定了《互联网安全保护技术措施规定》。

（一）主管机关及其监督检查职责

互联网安全保护技术措施，是指保障互联网网络安全和信息安全、防范违法犯罪的技术设施和技术方法。公安机关公共信息网络安全监察部门负责对互联网安全保护技术措施的落实情况依法实施监督管理。

公安机关应当依法对辖区内互联网服务提供者和联网使用单位安全保护技术措施的落实情况进行指导、监督和检查。公安机关在依法监督检查时，互联网服务提供者、联网使用单位应当派人参加。公安机关对监督检查发现的问题，应当提出改进意见，通知互联网服务提供者、联网使用单位及时整改。

（二）互联网服务提供者、联网使用单位的义务

互联网服务提供者、联网使用单位负责落实互联网安全保护技术措施，并保障互联网安全保护技术措施功能的正常发挥。互联网安全保护技术措施应当符合国家标准。没有国家标准的，应当符合公共安全行业技术标准。

互联网服务提供者、联网使用单位应当建立相应的管理制度。未经用户同意不得公开、泄露用户所注册的信息，但法律、行政法规另有规定的除外。

互联网服务提供者、联网使用单位应当依法使用互联网安全保护技术措施，不得利用互联网安全保护技术措施侵犯用户的通信自由和通信秘密。

互联网服务提供者采取的互联网安全保护技术措施应当具有符合公共安全行业技术标准的联网接口。互联网服务提供者和联网使用单位落实的记录留存技术措施，应当具有至少保存60天记录备份的功能。

(三) 互联网安全保护技术措施

1. 最基本的互联网安全保护技术措施

互联网服务提供者和联网使用单位应当落实以下互联网安全保护技术措施：①防范计算机病毒、网络入侵和攻击破坏等危害网络安全事项或者行为的技术措施；②重要数据库和系统主要设备的冗灾备份措施；③记录并留存用户登录和退出时间、主叫号码、账号、互联网地址或域名、系统维护日志的技术措施；④法律、法规和规章规定应当落实的其他安全保护技术措施。

2. 提供互联网接入服务的单位应当落实的安全保护技术措施

提供互联网接入服务的单位除落实最基本的互联网安全保护技术措施外，还应当落实具有以下功能的安全保护技术措施：①记录并留存用户注册信息；②使用内部网络地址与互联网网络地址转换方式为用户提供接入服务的，能够记录并留存用户使用的互联网网络地址和内部网络地址对应关系；③记录、跟踪网络运行状态，监测、记录网络安全事件等安全审计功能。

3. 提供互联网信息服务的单位应当落实的安全保护技术措施

提供互联网信息服务的单位除落实最基本的互联网安全保护技术措施外，还应当落实具有以下功能的安全保护技术措施：①在公共信息服务中发现、停止传输违法信息，并保留相关记录；②提供新闻、出版以及电子公告等服务的，能够记录并留存发布的信息内容及发布时间；③开办门户网站、新闻网站、电子商务网站的，能够防范网站、网页被篡改，被篡改后能够自动恢复；④开办电子公告服务的，具有用户注册信息和发布信息审计功能；⑤开办电子邮件和网上短信息服务的，能够防范、清除以群发方式发送伪造、隐匿信息发送者真实标记的电子邮件或者短信息。

4. 提供互联网数据中心服务的单位和联网使用单位应当落实的安全技术保护技术措施

提供互联网数据中心服务的单位和联网使用单位除落实最基本的互联网安全保护技术措施外，还应当落实具有以下功能的安全保护技术措施：①记录并留存用户所注册的信息；②在公共信息服务中发现并制止传输违法信息，并保留相关记录；③联网使用单位使用内部网络地址与互联网网络地址转换方式向用户提供接入服务的，能够记录并留存用户使用的互联网网络地址和内部网络地址对应关系。

5. 提供互联网上网服务的单位应当落实的安全技术保护措施

提供互联网上网服务的单位除落实最基本的互联网安全保护技术措施外，还应当安装并运行互联网公共上网服务场所安全管理系统。

(四) 互联网服务提供者和联网使用单位的禁止性行为

互联网服务提供者和联网使用单位，不得实施下列破坏互联网安全保护技术措施的行为：①擅自停止或者部分停止安全保护技术设施、技术手段运行；②故意破坏安全保护技术设施；③擅自删除、篡改安全保护技术设施、技术手段运行程序和记录；④擅自改变安全保护技术措施的用途和范围；⑤其他故意破坏安全保护技术措施或者妨碍其功能正常发挥的行为。

第三节　网络安全法律规定

网络安全，是指通过采取必要措施，防范对网络的攻击、侵入、干扰、破坏和非法使用以及意外事故，使网络处于稳定可靠运行的状态，以及保障网络数据的完整性、保密性、可用性的能力。2016年11月7日，第十二届全国人民代表大会常务委员会第二十四次会议通过了《网络安全法》，自2017年6月1日起实施，这是我国保障包括电子商务在内的网络安全的统一法、基本法，是我国对包括电子商务在内的网络空间治理的第一部法律。

一、网络安全基本原则

（一）网络空间主权原则

制定《网络安全法》的目的是保障网络安全，维护网络空间主权和国家安全、社会公共利益，保护公民、法人和其他组织的合法权益，促进经济社会信息化健康发展。国家采取措施，监测、防御、处置来源于中华人民共和国境内外的网络安全风险和威胁，保护关键信息基础设施免受攻击、侵入、干扰和破坏，依法惩治网络违法犯罪活动，维护网络空间安全和秩序。

境外的机构、组织、个人从事攻击、侵入、干扰、破坏等危害中华人民共和国的关键信息基础设施的活动，造成严重后果的，依法追究法律责任；国务院公安部门和有关部门并可以决定对该机构、组织、个人采取冻结财产或者其他必要的制裁措施。

国家积极开展网络空间治理、网络技术研发和标准制定、打击网络违法犯罪等方面的国际交流与合作，推动构建和平、安全、开放、合作的网络空间，建立多边、民主、透明的网络治理体系。

（二）网络安全与信息化发展并重的原则

国家遵循积极利用、科学发展、依法管理、确保安全的方针，推进网络基础设施建设和互联互通，鼓励网络技术创新和应用，支持培养网络安全人才，建立健全网络安全保障体系，提高网络安全保护能力。

国家制定并不断完善网络安全战略，明确保障网络安全的基本要求和主要目标，提出重点领域的网络安全政策、工作任务和措施。国家保护公民、法人和其他组织依法使用网络的权利，促进网络接入普及，提升网络服务水平，为社会提供安全、便利的网络服务，保障网络信息依法有序自由流动。

国务院和省、自治区、直辖市人民政府应当统筹规划，加大投入，扶持重点网络安全技术产业和项目，支持网络安全技术的研究开发和应用，推广安全可信的网络产品和服务，保护网络技术知识产权，支持企业、研究机构和高等学校等参与国家网络安全技术创新项目。国家鼓励开发网络数据安全保护和利用技术，促进公共数据资源开放，推动技术创新和经济社会发展。国家支持创新网络安全管理方式，运用网络新技术，提升网络安全保护水平。

(三) 共同治理原则

国家倡导诚实守信、健康文明的网络行为，推动传播社会主义核心价值观，采取措施提高全社会的网络安全意识和水平，形成全社会共同参与促进网络安全的良好环境。

1. 国家及机构治理

国家积极开展网络空间治理、网络技术研发和标准制定、打击网络违法犯罪等方面的国际交流与合作，推动构建和平、安全、开放、合作的网络空间，建立多边、民主、透明的网络治理体系。

国家保护公民、法人和其他组织依法使用网络的权利，促进网络接入普及，提升网络服务水平，为社会提供安全、便利的网络服务，保障网络信息依法有序自由流动。

国家支持研究开发有利于未成年人健康成长的网络产品和服务，依法惩治利用网络从事危害未成年人身心健康的活动，为未成年人提供安全、健康的网络环境。

国家网信部门负责统筹协调网络安全工作和相关监督管理工作。国务院电信主管部门、公安部门和其他有关机关依照本法和有关法律、行政法规的规定，在各自职责范围内负责网络安全保护和监督管理工作。县级以上地方人民政府有关部门的网络安全保护和监督管理职责，按照国家有关规定确定。有关部门应当对举报人的相关信息予以保密，保护举报人的合法权益。

2. 网络运营者治理责任

网络运营者开展经营和服务活动，必须遵守法律、行政法规，尊重社会公德，遵守商业道德，诚实信用，履行网络安全保护义务，接受政府和社会的监督，承担社会责任。建设、运营网络或者通过网络提供服务，应当依照法律、行政法规的规定和国家标准的强制性要求，采取技术措施和其他必要措施，保障网络安全、稳定运行，有效应对网络安全事件，防范网络违法犯罪活动，维护网络数据的完整性、保密性和可用性。

3. 行业组织自律

网络相关行业组织按照章程，加强行业自律，制定网络安全行为规范，指导会员加强网络安全保护，提高网络安全保护水平，促进行业健康发展。

4. 社会治理

任何个人和组织使用网络应当遵守宪法法律，遵守公共秩序，尊重社会公德，不得危害网络安全,不得利用网络从事危害国家安全、荣誉和利益,煽动颠覆国家政权、推翻社会主义制度、煽动分裂国家、破坏国家统一,宣扬恐怖主义、极端主义,宣扬民族仇恨、民族歧视,传播暴力、淫秽色情信息,编造、传播虚假信息,扰乱经济秩序和社会秩序,以及侵害他人名誉、隐私、知识产权和其他合法权益等活动。

任何个人和组织有权对危害网络安全的行为向网信、电信、公安等部门举报。收到举报的部门应当及时依法作出处理;不属于本部门职责的,应当及时移送有权处理的部门。

二、网络运行安全规定

(一)一般规定

1. 网络安全等级保护制度

《网络安全法》规定,国家实行网络安全等级保护制度。网络运营者应当按照网络安全等级保护制度的要求,履行下列安全保护义务,保障网络免受干扰、破坏或者未经授权的访问,防止网络数据泄露或者被窃取、篡改:①制定内部安全管理制度和操作规程,确定网络安全负责人,落实网络安全保护责任;②采取防范计算机病毒和网络攻击、网络侵入等危害网络安全的行为的技术措施;③采取监测、记录网络运行状态、网络安全事件的技术措施,并按照规定留存相关的网络日志不少于六个月;④采取数据分类、重要数据备份和加密等措施;⑤法律、行政法规规定的其他义务。

2. 网络产品、服务应当符合相关国家标准的强制性要求

网络产品、服务的提供者不得设置恶意程序;发现其网络产品、服务存在安全缺陷、漏洞等风险时,应当立即采取补救措施,按照规定及时告知用户并向有关主管部门报告。网络产品、服务的提供者应当为其产品、服务持续提供安全维护;在规定或者当事人约定的期限内,不得终止提供安全维护。

网络产品、服务具有收集用户信息功能的,其提供者应当向用户明示并取得同意;涉及用户个人信息的,还应当遵守本法和有关法律、行政法规关于个人信息保护的规定。

知识链接

计算机信息系统安全保护等级划分等级

《计算机信息系统安全保护条例》《网络安全法》规定,计算机信息系统实行安全等级保护。安全等级的划分标准和安全等级保护的具体办法由公安部会同有关部门制定,主要有《计算机信息系统安全保护等级划分准则》和《计算机信息系统安全保护等级划分准则应用指南》以及《计算机信息系统安全保护等级评估准则》。

《计算机信息系统安全等级划分准则》将计算机信息系统的安全保护等级划分为用户自主保护级、系统审计保护级、安全标记保护级、结构化保护级、访问验证保护级等五个级别。由低到高依此为：

1. 用户自主保护级

这一级的计算机信息系统可使计算机通过隔离用户与数据，使用户具备自主安全保护的能力。它具有多种形式的控制能力，对用户实施访问控制，即为用户提供可行的手段，保护用户和用户组的信息，避免其他用户对数据的非法读写与破坏。包括自主访问控制、身份鉴别、数据完整性等内容。

2. 系统审计保护级

这一级与用户保护级相比，计算机信息系统可使计算机实施粒度更细的自主访问控制，它通过登录规程、审计安全性相关时间和隔离资源，使用户对自己的行为负责。包括自主访问控制、身份鉴别、客体重用、审计、数据完整性等内容。

3. 安全标记保护级

这一级的计算机信息系统可使计算机具有系统审计保护级的所有功能。此外，还提供有关安全策略模型、数据标记以及主体对客体强制访问控制的非形式化描述；具有准确地标记输出信息的能力；消除通过测试发现的任何错误。包括自主访问控制、强制访问控制、标记、身份鉴别、客体重用、审计、数据完整性等内容。

4. 结构化保护级

这一级的计算机信息系统可使计算机建立于一个明确定义的形式化安全策略模型之上，它要求将第三极系统中的自主和强制访问控制扩展到所有主体与客体。此外，还要考虑隐蔽通道。这一级的计算机信息系统可使计算机必须结构化为关键保护元素和非关键保护元素。

计算机信息系统可使计算机的接口也必须明确定义，使其设计与实施能经受更充分的测试和更完整的复审，加强了鉴别机制；支持系统管理员和操作员的职能；提供可使设施管理；增强了配置管理控制。系统具有相当的抗渗透能力，包括自主访问控制、强制访问控制、标记、身份鉴别、客体重用、审计、数据完整性、隐蔽信道分析、可信路径等内容。

5. 访问验证保护级

这一级的计算机信息系统可使计算机满足访问监控器需求。访问监控器仲裁主体对客体的全部访问。访问监控器本身是抗篡改的；必须足够小，能够分析和测试。为了满足访问监控器需求，计算机信息系统可使计算机在其构造时，排除那些对实施安全策略来说并非必要的代码；在设计和实现时，从系统工程角度将其复杂程度降到最低。

支持安全管理员职能；扩充审计机制，当发生与安全相关的事件时发出信号；提供系统恢复机制，系统具有很高的抗渗透能力。包括自主访问控制、强制访问控制、标记、身份鉴别、客体重用、审计、数据完整性、隐蔽信道分析、可信路径、可信恢复等内容。

3. 用户实名认证

网络运营者为用户办理网络接入、域名注册服务，办理固定电话、移动电话等入网手续，或者为用户提供信息发布、即时通信等服务，在与用户签订协议或者确认提供服务时，应当要求用户提供真实身份信息。用户不提供真实身份信息的，网络运营者不得为其提供相关服务。国家实施网络可信身份战略，支持研究开发安全、方便的电子身份认证技术，推动不同电子身份认证之间的互认。

4. 网络运营者网络安全应急责任

网络运营者应当制定网络安全事件应急预案，及时处置系统漏洞、计算机病毒、网络攻击、网络侵入等安全风险；在发生危害网络安全的事件时，立即启动应急预案，采取相应的补救措施，并按照规定向有关主管部门报告。

5. 危害网络安全的禁止性行为

任何个人和组织不得从事非法侵入他人网络、干扰他人网络正常功能、窃取网络数据等危害网络安全的活动；不得提供专门用于从事侵入网络、干扰网络正常功能及防护措施、窃取网络数据等危害网络安全活动的程序、工具；明知他人从事危害网络安全活动的，不得为其提供技术支持、广告推广、支付结算等帮助。

6. 网络安全常规保护活动规则

开展网络安全认证、检测、风险评估等活动，向社会发布系统漏洞、计算机病毒、网络攻击、网络侵入等网络安全信息，应当遵守国家有关规定。

国家支持网络运营者之间在网络安全信息收集、分析、通报和应急处置等方面进行合作，提高网络运营者的安全保障能力。网络运营者应当为公安机关、国家安全机关依法维护国家安全和侦查犯罪的活动提供技术支持和协助。

有关行业组织建立健全本行业的网络安全保护规范和协作机制，加强对网络安全风险的分析评估，定期向会员进行风险警示，支持、协助会员应对网络安全风险。

（二）关键信息基础设施的运行安全制度

1. 关键信息基础设施的范围

国家对公共通信和信息服务、能源、交通、水利、金融、公共服务、电子政务等重要行业和领域，以及其他一旦遭到破坏、丧失功能或者数据泄露，可能严重危害国家安全、国计民生、公共利益的关键信息基础设施，在网络安全等级保护制度的基础上，实行重点保护。关键信息基础设施的具体范围和安全保护办法由国务院制定。国家鼓励关键信息基础设施以外的网络运营者自愿参与关键信息基础设施保护体系。

按照国务院规定的职责分工，负责关键信息基础设施安全保护工作的部门分别编制并组织实施本行业、本领域的关键信息基础设施安全规划，指导和监督关键信息基础设施运行安全保护工作。建设关键信息基础设施应当确保其具有支持业务稳定、持续运行的性能，并保证安全技术措施同步规划、同步建设、同步使用。

网络关键设备和网络安全专用产品应当按照国家相关标准的强制性要求，由具备资格的机构安全认证合格或者安全检测符合要求后，方可销售或者提供。国家网信部门会同国务院有关部门制定、公布网络关键设备和网络安全专用产品目录，并推动安全认证和安全检测结果互认，避免重复认证、检测。

2. 国家网信部门对关键信息基础设施的安全保护职责

根据《网络安全法》的规定，国家网信部门应当统筹协调有关部门对关键信息基础设施的安全保护并采取下列措施：

（1）对关键信息基础设施的安全风险进行抽查检测，提出改进措施，必要时可以委托网络安全服务机构对网络存在的安全风险进行检测评估；

（2）定期组织关键信息基础设施的运营者进行网络安全应急演练，提高应对网络安全事件的水平和协同配合能力；

（3）促进有关部门、关键信息基础设施的运营者以及有关研究机构、网络安全服务机构等之间的网络安全信息共享；

（4）对网络安全事件的应急处置与网络功能的恢复等，提供技术支持和协助。

3. 关键信息基础设施运营者的安全保护义务

关键信息基础设施的运营者应当履行下列安全保护义务。

（1）设置专门安全管理机构和安全管理负责人，并对该负责人和关键岗位的人员进行安全背景审查。

（2）定期对从业人员进行网络安全教育、技术培训和技能考核。

（3）对重要系统和数据库进行容灾备份。

（4）制定网络安全事件应急预案，并定期进行演练。

（5）关键信息基础设施的运营者采购网络产品和服务，可能影响国家安全的，应当通过国家网信部门会同国务院有关部门组织进行审查。

（6）关键信息基础设施的运营者采购网络产品和服务，应当按照规定与提供者签订安全保密协议，明确安全和保密义务与责任。

（7）关键信息基础设施的运营者在中华人民共和国境内运营中收集和产生的个人信息和重要数据应当在境内存储。因业务需要，确需向境外提供的，应当按照国家网信部门会同国务院有关部门制定的办法进行安全评估；法律、行政法规另有规定的，依照其规定执行。

（8）关键信息基础设施的运营者应当自行或者委托网络安全服务机构对其网络的安全性和可能存在的风险每年至少进行一次检测评估，并将检测评估情况和改进措施报送相关负责关键信息基础设施安全保护工作的部门。

（9）网络运营者应当制定网络安全事件应急预案，及时处置系统漏洞、计算机病毒、网络攻击、网络侵入等安全风险；在发生危害网络安全的事件时，立即启动应急预案，采取相应的补救措施，并按照规定向有关主管部门报告。

(10) 法律、行政法规规定的其他义务。

▶ 知识链接

个 人 信 息

《网络安全法》第76条规定：个人信息，是指以电子或者其他方式记录的能够单独或者与其他信息结合识别自然人个人身份的各种信息，包括但不限于自然人的姓名、出生日期、身份证件号码、个人生物识别信息、住址、电话号码等。

三、网络信息安全制度

(一) 网络运营者的网络信息安全义务

网络运营者应当对其收集的用户信息严格保密，并建立健全用户信息保护制度。网络运营者收集、使用个人信息，应当遵循合法、正当、必要的原则，公开收集和使用规则，明示收集和使用信息的目的、方式和范围，并经被收集者同意。网络运营者不得收集与其提供的服务无关的个人信息，不得违反法律、行政法规的规定和双方的约定收集、使用个人信息，并应当依照法律、行政法规的规定和与用户的约定，处理其保存的个人信息。

网络运营者不得泄露、篡改、毁损其收集的个人信息；未经被收集者同意，不得向他人提供个人信息。但是，经过处理无法识别特定个人且不能复原的除外。

网络运营者应当采取技术措施和其他必要措施，确保其收集的个人信息安全，防止信息泄露、毁损、丢失。在发生或者可能发生个人信息泄露、毁损、丢失的情况时，应当立即采取补救措施，按照规定及时告知用户并向有关主管部门报告。

网络运营者应当加强对其用户发布的信息的管理，发现法律、行政法规禁止发布或者传输的信息的，应当立即停止传输该信息，采取消除等处置措施，防止信息扩散，保存有关记录，并向有关主管部门报告。

网络运营者应当建立网络信息安全投诉、举报制度，公布投诉、举报方式等信息，及时受理并处理有关网络信息安全的投诉和举报。

个人发现网络运营者违反法律、行政法规的规定或者违反双方的约定收集、使用其个人信息的，有权要求网络运营者删除其个人信息；发现网络运营者收集、存储的其个人信息有错误的，有权要求网络运营者予以更正。网络运营者应当采取措施予以删除或者更正。

（二）网络信息安全守法义务

任何个人和组织不得窃取或者以其他非法方式获取个人信息，不得非法出售或者非法向他人提供个人信息；不得设立用于实施诈骗，传授犯罪方法，制作或者销售违禁物品、管制物品等违法犯罪活动的网站、通信群组，不得利用网络发布涉及实施诈骗、制作或者销售违禁物品、管制物品以及其他违法犯罪活动的信息；发送的电子信息、提供的应用软件，不得设置恶意程序，不得含有法律、行政法规禁止发布或者禁止传输的信息；电子信息发送服务提供者和应用软件下载服务提供者，应当履行安全管理义务。

（三）国家网信部门的信息安全监管职责

国家网信部门和有关部门依法履行网络信息安全监督管理职责，发现法律、行政法规禁止发布或者禁止传输的信息的，应当要求网络运营者停止传输，采取消除等处置措施，保存有关记录；对来源于中华人民共和国境外的上述信息，应当通知有关机构采取技术措施和其他必要措施阻断传播。

依法负有网络安全监督管理职责的部门及其工作人员，必须对在履行职责中知悉的个人信息、隐私和商业秘密严格保密，不得泄露、出售或者非法向他人提供。

四、监测预警与应急处置制度

（一）监测预警机制

国家建立网络安全监测预警和信息通报制度。国家网信部门应当统筹协调有关部门加强网络安全信息收集、分析和通报工作，按照规定统一发布网络安全监测预警信息。

负责关键信息基础设施安全保护工作的部门，应当建立健全本行业、本领域的网络安全监测预警和信息通报制度，并按照规定报送网络安全监测预警信息。

省级以上人民政府有关部门在履行网络安全监督管理职责中，发现网络存在较大安全风险或者发生安全事件的，可以按照规定的权限和程序对该网络的运营者的法定代表人或者主要负责人进行约谈。网络运营者应当按照要求采取措施，进行整改，消除隐患。

网络安全事件发生的风险增大时，省级以上人民政府有关部门应当按照规定的权限和程序，并根据网络安全风险的特点和可能造成的危害，采取下列措施：（1）要求有关部门、机构和人员及时收集、报告有关信息，加强对网络安全风险的监测；（2）组织有关部门、机构和专业人员，对网络安全风险信息进行分析评估，预测事件发生的可能性、影响范围和危害程度；（3）向社会发布网络安全风险预警，发布避免、减轻危害的措施。

(二) 应急处置机制

国家网信部门协调有关部门建立健全网络安全风险评估和应急工作机制，制定网络安全事件应急预案，并定期组织演练。负责关键信息基础设施安全保护工作的部门应当制定本行业、本领域的网络安全事件应急预案，并定期组织演练。网络安全事件应急预案应当按照事件发生后的危害程度、影响范围等因素对网络安全事件进行分级，并规定相应的应急处置措施。

发生网络安全事件后应当立即启动网络安全事件应急预案，对网络安全事件进行调查和评估，要求网络运营者采取技术措施和其他必要措施，消除安全隐患，防止危害扩大，并及时向社会发布与公众有关的警示信息。

因网络安全事件的发生而引发突发事件或者生产安全事故的，应当依照我国《突发事件应对法》《安全生产法》等有关法律、行政法规的规定处置。

因维护国家安全和社会公共秩序，处置重大突发社会安全事件的需要，经国务院决定或者批准，可以在特定区域对网络通信采取限制等临时措施。

第四节 网络交易安全法律规定

网络交易的发展给人们的生活和工作带来了便利，但其交易的安全问题也在一定程度上阻碍了网络交易的发展。如何保障网络交易的安全，成为人们关注的重点。

一、网络交易安全面临的主要问题

网络交易安全主要是指网络交易计算机系统、网络服务、交易和支付平台以及交易双方身份的真实性等方面的安全性。主要表现在以下几个方面。

1. 计算机系统、网络的安全

网络交易中的网络安全主要是指计算机和网络本身存在的安全问题，包括系统漏洞、黑客的袭击和计算机病毒的传递等。

2. 交易信息的安全

网络交易信息的安全就是要求信息传输或存储得完好和不被泄露。网络交易信息在网络的传递过程中面临的信息被窃取、被篡改、被假冒和被恶意破坏等问题，如网络钓鱼，利用木马病毒获取交易者网络银行数字信息、利用与真银行网站域名相似或外观相似的银行网站骗取消费者、假冒电子信用证，导致交易者对电子交易产生畏惧情绪和财产损失。交易信息的保密性包括交易过程产生的信息的隐私性和交易内容的保密性。

3. 交易主体身份的真实性

由于网络交易在网络上的虚拟性，交易双方身份、资信、资产状况、产品质量等都是未知数,因而交易的真实性、商品的质量和交易双方的履约能力都潜藏着极大的风险,还有可能出现假冒交易者威胁或破坏交易安全。

4. 交易信息的诚实认可

在网络交易过程中,交易双方对其发送或接收的信息,尤其是要约和承诺必须认可,不能否认。技术上可以采取数字签名或认证的方式确认相关信息。

5. 交易信息的效力确定

在网络交易中,电子形式取代了纸张,确认电子交易信息的有效性,如合同的订立和成立,或交易行为错误的法律效力,对于顺利开展网络交易非常重要。

二、网络交易安全的法律保护

网络交易的交易安全就是对计算机系统、网络的保护和维护,对交易主体资格和身份的确认,规范和监督网络交易主体的行为,对各种网络交易数据的可靠性、完整性和可用性的保护。

对于计算机系统、网络安全的介绍详见本章第二节。与网络交易安全相关的制度还包括:市场准入制度(详见本书第八章第一节)、电子商务信息安全法律规制、电子认证安全制度(详见本书第四章第三节)、电子签名安全制度(详见本书第四章第一节和第二节)、电子支付安全制度(详见本书第五章第一节)、市场主体保障交易安全行为规则、网络交易消费者的权利(详见本书第八章第四节)。

本节重点阐述电子商务信息安全法律规制和市场主体保障交易安全行为规则。

(一)电子商务数据、个人信息和隐私安全制度

在电子商务环境下,订立合同、支付和交付等依托数据和信息的交换与连接,这使电子商务数据、个人信息及隐私面临泄露或者滥用的风险,还包括因电子商务数据泄露所引致的个人信息及隐私的间接泄露,给权利人造成不可挽回的损失。如何保障电子商务数据、个人信息及隐私安全,关系到电子商务未来的健康有序发展。

1. 电子商务数据安全制度

网络的发展使人们能够利用数据提高生产力,经过收集、加工和处理的个人信息,不再是个人信息,而是公共数据或企业数据,具有极为重要的商业价值、经济价值和社会价值,是企业、政府机构、社会组织竞相获取的重要资源,成为重要的生产要素。目前我国电子商务数据安全的法律有待继续完善。现实生活中,电商平台之间相互抓取对方数据的情况屡有发生,还存在黑客攻击、系统漏洞等安全威胁,阻碍了电子商务的进一步发展。

(1)电子商务中的数据概念

我国立法对数据作出了定义。《网络安全法》第 76 条第(4)项规定,"网络数据,是指通过网络收集、存储、传输、处理和产生的各种电子数据"。《数据安全法》将其

规定为"任何以电子或者非电子形式对信息的记录"。国家标准《电子商务数据交易隐私保护规范》将其定义为"数据是信息的可再解释的信息化表达，以适用于通信、解释和处理"。这些定义表述不同，但实质可以理解为：数据是单一的信息及其累积或衍生品的表达，包括原始信息、可处理和再解释的信息。

电子商务通过网络进行产品和服务交易，其数据更接近网络数据，由此，我们可以将网络环境下的电子商务数据界定为：通过电子商务收集、存储、传输、处理和产生的各种电子数据。这些数据是对个人信息进行收集、脱敏、整理、加工后形成的，其与个人信息主体的直接关联往往已经切断，成为外在于人的存在物，甚至负载着加工者、整理者的劳动、智慧。数据经过脱敏处理，就不再具备可识别性特征的个人信息。如果尚能识别出信息主体，在法律上仍需适用隐私、个人信息的保护规则处理。只有经过脱敏处理，无法识别或不能直接识别出信息主体的数据，才是真正在法律意义上讨论的数据。

(2) 电子商务数据安全的法律制度

我国《电子商务法》第69条对电子商务数据安全作了原则性规定："国家维护电子商务交易安全，保护电子商务用户信息，鼓励电子商务数据开发应用，保障电子商务数据依法有序自由流动。国家采取措施推动建立公共数据共享机制，促进电子商务经营者依法利用公共数据。"电子商务数据安全的具体法律规定主要集中在《网络安全法》和《数据安全法》中，具体内容如下。

① 实行网络安全等级保护制度。

网络运营者应当按照网络安全等级保护制度的要求，履行下列安全保护义务，保障网络免受干扰、破坏或者未经授权的访问，防止网络数据泄露或者被窃取、篡改：制定内部安全管理制度和操作规程，确定网络安全负责人，落实网络安全保护责任；采取防范计算机病毒和网络攻击、网络侵入等危害网络安全行为的技术措施；采取监测、记录网络运行状态、网络安全事件的技术措施，并按照规定留存相关的网络日志不少于六个月；采取数据分类、重要数据备份和加密等措施；法律、行政法规规定的其他义务。

② 信息和数据境内存储制度。

关键信息基础设施的运营者在中华人民共和国境内运营中收集和产生的个人信息和重要数据应当在境内存储。因业务需要，确需向境外提供的，应当按照国家网信部门会同国务院有关部门制定的办法进行安全评估；法律、行政法规另有规定的，依照其规定。

③《数据安全法》中的数据安全规定。

确立数据分级分类管理以及风险评估、监测预警和应急处置等数据安全管理各项基本制度；明确开展数据活动的组织、个人的数据安全保护义务，落实数据安全保护责任；坚持安全与发展并重，规定支持促进数据安全与发展的措施；建立保障政务数据安全和推动政务数据开放的制度措施。

2. 电子商务中的个人信息及隐私保护

近年来,我国对个人信息保护立法日益完善,如《全国人大常委会关于加强网络信息保护的决定》和《消费者权益保护法》率先明确规定自然人的个人信息受法律保护;《民法典》在肯定对个人信息进行保护的基础上,将人格权独立成编,扩大了个人信息保护范围;《刑法》从打击侵犯公民个人信息的犯罪的角度对个人信息保护作出了规定;《网络安全法》从网络安全角度对个人信息保护作出了专门性规定;《电子商务法》对电子商务中的个人信息保护提出了明确要求;《个人信息保护法》作为首部专门规定个人信息保护的法律,是我国个人信息保护的基本法。这些法律规范构成了我国个人信息保护的法律规则体系。

我国《电子商务法》第23条概括地规定电子商务经营者负有个人信息保护义务。个人信息及隐私保护适用一般个人信息保护规则,电商平台或电子商务者在这些法律、法规、规章中对应的概念是"网络运营者"。这些普遍适用于"网络运营者"的法律规则都适用于电子商务经营者。

(1) 过电子商务中的个人信息概念

我国《电子商务法》仅对个人信息保护作了原则性规定,未明确个人信息的基本含义,所以,电子商务环境下的个人信息适用于一般个人信息保护法律的规定。《民法典》第1034条对"个人信息"作出界定,把"个人信息"定义为"以电子或者其他方式记录的能够单独或者与其他信息结合识别特定自然人的各种信息,包括自然人的姓名、出生日期、身份证件号码、生物识别信息、住址、电话号码、电子邮箱、健康信息、行踪信息等"。《网络安全法》第76条的定义与《民法典》第1034条的规定相类似。《个人信息保护法》第4条把"个人信息"界定为"以电子或者其他方式记录的与已识别或者可识别的自然人有关的各种信息,不包括匿名化处理后的信息"。

对上述定义的理解,可结合国家标准《信息安全技术个人信息安全规范》的规定进一步解读,即应从以下两条路径判定某项信息是否属于个人信息:一是识别,即从信息到个人,由信息本身的特殊性识别出特定自然人,个人信息应有助于识别出特定个人。二是关联,即从个人到信息,如已知特定自然人,由该特定自然人在其活动中产生的信息(如个人位置信息、个人通话记录、个人浏览记录等)即为个人信息。符合上述两种情形之一的信息,均应判定为个人信息。

(2) 电子商务中的隐私概念

《民法典》第1032条第2款规定:"隐私是自然人的私人生活安宁和不愿为他人知晓的私密空间、私密活动、私密信息。"为更好地理解个人信息的概念,我们将个人信息与隐私、个人信息与数据作出界分。

个人信息与隐私的界分。《民法典》第1032条第3款对个人信息与隐私的关系予以明确,即"个人信息中的私密信息,适用于有关隐私权的规定;没有规定的,适用于有关个人信息保护的规定"。依此规定,个人信息中不希望被他人获知的部分属于隐私,体现出个人对其私人生活的自主决定权,注重保护权利人对个人信息的支配和自主决定,强调的是个人对于自身信息的控制。如住址、电话号码在工作单位是个人信息,但在社会活动中,个人不愿让他人知道时,这些信息便是隐私。可见,部分个人信息属于隐私范畴,隐私权的内容主要包括维护个人的私生活安宁、个人私密信息不被公开、个人私生活自主决定等,注重保护个人不受干扰的状态。

个人信息与数据的界分。我国《民法典》对个人信息和数据的保护分别作了规定,即第1032条对"隐私"作出界定,第1034条对"个人信息"作出界定;第111条规定自然人的个人信息受法律保护,第127条规定依照有关法律规定保护数据。可见,个人信息与数据是不同的概念法律保护。

《个人信息保护法》第4条界定的个人信息不包括匿名化处理后的信息,个人信息只有在经过匿名化、征得个人信息权利主体的同意后方可利用,而在匿名化后形成的信息与原来的个人信息主体之间的关系已经被切断,不再与自然人人格权属性相关而成为数据。所以,个人信息属于数据信息范畴。不过,数据信息不仅包括匿名化的个人信息,还涵盖那些单独或者与其他因素相结合也无法识别出自然人身份的非个人信息,如网店交易总额、页面浏览总量等。当匿名化个人信息汇聚成数据集合,或经过收集、整理、加工、脱敏等技术和手段处理的数据,成为新的权利客体,因而存在对其在法律上单独保护的必要。

(3) 电子商务个人信息和隐私安全的法律制度

① 网络交易经营者的义务。

《电子商务法》规定,电子商务经营者收集、使用其用户的个人信息,应当遵守法律、行政法规有关个人信息保护的规定。电子商务经营者应当明示用户信息查询、更正、删除以及用户注销的方式、程序,不得对用户信息查询、更正、删除以及用户注销设置不合理条件。

《网络交易监督管理办法》规定,网络交易经营者应依法收集和使用消费者的信息。具体规定如下。

授权同意为合法基础。网络交易经营者收集和使用消费者个人信息,应当遵循合法、正当和必要的原则,明示收集和使用信息的目的、方式和范围,并经消费者同意。网络交易经营者收集和使用消费者个人信息,应当公开其收集和使用规则,不得违反法律和法规的规定和双方的约定。

避免恶意捆绑,须逐项同意。网络交易经营者不得采用一次概括授权、默认授权、与其他授权捆绑、停止安装使用等方式,强迫或者变相强迫消费者同意收集和使用与经营活动无直接关系的信息。收集和使用个人生物特征、医疗健康、金融账户和个人行踪等敏感信息的,应当逐项取得消费者同意。

保密义务。网络交易经营者及其工作人员应当对收集的个人信息严格保密,除依法配合监管执法活动外,未经被收集者授权同意,不得向包括关联方在内的任何第三方提供。

正确使用经营信息。网络交易经营者根据消费者的兴趣爱好和消费习惯等特征向其提供商品或者服务的搜索结果的,应当同时向该消费者提供不针对其个人特征的选项,尊重和平等保护消费者合法权益。

② 电子商务用户的个人信息安全权。

电子商务用户享有信息查询权、更正权和删除权等个人信息安全权。《个人信息保护法》第四章专门规定了"个人在个人信息处理活动中的权利",从其具体内容看,个人信息主体享有的权利主要包括:知情权、决定权;查阅、复制权;更正权;删除权;获得解释说明权;申诉权。

电子商务经营者收到用户信息查询或者更正、删除申请的,应当在核实身份后及时提供查询或者更正、删除用户信息。用户注销的,电子商务经营者应当立即删除该用户的信息;依照法律、行政法规的规定或者双方约定保存的,依照其规定办理。

③ 电子商务主管部门的义务。

有关主管部门依照法律、行政法规的规定要求电子商务经营者提供有关电子商务数据信息的,电子商务经营者应当提供。有关主管部门应当采取必要措施保护电子商务经营者所提供数据信息的安全,并对其中的个人信息、隐私和商业秘密严格保密,不得泄露、出售或者非法向他人提供。

④ 侵害个人信息的法律责任。

窃取他人个人信息、发布违法取得的个人信息,是侵犯他人的个人信息权利的侵权行为,根据《民法典》应承担相应的直接侵权责任。而未能尽到个人信息安全保障义务的网络运营者,除了要承担相应的侵权责任外,根据《网络安全法》的规定还要承担行政责任。入侵计算机信息系统窃取个人信息甚至可能涉嫌犯罪的,按照《刑法》规定须承担刑事责任。

(二)市场主体保障交易安全行为规则

只有在网络交易主体责任明确的基础上,才能构建和谐的网络交易安全平台。《电子商务法》和《网络交易监督管理办法》旨在保障网络交易各方主体的合法权益,明确网络交易活动规则,维护交易秩序,促进网络交易持续健康发展,促进数字经济持续健康发展。《电子商务法》与《网络交易监督管理办法》所称网络交易经营者、网络交易平台经营者、平台内经营者的含义相对应。

1. 网络交易经营者的义务

网络交易经营者应遵循的原则。网络交易各方主体应当遵循自愿、平等、公平、诚信原则,遵守法律、法规、规章和商业道德、公序良俗,公平参与市场竞争,认真履行法定义务,积极承担主体责任,接受社会各界监督。

(1) 依法办理登记和取得经营许可

对于网络经营主体经营资质和身份的确定,我国规定了网络经营市场主体登记和取得经营许可的强制性义务。

网络交易经营者应当依法办理市场主体登记。但是,个人销售自产农副产品、家庭手工业产品,个人利用自己的技能从事依法无须取得许可的便民劳务活动和零星小额交易活动,以及依照法律、行政法规不需要进行登记的除外。网络交易经营者从事经营活动,依法需要取得相关行政许可的,应当依法取得行政许可。

《网络交易监督管理办法》依照《电子商务法》第10条的规定,对不需要或需要登记的个体分别作出具体规定:个人通过网络从事保洁、洗涤、缝纫、理发、搬家、配制钥匙、管道疏通、家电家具修理修配等依法无须取得许可的便民劳务活动;个人从事网络交易活动,年交易额累计不超过10万元的,依法不需要进行登记。同一经营者在同一平台或者不同平台开设多家网店的,各网店交易额合并计算。个人从事的零星小额交易须依法取得行政许可的,应当依法办理市场主体登记。

(2) 网络经营场所登记规定

仅通过网络开展经营活动的平台内经营者申请登记为个体工商户的,可以将网络经营场所登记为经营场所,将经常居住地登记为住所,其住所所在地的县、自治县、不设区的市、市辖区市场监督管理部门为其登记机关。同一经营者有两个以上网络经营场所的,应当一并登记。

平台内经营者申请将网络经营场所登记为经营场所的,由其入驻的网络交易平台为其出具符合登记机关要求的网络经营场所相关材料。

(3) 营业执照及与经营业务有关的行政许可信息的公示

网络交易经营者应当在其网站首页或者从事经营活动的主页面显著位置,持续公示经营者主体信息或者该信息的链接标识。持续公示营业执照信息、与其经营业务有关的行政许可信息、不需要办理市场主体登记情形等信息,或者上述信息的链接标识。鼓励网络交易经营者链接到国家市场监督管理总局电子营业执照亮照系统,公示其营业执照信息。

已经办理市场主体登记的网络交易经营者应当如实公示下列营业执照信息以及与其经营业务有关的行政许可等信息,或者该信息的链接标识:①企业应当公示其营业执照登载的统一社会信用代码、名称、企业类型、法定代表人(负责人)、住所、注册资本(出资额)等信息;②个体工商户应当公示其营业执照登载的统一社会信用代码、名称、经营者姓名、经营场所、组成形式等信息;③农民专业合作社、农民专业合作社联合社应当公示其营业执照登载的统一社会信用代码、名称、法定代表人、住所、成员出资总额等信息。

依法不需要进行登记的经营者应当根据自身实际经营活动类型,如实公示以下自我声明以及实际经营地址、联系方式等信息,或者该信息的链接标识:①"个人销售自产农副产品,依法不需要办理市场主体登记";②"个人销售家庭手工业产品,依法不需要办理市场主体登记";③"个人利用自己的技能从事依法无须取得许可的便民劳务活动,依法不需要办理市场主体登记";④"个人从事零星小额交易活动,依法不需要办理市场主体登记"。

网络交易经营者公示的信息发生变更的,应当在10个工作日内完成更新公示。

网络交易平台经营者应当为平台内经营者依法履行信息公示义务提供技术支持。平台内经营者公示的信息发生变更的,应当在3个工作日内将变更情况报送平台,平台应当在7个工作日内进行核验,完成更新公示。

(4) 网络交易经营者应依法经营

①网络交易经营者销售的商品或者提供的服务应当符合保障人身、财产安全的要求和环境保护要求,不得销售或者提供法律、行政法规禁止交易,损害国家利益和社会公共利益,违背公序良俗的商品或服务。

②网络交易合同应依法订立和履行

网络交易合同应依照《民法典》《电子商务法》《电子签名法》等法律的规定订立和履行。

网络交易经营者应当清晰、全面、明确地告知用户订立合同的步骤、注意事项、下载方法等事项,并保证用户能够便利、完整地阅览和下载;保证用户在提交订单前可以更正输入错误。

电子合同标的为交付商品并采用快递物流方式交付的,收货人签收时间为交付时间。合同标的为提供服务的,生成的电子凭证或者实物凭证中载明的时间为交付时间;凭证没有载明时间或者载明时间与实际提供服务时间不一致的,实际提供服务的时间为交付时间。合同标的为采用在线传输方式交付的,合同标的进入对方当事人指定的特定系统并且能够检索识别的时间为交付时间。合同当事人对交付方式、交付时间另有约定的,从其约定。

网络交易当事人可以约定采用电子支付方式支付价款。

③不得实施不正当竞争行为。

网络交易经营者不得以虚构交易、编造用户评价等方式进行虚假或者引人误解的商业宣传,欺骗、误导消费者,违反《反不正当竞争法》等规定,实施扰乱市场竞争秩序,损害其他经营者或者消费者合法权益的如下不正当竞争行为:虚构交易、编造用户评价;采用误导性展示等方式,将好评前置、差评后置,或者不显著区分不同商品或者服务的评价等;采用谎称现货、虚构预订、虚假抢购等方式进行虚假营销;虚构点击量、关注度等流量数据,以及虚构点赞、打赏等交易互动数据。

网络交易经营者不得实施混淆行为,引人误认为是他人商品、服务或者与他人存在特定联系;不得编造、传播虚假信息或者误导性信息,损害竞争对手的商业信誉、商品声誉。

④ 保障消费者知情权和选择权。

网络交易经营者应当全面、真实、准确、及时地披露商品或者服务信息,保障消费者的知情权和选择权。

商业推送规则。网络交易经营者向消费者发送广告的,应当遵守《广告法》的有关规定。未经消费者同意或者请求,不得向其发送商业性信息。网络交易经营者发送商业性信息时,应当明示其真实身份和联系方式,并向消费者提供显著、简便、免费的拒绝继续接收的方式。消费者明确表示拒绝的,应当立即停止发送,不得更换名义后再次发送。

捆绑或搭售规则。网络交易经营者以直接捆绑或者提供多种可选项的方式向消费者搭售商品或者服务的,应当以显著方式提醒消费者注意。提供多种可选项方式的,不得将搭售商品或者服务的任何选项设定为消费者默认同意,不得将消费者以往交易中选择的选项在后续独立交易中设定为消费者默认选择。

展示商品或服务、经营主体等信息规则。通过网络社交、网络直播等网络服务开展网络交易活动的网络交易经营者,应当以显著方式展示商品或者服务及其实际经营主体、售后服务等信息,或者上述信息的链接标识。对直播视频保存时间自直播结束之日起不少于3年。

格式条款、通知、声明等的适用规则。网络交易经营者向消费者提供商品或者服务使用格式条款的,应当以显著方式提请消费者注意与消费者有重大利害关系的内容,并按照消费者的要求予以说明。规定了格式条款的无效情形:①免除或者部分免除网络交易经营者对其所提供的商品或者服务应当承担的修理、重作、更换、退货、补足商品数量、退还货款和服务费用、赔偿损失等责任;②排除或者限制消费者提出修理、更换、退货、赔偿损失以及获得违约金和其他合理赔偿的权利;③排除或者限制消费者依法投诉、举报、请求调解、申请仲裁、提起诉讼的权利;④排除或者限制消费者依法变更或者解除合同的权利;⑤规定网络交易经营者单方享有解释权或者最终解释权;⑥其他对消费者不公平、不合理的规定。

规范自动展期、自动续费和自行终止服务。网络交易经营者采取自动展期、自动续费等方式提供服务的,应当在消费者接受服务前和自动展期、自动续费等日期前5日,以显著方式提请消费者注意,由消费者自主选择;在服务期间内,应当为消费者提供显著、简便的随时取消或者变更的选项,并不得收取不合理费用。网络交易经营者自行终止从事网络交易活动的,应当提前30日在其网站首页或者从事经营活动的主页面显著位置,持续公示终止网络交易活动公告等有关信息,并采取合理、必要、及时的措施保障消费者和相关经营者的合法权益。

(5) 网络交易经营者应依法收集和使用消费者的信息

详见本节"电子商务中的个人信息及隐私保护"。

(6) 依法提供经营数据信息

在网络交易争议处理中，网络交易经营者应当提供原始电子合同和交易记录。因网络交易经营者丢失、伪造、篡改、销毁、隐匿或者拒绝提供前述资料，致使人民法院、仲裁机构或者有关机关无法查明事实的，网络交易经营者应当承担相应的法律责任。

网络交易经营者应当按照国家市场监督管理总局及其授权的省级市场监督管理部门的要求，提供特定时段、特定品类、特定区域的商品或者服务的价格、销量、销售额等数据信息。

2. 网络交易平台经营者的义务

网络交易平台经营者应当遵循公开、公平、公正的原则，制定平台服务协议和交易规则，明确进入和退出平台、商品和服务质量保障、消费者权益保护、个人信息保护等方面的权利和义务。

（1）网络交易平台经营者公示和修改平台服务协议和交易规则的规定。

网络交易平台经营者应当在其首页显著位置持续公示平台服务协议和交易规则信息或者上述信息的链接标识，并保证经营者和消费者能够便利、完整地阅览和下载。

网络交易平台经营者修改平台服务协议和交易规则，应当在其首页显著位置公开征求意见，采取合理措施确保有关各方能够及时充分表达意见。修改内容应当至少在实施前 7 日予以公示。

（2）对网络经营者市场主体登记和公示的监督义务。

核验。网络交易平台经营者应当要求申请进入平台销售商品或者提供服务的经营者提交其身份、地址、联系方式、行政许可等真实信息，进行核验、登记，建立登记档案，并至少每 6 个月核验更新一次。

监测和区分标记。网络交易平台经营者对未办理市场主体登记的平台内经营者进行动态监测，对超过 10 万元的，及时提醒其依法办理市场主体登记；以显著方式区分标记已办理市场主体登记的经营者和未办理市场主体登记的经营者，确保消费者能够清晰辨认。

报告及技术支持。网络交易平台经营者应当分别于每年 1 月和 7 月向住所地省级市场监督管理部门报送平台内经营者的下列身份信息：已办理市场主体登记的平台内经营者的名称（姓名）、统一社会信用代码、实际经营地址、联系方式、网店名称以及网址链接等信息；未办理市场主体登记的平台内经营者的姓名、身份证件号码、实际经营地址、联系方式、网店名称以及网址链接、属于依法不需要办理市场主体登记的具体情形的自我声明等信息；其中，对超过《网络交易监督管理办法》第 8 条第 3 款规定额度的平台内经营者进行特别标示。

鼓励网络交易平台经营者与市场监督管理部门建立开放数据接口等形式的自动化信息报送机制。网络交易平台经营者应当为平台内经营者依法履行信息公示义务提供技术支持。平台内经营者公示的信息发生变更的，应当在3个工作日内将变更情况报送平台，平台应当在7个工作日内进行核验，完成更新公示。

(3) 采取措施保障网络安全和制定应急制度。

网络交易平台经营者应当采取技术措施和其他必要措施保证其网络安全、稳定运行，防范网络违法犯罪活动，有效应对网络安全事件，保障网络交易安全。

网络交易平台经营者应当制定网络安全事件应急预案，发生网络安全事件时，应当立即启动应急预案，采取相应的补救措施，并向有关主管部门报告。

(4) 对平台内网络经营者及其发布的商品或者服务信息的监督管理。

① 建立检查监控、评价、处置、保存和报告制度。

网络交易平台经营者应当对平台内经营者及其发布的商品或者服务信息建立检查监控制度。网络交易平台经营者应当建立健全信用评价制度，公示信用评价规则，为消费者提供对平台内销售的商品或者提供的服务进行评价的途径。网络交易平台经营者不得删除消费者对其平台内销售的商品或者提供的服务的评价。网络交易平台经营者发现平台内的商品或者服务信息有违反市场监督管理法律、法规、规章，损害国家利益和社会公共利益，违背公序良俗的，应当依法采取必要的处置措施，保存有关记录，并向平台住所地县级以上市场监督管理部门报告。

② 对平台内网络经营者违法的处理。

网络交易平台经营者依据法律、法规、规章的规定或者平台服务协议和交易规则对平台内经营者违法行为采取警示、暂停或者终止服务等处理措施的，应当自决定作出处理措施之日起一个工作日内予以公示，载明平台内经营者的网店名称、违法行为、处理措施等信息。警示、暂停服务等短期处理措施的相关信息应当持续公示至处理措施实施期满之日止。

③ 资料保存。

网络交易平台经营者修改平台服务协议和交易规则的，应当完整保存修改后的版本生效之日前三年的全部历史版本，并保证经营者和消费者能够便利、完整地阅览和下载。对平台内经营者身份信息的保存时间自其退出平台之日起不少于3年；对商品或者服务信息，支付记录、物流快递、退换货以及售后等交易信息的保存时间自交易完成之日起不少于3年。法律、行政法规另有规定的，依照其规定。

(5) 不得利用平台优势干涉平台内经营者自主经营。

网络交易平台经营者不得违反《电子商务法》第35条的规定，对平台内经营者在平台内的交易、交易价格以及与其他经营者的交易等进行不合理限制或者附加不合理条件，干涉平台内经营者的自主经营。具体包括：通过搜索降权、下架商品、限制经营、屏蔽店铺、提高服务收费等方式，禁止或者限制平台内经营者自主选择在多个平台开展经营活动，或者利用不正当手段限制其仅在特定平台开展经营活动；禁止或者限制平台内经营者自主选择快递物流等交易辅助服务提供者；其他干涉平台内经营者自主经营的行为。

(6) 平台内网络经营者的法律责任归属。

网络交易平台经营者知道或者应当知道平台内经营者销售的商品或者提供的服务不符合保障人身、财产安全的要求，或者有其他侵害消费者合法权益行为，未采取必要措施的，依法与该平台内经营者承担连带责任。

对关系消费者生命健康的商品或者服务，网络交易平台经营者对平台内经营者的资质资格未尽到审核义务，或者对消费者未尽到安全保障义务，造成消费者损害的，依法承担相应的责任。

复习思考题

一、【选择题】（不定项选择）

1. 《网络安全法》于（　　）开始实施。
   A. 2014 年 4 月 1 日
   B. 2016 年 11 月 7 日
   C. 2017 年 6 月 1 日
   D. 2015 年 5 月 1 日

2. 一个安全的电子商务系统要求做到（　　）。
   A. 真实性
   B. 保密性
   C. 有效性
   D. 完整性和不可抵赖性

3. 任何单位和个人不得有下列传播计算机病毒的行为（　　）。
   A. 故意输入计算机病毒，危害计算机信息系统安全
   B. 向他人提供含有计算机病毒的文件、软件、媒体
   C. 销售、出租、附赠含有计算机病毒的媒体
   D. 其他传播计算机病毒的行为

4. 互联网服务提供者和联网使用单位，不得实施下列破坏互联网安全保护技术措施的行为（　　）。
   A. 擅自停止或者部分停止安全保护技术设施、技术手段的运行
   B. 故意破坏安全保护技术设施
   C. 擅自删除、篡改安全保护技术设施、技术手段运行程序和记录
   D. 擅自改变安全保护技术措施的用途和范围

二、【判断题】

1. 计算机病毒是指编制或者在计算机程序中插入的破坏或者毁坏计算机功能和数据，影响计算机使用，并能自我复制的一组计算机指令或者程序代码。（　　）

2.《网络安全法》是我国保障包括电子商务在内的网络安全的统一法、基本法，是我国对包括电子商务在内的网络空间治理的第一部法律。（　　）

3. 网络交易的交易安全就是对计算机系统、网络的保护和维护，对交易主体资格和身份的确认，规范和监督网络交易主体的行为，对各种网络交易数据的可靠性、完整性和可用性的保护。（　　）

4. 网络交易当事人不可以约定采用电子支付方式支付价款。（　　）

三、【问答题】

1. 网络交易安全隐患主要包括哪些？

2. 网络交易活动安全性的要求是什么？

3. 市场主体保障交易安全的行为规则主要有哪些？

第十章 电子商务争议解决机制

【学习目标】
1. 掌握电子商务争议管辖权的规则。
2. 了解电子商务争议的主要解决方式。
3. 了解电子商务活动法律责任的特点。

与电子商务有关的民事争议,当事人可以协商解决,也可以选择仲裁、诉讼等方式解决,与传统民事争议解决机制无异。但是,电子商务突破了传统商务交易的时空界限,交易双方互不见面,交易的地点灵活,这就使电子商务纠纷案件管辖权的确定成为各国面临的新问题。明确电子商务争议管辖权和电子商务中的法律责任,对于解决电子商务纠纷、促进电子商务活动的健康发展具有十分重要的意义。

第一节 电子商务纠纷解决机制概述

当前可供选择的解决电子商务纠纷的方式主要有协商、诉讼、调解、仲裁、投诉、第三方平台在线处理以及在线争端解决机制(Online Dispute Resolution,ODR)。在线争端解决机制以其公平、快捷、低成本以及高度保密性成为商家和消费者普遍推崇的电子商务纠纷解决方式。

一、电子商务纠纷的概念

电子商务纠纷,是指当事人通过互联网进行在线交易的过程中产生的纠纷。电子商务纠纷从性质上来看是一种民事纠纷,其交易主体具有平等地位;双方的交易虽然在网上进行,但交易的内容与传统的民事交易并无不同;电子商务纠纷一般以合同纠纷、侵权纠纷等民事纠纷的形式出现,同一般的民事纠纷并无差异。因此,电子商务纠纷解决机制也应当是一种民事纠纷解决机制。同时,由于电子商务纠纷是一种网上纠纷或线上纠纷,其交易主体是互不相识的网民,交易中信息的传递、合同的订立,甚至合同的履行都在网上进行,纠纷发生后,证据的收集以及消费者纠纷的处理也一般在网上进行,电子商务的这一特殊之处也是电子商务纠纷解决机制必须充分考虑的重要因素。

二、电子商务纠纷的特点

电子商务纠纷虽然本质上属于民事纠纷的范畴,其解决方式也可以比照民事纠纷的解决机制进行,但由于电子商务纠纷的产生、发展、结束一般都在网上进行,它便具有了自己本身的一些特点,这些特点对当前电子商务纠纷的解决提出了许多新要求,决定了电子商务纠纷的解决不能完全同传统民事纠纷一样。电子商务纠纷主要有以下几个特点。

(一)空间上跨区域

互联网是一个全球性的网络,全球任何地方的任何人只要有一台电脑,能够顺利接通网络,就可以与其他地方的任何人进行信息的交流和贸易的往来。因此,电子商务纠纷具有空间上的跨区域的特点,其常常会出现在相隔较远甚至是跨国的主体之间,涉及世界任何国家和地区,发生在不同的法律效力空间范围和司法管辖范围。空间上的跨区域性使纠纷的解决不可避免地涉及管辖权的确定、实体法选择、管辖争议裁决的效力和执行等问题。电子商务纠纷的解决必须协调好各国司法管辖权和法律适用问题,同时也决定了其对纠纷解决机制效率和便利性的高要求。

(二)以小额纠纷为主

当前电子商务纠纷主要以小额纠纷为主。从我国电子商务的总体类型上来看,B2C电子商务以及C2C电子商务的交易数量是目前各类电子商务中最主要的两类,这两类电子商务所产生的纠纷数量也是电子商务纠纷数量中最多的,而这两类电子商务纠纷通常都是小额纠纷。电子商务中以购买数额较小的物品交易为主的这一特征决定了电子商务纠纷涉及的数额也不会太高。

(三)地位上不对等

尽管从民事法律关系角度讲,交易双方地位是平等的。但在实际生活中,为了满足个人生活需要而以购买、使用商品或接受服务等方式进行消费的消费者,通常是以个体的形式出现的。以个体形式出现的消费者讨价还价的能力明显低于生产商和服务商,所以在消费法律关系中,双方当事人的地位实质上是不平等的。

在网络交易环境下这种不平等性显得尤为严重,并集中体现为双方信息的不对称性。现实生活中购买商品一般是交易双方面对面"一手交钱,一手交货"的形式,消费者可以对货物的外形、质量、数量等基本情况、经营者的地址和经营情况作直观的了解,一旦发生纠纷,可以直接到经营者的经营店面要求处理协调。但是在网络环境下,销售者一般只是通过图片对商品进行展示,配以文字对其性质进行说明,并告知消费者付款渠道,消费者只能通过销售者发出的图片或相关的文字介绍对产品进行大致的了解,对经营者的信息了解更是有限,一旦发生买卖纠纷,责任主体很难确认,维权能力和效果更是有限。

(四) 纠纷的虚拟性

电子商务纠纷的虚拟性包括交易主体的虚拟化和证据的电子化。在电子商务环境下，交易双方通过虚拟的身份仅靠聊天、图片等数字化的信息达成交易，买卖双方对彼此的了解甚少，在完全数字化的状况下，一旦发生纠纷，交易主体的虚化与证据的电子化将会导致相关事实的证明存在较大困难：一是双方当事人身份的查明；二是对买卖双方订立的合同，包括标的、质量、数量、违约责任、解决争议的方法及售后服务等约定的证明；三是货款支付凭证等重要证明的获取，因为销售商通常不随产品开具收款凭证给消费者。

三、电子商务纠纷解决的基本原则

电子商务主体之间信息的不对称以及电子商务纠纷的虚拟性，决定了电子商务交易中消费者一方的弱势地位，因此在寻求电子商务纠纷解决方式的过程中，应当充分保护消费者的合法权益，这是保证社会公平的要求，也是促进电子商务继续保持良好发展势头的必然要求。

电子商务纠纷的跨国特点以及其交易标的数额较小的特点，促使电子商务纠纷的解决除了要求公正之外，更要注重纠纷解决的效率问题。在线争端解决机制等电子商务纠纷解决的新模式的主要特点就是克服了传统民商事纠纷解决机制时间长、效率低和不方便的弊端，这也是在线纠纷机制适应电子商务发展要求、受到越来越多人推崇的重要原因。

第二节 电子商务争议管辖权的国际规则

一、管辖权概述

(一) 管辖权的概念

管辖权的概念有广义和狭义两种理解。

广义的管辖权是从国际法的角度而言的国家管辖权。国家管辖权是指国家通过立法、司法和行政等手段对特定的人、物、事进行管理和处置的权力，是国家固有的、根本性权力之一，是国家主权的直接体现。

狭义的管辖权是从国内法的角度而言的司法管辖权，是指一国法院系统内部不同级别、不同地区的法院受理案件的权限，解决的是纠纷当事人应该向哪一个法院提起诉讼的程序问题，一般是由国内诉讼法具体规定的。

在国际上，各国依据不同的原则确定管辖权的范围，形成以下几种管辖原则：

1. 属地管辖权

属地管辖权，又称为地域管辖权、领土管辖权，是根据地域确定管辖范围的管辖权，指国家对主权范围内一切不享有特权和豁免权的人、物、事都有权进行管辖。国家主权范围包括领土、领空、领水，以及根据国际惯例确定的流动领土范围，即通常是国际法确定的船舶和航空器的范围。

2. 属人管辖权

属人管辖权，又分为公民管辖权和居民管辖权，是指一国根据人的范围来确定管辖范围的管辖权。根据国籍来确定对人的管辖范围的，称为公民管辖权；根据在本国的居住状况来确定对人的管辖范围的称为居民管辖权。根据属人管辖权，凡是被一国确定为管辖范围的人应当接受本国的管辖，而无论该人是否处于该国的地域范围内。

3. 保护性管辖权

保护性管辖权，是指一国为了保护本国的利益以及本国国民的利益而行使的管辖权。当本国利益或国民的利益受到侵害时，无论该种侵害行为是否发生在本土主权范围内，该国政府都可以行使管辖权。

因为保护性管辖权强调本国政府针对域外发生的侵害本国或本国国民利益的行为的管辖权，会涉及别国主权的行使，因此，并不是在所有的领域都可以行使保护管辖权，通常是指国家对在本国领土范围外、凡有危害该国国家安全、领土完整、政治独立以及其他重大政治、经济利益等罪行的外国人进行管辖的权利。

4. 普遍性管辖权

普遍性管辖权，是指依据普遍性原则确定的管辖权。普遍性原则又称世界性原则，以保护各国的共同利益为标准，不论犯罪人的国籍、地点在哪一国家的领域内，只要发生国际条约所规定的侵害各国共同利益的犯罪，就可以实施逮捕并有权根据本国刑法加以处罚。是主权国家对任何人、在任何地域从事的严重危害国际社会利益的国际罪行进行管辖的权利。

知识链接

各国为了充分保护本国的利益，通常同时根据几种原则来确定本国的管辖权，同时行使几种管辖权。例如大部分更加在税收上同时行使地域管辖权和居民管辖权；很多国家在刑法上根据自身需要同时行使多种管辖权，如我国《刑法》同时规定四种管辖权。只有极少数国家或地区在某些领域选择形式单一的管辖权。

（二）确定国际民事诉讼管辖权的意义

在国际民事诉讼中，管辖权是指依据国际条约和国内法对特定的涉外民商事案件行使审判的权限和资格，解决一国根据何种原则、规则来确定国内法院有无审理涉外民事案件的权限问题。从根本上说,一国法院对某一具体的涉外民事案件进行管辖是各国行使国家主权的一种具体方式,是该国享有的国际法意义上的管辖权的体现。

此外,由于各国法律规定及处理法律问题的程序不同,同一案件由不同国家管辖可能会产生不同的法律后果,因此,管辖权问题直接关系到案件的审理结果,进而对诉讼当事人的利益也产生重要影响。

(三) 确立国际民事诉讼管辖权的原则

国际民事诉讼案件的管辖权究竟应如何确定,长期以来都是由各国的国内法和国际私法加以规定的,通常的原则主要有如下。

1. 地域管辖原则

地域管辖原则是指在确定某一具体案件应当由哪一国的法院管辖时,应该把地域作为确定管辖权的基础。在确定地域管辖时通常依据当事人住所地、行为人出现地、行为发生地和标的物所在地等。

(1) 当事人住所地

住所是当事人固定的居住场所,包括原告住所地和被告住所地。有的国家,如中国、德国、日本、奥地利、希腊、泰国等国家基本上采用以被告住所地确定管辖权的原则。有的国家,如以英国和美国为代表的普通法系的国家则以当事人住所地(原告住所地、被告住所地)为确定管辖权的原则。

(2) 被告人出现地

只要起诉时被告在本国境内,能够被送达起诉书和传票,本国法院就有管辖权。普通法系的国家大多采用此原则。

(3) 行为发生地

根据行为发生地确定管辖权是以构成法律关系的法律行为作为对象,主要用来解决因行为方式而产生的管辖权冲突问题。行为发生地通常包括合同的缔结地、合同的履行地、侵权行为的发生地、侵权行为的结果地、婚姻关系的缔结地等。

(4) 标的物所在地

根据标的物所在地确定管辖权,是以民商事法律关系中标的物所在地作为确定管辖权的出发点。这是解决有关因物权而发生的民商事纠纷中适用的首要原则。

2. 专属管辖优先原则

某些国家的法律在本国的属地管辖权范围内,排他性地规定一些涉外民事案件的管辖权属于国内法院。这些案件,主要有在国内的涉外企业法人与国内企业法人的权利纠纷、国内的港口作业纠纷、国内的地下矿产资源开发纠纷等。这些案件,国内法一般不允许当事人选择他国管辖,也不承认外国法院判决的有效性。如果双方当事人欲使纠纷得到有效的司法救济,只能选择国内法院。

3. 最密切联系原则

根据我国《民事诉讼法》的规定,合同的履行地、保险合同的保险标的物所在地、票据纠纷中的票据兑付地、运输合同的运输始发地或目的地、侵权行为地、交通事故损害赔偿案件中的事故发生地等,均可认为与案件具有"最密切联系",当地法院被认定具有管辖权。

4. 意思自治原则

各国都规定意思自治原则是调整民事法律关系的重要原则,在国内民事法律关系和国际法律关系上,各国都有把当事人的选择作为确定管辖权依据的规定,这是一项重要的确立管辖权的原则,一般用于解决涉外合同关系。

二、电子商务争议对传统管辖权提出的新问题

传统法律领域确定管辖权时需要存在一个相对稳定、明确的关联因素,如当事人的国籍、住所地、经常居住地、合同签订地、合同履行地以及财产所在地等。但是,在网络环境下的电子商务活动中,大量的活动在虚拟的网络空间完成,上述因素与交易的关联性越来越弱,甚至无法确定其关联关系,这就使传统的确定管辖权的原则在适用于网络空间发生的纠纷时遇到困难。

1. 网络位置与某一国家的地理位置没有必然联系

网络环境下,大量的交易主体在相互不知道对方物理位置的情况下进行交易,电子商务活动主体可以在任何能够连接互联网的地点——"位置"完成电子商务活动,其活动与某一国家或地区的联系丧失,因此,没有必要将其在网络上的"位置"与某一特定国家或地区的法律领域建立必要的联系。

🏳 知识链接

在网络环境下,地理位置不重要,唯一重要的是构成计算机网址的"位置",这实际上给确定地域管辖权形成了实质性的障碍。

2. 信息来源地具有不确定性

互联网经常使用高速缓冲器,这是服务器复制信息的方法,使以后对某一网址的访问能够节省时间。为了更好地管理信息传输,互联网服务器可以将经常访问的网址中的资料部分或全部复制并存储下来,这一过程对于提高网速非常重要。但是互联网用户不会知道由缓冲器储存的信息和最初信息之间的差别,分辨不出所显示的信息是来自信息的实际来源地还是缓冲存储器。

3. 超链接使网址具有多样性

互联网的一个实用价值是超链接,即允许不同网址不论位置而相互连接,这使得网络环境下的电子商务活动可能出现多个不同的链接点。当一个网址位于某法院的管辖范围内时,通过链接的第二个网址却不一定位于该法院的管辖范围内。因此,多链接以及多地域范围内链接的存在也是确定网络环境下管辖权的障碍。

在现实世界的不同地域，人们在跨越国界时可以清楚地知道各地域法律的不同，也较容易在不同的法律环境下遵守当地的法律。但是，网络无地理界限的特性使现实世界中的领土疆域在网络中不具备任何功能，因此，人们不能把物理空间中已经发展成熟形成完整体系的有关管辖权的法律制度直接照搬到网络空间中。为使网络空间中的纠纷得到公平的解决，各国必须对现有的确立管辖权的规则进行适当修正、补充和发展，以适应电子商务的迅速发展。

三、网络争议管辖权的国际立法

为了合理确定对网络纠纷的管辖权，协调各国的管辖权纠纷，国际社会做出了很大努力，取得了一定成果，为各国解决网络管辖权问题提供了重要的参考依据。

1. 欧盟的《布鲁塞尔规则》

欧盟调整国际管辖权纠纷的主要公约是《民商事案件管辖权和判决执行公约》（以下简称《布鲁塞尔公约》），确立了关于跨境交易中产生的管辖权争议规则。

知识链接

为了应对网络对管辖权的冲击。2000年12月，欧盟颁布了《民商事案件管辖权和判决执行公约》，取代了原有的《布鲁塞尔公约》，成为电子商务条件下规范欧盟成员国之间民商事司法管辖制度的基础性法律。

《布鲁塞尔公约》确立了新的消费者合同的司法管辖制度，重申了被告住所地管辖的原则，同时增加了有关消费者合同纠纷管辖的特别规则，即在消费者受广告和针对消费者的购买邀请而采取必要步骤在消费者居住地国订立合同的情况下，合同的司法管辖按照以下原则处理。

（1）当消费者作为原告时，消费者可以选择在被告企业设立地签约国法院起诉，也可以选择在自己居住国法院起诉。

（2）当消费者作为被告受到起诉时，只能由其居住国法院管辖。根据这一规定，从事电子商务的企业在同消费者发生合同纠纷时，势必面临在各成员国起诉的局面，因此，《布鲁塞尔公约》区别了两种情况：一是企业所从事的商业活动"直接指向消费者所居住的成员国"时，作为原告的消费者有权选择（本国）法院管辖；二是企业得以证明所从事的商业活动并非"直接指向"该消费者住所地成员国时，消费者只能接受法定法院的管辖。

《布鲁塞尔公约》事实上采取的是消费者合同目的地国管辖原则，并作为传统的"原告就被告"管辖原则的特别规定，增加了在电子商务中对消费者的保护。

2. 海牙国际私法会议的进展

海牙国际私法会议从1997年起召开特别委员会，致力于解决由于互联网的出现而带来的管辖权问题,以及民商事国外判决的效力问题。1999年10月,海牙会议发布《有关管辖权及外国民商事判决问题的初步草案》(以下简称《海牙草案》),其目的在于:调和各国管辖权的规定,并限制在若干适格管辖法院提出诉讼,以避免多数的诉讼程序之可能及冲突的发生;简化并促进外国判决之承认与执行,在草案中提供可供遵守的规则。

《海牙草案》确立"禁止管辖权"(prohibited jurisdiction)。第18条规定,被告的惯常居住地在某一缔约国时,如果在该国和争议之间不存在实质性联系(substantial connection),该缔约国不得根据国内法适用管辖规则。

《海牙草案》第7条对消费者合同的管辖权作出规定:如果消费者所请求的是有关被告在消费者惯常居住地所在国有贸易或者专业活动,特别是经大众招揽商业之行为,并且消费者为了订立合同在该国采取了必要的措施时,就可以在该惯常居住地对商家提起诉讼。但是,商家只能在消费者惯常居住地对消费者提起诉讼。

2000年2月28日至3月1日,海牙国际私法会议在加拿大渥太华召开工作组会议,就电子商务对传统管辖权规则的影响展开讨论,议题主要针对电子合同。

(1) 商务合同(B2B contract)

电子合同可以分为"网上履行的合同"和"非网上履行的合同",二者都是在网上订立的,前者在网上履行,后者不在网上履行,后者仍然存在一个实际履行的地点,因此传统的管辖原则对其可以适用。但是对前者是否适用仍有争议。

关于网上履行的处所。英国首先建议,凡是涉及网上以电子形式提供信息的事项,由信息传送地管辖,该信息传送地应被理解为接收者为信息的传送而提供的地理处所。法国、德国表示反对,认为电子信息产品的接收者没有义务向对方提供自己接收信息的地理处所,接收者可能随意提供自己的若干地理处所中的一个,可能导致该处所与交易并没有任何实质性联系。

丹麦提出,凡是涉及提供电子信息的事项,由信息收到地管辖,这样在不违背第八条的基本原则的同时,又能满足电子合同的特殊要求。我国香港地区的代表支持丹麦的建议,并且阐明香港法院在实践中确定"信息收到地"的方法,首先将其理解为"接收地营业处所";如果无法确定,就依据"下载信息"的地点确定。但是,英国、德国都反对,丹麦的建议没有能够解决处所(localization)的问题。

(2) 消费者合同(B2C contract)

关于电子形式的消费者合同管辖权争议更多地体现为政策问题,而不单纯是法律问题。法国、德国、丹麦、欧洲消费者联盟等主张由消费者惯常居所地法院管辖,因为消费者个人与公司签订电子形式的合同仍然处于相对弱势。英国、美国、日本等国主张应适当保护公司的利益,认为在公司经营的地理范围空前扩大的情况下,适用消费者惯常居所地法院管辖原则将使公司面临在全球被起诉的风险,诉讼缺少预见性和公正性,可能阻碍电子商务的发展。

英国、瑞士等国提出以"ADR（Alternative Disputes Resolution）"方式，主张建立一个独立的法庭"tribunal"解决涉及消费者的合同争议，建议学习新加坡在网络上审案的方式。

2001年6月，海牙会议再次召开，但是大会对于解决消费者争议的问题仍然没有达成一致，表明国际社会对于网络管辖权的问题，尤其是对于消费者合同的管辖权的确定，还存在较大分歧，这种分歧似乎并非短时期内可以解决。

2003年1月、3月，海牙国际私法会议分别召开《法院选择协议公约》非正式工作组第二次和第三次会议，会后提交《法院选择协议公约工作组草案》，大大缩减原管辖权公约的内容，仅以"法院选择协议"作为管辖的唯一基础。4月，"总务与政策"特委会就工作组草案能否作为管辖权公约下一步谈判基础征求各国意见。获得包括中国在内的多数国家的支持后，海牙国际私法会议于12月召开"法院选择协议公约"第一次特委会会议：主要讨论工作组草案，对公约范围、法院选择协议的实质有效性等重大分歧达成妥协，基本上完成草案的一稿。

中国对上述公约的范围持灵活态度，但是反对在公约中规定政治性条款，强调公约的规定应平衡不同国家和法律制度的特点和关注点。

四、国外在网络争议管辖权问题上的司法实践

1. 美国的司法实践

美国的电子商务发展较为成熟，目前已有很多涉及网络管辖权的案例，这些司法实践活动具有很高的参考价值。其中有一个经典案例是CompuServe与Patterson的商标案。

案例10-1

CompuServe与Patterson的商标争议案

CompuServe公司的一个用户，休斯敦的一名软件开发商Patterson和该公司签订一个销售软件的在线服务协议。Patterson起诉CompuServe公司侵犯了他在普通法下的某些商标权。CompuServe公司在俄亥俄州联邦地方法院提起诉讼，要求法院作出宣告式判决的诉讼（declaratory judgment action），作出未侵权判决。

地区法院认为该争议不是直接由被告和原告的用户协议引起的，被告从来没有到过俄亥俄州，并且他和原告的协议是通过他在德克萨斯州的计算机订立的，和俄亥俄州没有任何充分的联系使得法院可以行使管辖权，因此地区法院驳回了此案。第六巡回上诉法院驳回该判决并发回重审。

在判决中，巡回法院对被告与法院之间的联系作了详尽、合理的分析，认为尽管

被告是通过其在休斯敦的计算机和原告签订协议,但是该协议明确规定将受俄亥俄州法律调整,并且被告将其软件传输到原告俄亥俄州的系统,而有意获得在俄亥俄州做生意的特权,因此被告和俄亥俄州有充分的联系。

被告与俄亥俄州的解除虽然是通过国际互联网发生的,但是这种由下载人、买卖合同、电子邮件和传统邮件组成的电子联系(electronic link)与传统联系的区别仅在于媒介的不同,被告与法院地发生联系的事实是一样。

法院分析了被告行为的性质,认定这种电子邮件解除已经构成了被告在俄亥俄州做生意的要件,认为"问题的关键在于被告与俄亥俄州的联系是否充分到合理预期自己可能会在俄亥俄州被起诉"。被告与原告签订了适用俄亥俄州法律的书面合同,并通过与其在该州系统的反复联系有目的地使这种联系存在下去。

法院强调当事人之间书面合同及俄亥俄州法律被选择适用。这种长期合同关系使被告能够有目的地使自己通过在俄亥俄州的商业行为获得利益,并且本诉讼的发生是被告与俄亥俄州存在联系的结果,因此,法院认为俄亥俄州法院对其行使管辖权是合理的。但同时,第六区巡回法院也强调:作出这样的判决不等于承认原告可以在俄亥俄州起诉任何该公司的普通用户,也并不是说被告在任何可以购买到它的软件的州都可以被起诉。

分析:法院的判决说明了一种观点:在确定管辖权时,分析问题的重点应放在当事人之间的关系上,不是局限于与这种联系产生的方式上。当被告的行为已经与发源地存在最低限度的联系时,通过国际互联网的新的连接方式不会影响法院对被告行使管辖权。

资料来源:《网络法律评论》,2004(1),17页。

1997年,宾夕法尼亚州地区法院在 Zippo Manufacturing Co. 对 Zippo Dot Com Inc. 案件中创立了著名的"滑动标尺"的标准,作为属人管辖权的依据,并在以后的案件中多次被引用。在这一起网络侵权案中,加州一家名叫 Zippo 的网络新闻服务商注册了域名"Zippo.Com""Zippo.net""Zippo-news.com",宾夕法尼亚州另一家叫 Zippo 的灯具制造商因此在本州提起商标权侵权诉讼。被告辩称其在宾州无办公场所、雇员或代理人。只是在其互联网主页上刊登了服务广告,能被宾州居民所接触。

然而法院发现被告不仅是在互联网上发广告,实际上被告向宾州约 300 名订购者出售了密码,并且为此优化服务,在宾州与互联网接入服务提供者签订了 9 份合同。

法院认为网络管辖权必须在一个带滑动的标尺上(on a sliding scale)考虑,这个"滑动标尺"的标准和成熟的属人管辖权原则是一致的。在这个标尺的一端存在的情形是被告很明显地通过互联网做生意,例如被告与外法域的居民订立合同通过互联网传输计算机文件,适用属人管辖权是恰当的。在标尺的另一端,被告只是在互联网上张贴信息。

一个消极存在的网址只是提供了信息,感兴趣的人可以获得这些信息,这不足以成为行使管辖权的依据。而在中间地段存在的是互动性的网址,用户可以和主机交换信息,在这些情况下是否存在管辖权,要通过对于在网络中发生的信息互动的程度和商业特征来判断。此外,法院指出,如果所谓产生管辖权的行为同时也是诉讼争议的活动时,法院拥有管辖权就更加适当了。

法院在判决中重申确定属人管辖权的合理性的三方面分析:被告和法院所在的州居民存在充分的"最低联系";针对被告的主张正是产生于这些联系的;管辖权的行使合理。基于这样观点,由于被告实际上已经和宾州居民进行了数以百计的交易,法院因此拥有管辖权。

2. 法国的司法实践

在法国,最为著名的是 Yahoo 案。2000 年 4 月,法国互联网用户发现 Yahoo 英文网站拍卖纳粹物品,包括宣扬种族主义的纳粹大事记和一些有关的纪念品,而法国法律是禁止纳粹物品在网上拍卖的。随后,Yahoo 公司被法国有关团体告上巴黎的法庭。

Yahoo 公司辩称,拍卖是由英文 Yahoo.com 主办的,而 Yahoo 的法语用户网站 Yahoo.fr 并没有主办这类拍卖,Yahoo.com 的业务是由美国政府管辖,美国宪法规定有言论自由,因而不能限制纳粹物品的网上拍卖。但是,这一辩护并没有得到法国法院的支持。2000 年 11 月,法国法院认为,Yahoo 允许法国消费者接入它的网站用作拍卖纳粹物品的部分,违反了法国禁止展示和销售纳粹物品的法律。

法院判决 Yahoo 必须设置过滤器以阻止法国的用户接入拍卖纳粹物品的网站部分,否则在其遵守法院命令之前要承担每天大约 13000 美元的罚金。此后,Yahoo 在美国圣何塞市的北加州联邦地方法院提起诉讼,要求法院作出宣告性判决,确定对于位于美国的 Yahoo,法国法院不具有管辖权。

加州法院拒绝了被告请求驳回该起诉的请求,确定法国法院对该案件有管辖权。在论证过程中,法院采取了效果原则,指出法国公民有意地进行能够影响在加州的美国公民的诉讼,因此这些法国公民有目的地利用了美国的法治。

3. 德国的司法实践

在德国曾发生过一起轰动一时的案件。

1995 年 12 月,德国的一名检察官勒令美国 CompuServe 公司必须阻断其与一个具有 200 多名成员的新闻讨论群的连线,因为他认为该讨论群包含了可能违法之信息。由于 CompuServe 公司在技术上无法做到只阻断德国使用者进入该讨论群,所以被迫阻断了全世界的 400 万用户进入该讨论群之连线。虽然 CompuServe 公司事后因各界的压力而恢复连线,但该公司德国部门的负责人因此于 1997 年 4 月 16 日被德国检察官以传输色情新纳粹文宣等资讯、违反其法律为由起诉。1998 年 5 月 28 日,德国慕尼黑区法院对此极受瞩目的案件作出判决,判决认定德国 CompuServe 公司负责人被处以有期徒刑两年。

此案件判决结果令网站经营者震惊不已,因而受到众多批评,有人称之为:灾难判决。有网络服务提供商因此认为德国过度管制及法律不确定,从而将服务器系统移出德国。因为本案中德国法律所禁止传输的新纳粹文宣、希特勒影像与某些裸露图片在其他国家并不违法,因此,如果依据德国检察官之要求,等于将德国法律适用到网络世界。

由于各国法律对网络管辖权并无明文规定,故一国对于网络行为行使管辖权可能形成对全世界各地的网络行为具有管辖权;反过来说,人们一旦进入网络世界即有可能须受世界任一国家法律的规范,而且,即使此网络行为在某一国家属于合法,仍可能因为其他国家认为属于违法行为而须受该国管辖。

第三节 我国电子商务争议管辖权的法律制度

一、我国民事诉讼管辖权的一般规定

(一) 级别管辖

级别管辖是确定民事争议应当由哪一级人民法院管辖。我国《民事诉讼法》对于级别管辖的规定是:基层人民法院管辖第一审案件;中级人民法院管辖重大涉外案件、在本辖区有重大影响的案件以及最高人民法院确定由中级人民法院管辖的一审案件;高级人民法院管辖在本辖区有重大影响的第一审民事案件;最高人民法院管辖在全国有重大影响的案件和认为应当由本院审理的一审案件。

(二) 地域管辖

地域管辖是在级别管辖确定的基础上,确定民事争议应当由哪一地的人民法院管辖。法院对于民事案件的地域管辖分为一般地域管辖、特殊地域管辖和专属管辖。

1. 一般地域管辖

对于普通民事纠纷,通常适用"原告就被告"的原则确定管辖法院,具体规定为:对公民提起的民事诉讼,由被告住所地人民法院管辖;被告住所地与经常居住地不一致的,由经常居住地人民法院管辖。对法人或者其他组织提起的民事诉讼,由被告住所地人民法院管辖。同一诉讼的几个被告住所地、经常居住地在两个以上人民法院辖区的,各该人民法院都有管辖权。

《民事诉讼法》规定了例外情况,下列民事诉讼,由原告住所地人民法院管辖,原告住所地与经常居住地不一致的,由原告经常居住地人民法院管辖:对不在中华人民共和国领域内居住的人提起的有关身份关系的诉讼;对下落不明或者宣告失踪的人提起的有关身份关系的诉讼;对被采取强制性教育措施的人提起的诉讼;对被监禁的人提起的诉讼。

2. 特殊地域管辖

《民事诉讼法》规定的特殊地域管辖的诉讼有如下。

（1）因合同纠纷提起的诉讼，由被告住所地或者合同履行地人民法院管辖。合同或者其他财产权益纠纷的当事人可以书面协议选择被告住所地、合同履行地、合同签订地、原告住所地、标的物所在地等与争议有实际联系的地点的人民法院管辖，但不得违反《民事诉讼法》对级别管辖和专属管辖的规定。

（2）因保险合同纠纷提起的诉讼，由被告住所地或者保险标的物所在地人民法院管辖。

（3）因票据纠纷提起的诉讼，由票据支付地或者被告住所地人民法院管辖。

（4）因公司设立、确认股东资格、分配利润、解散等纠纷提起的诉讼，由公司住所地人民法院管辖。

（5）因铁路、公路、水上、航空运输和联合运输合同纠纷提起的诉讼，由运输始发地、目的地或者被告住所地人民法院管辖。

（6）因侵权行为提起的诉讼，由侵权行为地或者被告住所地人民法院管辖。

（7）因铁路、公路、水上和航空事故请求损害赔偿提起的诉讼，由事故发生地或者车辆、船舶最先到达地、航空器最先降落地或者被告住所地人民法院管辖。

（8）因船舶碰撞或者其他海事损害事故请求损害赔偿提起的诉讼，由碰撞发生地、碰撞船舶最先到达地、加害船舶被扣留地或者被告住所地人民法院管辖。

（9）因海难救助费用提起的诉讼，由救助地或者被救助船舶最先到达地人民法院管辖。

（10）因共同海损提起的诉讼，由船舶最先到达地、共同海损理算地或者航程终止地的人民法院管辖。

3. 专属管辖

下列案件，由法律规定的人民法院专属管辖：因不动产纠纷提起的诉讼，由不动产所在地人民法院管辖；因港口作业中发生纠纷提起的诉讼，由港口所在地人民法院管辖；因继承遗产纠纷提起的诉讼，由被继承人死亡时住所地或者主要遗产所在地人民法院管辖。

二、我国关于电子商务争议管辖权的法律规定

电子商务活动当事人之间发生争议的，可以通过协商和解；请求消费者组织、行业协会或者其他依法成立的调解组织调解；向有关部门投诉；提请仲裁机构仲裁；或者向人民法院提起诉讼等方式解决。

我国《民事诉讼法》中关于管辖的一般原则和具体规定也是在电子商务纠纷中确定管辖权时应当遵循的重要依据。

《民事诉讼法》第 24 条规定，因合同纠纷提起的诉讼，由被告住所地或者合同履行地人民法院管辖。

《最高人民法院〈关于审理涉及计算机网络著作权纠纷案件适用法律若干问题的解释〉》规定："网络著作权侵权纠纷案件由侵权行为地或者被告住所地人民法院管辖。侵权行为地避开实施被诉侵权行为的网络服务器、计算机终端等设备所在地、难以确定侵权行为地和被告住所地的，原告发现侵权内容的计算机终端等设备所在地可以视为侵权行为地。"

《最高人民法院〈关于审理计算机网络域名民事纠纷案件适用法律若干问题的解释〉》对涉及域名的案件管辖权也作出了规定："涉及域名的侵权纠纷案件，由侵权行为地或者被告住所地的中级人民法院管辖。对难以确定侵权行为地和被告住所地的，原告发现该域名的计算机终端等设备所在地可以视为侵权行为地。"

从现行的法律规定看，在侵权纠纷领域，法院依然规定侵权行为地或者被告住所地人民法院管辖；对难以确定侵权行为地和被告住所地的，原告发现侵权内容（或域名的）计算机终端等设备所在地可以视为侵权行为地，也就是说，如果原告在某一地点（并不限于原告住所地或营业地）接入了该网址，并发现侵权内容，就可以在该地起诉被告。

 案例 10-2

网络购物合同纠纷案管辖权

原告：张某，男，汉族，住徐州市泉山区。

被告：绿森电子商务有限公司，营业地在浙江省温州市鹿城区。

张某向徐州市泉山区人民法院提起诉讼。称：2020 年 8 月 10 日，原告在被告绿森电子商务有限公司的电子商城"绿森商城"购买了一部手机，并支付了 3799 元货款。绿森商城支持 7 天无理由退货退款。次日，在被告尚未发货的情况下，原告在电子商城申请退款，该商城同意了原告的退款申请，并短信通知原告"预计在 3 个工作日完成"退款，但经原告多次催告被告一直未退款。被告行为已构成违约，应承担相应的违约责任，除应返还货款外，还应支付资金占用期间的利息，并赔偿原告相应损失。

关于本案的管辖法院有两种观点：一种观点认为应由被告所在地法院管辖，原告所在地法院没有管辖权。另一种规定认为应由原告所在地的徐州市泉山区人民法院管辖。

分析：本案中，原告起诉要求绿森电子商务有限公司返还其在网上购物平台购买手机的货款，为网络购物合同纠纷。依照《民事诉讼法》第 23 条的规定，被告住所地和合同履行地均有管辖权。根据《最高人民法院关于适用〈中华人民共和国民事诉讼法〉的解释》第 20 条的规定："以信息网络方式订立的买卖合同，通过信息网络方式交付标的的，以买受人住所地为合同履行地；通过其他方式交付标的的，收货地为合同履行地。合同对履行地有约定的，从其约定。"故案涉买卖合同收货地可以认定为合同履行地。该地在徐州市泉山区，故徐州市泉山区人民法院有权管辖本案。

资料来源：(2021)苏03民终1558号民事判决书。

三、我国涉外电子商务民事诉讼的管辖

电子商务争议更容易发生涉外因素。我国确定网络争议国际管辖权的主要法律依据是《民事诉讼法》等相关法律法规和司法解释中关于涉外民事案件管辖权的规定。这些规定当然适用于包含涉外因素的电子商务诉讼。

(1) 关于涉外民事诉讼的法律适用。

《民事诉讼法》第267条规定："中华人民共和国缔结或者参加的国际条约同本法有不同规定的，适用该国际条约的规定，但中华人民共和国声明保留的条款除外。"

(2) 关于涉外民事诉讼的管辖

《民事诉讼法》第272条规定："因合同纠纷或者其他财产权益纠纷，对在中华人民共和国领域内没有住所的被告提起的诉讼，如果合同在中华人民共和国领域内签订或者履行，或者诉讼标的物在中华人民共和国领域内，或者被告在中华人民共和国领域内有可供扣押的财产，或者被告在中华人民共和国领域内设有代表机构，可以由合同签订地、合同履行地、诉讼标的物所在地、可供扣押财产所在地、侵权行为地或者代表机构住所地人民法院管辖。"

案例 10-3

BY.O诉豫商集团有限公司服务合同纠纷管辖权异议案

基本案情：2015年5月，原告BY.O（乙方）与被告豫商集团有限公司（甲方）签订《并购财务顾问服务协议》，约定甲方及其关联方聘请乙方提供并购财务顾问服务等内容。合同第6条"法律适用与管辖"约定：

"6.1 本协议根据中国法律订立、执行和解释；本协议争议的解决适用中国法律。6.2 因本协议所引起的或与本协议有关的任何纠纷或争议（包括关于本协议约定条款之存在、效力或终止，或无效之后果等争议），首先通过新加坡国际仲裁中心进行仲裁解决。

"若双方对新加坡国际仲裁中心的仲裁结果无法达成一致，任何一方均有权将争议提交于甲方住所所在地有管辖权的商业法庭以诉讼方式解决。"

原告诉称，其已按约提供服务，被告未支付第四阶段服务费，合同中仲裁协议无效，故起诉要求被告支付服务费860270欧元及利息损失。被告在提交答辩状期间对管辖权提出异议，认为合同中仲裁协议有效，本案应通过新加坡国际仲裁中心仲裁解决，

要求法院裁定驳回原告起诉。

审判结果：浦东法院认为，本案中原告为外国法人，且原、被告签订了《并购财务顾问服务协议》，可以认定双方成立涉外民事关系，本案为涉外民事案件。根据该合同第6.1条之约定，本协议争议的解决适用中国法律，双方亦认可仲裁协议适用中国法律，故合同中的涉外仲裁条款效力认定应适用中国法律。

根据双方合同第6.2条之约定，先仲裁条款本身约定合法有效、后诉讼条款因违反我国的仲裁一裁终局法律制度而无效、后诉讼条款无效不影响先仲裁条款效力、"先裁后审"协议因约定了仲裁程序的优先适用性而不同于"或裁或审"协议，应认定本案涉外仲裁条款有效、诉讼条款无效。据此，浦东法院于2020年7月10日作出民事裁定，驳回原告的起诉。后原告不服一审裁定，上诉至上海市第一中级人民法院。该院经审理并报上海市高级人民法院审核后，于2020年10月29日作出二审民事裁定，驳回上诉，维持原裁定。

资料来源：《上海浦东法院发布涉外商事审判十大典型案例之一：BY.O诉豫商集团有限公司服务合同纠纷管辖权异议案——涉外"先裁后审"协议中的仲裁条款并不当然无效》，2021年8月24日发布。

第四节　电子证据的收集、保全与认定

电子证据，也被称为计算机证据或网上证据，是指以数字形式保存在计算机存储器或外部存储介质中，能够证明案件真实情况的数据或信息的电磁记录物。

能够证明案件真实情况的常见的电子证据分为两类：一是封闭式计算机系统中的电子证据，如单位内部局域网中的电子文件、数据库等；二是开放式计算机系统中的电子证据，如互联网中的电子邮件、电子公告板信息、网上聊天记录等。

一、电子证据的收集

（一）收集电子证据面临的困难

收集证据是诉讼的重要环节。只有收集到确实、充分的证据，才能使自己居于有利的诉讼地位。在我国，司法机关对电子证据的调查取证在实践中面临以下困难。

1. 技术上的难题

技术取证与反取证总是相伴而生的，有的当事人比较精通计算机，他们会对收集电子证据工作设置一定的障碍，采取一定的技术手段将数据加密或隐藏，或将非法数据转化为合法的形式，无形中加大了证据收集的难度。

2. 当事人的权益保护问题

计算机系统中不可避免地储存了诸如商业秘密、个人隐私之类的内容，法官在调

查取证的同时，必然要深入了解有关计算机系统的内部资料，此时，就有可能侵犯当事人的相关权益。

3. 计算机国际互联网给调查取证带来一定的难度

计算机技术的发展，使人们的信息交流跨越时空，不仅加快了交流的速度，也提高了交流的信息量这使得收集和提取计算机中的电子证据有一定的难度。

（二）收集电子证据要考虑的问题

在目前的侦查实践中，在计算机电子证据的取证过程中需要考虑的问题主要包括以下三个方面。

1. 电子证据的收集主体

鉴于电子证据易于删改和隐藏性强的特点，对其进行收集必须由国家司法机关认可的专业技术人员进行。这里的专业技术人员是指专业技术部门中能胜任具体案件办理、掌握相关知识和技术的人员。

2. 电子证据的取证权力

根据《刑事诉讼法》的规定，侦查部门有权检查、复制和调取与案件有关的一切资料，从而为传统的侦查取证提供了有力的法律支持。但对于计算机取证过程中所采用的一些取证方式和实施的一些取证行为是否符合法律规定，是否需要有相应的授权和许可，还应该尽快明确。

3. 电子证据的证明力

一般来讲，与案件事实存在直接、内在联系的证据，其证明效力较强；反之，则较弱。由于计算机证据容易被伪造、篡改，并且被伪造、篡改后不易留痕迹，再加上计算机证据由于外在的原因或环境、技术条件的影响，容易出错，故习惯将计算机证据归入间接证据。

（三）收集电子证据应遵循的原则

1. 及时性原则

及时性原则是指在获取电子证据的同时，应当采用相应的技术手段对其进行保全。此原则与收集传统证据的原则相同。一旦错过时机，证据可能就不复存在。

2. 合法性原则

合法性原则包含两项内容：一是保证证据的连续性；二是要由专业人士见证。

3. 全面性原则

全面性原则要求既收集存在于计算机软件、硬件上的电子证据，也收集其他相关外围设备中的电子证据；既收集文本，也收集图形、图像、动画、音频、视频等媒体信息。

4. 专家取证原则

专家取证原则要求收集电子证据的人员必须掌握计算机与网络的知识和技能，遇到高难度的取证问题时,应聘请计算机网络专家协助。

(四)电子证据收集的方法

电子证据的收集,即电子证据的取证,是指在电子证据未经伪饰、修改、破坏等情形下进行的取证,主要方法如下。

1. 网络勘查

网络勘查是指调查人员对由许多计算机构成的数字化网络进行勘查、检查,提取痕迹物证的专门方法。它不仅限于刑事案件中具有侦查措施性质的现场勘查,而且在民事案件中亦有广阔前景。

2. 强制网络服务商提供电子证据

随着电子签名、电子认证技术的发展,网络服务提供商的作用日益突出。在电子商务纠纷和网络犯罪中,许多重要的数据信息由网络服务提供商所控制,这些数据信息往往对纠纷的解决和案件的侦破起着关键作用。

3. 电子证据的搜查、扣押

搜查、扣押是国家侦查机关采取的专门刑事侦查措施。在刑事案件中,公安机关、检察机关依照法律赋予的权力,深入案发现场,对涉及犯罪的计算机设备、外部存储设备及其中储存的电子数据进行搜查和扣押,以获取涉及犯罪的电子证据。

4. 电子证据的网络监控和截听

电子证据的网络监控和截听,主要是对通过计算机网络实时传输的与犯罪有关的电子邮件、电子公告、电子聊天及处于交换过程中的数据电文进行监控和截获的一种方式。出于对人权和个人隐私的保护,一般由各国专门设置的并赋予相应权限的网络警察实施。

二、电子证据的保全

(一)证据保全的概念

证据保全指在证据可能灭失或以后难以取得的情况下,法院根据申请人的申请或依职权,对证据加以固定和保护的制度。

(二)电子证据保全的原则

1. 合法性原则

电子证据保全的合法性原则有两个要求:保全方法的合法性和保全程序的合法性。法律应当对电子证据的保全方法和程序作出必要的规定。由于电子证据的特殊性,即很容易暴露个人隐私等,因此在电子证据的保全过程中,合法性显得尤为重要。

2. 效率成本原则

诉讼的目的在于解决纠纷，在能够解决纠纷的基础上，要尽量降低诉讼成本、提高效率。

3. 完整性原则

完整性是考查电子证据证明力的一个重要标准。完整性包括电子证据本身的完整性和电子证据所依赖的计算机系统的完整性。电子证据本身的完整性，是指数据的内容保持完整并且未被改动。电子证据所依赖的计算机系统的完整性，主要表现在三个方面：第一，记录该数据的系统必须处于正常的运行状态；第二，在正常运行状态下，系统对相关过程必须有完整的记录；第三，该数据记录必须是在活动的当时或即后制作的。

4. 最小破坏原则

一般情况下，保全电子证据需要较高的专业技术，在保全过程中很容易破坏原来的数据和系统。最小破坏原则要求在保全电子证据的过程中，不能对原来的设备及系统进行任何改动和破坏，以保证电子证据的原始性，并能够使保全的证据与原始资料相互印证。

（三）电子证据保全的措施

1. 法院保全

法院保全是指由法院进行的保全，是狭义的保全，以申请人难以取得证据或证据可能灭失为前提。法院保全措施，一般是法院根据申请人的申请而采取的。但在法院认为必要时，也可以由法院依职权主动采取证据保全措施。申请采取证据保全措施的人，一般是当事人，但在某些情况下，也可以是利害关系人。

法院保全措施不仅可以在起诉时或法院受理诉讼后、开庭审理前采取，也可以在起诉前采取。在前一种情况下，法院既可以根据申请人的申请采取，也可以在认为必要时，依职权主动采取。在后一种情况下，申请人既可以向有管辖权的法院提出，也可以向被保全证据所在地的公证机构提出。但此时，无论是法院还是公证机构，都只能根据申请人的申请采取保全措施，不能主动采取证据保全措施。

保全证据的范围，应当限于申请人申请的范围。申请人申请诉前保全证据可能涉及被申请人财产损失的，法院可责令申请人提供相应的担保。法院收到申请后，如果认为符合采取证据保全措施条件的，应裁定采取证据保全措施；如果认为不符合条件的，应裁定驳回。申请人在法院采取保全措施后15日内不起诉的，法院应当解除已裁定并已采取的保全措施。

2. 证据保全公证

证据保全公证，是指公证机构对于与申请人权益有关的日后可能灭失或难以取得的证据依法进行收存和固定，以保持证据的真实性和证明力的活动。相对于法院保全而言，对电子证据进行公证保全具有更大的优越性。公证保全可以使电子证据的合法性、真实性、关联性和完整性得到保障，使电子证据具有预决的证据能力和证明力。

3. 网络公证保全

网络公证，是指由特定的网络公证机构，利用计算机和互联网技术，对互联网上的电子身份、电子交易行为、数据文件等提供增强的认证和证明及证据保全等的公证行为。这种公证方式中的公证人员不和申请人见面，而是借助网络平台，从网上接受并审查当事人的委托。

4. 电子档案管理

电子文件具有很多档案的特征，如信息的高科技性、信息量大及信息种类多元化、信息与载体的可分离性、信息对系统的依赖性。同一个来源、同一全宗内的电子文件，是一个不可分散的有机整体；同时，不同来源、不同全宗的文件不能混淆。电子档案管理操作简单，程序简单，可以保证证据的完整性和真实性。

案例 10-4

10 万元购 3G 网址原来只是一个网页

某信息公司通过电话邀请刘某参加关于 3G 网址的营销活动，刘某听专家介绍 3G 网址极具投资前景，有高额回报，便与信息公司、通信公司当场签订了《中国 3G 网址服务合同》。刘某交纳 96000 元服务费用后，才发现所谓 3G 网址是指通信公司在其营运的网址上为刘某注册了一个名为"小家电"的网页，而不是一个独立的网址，因此起诉请求撤销《中国 3G 网址服务合同》，信息公司、通信公司退还其支付的服务费 96000 元。

法院经审理认为，两公司作为专业性强的网络服务提供者，未对服务内容进行充分说明，应当承担不利后果。

案例点评：风险评估很重要，证据保全要跟上，对于电子商务中涉及的各种合作，需要双方对合作的标的、盈利模式、相关的风险进行慎重评估和辨别。如果双方约定的权利义务与普通的商业合作模式明显不同，投资者应当慎重评估投资该商业项目的可行性和相应的投资风险并且及时做好证据保全，以避免发生损失。

资料来源：魏丽娜．广州中院在全国成立首家电子商务审判合议庭 3 年来结案 350 件，http：//news.dayoo.com/Guangzhou/201707/21/139995－51541333.htm. 访问日期：2020 年 9 月 2 日。

三、电子证据的认定

电子证据的认定实际上是对电子证据的证明力大小进行认定或审查。证据的证明力即证据的证明价值，是指由法官对证据的可信性和关联性加以审查后得出的对案件事实的证明效力。证据的证明力反映了某项证据与案件主要事实之间的关系，同时也反映了某项证据对待证事实产生证明作用的效果。

(一) 电子证据的认定原则

1. 电子证据相关性的认定

审查电子证据的相关性应考虑以下两方面：

(1) 审查电子证据与案件事实有无客观联系；

(2) 审查电子证据与案件事实联系的方式、性质、紧密程度和确定程度。

2. 电子证据客观性的认定

电子证据客观性认定的主要目的是对证据的真实性，即是否符合案件的实际情况进行审查，以确定该证据是否被篡改过，是否具有证据价值。基于这一原则，应从以下三方面对电子证据的客观性进行认定。

(1) 认定电子证据的来源。

明确电子证据是在有关事实发生时留下的，还是之后专为诉讼目的而形成的；电子证据所反映的内容是否真实可靠，有无伪造和删改的可能。查明电子证据的提供者。如果电子证据是当事人自行收集的，应慎重审查其真实性；如果电子证据的收集方是有较高信用的第三方，比如是由承担支付结算业务的银行、电子数据交换中心、合法的电子商务认证中心或公证机构收集的，应当赋予其较强的证明力。

(2) 认定电子证据的收集、传送和保存的方法。

查明电子证据生成的软件、硬件设备是否稳定、可靠，网络状况是否稳定，是否感染病毒。查明传递、接收电子数据的技术手段或方法是否科学、可靠，传递电子数据的中间人是否公正、独立。查明电子证据是如何存储的，存储的方法是否科学，存储介质是否可靠，存储时是否加密等。

(3) 认定电子证据的内容。

充分利用先进的计算机数据分析技术与软件，判断电子证据是否真实、可靠，有无剪裁、拼凑、伪造、篡改等。对于前后不一致、自相矛盾或不合情理的电子证据应该谨慎对待，不可轻信。

3. 电子证据合法性的认定

任何证据的取得都必须遵循合法原则，凡是违反法定程序收集的证据，在诉讼过程中都不能作为认定事实的依据。电子证据的取得也是如此，应从以下两个方面认定电子证据是否合法。

(1) 认定取得电子证据的主体是否合法。

(2) 认定电子证据的收集、提取、保存是否符合法定程序和方式。

(二) 电子证据的认定方法

1. 庭审质证

法庭质证是审查认定证据必须遵守的法定诉讼程序，也是认定证据的重要方法，对电子证据也是如此。

2. 技术检查

运用科学技术知识及先进的设备对电子证据和其形成过程进行检查验证，如检验电子介质的分辨率、记录载体与运行设备的性能、电子数据生成的日期与原始提取记录是否吻合等。

3. 科学鉴定

电子证据比较容易被改写或删除，而这单凭普通人的感官感觉无法辨明真伪，必须由专门人员进行鉴定。

4. 对比印证

这主要是通过与其他证据相互佐证的方式来认定电子证据的证明力。

5. 模拟验证

可以通过模拟场景和案发时的条件进行检测，促使电子证据再现，从而有效认定案件事实。

第五节　我国电子商务争议解决方式

一、在线非诉讼争议解决机制

消费者与平台经营者之间既存在利益冲突，又存在共同利益。如果平台经营者能设有专门机构以迅速响应消费者的申诉，建立内部申诉机制，处理交易纠纷，对于赢得并保持消费者信赖，树立消费者对电子商务的信任将起到极大作用。我国商务部于2011年4月12日发布了《第三方电子商务交易平台服务规范》，让平台设立了基本行为规范，平台经营者对站内经营者的管理引导，对消费者的合理保护，与相关服务提供者的协调、监督管理等。明确交易各方责任，保护各方权益。该规范在投诉管理中明确规定：消费者协会和相关组织通过在线投诉机制受理的纠纷投诉，平台经营者应及时配合处理与反馈；对于不良用户，平台经营者可以根据事先公示的程序和规则对平台内经营者的市场准入进行限制。

目前，我国电子商务平台的纠纷解决模式有三种：第一种是无模式，即此平台不提供任何的纠纷解决渠道，如中国互联网新闻中心主办的中国供应商网、环球资源网等；第二种是不完全模式，即此交易平台没有完整的纠纷解决程序，一般投诉方通过发送邮件或提交投诉信息给平台，由平台的客服人员予以回应，但在平台上没有详细的规定与说明，只是在首页上设置"意见和投诉"等栏目，如慧聪网、京东商城；第三种是完全模式，即此平台提供完整的纠纷解决流程，平台对纠纷解决有详细的规定与说明，对责任方会采取相应的处罚措施。

交易纠纷解决的完全模式应该包括以下内容。

（一）规则

规则是指规定出来供大家共同遵守的制度或章程。在交易纠纷解决中至少有三方当事人：投诉人、被投诉人、第三方平台。只有制定了相关规章制度，才能有效处理买卖双方的交易纠纷，为网上平台交易提供公平的环境。

（二）组织和人员

组织和人员指受理投诉的部门和人员。在第三方平台的实践中，一般都是由客服中心的客服人员处理交易纠纷。如阿里巴巴中国站设立了贸易维权部，阿里巴巴国际站设立了案件处理部，并由专职人员处理各项投诉和交易纠纷。

（三）内容范围

内容范围是指即纠纷投诉的受理范围。纠纷主要有四类：成交不卖；未收到货物，包括卖方未发货和卖方已发货但买方未收到两种情况；未收到货款，包括全部或部分货款未付；货物与约定不符，包括严重描述不符和一般描述不符。

（四）交易纠纷的解决流程

以阿里巴巴解决纠纷的流程为例：

（1）投诉方发起投诉。买卖任何一方均可向平台发起投诉，平台有相应的投诉页面，投诉方按照要求提交相应信息；

（2）投诉方与被投诉方自主协商。如果协商达成一致，纠纷解决；

（3）协商未成，申请平台介入处理；

（4）平台接受申请，投诉双方举证。根据不同的投诉类型，投诉双方分别举证；

（5）平台工作人员对投诉双方提供的证据进行核实；

（6）平台进行责任判定，投诉双方达成一致，解决纠纷。如果买卖双方仍无法就相关纠纷达成一致，可采用诉讼或仲裁等方式解决。

（五）责任判定与处罚

平台根据交易合同约定及双方举证作出责任判定，并根据判定结果对相应的行为进行惩罚，判责结果可以大致分为四类：一是卖家责任；二是买家责任；三是双方责任；四是双方责任共担；五是第三方责任，如第三方物流的责任。为了保障诚信交易，降低纠纷风险，易趣和阿里巴巴还对违规行为进行处罚。易趣对不遵守易趣规则的用户实施的处罚包括删除物品、警告、限制权限、冻结、没收相关费用、取消特定资格、取消既得利益等，阿里巴巴处罚的种类包括警告、限权、关闭账号等。

知识链接

《阿里巴巴中国网站用户诚信规则》独创了累计扣分处罚规则、交易违规行为扣分制度,累计扣分分值对应不同程度的处罚:累计扣分分值为12—24分(含12分)的,处以警告的处罚;累计扣分分值为24—36分(含24分)的,处以限权7天的处罚;累计扣分分值为36—48分(含36分)的,处以限权15天的处罚;累计扣分分值为48—60分(含48分)的,处以限权30天的处罚;累计扣分分值为60分或以上的,处以关闭账号的处罚。

二、在线诉讼争议的解决机制

电子商务纠纷的诉讼解决方式主要是指民事诉讼。民事诉讼就其本质而言,是国家强制解决民事纠纷的一种方式,是权利主体凭借国家力量维护其民事权益的司法程序。

2017年4月,中央批准设立杭州互联网法院,将涉网的案件统一管辖、统一审理,有助于开启网络维权新时代。这正是电子商务网上法庭和互联网法院组建和设立的时代背景。2018年9月,北京、广州增设互联网法院,有利于丰富互联网司法实践,推动打造平台统一、数据畅通、规范有序、便民利民的互联网司法审判体系,实现人民法院审判体系和审判能力的现代化发展。

互联网法院主要是指"互联网+法院"或"互联网+审判"。它有两个基本特点:一是通过网络审理案件;二是审理的案件大多与网络纠纷有关,如电子商务交易纠纷、网络支付纠纷、网络金融借款纠纷、网络著作权纠纷等。

互联网法院是在电子商务网上法庭的基础上组建的。设立互联网法院是适应互联网发展大势和现实诉讼需求的积极作为。一方面,随着互联网的快速发展,各种与网络有关的纠纷和诉讼大量增加,需要司法审判机关与时俱进,积极应对;另一方面,涉网案件具有明显跨区域的特点,譬如消费者在北京、商家在杭州、借款人在上海、贷款平台在广州。如果仍按照老办法受理诉讼、审理案件,会导致维权成本太高,原告接受不了;审理成本太高,法院同样接受不了。

网上的纠纷就在网上解决,互联网法院开庭时,原告、被告以及法官都通过视频连线的方式出席,通过线上交易记录提取证据,调解、宣判等也直接在网上进行,诉讼全程网络化,只要有网络、有电脑,足不出户就能打完官司。

为了规范互联网法院诉讼活动,保护当事人及其他诉讼参与人的合法权益,确保公正高效审理案件,根据《民事诉讼法》《行政诉讼法》等法律规定,结合人民法院审判工作实际,最高人民法院于2018年9月就互联网法院审理案件相关问题发布了《最高人民法院关于互联网法院审理案件若干问题的规定》。

司法审判与"互联网+"结合,其好处显而易见:一是降低了维权成本,二是降低了司法审判成本，不仅有利于节约司法资源，而且可以大大提高审判效率。这也将倒逼商家和网民规范网上行为，促进互联网健康生态的形成，让互联网更好地服务于经济社会发展。

第六节 电子商务有关主体的法律责任

一、法律责任概述

（一）法律责任的含义与特征

法律责任是指行为人由于实施的行为违反法律义务或者侵犯法定权利所应承担的不利的法律后果。

法律责任具有以下特征：

（1）法律责任以存在法定义务或者侵犯法定权利的行为为前提。法律责任与违法行为有不可分割的联系，没有违法行为就没有法律责任。存在违法行为是承担法律责任的事实根据。

（2）法律责任以有关的法律规定为依据。违法行为人是否承担法律责任、承担什么法律责任，以及承担法律责任的方式等都以法律规定为依据。法律规定是违法行为主体承担法律责任的法律依据。

（3）法律责任的认定和追究应通过法定程序。法律责任的认定和追究属于法的适用活动，是国家专门机关及其授权组织的专门活动，为了保证法律适用的严肃性、权威性，保障当事人的合法权益，法律责任的认定和追究必须由国家专门机关通过法定程序进行。

（4）法律责任以国家强制力作为实现的保证。对违法行为追究法律责任是保证法的实施的重要措施。法律责任必须以国家强制力作为实现的保证，即当事人实施了违法行为就必须根据法律规定承担相应的法律责任。

（二）法律责任的种类

从不同的角度可以对法律责任作出不同的分类：

1. 根据违法责任人主观上有无过错来划分，法律责任可以分为过错责任和无过错责任

（1）过错责任。过错责任是指以行为人主观上存在过错为必要条件的法律责任。行为人有过错才承担责任，没有过错就不承担责任。

（2）无过错责任。无过错责任是不以行为人主观存在过错为必要条件的法律责任。

我国民事法律责任中既有过错责任也有无过错责任，以过错责任为一般原则。法律规定的如特殊侵权、违约责任等特殊情形下则适用无过错责任，即无论违法行为人是否存在过错都应当承担相应的法律责任。

> **知识链接**

过　　错

过错包括故意和过失两种情况。故意是指行为人明知自己的行为会造成危害社会的结果而希望或者放任这种结果发生的主观心理状态。过失是指行为人应当预见到自己的行为会发生危害社会的结果，因为疏忽大意没有预见到或者虽然预见到、但是轻信能够避免的主观心理状态。

2. 根据行为人违反的法律性质来划分，法律责任分为民事法律责任、行政法律责任和刑事法律责任

（1）民事法律责任。

民事法律责任又称民事责任，是民事主体违反民事义务时应承担的法律后果。民事法律责任具有以下几个法律特征。

① 民事法律责任是平等主体之间承担的法律责任。民事法律责任是平等主体的自然人、法人或其他组织之间因为违反民事义务而承担的法律责任，责任主体之间的法律地位平等。民事法律责任的这一特征决定了大部分民事法律责任只具有补偿性而不具有惩罚性。

② 民事法律责任以民事义务为基础。民事主体依法享有广泛的民事权利，同时也要依法履行相应的民事义务。如果民事主体违反民事义务，就应当承担民事法律责任。民事义务是民事责任的前提，民事责任是违反民事义务的法律后果。

③ 民事法律责任也具有强制性。民事法律关系属于平等主体之间的法律关系，因此民法在民事领域中的调整以尊重当事人意思为基本原则。因此，民事纠纷发生后，双方当事人可以协商解决。如果双方协商不成，或者侵权人不自觉承担责任，法律赋予受害人可以诉请人民法院依法强制追究侵权人法律责任的权利。国家通过诉讼方式介入民事主体之间的法律关系，通过判决和强制执行的方式要求违反民事义务的一方主体承担民事责任。判决和执行由国家强制力保证，因此，民事法律责任具有强制力。

④ 承担民事法律责任的方式具有多样性。民事主体的利益要求和法律赋予民事主体的民事权利具有多样性，既包括具有经济利益的财产权，也包括不具有直接经济利益的人身权，因此，民事义务的内容也具有多样性，致使承担民事责任的方式也具有多样性的特点。

⑤ 民事法律责任适用不同的归责原则。民事法律责任的归责原则包括过错责任原则和无过错责任原则。一般侵权责任适用过错责任原则，特殊侵权以及违约责任中适用无过错责任原则。

🚩 **知识链接**

民事责任主要是财产责任，包括返还财产、赔偿损失，修理、更换、恢复原状、减少价金等具有财产价值内容的责任承担方式，也包括停止侵害、消除影响、赔礼道歉、标明身份等具有精神内容的责任承担方式。

（2）行政法律责任。

行政法律责任是行为人违反行政管理法律规定而由行政机关在职权范围内依法对行为人采取的制裁措施。行政法律责任具有以下几个方面的特征。

① 行政法律责任基于行政法律关系而发生。行政法律关系是国家行政管理机关依据行政法律法规对行政相对人实施行政管理过程中发生的法律关系。在行政管理中，行政相对人的行为违反法律规定，行政机关应当依职权对行政相对人作出相应的处罚。

② 行政法律责任追究机关及追究程序具有多样性。民事法律责任和刑事法律责任的追究机关都具有单一性，即只能由国家的司法机关追究行为人的法律责任。行政管理主体具有多样性，不同的行政机关在各自的职权范围内管理不同的社会事务，对行政相对人的违法行为作出处罚。

③ 行政法律责任种类具有多样性。行政法律责任种类包括行政处罚和行政处分。行政处罚是对行政相对人的违法行为的一种制裁措施，包括罚款、没收违法所得、行政拘留、责令整顿、责令停止营业、吊销营业执照等针对行政相对人的行政处罚措施。行政处分是对行政机关工作人员的违法失职、尚未构成犯罪的行为处以的纪律处分，包括警告、记过、降级、降职、撤职、开除等。

（3）刑事法律责任。

刑事法律责任，又称刑事责任，是行为人违反刑事法律的规定而应当受刑罚制裁的行为（即犯罪）的法律后果，表现为对犯罪分子的判处的刑罚。

🚩 **知识链接**

我国《刑法》规定的刑罚有主刑和附加刑两大类：主刑包括管制、拘役、有期徒刑、无期徒刑、死刑。附加刑包括罚金、剥夺政治权利、没收财产以及对外国人适用的驱逐出境。

刑事法律责任具有以下特征。

① 刑事法律责任仅适用于犯罪分子。根据我国《刑法》规定的"罪刑法定原则"，刑法措施仅适用于犯罪分子，对于仅违反其他法律规定而没有违反《刑法》的主体不适用刑罚。

② 刑事法律责任是最严厉的法律责任。刑事法律责任是我国法律体系中最严厉的法律责任，刑罚是最严厉的制裁措施，不仅剥夺犯罪分子的财产权利，而且剥夺人身自由，甚至可以剥夺其生命。

③ 刑罚只能由人民法院适用。刑罚只能由人民法院代表国家依照法定程序适用，其他任何机关、团体和个人都无权适用刑罚。

二、电子商务活动中的法律责任

（一）电子商务活动中的法律责任概述

电子商务活动中的法律责任是指参与电子商务经营的相关主体在其电子商务经营活动或者为电子商务经营活动提供服务的活动中依法所应承担的法律责任。

电子商务活动中的法律责任具有以下特征。

1. 电子商务活动中的法律责任属于经营者的责任

这里的经营者属于广义上的概念，既包括通过电子商务活动销售商品或提供服务的"商家"，也包括为电子商务活动提供有关的支持服务的网络经营商、技术提供商、广告服务商以及从事有关认证服务的主体。

电子商务中的"商家"在提供商品或者服务的过程中应依据有关法律向消费者承担经营者责任，如商品或服务存在质量瑕疵的责任以及侵权责任等；电子商务中的其他主体在为电子商务提供有关的支持和辅助服务的同时，也要依据有关法律承担法律责任，例如违约责任、违反保密义务的责任、侵权责任等。

2. 电子商务活动中法律责任的主体具有多样性

电子商务活动的法律责任主体具有复杂性，既有从事商务经营活动的主体，如商品销售主体和服务提供主体，也有为电子商务提供支持和中介服务的其他经营主体，如电信运营商、网络服务提供商，银行、广告发布和代理机构等。

3. 电子商务活动中法律责任具有多样性和复杂性

电子商务活动的复杂性、电子商务主体的多样性，都决定了电子商务活动中法律责任的多样性，存在着不同主体基于不同经营活动而产生的不同法律责任，例如商品经营者的产品责任和网络运营主体的运营责任，以及网络广告发布主体、网络广告代理主体、支持中介主体、技术支持主体、电信运营主体等主体基于不同活动产生的法律责任同时存在。这些主体的法律责任在某些情况下可能发生连锁反应，使电子商务活动中的法律责任承担具有复杂性。电子商务对于技术的依赖使得对于某些主体的法律责任认定也变得十分复杂：责任主体的确定、证据的保全、过错认定等问题都是电子商务法律责任中的难题。

此外，在电子商务活动中，各种类型的法律责任，如民事法律责任、行政法律责任和刑事法律责任等，也是电子商务活动中的法律责任多样性的体现。

4. 电子商务活动中法律责任涉及的法律依据具有复杂性

传统的法律领域已经有了相对成熟的法律体系，因此，相关领域处理法律责任问题的法律依据明确具体，例如合同法为合同订立、履行以及履行之后的法律责任提供了较为具体和完备的法律依据。但是，在电子商务领域，还没有产生成熟的规范体系，对于相关法律责任的承担需要到有关的法律领域寻找法律依据，或者在现行的、还不太完善的规章体系中寻找处理依据，增加了电子商务活动中法律责任认定的复杂性。

（二）电子商务中法律责任的种类

1. 电子商务中的民事责任

电子商务中的民事责任包括违约责任和侵权责任。

电子商务活动中存在大量的交易合同，因此，交易主体之间基于合同产生的违约责任以及缔约过失责任是电子商务活动中民事责任的重要责任类型。

电子商务主体因为电子商务活动或者与电子商务相关的活动而发生侵权行为，例如商品的提供主体侵犯了消费者的知情权、选择权，广告主体未经权利人许可使用他人的肖像或者艺术作品等侵犯权利主体的肖像权或者著作权等。

2. 电子商务中的行政责任

电子商务中的行政责任是指电子商务有关主体违反有关法律法规而被行政管理机关予以处罚的法律责任。随着我国规范电子商务活动的法律法规的日渐完善，电子商务主体应当遵循的管理性规定越来越多，例如提供电子邮件服务的管理规定、利用互联网提供电子公告服务的管理规定等。电子商务主体违反管理性规定的，依法承担行政管理机关的行政制裁，承担行政法律责任。

3. 电子商务中的刑事责任

电子商务主体违反我国《刑法》规定的，应按照《刑法》规定承担刑事责任。目前，利用互联网诈骗、侵犯他人隐私权、知识产权等违法行为已经大量出现，如果违法行为具备了《刑法》所规定的犯罪构成要件，则依法追究刑事法律责任。典型的有非法侵入计算机信息系统罪，非法获取计算机信息系统数据、非法控制计算机信息系统罪，提供侵入、非法控制计算机信息系统程序、工具罪，破坏计算机信息系统罪，拒不履行信息网络安全管理义务罪，非法利用信息网络罪，帮助信息网络犯罪活动罪，侵犯公民个人信息罪等。

三、我国相关法律中对电子商务法律责任的规定

（一）《电子商务法》规定的法律责任

1. 电子商务经营者需承担的法律责任

（1）电子商务经营者销售商品或者提供服务，不履行合同义务或者履行合同义务不符合约定，或者造成他人损害的，依法承担相应的违约责任或侵权责任。

（2）电子商务经营者违反规定，未取得相关行政许可从事经营活动，或者销售、提供法律、行政法规禁止交易的商品、服务，或者不依法履行信息提供义务，电子商务

平台经营者违法采取集中交易方式进行交易，或者进行标准化合约交易的，依照有关法律、行政法规的规定处罚。

（3）电子商务经营者违反规定，有下列行为之一的，由市场监督管理部门责令限期改正，可以处 1 万元以下的罚款：

① 未在首页显著位置公示营业执照信息、行政许可信息、属于不需要办理市场主体登记情形等信息，或者上述信息的链接标识的；

② 未在首页显著位置持续公示终止电子商务的有关信息的；

③ 未明示用户信息查询、更正、删除以及用户注销的方式、程序，或者对用户信息查询、更正、删除以及用户注销设置不合理条件的。

电子商务平台经营者对违反前述规定的平台内经营者未采取必要措施的，由市场监督管理部门责令限期改正，可以处 2 万元以上 10 万元以下的罚款。

（4）电子商务经营者根据消费者的兴趣爱好、消费习惯等特征向其提供商品或者服务的搜索结果的，未同时向该消费者提供不针对其个人特征的选项，以尊重和平等保护消费者合法权益，或者违法搭售商品、服务的，由市场监督管理部门责令限期改正，没收违法所得，可以并处 5 万元以上 20 万元以下的罚款；情节严重的，并处 20 万元以上 50 万元以下的罚款。

（5）电子商务经营者未向消费者明示押金退还的方式、程序，对押金退还设置不合理条件，或者不及时退还押金的，由有关主管部门责令限期改正，可以处 5 万元以上 20 万元以下的罚款；情节严重的，处 20 万元以上 50 万元以下的罚款。

（6）电子商务经营者违反法律、行政法规有关个人信息保护的规定，或者不履行网络安全保障义务的，依照《网络安全法》等法律、行政法规的规定处罚。

（7）电子商务经营者销售的商品或者提供的服务不符合保障人身、财产安全的要求，实施虚假或者引人误解的商业宣传等不正当竞争行为，滥用市场支配地位，或者实施侵犯知识产权、侵害消费者权益等行为的，依照消费者权益保护法、反不正当竞争法、反垄断法等有关法律的规定处罚。

2. 电子商务平台经营者需承担的法律责任

（1）电子商务平台经营者有下列行为之一的，由有关主管部门责令限期改正；逾期不改正的，处 2 万元以上 10 万元以下的罚款；情节严重的，责令停业整顿，并处 10 万元以上 50 万元以下的罚款：

① 不依法履行核验、登记义务的；

② 不依法向市场监督管理部门、税务部门报送有关信息的；

③ 不依法对违法情形采取必要的处置措施，或者未向有关主管部门报告的；

④ 不依法履行商品和服务信息、交易信息保存义务的。

（2）电子商务平台经营者违反规定，有下列行为之一的，由市场监督管理部门责令限期改正，可以处 2 万元以上 10 万元以下的罚款；情节严重的，处 10 万元以上 50 万元以下的罚款：

① 未在首页显著位置持续公示平台服务协议、交易规则信息或者上述信息的链接标识的；

② 修改交易规则未在首页显著位置公开征求意见，未按照规定的时间提前公示修改内容，或者阻止平台内经营者退出的；

③ 未以显著方式区分标记自营业务和平台内经营者开展的业务的；

④ 未为消费者提供对平台内销售的商品或者提供的服务进行评价的途径，或者擅自删除消费者的评价的；

⑤ 电子商务平台经营者违反规定，对竞价排名的商品或者服务未显著标明"广告"的，依照《广告法》的规定处罚。

(3) 电子商务平台经营者违反规定，对平台内经营者在平台内的交易、交易价格或者与其他经营者的交易等进行不合理限制或者附加不合理条件，或者向平台内经营者收取不合理费用的，由市场监督管理部门责令限期改正，可以处 5 万元以上 50 万元以下的罚款；情节严重的，处 50 万元以上 200 万元以下的罚款。

(4) 电子商务平台经营者对平台内经营者侵害消费者合法权益行为未采取必要措施，或者对平台内经营者未尽到资质资格审核义务，或者对消费者未尽到安全保障义务的，由市场监督管理部门责令限期改正，可以处 5 万元以上 50 万元以下的罚款；情节严重的，责令停业整顿，并处 50 万元以上 200 万元以下的罚款。

(5) 电子商务平台经营者对平台内经营者实施侵犯知识产权行为未依法采取必要措施的，由有关知识产权行政部门责令限期改正；逾期不改正的，处 5 万元以上 50 万元以下的罚款；情节严重的，处 50 万元以上 200 万元以下的罚款。

(二)《网络安全法》规定的法律责任

(1) 违反本法第 22 条第 1 款、第 2 款和第 48 条第 1 款规定，有下列行为之一的，由有关主管部门责令改正，给予警告；拒不改正或者导致危害网络安全等后果的，处 5 万元以上 50 万元以下罚款，对直接负责的主管人员处 1 万元以上 10 万元以下罚款：设置恶意程序的；对其产品、服务存在的安全缺陷、漏洞等风险未立即采取补救措施，或者未按照规定及时告知用户并向有关主管部门报告的；擅自终止为其产品、服务提供安全维护的。

(2) 网络运营者违反规定，未要求用户提供真实身份信息，或者对不提供真实身份信息的用户提供相关服务的，由有关主管部门责令改正；拒不改正或者情节严重的，处 5 万元以上 50 万元以下罚款，并可以由有关主管部门责令暂停相关业务、停业整顿、关闭网站、吊销相关业务许可证或者吊销营业执照，对直接负责的主管人员和其他直接责任人员处 1 万元以上 10 万元以下罚款。

(3) 违反本法第 26 条规定，开展网络安全认证、检测、风险评估等活动，或者向社会发布系统漏洞、计算机病毒、网络攻击、网络侵入等网络安全信息的，由有关主管部门责令改正，给予警告；拒不改正或者情节严重的，处1万元以上10万元以下罚款，并可以由有关主管部门责令暂停相关业务、停业整顿、关闭网站、吊销相关业务许可证或者吊销营业执照，对直接负责的主管人员和其他直接责任人员处5000元以上5万元以下罚款。

（4）违反本法第27条规定，从事危害网络安全的活动，或者提供专门用于从事危害网络安全活动的程序、工具，或者为他人从事危害网络安全的活动提供技术支持、广告推广、支付结算等帮助，尚不构成犯罪的，由公安机关没收违法所得，处5日以下拘留，可以并处5万元以上50万元以下罚款；情节较重的，处5日以上15日以下拘留，可以并处10万元以上100万元以下罚款。单位有前述行为的，由公安机关没收违法所得，处10万元以上100万元以下罚款，并对直接负责的主管人员和其他直接责任人员依照前款规定处罚违反前述规定并受到治安管理处罚的人员，5年内不得从事网络安全管理和网络运营关键岗位的工作；受到刑事处罚的人员，终身不得从事网络安全管理和网络运营关键岗位的工作。

（5）网络运营者、网络产品或者服务的提供者违反规定，侵害个人信息依法得到保护的权利的，由有关主管部门责令改正，根据情节单处或者并处警告、没收违法所得、处违法所得1倍以上10倍以下罚款，没有违法所得的，处100万元以下罚款，对直接负责的主管人员和其他直接责任人员处1万元以上10万元以下罚款；情节严重的，并责令暂停相关业务、停业整顿、关闭网站、吊销相关业务许可证或者吊销营业执照。窃取或者以其他非法方式获取、非法出售或者非法向他人提供个人信息，尚不构成犯罪的，由公安机关没收违法所得，并处违法所得1倍以上10倍以下罚款，没有违法所得的，处100万元以下罚款。

（6）关键信息基础设施的运营者违反规定，使用未经安全审查或者安全审查未通过的网络产品或者服务的，由有关主管部门责令停止使用，处采购金额1倍以上10倍以下罚款；对直接负责的主管人员和其他直接责任人员处1万元以上10万元以下罚款。

（7）关键信息基础设施的运营者违反规定，在境外存储网络数据，或者向境外提供网络数据的，由有关主管部门责令改正，给予警告，没收违法所得，处5万元以上50万元以下罚款，并责令暂停相关业务、停业整顿、关闭网站、吊销相关业务许可证或者吊销营业执照；对直接负责的主管人员和其他直接责任人员处1万元以上10万元以下罚款。

（8）违反本法第46条规定，设立用于实施违法犯罪活动的网站、通讯群组，或者利用网络发布涉及实施违法犯罪活动的信息，尚不构成犯罪的，由公安机关处5日以下拘留，并处1万元以上10万元以下罚款；情节较重的，处5日以上15日以下拘留，并处5万元以上50万元以下罚款。关闭用于实施违法犯罪活动的网站、通讯群组。单位有前述行为的，由公安机关处10万元以上50万元以下罚款，并对直接负责的主管人员和其他直接责任人员依照前款规定处罚。

（9）网络运营者对法律、行政法规禁止发布或者禁止传输的信息未停止传输、采取消除等处置措施、保存有关记录的，由有关主管部门责令改正，给予警告，没收违法所得；拒不改正或者情节严重的，处 10 万元以上 50 万元以下罚款，并可以责令暂停相关业务、停业整顿、关闭网站、吊销相关业务许可证或者吊销营业执照，对直接负责的主管人员和其他直接责任人员处 1 万元以上 10 万元以下罚款。电子信息发送服务提供者、应用软件下载服务提供者，不依法履行安全管理义务的，依照前述规定处罚。

（10）网络运营者违反本法规定，有下列行为之一的，由有关主管部门责令改正；拒不改正或者情节严重的，处 5 万元以上 50 万元以下罚款，对直接负责的主管人员和其他直接责任人员，处 1 万元以上 10 万元以下罚款：

① 不按照有关部门的要求对法律、行政法规禁止发布或者禁止传输的信息，采取停止传输、消除等处置措施的；

② 拒绝、阻碍有关部门依法实施监督检查的；

③ 拒不向公安机关、国家安全机关提供技术支持和协助的。

（11）发布或者传输法律、行政法规禁止发布或者禁止传输的信息的，依照有关法律、行政法规的规定处罚。

（12）境外的机构、组织、个人从事攻击、侵入、干扰、破坏等危害中华人民共和国的关键信息基础设施的活动，造成严重后果的，依法追究法律责任；国务院公安部门和有关部门并决定对该机构、组织、个人采取冻结财产或者其他必要的制裁措施。

（三）《全国人民代表大会常务委员会关于维护互联网安全的决定》规定的法律责任

1. 维护互联网运行安全的规定

《决定》规定，为了保障互联网的运行安全，对有下列行为之一，构成犯罪的，依照刑法有关规定追究刑事责任：

（1）侵入国家事务、国防建设、尖端科学技术领域的计算机信息系统；

（2）故意制作、传播计算机病毒等破坏性程序，攻击计算机系统及通信网络，致使计算机系统及通信网络遭受损害；

（3）违反国家规定，擅自中断计算机网络或者通信服务，造成计算机网络或者通信系统不能正常运行。

2. 维护国家安全和社会稳定的规定

为了维护国家安全和社会稳定，对有下列行为之一，构成犯罪的，依照刑法有关规定追究刑事责任：

（1）利用互联网造谣、诽谤或者发表、传播其他有害信息，煽动颠覆国家政权、推翻社会主义制度，或者煽动分裂国家、破坏国家统一；

(2) 通过互联网窃取、泄露国家秘密、情报或者军事秘密；

(3) 利用互联网煽动民族仇恨、民族歧视，破坏民族团结；

(4) 利用互联网组织邪教组织、联络邪教组织成员，破坏国家法律、行政法规的实施。

3. 维护市场经济秩序和社会管理秩序的规定

为了维护社会主义市场经济秩序和社会管理秩序，对有下列行为之一，构成犯罪的，依照刑法有关规定追究刑事责任：

(1) 利用互联网销售伪劣产品或者对商品、服务作虚假宣传；

(2) 利用互联网损害他人商业信誉和商品声誉；

(3) 利用互联网侵犯他人知识产权；

(4) 利用互联网编造并传播影响证券、期货交易或者其他扰乱金融秩序的虚假信息；

(5) 在互联网上建立淫秽网站、网页，提供淫秽站点链接服务，或者传播淫秽书刊、影片、音像、图片。

4. 保护社会主体合法权利的规定

为了保护个人、法人和其他组织的人身、财产等合法权利，对有下列行为之一，构成犯罪的，依照刑法有关规定追究刑事责任：

(1) 利用互联网侮辱他人或者捏造事实诽谤他人；

(2) 非法截获、篡改、删除他人电子邮件或者其他数据资料，侵犯公民通信自由和通信秘密；

(3) 利用互联网进行盗窃、诈骗、敲诈勒索。

5. 其他规定

利用互联网实施前述所列行为以外的其他行为，构成犯罪的，依照刑法有关规定追究刑事责任。利用互联网实施违法行为，违反社会治安管理，尚不构成犯罪的，由公安机关依照《治安管理处罚法》予以处罚；违反其他法律、行政法规，尚不构成犯罪的，由有关行政管理部门依法给予行政处罚；对直接负责的主管人员和其他直接责任人员，依法给予行政处分或者纪律处分。利用互联网侵犯他人合法权益，构成民事侵权的，依法承担民事责任。

(四)《互联网信息服务管理办法》规定的法律责任

互联网信息服务是指通过互联网向上网用户提供信息的服务活动。互联网信息服务分为经营性和非经营性两类。经营性互联网信息服务，是指通过互联网向上网用户有偿提供信息或者网页制作等服务活动。非经营性互联网信息服务，是指通过互联网向上网用户无偿提供具有公开性、共享性信息的服务活动。

根据国务院《互联网信息服务管理办法》（以下简称《管理办法》）的规定，国家对经营性互联网信息服务实行许可制度,对非经营性互联网信息服务实行备案制度,未取得许可或者未履行备案手续的,不得从事互联网信息服务。另外,从事新闻、出版、教育、医疗保健、药品和医疗器械等互联网信息服务,依照法律、行政法规以及国家有关规定须经有关主管部门审核同意,在申请经营许可或者履行备案手续前,应当依法经有关主管部门审核同意。

《管理办法》对于信息服务过程中的法律责任主要有以下规定。

(1) 违反《管理办法》的规定,未取得经营许可证,擅自从事经营性互联网信息服务,或者超出许可的项目提供服务的,由省、自治区、直辖市电信管理机构责令限期改正,有违法所得的,没收违法所得,处违法所得3倍以上5倍以下的罚款;没有违法所得或者违法所得不足5万元的,处10万元以上100万元以下的罚款;情节严重的,责令关闭网站。

违反《管理办法》的规定,未履行备案手续,擅自从事非经营性互联网信息服务,或者超出备案的项目提供服务的,由省、自治区、直辖市电信管理机构责令限期改正;拒不改正的,责令关闭网站。

(2) 违反规定,制作、复制、发布、传播《管理办法》第15条所列内容之一的信息,构成犯罪的,依法追究刑事责任;尚不构成犯罪的,由公安机关、国家安全机关依照《治安管理处罚法》《计算机信息网络国际联网安全保护管理办法》等有关法律、行政法规的规定予以处罚;对经营性互联网信息服务提供者,由发证机关责令停业整顿直至吊销经营许可证,通知企业登记机关;对非经营性互联网信息服务提供者,并由备案机关责令暂时关闭网站直至关闭网站。

知识拓展

《互联网信息服务管理办法》第15条

互联网信息服务提供者不得制作、复制、发布、传播含有下列内容的信息:

(1) 反对宪法所确定的基本原则的;
(2) 危害国家安全,泄露国家秘密,颠覆国家政权,破坏国家统一的;
(3) 损害国家荣誉和利益的;
(4) 煽动民族仇恨、民族歧视,破坏民族团结的;
(5) 破坏国家宗教政策,宣扬邪教和封建迷信的;
(6) 散布谣言,扰乱社会秩序,破坏社会稳定的;
(7) 散布淫秽、色情、赌博、暴力、凶杀、恐怖或者教唆犯罪的;
(8) 侮辱或者诽谤他人,侵害他人合法权益的;
(9) 含有法律、行政法规禁止的其他内容的。

(3) 从事新闻、出版以及电子公告等服务项目的互联网信息服务提供者,应当记录提供的信息内容及其发布时间、互联网地址或者域名;互联网接入服务提供者应当记录上网用户的上网时间、用户账号、互联网地址或者域名、主叫电话号码等信息。

互联网信息服务提供者和互联网接入服务提供者的记录备份应当保存60日,并在国家有关机关依法查询时,予以提供。有关信息服务提供者未履行规定的以上义务的,由省、自治区、直辖市电信管理机构责令改正;情节严重的,责令停业整顿或者暂时关闭网站。

(4)互联网服务信息提供者在其业务活动中,违反其他法律法规的,由新闻、出版、教育、卫生、药品监督管理、工商行政管理等有关主管部门,在各自职责范围内依法对互联网信息内容实施监督管理,对违法行为依法作出处罚。

(5)电信管理机构和其他有关主管部门及其工作人员,玩忽职守、滥用职权、徇私舞弊,疏于对互联网信息服务的监督管理,造成严重后果,构成犯罪的,依法追究刑事责任;尚不构成犯罪的,对直接负责的主管人员和其他直接责任人员依法给予降级、撤职直至开除的行政处分。

(五)《电子认证服务管理办法》规定的法律责任

电子认证服务,是指为电子签名相关各方提供真实性、可靠性验证的活动。电子认证服务提供者,是指为需要第三方认证的电子签名提供认证服务的机构(以下简称"电子认证服务机构")。

知识拓展

现行的《电子认证服务管理办法》是我国工业和信息化部于2009年2月18日中华人民共和国工业和信息化部令第1号公布。根据2015年4月29日中华人民共和国工业和信息化部令第29号公布的《工业和信息化部关于修改部分规章的决定》修订。专门用于规范在中国境内设立的电子认证服务机构和为电子签名提供的电子认证服务,规定了电子认证服务机构的设立条件、申请程序、信息发布以及变更、延续登记等,还规定了电子认证服务的内容、电子认证服务机构应当履行的义务、电子认证服务的暂停、终止、电子签名认证证书等。

《电子认证服务管理办法》中有关法律责任的规定主要有以下几个方面。

(1)电子认证服务机构向工业和信息化部隐瞒有关情况、提供虚假材料或者拒绝提供反映其活动的真实材料的,由工业和信息化部依据职权责令改正,并处警告或者5000元以上1万元以下罚款。

(2)工业和信息化部和省、自治区和直辖市的信息产业主管部门的工作人员,不依法履行监督管理职责的,由工业和信息化部或者省、自治区和直辖市的信息产业主管部门依据职权视情节轻重,分别给予警告、记过、记大过、降级、撤职、开除的行政处分;构成犯罪的,依法追究刑事责任。

(3) 电子认证服务机构在《电子认证服务许可证》的有效期内变更公司名称、住所、注册资本、法定代表人、类型、股东以及股东的出资方式、出资额、出资时间等事项的，在向公司登记机关申请变更登记前应当报工业和信息化部同意。电子认证服务机构违反该规定的，由工业和信息化部依据职权责令限期改正，处以警告，并处1万元以下的罚款。

(4) 电子认证服务机构应当按照工业和信息化部公布的《电子认证业务规则规范》的要求，制定本机构的电子认证业务规则和相应的证书策略，在提供电子认证服务前予以公布，向工业和信息化部备案。电子认证服务机构违反该规定的，由工业和信息化部依据职权责令限期改正，处以警告，并处1万元以下的罚款。

(5) 电子认证服务机构有根据工业和信息化部的安排承接其他机构开展的电子认证服务业务的义务。电子认证服务机构违反该规定的，由工业和信息化部依据职权责令限期改正，处以警告，并处1万元以下的罚款。

(6) 取得电子服务认证服务许可的电子认证服务机构，在电子认证服务许可的有效期内不得降低其设立时所应当具备的条件。电子认证服务机构违反上述规定的，由工业和信息化部依据职权责令限期改正，处以3万元以下罚款，并将上述情况向社会公告。

除以上规范性文件以外，其他一些专门性法律法规中也规定了相关电子商务主体法律责任，如《电子签名法》《软件产品管理办法》中对有关主体的法律责任的规定等。

（六）《个人信息保护法》

个人信息是以电子或者其他方式记录的与已识别或者可识别的自然人有关的各种信息，不包括匿名化处理后的信息。个人信息的处理包括个人信息的收集、存储、使用、加工、传输、提供、公开、删除等。处理个人信息应当遵循合法、正当、必要和诚信原则，不得通过误导、欺诈、胁迫等方式处理个人信息。处理个人信息应当具有明确、合理的目的，并应当与处理目的直接相关，采取对个人权益影响最小的方式。

收集个人信息，应当限于实现处理目的的最小范围，不得过度收集个人信息。任何组织、个人不得非法收集、使用、加工、传输他人个人信息，不得非法买卖、提供或者公开他人个人信息；不得从事危害国家安全、公共利益的个人信息处理活动。国家建立健全个人信息保护制度，预防和惩治侵害个人信息权益的行为，加强个人信息保护宣传教育，推动形成政府、企业、相关社会组织、公众共同参与个人信息保护的良好环境。

《个人信息保护法》第58条规定，对于提供重要互联网平台服务、用户数量巨大、业务类型复杂的个人信息处理者，应当履行下列义务：

(1) 按照国家规定建立健全个人信息保护合规制度体系，成立主要由外部成员组成的独立机构对个人信息保护情况进行监督；

(2) 遵循公开、公平、公正的原则，制定平台规则，明确平台内产品或者服务提供者处理个人信息的规范和保护个人信息的义务；

(3) 对严重违反法律、行政法规处理个人信息的平台内的产品或者服务提供者，停止提供服务；

(4) 定期发布个人信息保护社会责任报告，接受社会监督。

违反《个人信息保护法》规定处理个人信息，或者处理个人信息未履行本法规定的个人信息保护义务的，由履行个人信息保护职责的部门责令改正，给予警告，没收违法所得，对违法处理个人信息的应用程序，责令暂停或者终止提供服务；拒不改正的，并处100万元以下罚款；对直接负责的主管人员和其他直接责任人员处1万元以上10万元以下罚款。情节严重的，由省级以上履行个人信息保护职责的部门责令改正，没收违法所得，并处5000万元以下或者上一年度营业额5%以下罚款，并可以责令暂停相关业务或者停业整顿、通报有关主管部门吊销相关业务许可或者吊销营业执照；对直接负责的主管人员和其他直接责任人员处10万元以上100万元以下罚款，并决定禁止其在一定期限内担任相关企业的董事、监事、高级管理人员和个人信息保护负责人。

处理个人信息侵害个人信息权益造成损害，个人信息处理者不能证明自己没有过错的，应当承担损害赔偿等侵权责任。这里规定的损害赔偿责任按照个人因此受到的损失或者个人信息处理者因此获得的利益确定；个人因此受到的损失和个人信息处理者因此获得的利益难以确定的，根据实际情况确定赔偿数额。

知识拓展

《民法典》第1035条 处理个人信息的，应当遵循合法、正当、必要原则，不得过度处理，并符合下列条件：

(一) 征得该自然人或者其监护人同意，但是法律、行政法规另有规定的除外；

(二) 公开处理信息的规则；

(三) 明示处理信息的目的、方式和范围；

(四) 不违反法律、行政法规的规定和双方的约定。

个人信息的处理包括个人信息的收集、存储、使用、加工、传输、提供、公开等。

第1036条 处理个人信息，有下列情形之一的，行为人不承担民事责任：

(一) 在该自然人或者其监护人同意的范围内合理实施的行为；

(二) 合理处理该自然人自行公开的或者其他已经合法公开的信息，但是该自然人明确拒绝或者处理该信息侵害其重大利益的除外；

(三) 为维护公共利益或者该自然人的合法权益，合理实施的其他行为。

复习思考题

一、【选择题】（不定项选择）

1. 电子商务活动当事人之间发生争议的，可以通过（   ）等方式解决。

   A. 协商和解

   B. 请求消费者组织调解

   C. 向有关部门投诉

   D. 向人民法院提起诉讼

2. 根据规定，涉及域名的侵权纠纷案件，由侵权行为地或者被告所在地的中级人民法院管辖。对难以确定的，原告发现该域名的计算机终端等设备所在地可以视为（   ）。

   A. 原告所在地

   B. 被告所在地

   C. 侵权结果所在地

   D. 侵权行为地

3. 电子商务交易违约责任的基本形式包括（   ）。

   A. 继续履行

   B. 采取补救措施

   C. 赔偿损失

   D. 支付违约金和定金罚则

4. 2017年8月18日（   ）挂牌成立，成为全国第一家集中审理涉网案件的试点法院。

   A. 北京互联网法院

   B. 杭州互联网法院

   C. 上海互联网法院

   D. 深圳互联网法院

二、【判断题】

1. 电子商务纠纷从性质上来看是一种民事纠纷，其交易主体具有平等地位。（   ）

2. 证据保全是指在证据可能灭失或以后难以取得的情况下，法院根据申请人的申请或依职权，对证据加以固定和保护的制度。（   ）

3. 相对于法院保全而言，对电子证据进行公证保全具有更大的优越性。（   ）

4. 对于电子商务犯罪行为，应当依据《刑法》予以刑事处罚，即刑罚。刑罚分为主刑和附加刑。（   ）

三、【简答题】

1. 简述我国关于电子商务争议管辖权的法律规定。
2. 简述我国涉外民事争议案件的管辖原则。
3. 简述收集电子证据应遵循的原则。

第十一章　跨境电子商务法律制度

【学习目标】
1. 了解跨境电子商务的概念、特征、类型和法律适用。
2. 熟悉跨境电子商务合同主体的法律规定。
3. 掌握跨境电子商务合同的法律制度。
4. 掌握跨境电子商务物流的法律制度。
5. 掌握跨境电子商务的海关监管法律制度。
6. 掌握跨境电商零售进口商品安全法律制度。
7. 掌握跨境电子商务数据安全的法律制度。
8. 掌握跨境电子商务税收和收付管理制度。

第一节　跨境电子商务概述

一、跨境电子商务的概念和特征

1. 跨境电子商务的概念

我国《电子商务法》中所称的电子商务，是指通过互联网等信息网络销售商品或者提供服务的经营活动，适用于中华人民共和国境内的电子商务活动。同时，《电子商务法》明晰了电子商务经营者的主体分为三大类，分别是电子商务平台经营者、平台内经营者、自建网站和其他网络的经营者。海关监管代码也明确了电子商务的B2B、B2C、C2C模式，表明海关监管适用于境内个人或电子商务企业通过电子商务交易平台实现的跨境交易。

综上，跨境电子商务是指分属不同关境的交易主体，借助互联网达成交易、支付结算，并通过跨境物流将商品送达企业或消费者手中的交易。跨境电子商务是不同关境的交易主体将传统贸易中的商品展示、签订合同、海关报关、商品检验检疫等环节网络化，从而实现产品销售的贸易方式。

2. 跨境电子商务的特征

（1）交易主体的跨境性。

跨境的标志是交易主体分属不同海关境地，而不是主体具有不同的国籍。例如，我国居民通过境外网站从外国购买商品，交易主体分别在两个国家，这种模式是比较典型的跨境电子商务交易；有的国外大型企业进驻我国某些平台交易，但其主营业地在国外，在我国网络平台交易也是跨境电子商务。

(2) 国界的隐形性。

互联网不受传统的地理因素限制，由于产品和服务能直接提交给消费者，消费者通常会忽略商品或服务进出国境的地理因素限制。

(3) 交易的便捷性。

运用互联网开展和拓展国际贸易业务，具有即时性和便捷性特点，国际贸易的环节少、成本低，促进了国际经贸合作和世界经济的发展。

(4) 交易标的多样性。

跨境电子商务的标的除了传统大宗货物外，还包括丰富多样、单笔额度小的标的物。具有虚拟性的数字化产品的网络交易，使跨境税收成为跨境电子商务面临的新问题。

二、跨境电子商务的类型

根据不同的划分标准，可将跨境电子商务类型划分如下。

1. B2B、B2C 和 C2C 跨境电子商务

我国跨境电子商务依交易主体为标准主要分为 B2B、B2C 和 C2C。

B2B 是指交易双方均为企业的跨境电子商务。企业间跨境电子商务通过跨境电商平台完成产品展示和交易，经物流将货物跨境运送至交易方指定的企业或仓库，企业根据海关要求传输相关电子数据。如阿里巴巴 1688 全球购物网站。

B2C 是企业直接面对消费者，即商家和消费者之间的跨境电子商务交易，以销售个人消费品为主，物流方面主要采用航空小包、邮寄、快递等方式，其报关主体是邮政或快递公司。

C2C 是自然人之间的跨境电子商务，它是指交易双方均为自然人，境内消费者通过境外自然人代购商品。

2. 直发/直运平台跨境电子商务、海外代购平台跨境电子商务和直营 B2C 跨境电子商务

直发/直运平台跨境电子商务模式，是指通过跨境电子商务平台将接收到的消费者订单信息发给批发商或厂商，然后由其按照订单要求以零售的形式对消费者供货的一种跨境电子商务模式。如天猫国际、洋码头、海豚村、跨境通、一帆海购网、走秀网等。

海外代购平台跨境电子商务模式，是指建立跨境电子商务平台，由符合要求的海外第三方卖家入驻，消费者在平台上订购商品，然后通过转运或直邮模式将商品发往

国内消费者的跨境电子商务模式。例如淘宝全球购、京东海外购、易趣全球集市等。

自营 B2C 跨境电子商务模式，是指建立跨境电子商务平台，并自备平台上的大多数商品，供消费者选择和购买的跨境电子商务模式，如 1 号海购、中粮我买网、草莓网等。

3. 专项型跨境电子商务与综合型跨境电子商务

按照跨境贸易的电子商务网进行物品品类的划分，跨境电子商务分为专项型以及综合型两种，其中专项型跨境电子商务主要针对特定的领域、特定的需求进行服务，提供在专项型跨境电子商务里的全部信息与服务；综合型跨境电子商务展示的商品种类则更为繁多。

4. 出口跨境电子商务与进口跨境电子商务

按照商品或服务的流动方向，可分为出口跨境电子商务和进口跨境电子商务。

出口跨境电子商务是指将我国的物品通过各种渠道在国外的电子市场销售；进口跨境电子商务指将国外的物品通过各种渠道在我国的电子市场销售。

（1）一般贸易出口与先退税出口零售电子商务。

就海关监管方式来说，一般贸易出口零售电子商务指符合条件的电子商务企业或平台与海关联网，境外消费者跨境网购后，电子商务企业或平台将电子订单、支付凭证、电子运单等传输给海关，电子商务企业或其代理人向海关提交申报清单，商品以邮件、快件方式运送出境。海关采用"清单核放，汇总申报"方式通关。

先退税出口零售电子商务，又称特殊区域出口零售电子商务，指符合条件的电子商务企业或平台与海关联网，电子商务企业把整批商品按一般贸易报关进入海关特殊监管区域，企业实现退税；对于已入区退税的商品，境外网购后，海关凭清单核放，出区离境后，海关定期将已放行清单归并形成出口报关单，电商凭此办理结汇手续。

（2）保税进口与非保税进口零售电子商务。

进口跨境零售电子商务。

按 B2C 零售进口海关监管模式划分，可分为保税进口零售电子商务和直购进口（即非保税进口）零售电子商务两种类型。

保税进口零售电子商务指符合条件的电子商务企业或平台与海关联网，电子商务企业将整批商品运入海关特殊监管区域或保税物流中心内并向海关报关，海关实施账册管理。境内有消费者网购监管区内商品后，电子商务企业或平台将电子订单、支付凭证、电子运单等传输给海关，电子商务企业或其代理人向海关提交清单，海关按照跨境电子商务零售进口商品征收税款，验放后，账册自动核销。

非保税进口，又称直购进口，指符合海关规定条件的电子商务企业或平台与海关联网，境内的消费者跨境网购后，电子商务企业或平台将电子订单、支付凭证、电子运单等传输给海关，电子商务企业或其代理人向海关提交清单，商品以邮件、快件方式运送，通过海关邮件、快件监管场所入境，按照跨境电子商务进口零售商品征收税款。

三、跨境电子商务的法律适用

（一）适用空间范围

《电子商务法》第2条规定的"境内"应当作属地管辖理解，即发生在我国境内的电子商务活动的行为以及在我国从事电子商务活动的主体都受我国《电子商务法》约束。

这里的"境内"应做我国大陆地区理解。我国存在大陆及港、澳、台四大不同法域，港、澳、台作为单独关税区，各自实行单独的海关制度，在国际上不享有主权。但根据我国中央政府授权或认可，港、澳、台在对外经济法律制度的制定和对外经济交往等方面，享有高度的自主权，这些地区属于境外，《电子商务法》不适用于我国的这些地区。从同样涉及海关统计的《出境入境管理法》对出入境用语的界定中，也可看出"境内"内涵。

《出境入境管理法》第89条规定：出境是指由中国内地前往其他国家或者地区，由中国内地前往香港特别行政区、澳门特别行政区，由中国大陆前往台湾地区；入境是指由其他国家或者地区进入中国内地，由香港特别行政区、澳门特别行政区进入中国内地，由台湾地区进入中国大陆。可见，境内是指除外国以及中国港、澳、台地区的中国内地、大陆地区。

《电子商务法》在我国境内适用也有例外，比如我国自2013年起建立了多个自由贸易区。自由贸易区是在我国境内指定的对外经济交往的特殊区域，进入该区域的货物或服务，可享有免税或者保税等特殊优惠待遇。自由贸易区内的电子商务活动虽然属于我国境内的电子商务活动，但自由贸易区跨境电子商务管理法律制度及享有的优惠待遇有别于我国境内其他地方。为此，《电子商务法》作出法律制度适用的协调。《电子商务法》第71条、第72条规定，国家促进跨境电子商务发展创设的一系列法律制度（如单证电子化、单一窗口制度等贸易便利化措施）创新监管，满足实际需要。

（二）遵守几个层面的法律制度

我国电子商务法律制度对跨境电子商务法律适用问题规定主要体现在以下几个层次。

1. 遵守一般电子商务法律规定

《电子商务法》第2条第1款规定："中华人民共和国境内的电子商务活动，适用本法。"这一条规定了我国电子商务活动的适用范围为我国境内，所以我国的跨境电子商务应适用《电子商务法》。同时，《电子商务法》与相关法律具有衔接性，例如：《电子商务法》规定电子商务经营者向消费者发送广告的，应当遵守《广告法》的有关规定。也即《电子商务法》对电子商务经营者发送广告没有做具体规定,而是指向《广告法》。《电子商务法》的这种衔接性意味着电子商务经营者需要遵守相关法律规定,如《民法典》《消费者权益保护法》《第三方电子商务交易平台服务规范》《网络交易监督管理办法》等。

2. 遵守跨境电子商务的特殊法律规定

《电子商务法》第26条规定电子商务经营者从事跨境电子商务,应当遵守进出口监督管理的法律、行政法规和国家有关规定。与国内电子商务相比,跨境电子商务的显著特征在于其商务的跨越关境性。因此,跨境电子商务经营者除了应遵守经营电子商务通常的法律制度外,还需要遵守跨境电子商务特殊环节中海关、税收、进出境检验检疫、仓储物流等监督管理方面的法律制度。

《电子商务法》第71条、第72条、第73条规定了跨境电子商务的鼓励和促进措施,涉及国家针对跨境电子商务的促进政策,是依据其规定本身的内容适用于跨境电子商务。

3. 遵守相关国际法律规则

《电子商务法》第73条规定,国家推动建立与不同国家、地区之间跨境电子商务的交流合作,参与电子商务国际规则的制定,促进电子签名、电子身份等国际互认。国家推动建立与不同国家、地区之间的跨境电子商务争议解决机制。我国积极参与跨境电子商务的国际谈判,并签订了有关国际条约与协定,推动了跨境电子商务的全球化规则的确立。

跨境电子商务是国际贸易的组成部分,其交易法律关系构成涉外民事法律关系。在与境外电子商务主体进行交易的过程中,电子商务合同的订立、效力和履行、违约救济、法院管辖权、消费者权益的保护等,存在依据我国《涉外民事关系法律适用法》等法律规定转化为复杂的国际法的适用。例如,产品责任可能适用被侵权人经常居所地法律、侵权人主营业地法律或损害发生地法律,合同责任可能适用交易一方当事人经常居所地法律或者其他与该合同有最密切联系的法律。

一般来说,跨境电子商务纠纷可能涉及多个案由,既可能是普通的买卖合同纠纷,也可能是消费者合同纠纷,还有可能是构成侵权的产品责任纠纷。不同纠纷的性质可适用的法律类型并不相同,如我国《涉外民事关系法律适用法》就规定消费者合同适用消费者经常居住地法律或者商品、服务提供地法律;产品责任适用被侵权人经常居住地法律。如果涉及外国法的适用,则需要了解该国国际私法的具体法律适用规则。

四、我国跨境电子商务立法发展

跨境电商行业的高速发展离不开国家政策的支持。我国跨境电子商务经历了个人代买境外物品、小规模跨境电子商务经营的合法化至大规模境电子商务发展的过程。

我国跨境电子商务起源于一些留学生、空乘人员等经常出国的群体为亲朋好友代购海外产品，随着市场需求的增加，淘宝出现了诸如海淘的专门代购海外产品的店铺，或利用亚马逊、eBay等平台将境内商品销售到国外的电商。

国家意识到这种"互联网＋跨境销售"的商业模式发展趋势，随即顺应市场需求，密集出台了一系列法律制度及措施，消除跨境电子商务发展障碍，创造各种有利条件推动其快速发展；同时，规范跨境出口电子商务的活动，促进跨境出口电子商务有序发展。跨境电子商务已成为我国进出口贸易的重要组成部分，从跨境电子商务的立法历程也足见我国政府对此的支持力度。

（一）跨境电子商务早期试点

2012年开始，国家开放了郑州、上海、重庆、杭州和宁波5个城市为第一批进口跨境电子商务试点城市。

（二）跨境电子商务开始合法化、规范化

2012年8月，商务部颁布《关于利用电子商务平台开展对外贸易的若干意见》，为增强我国电子商务平台的对外贸易功能，提高我国企业利用电子商务开展对外贸易的能力和水平，提出如下意见：充分认识利用电子商务开展对外贸易的重要意义，全面增强电子商务平台对外贸易服务功能，着力提升企业利用电子商务平台开展对外贸易水平，加强对利用电子商务平台开展对外贸易的支持，加强对利用电子商务平台开展对外贸易的监督，重点培育开展对外贸易的电子商务平台主要规程。

《意见》从制度层面确认了国家对跨境电子商务活动的认可。2013年，商务部发布了《关于实施支持跨境电子商务零售出口有关政策意见的通知》，从海关监管模式、出口检验、跨境结算和税收等方面提出了总体方针和政策，跨境电子商务活动有了制度性的依据。

（三）跨境电子商务发展初期，全面构建规范和促进跨境电子商务发展制度

2013年12月，财政部等发布《关于跨境电商零售出口税收政策的通知》，明确规定跨境电商零售出口在满足有关要求的条件下享有增值税、消费税的退、免优惠待遇及办法；2015年1月外汇管理局《关于开展支付机构跨境外汇支付业务试点的通知》规定支付机构办理相关登记后可以开办跨境外汇支付业务，允许支付机构几种办理首付和结售汇业务，便利和规范了跨境支付；2015年3月海关总署的《关于跨境贸易电子商务服务试点网购保税进口模式有关问题的通知》，为跨境电商企业进口提供保税试点，规范跨境电子商务的海关监管；2015年6月质检总局《关于加强跨境电子商务进出口消费品检验监管工作的指导意见》，构建了跨境电子商务发展的商品检验检疫工作机制。

综上可见，在明确了跨境电子商务合法地位后短短几年，我国从海关监管、税收政策、外汇支付和商品检验等方面全方位地为跨境电子商务活动构建了鼓励和规范制度体系。

（四）推动、推广跨境电子商务的规范制度

2015年6月，国务院《关于促进跨境电子商务健康快速发展的指导意见》明确提出优化海关监管措施，完善检验检疫监管政策措施，规范进出口税收政策、电子商务支付结算管理，对符合条件的跨境电商企业提供财政金融支持；2016年3月，财政部等《关于跨境电子商务零售进口税收政策的通知》规定，跨境电商零售进口商品不再按照"个人物品"征收行邮税、增值税和消费税等，规范了进口税收政策，降低了部分进口商品的关税；2017年1月，国务院《关于同意在天津等12个城市设立跨境电子商务综合试验区的批复》推广成果；2017年8月，质检总局《关于跨境电商零售进出口检验检疫信息化管理系统数据接入规范的公告》使跨境电子商务进出口检验检疫信息化；2017年11月，商务部等14部门《关于复制推广跨境电子商务综合试验区探索形成的成熟经验做法的函》，面向全国复制推广成熟经验和创新做法，降低税收，推动跨境电子商务规模持续、快速增长；2017年，跨境零售进口监管过渡期再次延长至2018年底；2018年6月13日，国务院常务会议表示要支持跨境电商的发展以及进一步扩大进口的措施。

（五）跨境电子商务法律出台

2018年8月，我国通过了《电子商务法》，这是我国电子商务领域首部专门的基础法律，标志着我国跨境电子商务的发展进入法治化发展的轨道，为跨境电商提供了法律框架。《电子商务法》明确了国家促进跨境电子商务发展，支持小型微型企业从事跨境电子商务；规范了跨境电商主体，并对跨境电商的主体资质及许可进行了规定；明确要求跨境电子商务经营主体应当履行消费者权益保护，依法承担产品和服务质量责任；要求跨境电商数据共享，更加适应互联网模式快节奏的发展速度等。

（六）跨境电子商务法律制度不断完善

2018年11月，财政部、海关总署与税务总局发布通知，调整跨境电子商务零售进口政策，将跨境电子商务零售进口商品的单次交易限值由人民币2000元提高至5000元，年度交易限值由人民币20000元提高至26000元，促进了市场规模的扩大。

2019年10月国家税务总局《关于跨境电子商务综合试验区零售出口企业所得税核定征收有关问题的公告》，对经国务院批准的跨境电子商务综合试验区的企业符合一定条件给与免税收入优惠。2019年11国务院《关于推进贸易高质量发展的指导意见》强调推进跨境电子商务综合试验区建设，复制推广成熟经验做法；完善跨境电子商务零售进出口管理模式，优化通关作业流程，建立全口径海关统计制度；在总结试点经验

基础上，完善管理体制和政策措施，推进市场采购贸易方式试点；完善外贸综合服务企业发展政策，推动信息共享和联合监管；鼓励发展其他贸易新业态。

2020年2月23日，国家邮政局发布了《关于促进跨境电子商务寄递服务质量的若干意见》，强调打造更多跨境寄递服务通道平台，促进跨境寄递服务高质量发展，保障寄递安全，改进用户体验，降低物流成本，维护公平竞争，形成线上线下协同发展新格局。2020年5月，国家外汇管理局出台《关于支持贸易新业态发展的通知》，规定从事跨境电子商务的境内个人，可通过个人外汇账户办理跨境电子商务外汇结算等。境内个人办理跨境电子商务项下结售汇，提供有交易额的证明材料或交易电子信息的，不占用个人年度便利化额度。

2021年07月，国务院《关于加快发展外贸新业态新模式的意见》积极支持运用新技术新工具赋能外贸发展，完善跨境电商发展支持政策。在全国适用跨境电商企业对企业（B2B）直接出口、跨境电子商务出口海外仓监管模式，完善配套政策。便利跨境电商进出口退换货管理。优化跨境电商零售进口商品清单。稳步开展跨境电商零售进口药品试点工作。引导企业用好跨境电商零售出口增值税、消费税免税政策和所得税核定征收办法。

研究制定跨境电商知识产权保护指南，引导跨境电商平台防范知识产权风险。国务院《关于加快发展外贸新业态新模式的意见》指出：到2025年，跨境电商政策体系进一步完善，发展环境进一步优化，发展水平进一步提升。扎实推进跨境电子商务综合试验区建设；培育一批优秀海外仓企业；支持企业加快重点市场海外仓布局，完善全球服务网络，建立中国品牌的运输销售渠道。

2022年5月，国务院发布《关于推动外贸保稳提质的意见》要求推动跨境电子商务加快发展，提质增效。针对跨境电子商务出口海外仓监管模式，加大政策宣传力度，对实现销售的货物，指导企业用足用好现行出口退税政策，及时申报办理退税。尽快出台便利跨境电子商务出口退换货的政策，适时开展试点。针对跨境电商行业特点，加强政策指导，支持符合条件的跨境电子商务相关企业申报高新技术企业。

在国家各项法律政策的支持下，我国跨境电子商务得到长足发展。据"电数宝"电商大数据库显示，2012年我国跨境电子商务市场规模2.1万亿元，2021年市场规模达14.2万亿元，十年间我国跨境电子商务市场规模增长了5.7倍，增加了12.1万亿元。

第二节 我国跨境电子商务合同的法律制度

一、跨境电子商务合同主体的法律规定

合同订立主体的行为能力与权利能力是合同生效的必要条件。传统的合同订立是

由合同当事人见面达成，对当事人的缔约能力通常在见面就可判断，或者订立合同之前就了解到对方是否具有缔约能力。在跨境电子商务中，合同当事人通过网络达成意思表示，即使按照网站要求交易当事方输入身份证号或企业执照等信息以证明其为具有民事行为能力者，但是依然存在伪造或者提供虚假材料的可能性，交易另一方难以准确判断对方是否具有民事行为能力。

跨境电子商务合同订立主体行为的有效性，因其涉外性，通常需要根据不同法域法则来确定。对于合同的缔约能力问题的法律适用，我国规定适用冲突规范指引下的准据法，合同符合准据法关于合同要件的规定即为有效。按照我国《涉外民事关系法律适用法》的规定，自然人的民事行为能力，适用经常居所地法律。

自然人从事民事活动，依照经常居所地法律为无民事行为能力，依照行为地法律为有民事行为能力的，适用行为地法律；法人及其分支机构的民事权利能力、民事行为能力、组织机构、股东权利义务等事项，适用登记地法律；法人的主营业地与登记地不一致的，可以适用主营业地法律，法人的经常居所地为其主营业地。这种法律适用的多样性给跨境电商活动主体带来直接的风险。我国《电子商务法》第48条规定：电子商务当事人使用自动信息系统订立或者履行合同的行为，对使用该系统的当事人具有法律效力。在电子商务中推定当事人具有相应的民事行为能力，但是有相反证据足以推翻的除外。《电子商务法》的规定突破了这一传统做法，对于大多数没有国际私法知识的跨境电子商务主体来说，极大地减少了订立合同的风险。

二、跨境电子商务合同的法律制度

（一）跨境电子商务合同法律适用

1. 公约缔约国与我国之间B2B跨境电子商务货物贸易合同的法律适用

跨境电子商务合同因主体的主营业地及货物性质不同适用不同的法律。我国《电子商务法》第73条明确国家推动建立与不同国家、地区之间跨境电子商务的交流合作，参与电子商务国际规则的制定。我国履行国际义务，遵从我国缔结或参加的国际条约。在B2B、B2C和C2C这几种主要经营模式中，B2B模式跨境电子商务涉及国际条约的适用合同方面，我国加入的主要有1980年的《联合国国际货物销售合同公约》（以下简称《公约》）和2005年的《联合国国际合同使用电子通信公约》。

《公约》是国际买卖合同的法律适用的专门公约，是影响范围最为广泛的国际法律文件之一，具有强行法的性质。《公约》第7条规定，"在解释本公约时，应考虑到本公约的国际性质和促进其适用的统一以及在国际贸易上遵守诚信的需要。"在该条中，《公约》采用"统一（unification）"的概念，其含义是指在国际货物买卖中应适用单一的规则，这表明《公约》的制定旨在统一国际货物买卖合同实体法规则。换言之，对于营业地在不同国家的当事人之间所订立的货物买卖合同，缔约国则应当适用《公约》的规定。也意味着在国际货物买卖中,如果当事人没有明确约定排除适用,就应当适用该《公约》。《公约》对缔约国具有直接适用的效力。

随着跨境电子商务的迅速发展,《公约》已无法有效应对跨境电子商务新的交易形式,需要建立新的规则。据此,联合国国际贸易法委员会于2005年在联合国大会讨论通过了《联合国国际合同使用电子通信公约》,在内容上弥补了《公约》在跨境电子商务方面法律规定的不足。

两部公约都适用于主营业地位于不同国家当事人之间的货物贸易,不适用于服务贸易或为个人、家人或家庭目的订立的合同。因此,在跨境电子商务中,这两部公约仅适用于主营业地位于不同国家的商人与商人之间(B2B)货物贸易,而不适用于商人与个人消费者之间(B2C)的货物和服务贸易。

2. 非公约缔约国与我国之间B2B和B2C跨境电子商务合同的法律适用

我国对《公约》第2条因国际私法规则导致适用《公约》做了保留,因此,对非公约缔约国与我国之间B2B和B2C跨境电子商务不适用《公约》。对非《公约》缔约国商人与商人之间(B2B)货物和服务贸易,以及商人与个人消费者之间(B2C)货物和服务贸易,其跨境电子商务合同遵照我国《涉外关系法律适用法》第41条和第42条的规定,遵循当事人意思自治和最密切联系两个原则,允许当事人自由协商选择适用的法律;当没有协议选择或选择无效时,再根据最密切联系原则,例如最能体现该合同特征的一方当事人经常居所地法律或者其他与该合同有最密切联系的法律确定应适用的法律。

此外,公约缔约国与我国之间B2B跨境电子商务货物贸易合同适用的上述两个公约中没有规定的,也遵循我国《涉外民事关系法律适用法》第41条和第42条的规定。《涉外民事法律适用法》第4条、第5条对当事人意思自治原则做了限制,即适用我国关于涉外民事法律关系的强制性规则;以及运用"公共秩序保留"排除外国法之后,适用我国实体法。

(二)跨境电子商务合同内容的法律规则

1980年的《公约》对我国1999年的《合同法》的立法产生了基础性影响,推动了我国《合同法》与国际规则的接轨,促进了我国国际贸易的健康发展。《合同法》大量借鉴了公约的经验,主要体现在几个方面:合同的订立、合同的形式、瑕疵担保责任、根本违约规则、预期违约制度、严格责任制度、标的物交付的时间和地点的确定、标的物的检验规则、风险转移规则等。

我国2020年颁布的《民法典》吸收了这些规则,同时也借鉴了《联合国国际合同使用电子通信公约》的相关规定,以适应快速发展的电子商务现状。关于合同的一般规定,如合同效力、合同履行、违约责任等内容被汇编入《民法典》第三编以下的各章节。而与跨境电子商务直接相关的买卖合同的相关规定,则作为"典型合同"的内容规定在合同编第九章中。在跨境电子商务合同的订立和履行需要适用前述两公约时，可借助我国《民法典》的相关内容。详细内容请参见本书第三章第二节和第四节。

《公约》在制定过程中，有关合同的撤销和无效等效力、错误、代理、多数人之债、合同转让、抵销、时效、利息的计算以及情势变更等规则，尚未能形成共识，因此，《公约》最终回避了这些规则的制订。

三、跨境电子商务物流的法律制度

（一）跨境电子商务物流的概念

我国《国家标准物流术语》（GBT 18354—2006）第 3.2 条规定，物流是指"物品从供应地向接收地的实体流动过程。根据实际需要，将运输、储存、装卸、搬运、包装、流通加工、配送、信息处理等基本功能实施有机结合"。结合跨境电商及物流的概念与特点，我们将跨境电子商务物流定义为：在电子商务环境下，借助互联网、大数据、信息化与计算机等先进技术，跨境电商将货物从其所在关境跨境发送到位于另一关境的消费者的物流活动，物流环节不仅包括传统的运输、仓储、配送、装卸、加工、信息处理等环节方面，还涉及报关、签发单证等一系列特殊环节。

（二）跨境电子商务物流主体及法律关系

1. 跨境电子商务物流主体

跨境电子商务物流方式主要有电商自营跨境物流和专营跨境物流。电商自营跨境物流中，电商平台就是物流运送主体，托运人为货物商家，平台自主运送，收货人为收货方。电商自营跨境物流主体受跨境电商销售合同约束。

专营跨境物流的托运人是通过电商平台经营的商家或电商运营商，承运人或代理人为专门的物流企业，收货人为接收方主体。专营跨境物流受跨境电商与专营跨境物流企业之间的跨境物流服务合同约束。跨境电子商务物流服务合同是专营跨境物流企业与跨境电商约定，由专营跨境物流企业为后者进行跨境物流系统的设计，或负责后者整个跨境物流系统的管理和运营，承担系统运营责任而由后者向专营跨境物流企业支付物流服务费的合同。

2. 跨境电子商务物流主体法律关系

（1）托运人的权利与义务。

托运人在物流过程中需负责货物的托运、按照合同约定的内容支付运费或者不支付运费；托运人有收取货款的权利和要求承运人按照快递服务合同内容运送货物的权利。

（2）专营跨境电子商务物流企业作为承运人或代理人的权利与义务。

承运人负责货物运输，承运人接收货物后应对货物进行运送及必要的安全维护，这一过程中可能涉及相应货物信息的收集、存储、包装、处理、装卸、加工、报关、商检、签发单证、发送及货物运送等义务。同时承运人有收取快递服务费用的权利。

物流企业作为承运人或代理人身份的认定不同，则承担赔偿责任的基础亦不同。在从事国际货运代理业务时，如以承运人的代理人名义签发运输单证，必须证明其已经获得承运人的授权，否则将被认定为承运人。物流企业如果是代理人，仅需对自己的过错行为负责；如果是承运人，不论是否存在过错，物流企业均应对货物损失、迟延交付等负责，除非能够证明免责事项的存在。

货物运至目的地后，如收货人未在物流企业指定期限内提货的，物流企业可要求收货人支付保管费。当托运人或收货人拒付运费、保管费或其他运输费用时，物流企业可留置货物，但合同约定承运人不得留置货物的除外，物流企业对其留置的货物仍负有保管义务。

(3) 接收方的权利与义务。

接收方是物流服务的最后一方主体，其有接收货物或者按照合同约定内容支付快递费用或不支付快递费用的权利、义务。

(三) 跨境电子商务物流的主要法律法规

跨境电子商务物流法律法规是指调整与跨境电子商务物流活动有关的社会关系的法律规范的总称。目前我国没有专门的物流法，本书所称的物流法是指物流活动所涉及的各类法律规范的集合体，是与物流直接相关的法律规范的有机组成，包括涉及物流各环节的法律、法规、国家标准、国际公约、国际惯例和国际标准等。我国《电子商务法》第71条对此做了概括性规定：国家促进跨境电子商务发展，支持跨境电子商务平台经营者等为跨境电子商务提供仓储物流、报关、报检等服务。跨境物流由于涉及环节多，相关法律规定也见于多项法律法规中。

1. 跨境电子商务物流监管体制

根据《国民经济行业分类》(2019年修订)的规定，跨境出口电商综合物流服务行业属于"交通运输、仓储和邮政业"下"邮政业"中的"快递服务"(行业代码：G60－602－6020)。跨境出口电商综合物流服务行业由国家邮政总局负责全市场的监督管理工作，各省、自治区、直辖市邮政管理局负责本行政区域内的跨境物流市场的监管。国家安全机关、公安、商务、海关、出入境检验检疫、道路运输管理等部门在各自职权范围内对跨境物流的特定业务环节履行监管职责。中国快递协会依照法律法规及其他章程规定，对跨境出口电商物流服务行业实行自律性规范管理。

2. 跨境电子商务物流企业的登记、许可

企业经营国际快递服务需要取得国家邮政总局或各地邮政主管部门颁发的《快递业务经营许可证》、各地商务主管部门颁发的《国际货运代理企业备案登记表》、各地道路运输管理机构颁发的《道路运输经营许可证》以及各地海关主管部门颁发的《海关报关单位注册登记证书》等资质或证书。

3. 跨境电子商务物流运输的主要法律法规

跨境物流运输包括国际和国内物流运输,运输方式有水上运输、陆地运输、航空运输和国际货物多式联运等方式,其涉及的主要法律法规包括如下内容。

(1) 水上运输方式包括国际海上运输、沿海和内河运输,适用的国内法律、法规有:

《海商法》,该法对船舶、船员、海上货物运输合同、海上旅客运输合同、船舶租用合同、海上拖航合同、船舶碰撞、海难救助、共同海损、海事赔偿责任限制、海上保险合同、时效、涉外关系的法律适用等问题进行了规定。

此外,还有《民法典》中的运输合同,还有《海运条例及实施细则》《水路货物运输规则》《危险货物运输规则》《集装箱运输规则》《国际货运代理业管理规则及实施细则》等。

国际公约主要有:《统一提单的若干法律规定的国际公约》,即《海牙规则》《修改的统一提单的若干法律规定的国际公约议定书》,即《海牙—维斯比规则》《联合国海上货物运输公约》,即《汉堡规则》及《联合国多式联运公约》等。《海牙规则》和《维斯比规则》都是只适用于提单所证明的海上货物运输合同,包括航次租船合同项下签发的提单,而不适用于航次租船合同本身;而《汉堡规则》则适用于海上运输合同,而不适用于航次租船合同。

在我国,国际海上货物运输主要适用我国《海商法》第四章的规定,我国大陆至港澳台的海上货物运输,目前比照国际海上货物运输处理。

(2) 陆地运输方式有铁路和公路运输,陆路运输对货物在大陆内的流通起着重要作用,铁路和公路运输又有自己的运行特点。

公路运输方面国内法律法规主要有:《公路法》《汽车货物运输规则》《集装箱汽车运输规则》《汽车危险货物运输规则》等。

国际公约主要有:《国际公路货物运输合同公约》《国际公路车辆运输公约》。

铁路运输方面国内法律法规主要有:《铁路法》《铁路货物运输管理规则》。

国际公约主要有:《国际铁路货物联运协议》《铁路货物运输国际公约》。我国是《国际铁路货物联运协定》的缔约国,物流企业在办理国际铁路货物运输时要遵守该公约的规定。

(3) 航空运输

关于航空运输的国内法律法规主要有:《航空法》《中国民用航空货物国际运输规则》。

关于航空运输的国际公约,我国加入了《统一国际航空运输某些规则的公约》《海牙议定书》和《瓜达拉哈拉公约》。

(4) 国际货物多式联运

国际货物多式联运是指国际联运经营人通过两种或两种以上的运输方式,负责将货物从一个国家的某一地点运送到另一国家的某一地点的运输组织形式。

我国有关多式联运的法律法规主要有：《海商法》第四章海上货物运输中对多式联运作出的规定，交通主管部门制定的国际集装箱多式联运管理规则。

在国际货物多式联运领域内，较有影响的国际公约主要有三个：①1975年，海运发达国家通过国际航运商会制定的《1975年国际商会关于联合运输单证的统一规则》，该规则为非强制性，其内容代表了海运发达国家的利益。②在联合国贸易和发展会议的主持下，1980年5月制定了《联合国国际货物多式联运公约》，到目前为止，该公约尚没有生效。③联合国贸发会会同国际商会制定了《1991年国际商会关于多式联运单证的规则》供选择适用。

这三个公约与我国的规定相比较，主要的不同点在于联运经营人的责任制度。

4. 国际多式联运争议的法律适用

国际多式联运经营人运输货物要采取两种以上运输方式，涉及几个国家，不同国家的具体法律规定可能不同，每种运输方式所适用的法律也不同，其规定的责任区间、责任限额、责任大小都不尽相同；同时，由于各国海关监管、免疫查验、出入境管理等法律法规不同，而跨境物流企业不熟悉其他国家相关法律，缺少信息追踪，极有可能在诉讼中处于不利地位。

为此，跨境物流企业可以在签订跨境物流合同时明确约定因该合同引起的争议所适用的法律为某国法律。根据我国《民事诉讼法》的规定，除法律明确规定必须适用中国法律的情况外，当事人可以在协议中明确约定选择适用某一个国家的法律作为处理争议的实体法。因此，在订立合同时，跨境物流企业应当尽量选择自己相对熟悉的所在国法律。

双方当事人在合同条款中未明确约定法律适用条款时，则由合同争议诉讼的管辖法院或仲裁委按照法院地、仲裁地国家适用的法律冲突规范来确定该合同争议所应适用的法律。因此，正确选择管辖法院也是选择恰当的适用法律的关键。

第三节 我国跨境电子商务的海关监管

海关监管是指海关为规范和管理进出境行为，实现贸易及其他管制目标而设定的进出口申报、查验、征税制度。为适应跨境贸易电子商务的发展，海关实施一般跨境电子商务进出口监管和跨境电子商务零售进出口等监管模式。一般跨境电子商务进出口指除跨境电子商务零售进出口以外的跨境电子商务方式，通常为B2B模式。

根据我国商务部、发展改革委、财政部、人民银行、海关总署、税务总局、工商总局、质检总局和外汇局《关于实施支持跨境电子商务零售出口有关政策的意见》的规定，我国出口企业与外国批发商和零售商通过线上进行产品展示和交易，线下按一般贸易等方式完成的货物出口，即跨境电子商务的B2B出口，本质上仍属传统贸易，仍按照现行有关贸易政策执行。

一、一般跨境电子商务进出口的监管

（一）进出境运输工具

根据《海关法》，进出境运输工具应遵守如下规定。

1. 申报和接受监管

进出境运输工具到达或者驶离设立海关的地点时，运输工具负责人应当向海关如实申报，交验单证，并接受海关监管和检查。

2. 特定期间按规定线路行进

进境运输工具在进境以后向海关申报以前，出境运输工具在办结海关手续以后出境以前，应当按照交通主管机关规定的路线行进；没有规定的，由海关指定行进路线。

3. 进出境运输工具运行及装卸时间、地点的通知

进出境船舶、火车、航空器到达和驶离时间、停留地点、停留期间更换地点以及装卸货物、物品时间，运输工具负责人或者有关交通运输部门应当事先通知海关。

4. 运输工具装卸进出境货物、物品的监管

运输工具装卸进出境货物、物品，应当接受海关监管。货物、物品装卸完毕，运输工具负责人应当向海关递交反映实际装卸情况的交接单据和记录。

5. 进出境运输工具检查规则

海关检查进出境运输工具时，运输工具负责人应当到场，并根据海关的要求开启舱室、房间、车门；有走私嫌疑的，应当开拆可能藏匿走私货物、物品的部位，搬移货物、物料。

（二）进出境货物

1. 货物的概念

过境、转运和通运货物是指由境外启运、通过中国境内继续运往境外的货物。其中，通过境内陆路运输的，称过境货物；在境内设立海关的地点换装运输工具而不通过境内陆路运输的，称转运货物；由船舶、航空器载运进境并由原装运输工具载运出境的，称通运货物。保税货物是指经海关批准未办理纳税手续进境，在境内储存、加工、装配后复运出境的货物。

海关监管区是指设立海关的港口、车站、机场、国界孔道、国际邮件互换局（交换站）和其他有海关监管业务的场所，以及虽未设立海关但是经国务院批准的进出境地点。

2. 《海关法》关于进出境货物的规定

（1）进出口报关。

进口货物的收货人、出口货物的发货人应当向海关如实申报，交验进出口许可证和有关单证。进口货物的收货人应当自运输工具申报进境之日起 14 日内向海关申报；出口货物的发货人除海关特准的外，应当在装货的 24 小时以前向海关申报。

(2) 进出口货物应当接受海关查验。

海关查验货物时，进口货物的收货人、出口货物的发货人应当到场，负责搬移货物，开拆和重封货物的包装。海关认为必要时，可以决定开验、复验或者提取货样。经收发货人申请，海关总署批准，其进出口货物可以免验。

(3) 逾期未报关处罚。

进口货物的收货人自运输工具申报进境之日起超过 3 个月未向海关申报的，其进口货物由海关提取变卖处理。所得价款在扣除运输、装卸、储存等费用和税款后尚有余款的，自货物变卖之日起 1 年内，经收货人申请，予以发还；逾期无人申请的，上缴国库。

(4) 保税货物的监管。

经营保税货物的储存、加工、装配、寄售业务，需经海关批准，并办理注册手续。保税货物的转让、转移以及进出保税场所，应当向海关办理有关手续，接受海关监管和查验。

(5) 海关手续办理地点。

进口货物应当由收货人在货物的进境地海关办理手续，出口货物应当由发货人在货物的出境地海关办理手续。

经收发货人申请、海关同意，进口货物的收货人可以在设有海关的指运地办理海关手续；出口货物的发货人可以在设有海关的启运地办理海关手续。

(6) 海关监管货物的管理。

海关监管货物未经许可，任何单位和个人不得开拆、提取、交付、发运、调换、改装、抵押、转让或者更换标记。海关加施的封志，任何人不得擅自开启或者损毁。

3. 《海关法》关于进出境物品的规定

(1) 进出境物品的报关和查验。

个人携带进出境的行李物品、邮寄进出境的物品，应当以自用、合理数量为限，并接受海关监管。进出境物品的所有人应当向海关如实申报，并接受海关查验。海关加施的封志，任何人不得擅自开启或者损毁。

邮运进出境的物品，经海关查验放行后，有关经营单位方可投递或者交付。

(2) 进出境物品放弃的处理。

进出境物品所有人声明放弃的物品、在规定期限内未办理海关手续或者无人认领的物品，以及无法投递又无法退回的进境邮递物品，由海关依照《海关法》第 30 条的规定处理。

(3) 进口物品逾期未报关处罚与进口货物逾期未报关处罚相同。

二、跨境电子商务零售进出口的监管

为做好跨境电子商务零售进出口商品监管工作，促进跨境电子商务健康有序发展，我国海关于 2018 年 12 月发布《关于跨境电子商务零售进出口商品有关监管事宜的公告》。

（一）适用范围

跨境电子商务企业、消费者（订购人）通过跨境电子商务交易平台实现零售进出口商品交易，并根据海关要求传输相关交易电子数据的，接受海关监管。

（二）企业主体资格注册登记事项

参与跨境电子商务业务的企业应当事先向所在地海关提交以下材料：

(1) 企业法人营业执照副本复印件；

(2) 组织机构代码证书副本复印件（以统一社会信用代码注册的企业不需要提供）；

(3) 企业情况登记表，具体包括企业组织机构代码或统一社会信用代码、中文名称、工商注册地址、营业执照注册号、法定代表人（负责人）、身份证件类型、身份证件号码、海关联系人、移动电话、固定电话，跨境电子商务网站网址等。企业提交复印件的，应当同时向海关交验原件。

跨境电子商务平台企业、物流企业、支付企业等参与跨境电子商务零售进口业务的企业，应当依据海关报关单位注册登记管理相关规定，向所在地海关办理注册登记；境外跨境电子商务企业应委托境内代理人向该代理人所在地海关办理注册登记。

（三）通关管理

1. 进口商品通关

根据海关总署 2020 年第 75 号《关于开展跨境电子商务企业对企业出口监管试点的公告》，关于跨境电商零售进口商品的行政许可规定，若跨境电商平台采用"直购进口"（监管代码 9610）和"网购保税进口"（监管代码 1210）的模式进口，则无须提交首次进口许可；若跨境电商平台采用"网购保税进口 A"（监管代码 1239）模式进口，则需依法执行首次进口许可批件、注册或备案要求。

2. 进出口商品检验检疫

海关对跨境电子商务零售进出口商品及其装载容器、包装物按照相关法律法规实施检疫，并根据相关规定实施必要的监管措施。

3. 进口商品电子传输申报

跨境电子商务零售进口商品申报前，跨境电子商务平台企业或境内代理人、支付企业、物流企业应当分别通过国际贸易"单一窗口"或跨境电子商务通关服务平台向海关传输交易、支付、物流等电子信息，并对数据真实性承担相应责任。

直购进口模式下，邮政企业、进出境快件运营人可以接受跨境电子商务平台企业或境内代理人、支付企业的委托，在承诺承担相应法律责任的前提下，向海关传输交易、支付等电子信息。

4. 出口商品采用电子传输方式申报

跨境电子商务零售出口商品申报前，跨境电子商务企业或其代理人、物流企业应当分别通过国际贸易"单一窗口"或跨境电子商务通关服务平台向海关传输交易、收款、物流等电子信息，并对数据真实性承担相应法律责任。

5. 跨境电子商务零售商品进出口报关方式

跨境电子商务零售商品进口时，跨境电子商务企业境内代理人或其委托的报关企业应提交《中华人民共和国海关跨境电子商务零售进出口商品申报清单》（以下简称《申报清单》），采取"清单核放"方式办理报关手续。

跨境电子商务零售商品出口时，跨境电子商务企业或其代理人应提交《申报清单》，采取"清单核放、汇总申报"方式办理报关手续；跨境电子商务综合试验区内符合条件的跨境电子商务零售商品出口，可采取"清单核放、汇总统计"方式办理报关手续。

《申报清单》与《中华人民共和国海关进（出）口货物报关单》具有同等法律效力。按照法定要求传输、提交的电子信息应施加电子签名。

6. 进口商品消费者的核实

开展跨境电子商务零售进口业务的跨境电子商务平台企业、跨境电子商务企业境内代理人应对交易真实性和消费者（订购人）身份信息真实性进行审核，并承担相应责任；身份信息未经国家主管部门或其授权的机构认证的，订购人与支付人应当为同一人。

7. 跨境电子商务出口汇总统计

跨境电子商务零售商品出口后，跨境电子商务企业或其代理人应当于每月15日前，将上月结关的《申报清单》进行归并，汇总形成《中华人民共和国海关出口货物报关单》向海关申报。允许以"清单核放、汇总统计"方式办理报关手续的，不再汇总形成《中华人民共和国海关出口货物报关单》。

8. 《申报清单》的修改或者撤销

参照海关《中华人民共和国海关进（出）口货物报关单》修改或者撤销有关规定办理。除特殊情况外，《申报清单》《中华人民共和国海关进（出）口货物报关单》应当采取通关无纸化作业方式进行申报。

（四）场所监管

1. 监管作业场所必须符合海关相关规定

跨境电子商务零售进出口商品监管作业场所必须符合海关相关规定。跨境电子商务监管作业场所经营人、仓储企业应当建立符合海关监管要求的计算机管理系统，并按照海关要求交换电子数据。其中开展跨境电子商务直购进口或一般出口业务的监管作业场所应按照快递类或者邮递类海关监管作业场所规范设置。

2. 跨境电子商务网购保税进口业务监管

跨境电子商务网购保税进口业务应当在海关特殊监管区域或保税物流中心（B型）内开展。除另有规定外，参照《关于跨境电子商务零售进出口商品有关监管事宜的公告》的规定监管。

（五）查验和物流监管

1. 海关加强对网购保税进口商品的实货监管

网购保税进口业务在一线入区时须以报关单方式进行申报，海关可以采取视频监控、联网核查、实地巡查、库存核对等方式加强对网购保税进口商品的实货监管。

2. 配合海关查验

海关实施查验时，跨境电子商务企业或其代理人、跨境电子商务监管作业场所经营人、仓储企业应当按照有关规定提供便利，配合海关查验。

3. "跨境电商"转关

跨境电子商务零售进出口商品可采用"跨境电商"模式进行转关。其中，跨境电子商务综合试验区所在地海关可将转关商品品名以总运单形式录入"跨境电子商务商品一批"，并须随附转关商品详细电子清单。

4. 网购保税进口商品的流转

网购保税进口商品可在海关特殊监管区域或保税物流中心（B型）间流转，按有关规定办理流转手续。以"网购保税进口"（监管方式代码1210）海关监管方式进境的商品，不得转入适用"网购保税进口A"（监管方式代码1239）的城市继续开展跨境电子商务零售进口业务。网购保税进口商品可在同一区域（中心）内的企业间进行流转。

（六）退货监管

1. 跨境电子商务零售的退货规定

在跨境电子商务零售进口模式下，允许跨境电子商务企业境内代理人或其委托的报关企业申请退货，退回的商品应当符合二次销售要求并在海关放行之日起30日内以原状运抵原监管作业场所，相应税款不予征收，并调整个人年度交易累计金额。在跨境电子商务零售出口模式下，退回的商品按照有关规定办理有关手续。

2. 退运出境或销毁

对超过保质期或有效期、商品或包装损毁、不符合我国有关监管政策等不适合境内销售的跨境电子商务零售进口商品，以及海关责令退运的跨境电子商务零售进口商品，按照有关规定退运出境或销毁。

知识链接

跨境电子商务零售出口和进口退货的规定

1. 跨境电子商务零售出口退货

可以申请进口退货。根据海关总署2020年3月27日发布并实施的《关于全面推广跨境电子商务出口商品退货监管措施有关事宜的公告》，跨境电子商务出口企业、特殊区域［包括海关特殊监管区域和保税物流中心（B型）］内跨境电子商务相关企业或其委托的报关企业（以下简称退货企业）可向海关申请开展跨境电子商务零售出口、跨境电子商务特殊区域出口、跨境电子商务出口海外仓商品的退货业务。申请开展退货业务的跨境电子商务出口企业、特殊区域内跨境电子商务相关企业应当建立退货商品流程监控体系，应保证退货商品为原出口商品，退货企业应当向海关如实申报，接受海关监管，并承担相关法律责任。

可部分或全部退货。退货企业可以对原《中华人民共和国海关出口货物报关单》《中华人民共和国海关跨境电子商务零售出口申报清单》或《中华人民共和国海关出境货物备案清单》所列全部或部分商品申请退货。

退货时间。跨境电子商务出口退货商品可单独运回也可批量运回，退货商品应在出口放行之日起1年内退运进境。

2. 跨境电子商务零售进口退货

可以申请进口退货。根据海关总署公告2020年第45号《关于跨境电子商务零售进口商品退货有关监管事宜的公告》，在跨境电子商务零售进口模式下，跨境电子商务企业境内代理人或其委托的报关企业（以下简称退货企业）可向海关申请开展退货业务。跨境电子商务企业及其境内代理人应保证退货商品为原跨境电商零售进口商品，退货企业应当向海关如实申报，接受海关监管，并承担相关法律责任。

可部分或全部退货。退货企业可以对原《中华人民共和国海关跨境电子商务零售进口申报清单》（以下简称《申报清单》）内全部或部分商品申请退货。

退货时间。退货企业在《申报清单》放行之日起30日内申请退货，并且在《申报清单》放行之日起45日内将退货商品运抵原海关监管作业场所、原海关特殊监管区域或保税物流中心（B型）的，相应税款不予征收，并调整消费者个人年度交易累计金额。

（七）其他事项

1. 相关电子数据和电子信息的传输和共享

从事跨境电子商务零售进出口业务的企业应向海关实时传输真实的业务相关电子数据和电子信息，并开放物流实时跟踪等信息共享接口，加强海关对风险防控方面的信息和数据支持，配合海关进行有效管理。

2. 对违法行为的告知与配合调查

跨境电子商务平台企业、跨境电子商务企业或其代理人、物流企业、跨境电子商务监管作业场所经营人、仓储企业发现涉嫌违规或走私行为的，应当及时主动告知海关。涉嫌走私或违反海关监管规定的参与跨境电子商务业务的企业，应配合海关调查，开放交易生产数据或原始记录数据。

3. 接受海关稽核查

在海关注册登记的跨境电子商务企业及其境内代理人、跨境电子商务平台企业、支付企业、物流企业等应当接受海关稽核查。

（八）跨境电子商务禁止和限制进出物品范围

我国跨境电子商务交易规定了禁止和限制进出境物品，大多数物品的进口应符合《跨境电子商务零售进口商品清单》的范围。跨境电子商务交易在交易标的物范围上与传统国际贸易相同，但跨境电子商务交易主体多样、标的金额小而品种复杂，海关监管任务繁重。跨境电子商务应遵守国家一般禁止和限制进出境物品制度以及"跨境电子商务零售进口商品清单"制度。

1. 禁止和限制进出境物品

海关总署 1993 年发布的《中华人民共和国禁止进出境物品表》和《中华人民共和国限制进出境物品表》规定了禁止和限制进出境物品种类，跨境电子商务实践中，跨境电子商务经营者、消费者应当严格遵守国家关于禁止、限制进境物品的规定。

禁止进境物品包括：

（1）各种武器、仿真武器、弹药及爆炸物品；

（2）伪造的货币及伪造的有价证券；

（3）对中国政治、经济、文化、道德有害的印刷品、胶卷、照片、唱片、影片、录音带、录像带、激光视盘、计算机存储介质及其他物品；

（4）各种烈性毒药；

（5）鸦片、吗啡、海洛因、大麻以及其他能使人成瘾的麻醉品、精神药物；

（6）带有危险性病菌、害虫及其他有害生物的动物、植物及其产品；

（7）有碍人畜健康的、来自疫区的以及其他能传播疾病的食品、药品或其他物品。

禁止出境物品包括：

（1）列入禁止进境范围的所有物品；

（2）内容涉及国家秘密的手稿、印刷品、胶卷、照片、唱片、影片、录音带、录像带、激光视盘、计算机存储介质及其他物品；

（3）珍贵文物及其他禁止出境的文物；

（4）濒危的和珍贵的动物、植物（均含标本）及其种子和繁殖材料。

限制进境物品包括：

(1) 无线电收发信机、通信保密机；

(2) 烟、酒；

(3) 濒危的和珍贵的动物、植物（均含标本）及其种子和繁殖材料；

(4) 国家货币；

(5) 海关限制进境的其他物品。

限制出境物品包括：

(1) 金银等贵重金属及其制品；

(2) 国家货币；

(3) 外币及其有价证券；

(4) 无线电收发信机、通信保密机；

(5) 贵重中药材；

(6) 一般文物；

(7) 海关限制出境的其他物品。

列入《危险化学品目录》《剧毒化学品目录》《易制毒化学品的分类和品种目录》《中国严格限制进出口的有毒化学品目录》和《危险货物品名表》的物品；可能危及公共安全的核生化等涉恐及放射性等产品；废旧物品；法律法规禁止进境的其他产品和海关总署公告禁止进境的产品，均禁止以跨境电子商务形式出入境。

2. 跨境电子商务零售进口商品清单

跨境电子商务交易除应注意禁止和限制进出境物品的范围外，还应关注我国实行的《跨境电子商务零售进口商品清单》制度。跨境电商零售进口商品清单限定了通过跨境电商零售进口商品的品类，只有在该清单范围内的物品才可通过跨境电商模式进口。然而，列入清单范围并不意味着通过跨境电商渠道便能完全自由进口，在备注中还存在诸多限制。例如：仅限网购保税进口的商品限制、列入《进出口野生动植物种商品目录》的商品限制、单一商品数量限制、合并数量限制、特定商品的排除等。

根据2016年财政部、海关总署、国家税务总局发布的《关于跨境电子商务零售进口税收政策的通知》的规定，对《跨境电子商务零售进口商品清单》范围内的相关商品适用跨境电子商务综合税。2016年，多部门先后联合发布了《跨境电子商务零售进口商品清单》《跨境电子商务零售进口商品清单（第二批）》，清单共包括1240项商品，涵盖食品饮料、服装鞋帽、家用电器以及部分化妆品、儿童玩具、生鲜、保健品等国内热销商品。

2018年发布的《跨境电子商务零售进口商品清单》增加了健身器材等商品，清单税目数达到1321个。2019年版的《跨境电子商务零售进口商品清单》新增冷冻水产品、酒类、电器等商品，清单税目数达到1413个。2022年版的《跨境电子商务零售进口商品清单调整表》对2019版主要在几个方面做了调整：根据国际国内市场新形势和人民群众消费新需求，新增29项近年来消费需求旺盛的商品；根据税则转版和税目调整，调整了清单中商品的税则号列，包括新增税则号列115项，删除已作废的税则号列80项；删除了1项商品；对206项商品的备注要求进行了调整，具体包括以下内容。

（1）73项商品的备注中新增了"仅限网购保税商品"的限制条件，即此类商品仅限1210网购保税模式申报进口，而不再适用9610模式直购进口。主要涉及初级动植物产品、糖类以及饲料添加剂产品。

（2）进口商品清单明确规定了列入《两用物项和技术进出口许可证管理目录》《进出口农药管理名录》以及《禁止进口货物目录（第七批）》的特定商品不得通过跨境电商零售进口。

对2019年版清单中的"列入《进出口野生动植物种商品目录》但能提供《中华人民共和国濒危物种进出口管理办公室非〈进出口野生动植物种商品目录〉物种证明》"的商品可以进口。另外限定98项商品只可通过网购保税进口，同时还增加了单一商品数量限制、排除特定商品等。按照税号来算，目前清单内共有1476项商品。

知识链接

某跨境电商企业进口货物未能提供濒危物种允许进口证明书被行政处罚

2021年8月30日，甲企业以保税电商监管方式向海关申报进口化妆品20项。经查，部分产品中含有鹿茸（梅花鹿）、虫草（冬虫夏草）、人参、莲、野大豆成分的一种或数种。梅花鹿、虫草、人参、莲、野大豆属于CITES公约附录所列物种或国家重点保护野生动植物，当事人未向海关提交野生动植物进出口证书。

甲公司无法提供上述濒危物种允许进口证明书。海关认定甲公司申报跨境电商直购进口货物未能提供有关证明，影响国家许可证件管理，该行为已构成违反海关监管规定，予以行政处罚。

资料来源：青岛大港海关大港关缉违字〔2021〕0022号行政处罚决定书，http://chengdu.customs.gov.cn/qingdao_customs/406535/fdzdgknr30/3480982/shgk70/xzcf2/406555/3852037/index.html。

三、海关综合保税区设备、机器、办公用品和固体废物的监管

海关总署发布的《中华人民共和国海关综合保税区管理办法》（海关总署令第256号），明确了保税区内设备、机器、办公用品等监管要求。

对从境外进入综合保税区的基建用机器设备、区内企业开展业务所需的机器设备、区内行政管理机构和区内企业的办公用品等，海关免征进口关税和进口环节税；上述货物的监管年限、解除监管等事项，参照进口减免税货物补缴税款的有关规定办理；属于许可证件管理的应当取得有关许可证件；明确区内固体废物管理：对于区内企业

产生的未复运出境的固体废物，按照国内固体废物相关规定进行管理；需运往区外进行贮存、利用或者处置的，应按规定向海关办理出区手续。该规定解决了全面禁止固体废物进口后区内企业处置固体废物的难题。

四、两用物项、军品、核以及其他物项的管制

为了维护国家安全和利益，国家对两用物项、军品、核以及其他与维护国家安全和利益、履行防扩散等国际义务相关的货物、技术、服务等物项（以下统称管制物项）的出口实施管制。第十三届全国人民代表大会常务委员会第二十二次会议于2020年10月17日通过了《出口管制法》，自2020年12月1日起施行。

《出口管制法》共5章49条，包括总则，管制政策、管制清单和管制措施，监督管理，法律责任和附则。该法明确了出口管制范围，确保管制物项、管制主体和行为全覆盖，建立了出口管制清单、临时管制和全面管制，还明确了关于域外适用和对等采取措施。出口管制法的颁布实施，对于维护国家安全和利益，履行防扩散等国际义务，加强和规范出口管制，具有重要的意义和作用。

（一）相关名词含义

管制物项，包括物项相关的技术资料等数据。

出口管制，是指国家对从境内向境外转移管制物项，以及我国公民、法人和非法人组织向外国组织和个人提供管制物项，采取禁止或者限制性措施。

两用物项，是指既有民事用途，又有军事用途或者有助于提升军事潜力，特别是可以用于设计、开发、生产或者使用大规模杀伤性武器及其运载工具的货物、技术和服务。

军品，是指用于军事目的的装备、专用生产设备以及其他相关货物、技术和服务。

核，是指核材料、核设备、反应堆用非核材料以及相关技术和服务。

（二）管理方式

国家实行统一的出口管制制度，通过制定管制清单、名录或者目录（以下统称管制清单）、实施出口许可等方式进行管理。

（三）管理部门及体系

国务院、中央军事委员会承担出口管制职能的部门（以下统称国家出口管制管理部门）按照职责分工负责出口管制工作。国务院、中央军事委员会其他有关部门按照职责分工负责出口管制有关工作。

国家建立出口管制工作协调机制，统筹协调出口管制工作重大事项。国家出口管制管理部门和国务院有关部门应当密切配合，加强信息共享。国家加强出口管制国际合作，参与出口管制有关国际规则的制定。

国家出口管制管理部门会同有关部门建立出口管制专家咨询机制，为出口管制工作提供咨询意见，适时发布有关行业出口管制指南，引导出口经营者建立健全出口管制内部合规制度，规范经营。

省、自治区、直辖市人民政府有关部门依照法律、行政法规的规定负责出口管制有关工作。

（四）出口管制政策的制定

国家出口管制管理部门依据本法和有关法律、行政法规的规定，根据出口管制政策，按照规定程序会同有关部门制定、调整管制物项出口管制清单，并及时公布。

根据维护国家安全和利益、履行防扩散等国际义务的需要，经国务院批准，或者经国务院、中央军事委员会批准，国家出口管制管理部门可以对出口管制清单以外的货物、技术和服务实施临时管制，并予以公告。临时管制的实施期限不超过二年，临时管制实施期限届满前应当及时进行评估，根据评估结果决定取消临时管制、延长临时管制或者将临时管制物项列入出口管制清单。

（五）管制物项的禁止出口

根据维护国家安全和利益、履行防扩散等国际义务的需要，经国务院批准，或者经国务院、中央军事委员会批准，国家出口管制管理部门会同有关部门可以禁止相关管制物项的出口，或者禁止相关管制物项向特定目的国家和地区、特定组织和个人出口。

（六）管制物项出口经营资格

出口经营者从事管制物项出口，应当遵守本法和有关法律、行政法规的规定；依法需要取得相关管制物项出口经营资格的，应当取得相应的资格。

（七）对管制物项出口的许可制度

出口管制清单所列管制物项或者临时管制物项，出口经营者应当向国家出口管制管理部门申请许可。出口货物的发货人或者代理报关企业出口管制货物时，应当向海关交验由国家出口管制管理部门颁发的许可证件，并按照国家有关规定办理报关手续。出口货物的发货人未向海关交验由国家出口管制管理部门颁发的许可证件，海关有证据表明出口货物可能属于出口管制范围的，应当向出口货物发货人提出质疑；海关也可以向国家出口管制管理部门提出组织鉴别，并根据国家出口管制管理部门作出的鉴别结论依法处置。在鉴别或者质疑期间，海关对出口货物不予放行。

出口经营者建立出口管制内部合规制度，且运行情况良好的，国家出口管制管理部门可以对其出口有关管制物项给予通用许可等便利措施。具体办法由国家出口管制管理部门规定。

出口管制清单所列管制物项以及临时管制物项之外的货物、技术和服务，出口经营者知道或者应当知道，或者得到国家出口管制管理部门通知，相关货物、技术和服务可能存在以下风险的，应当向国家出口管制管理部门申请许可：

(1) 危害国家安全和利益；

(2) 被用于设计、开发、生产或者使用大规模杀伤性武器及其运载工具；

(3) 被用于恐怖主义目的。

出口经营者无法确定拟出口的货物、技术和服务是否属于本法规定的管制物项，向国家出口管制管理部门提出咨询的，国家出口管制管理部门应当及时答复。

（八）对出口管制物项的申请审查

国家出口管制管理部门综合考虑下列因素，对出口经营者出口管制物项的申请进行审查，作出准予或者不予许可的决定：

(1) 国家安全和利益；

(2) 国际义务和对外承诺；

(3) 出口类型；

(4) 管制物项敏感程度；

(5) 出口目的国家或者地区；

(6) 最终用户和最终用途，有关证明文件由最终用户或者最终用户所在国家和地区政府机构出具。管制物项的最终用户应当承诺，未经国家出口管制管理部门允许，不得擅自改变相关管制物项的最终用途或者向任何第三方转让。出口经营者、进口商发现最终用户或者最终用途有可能改变的，应当按照规定立即报告国家出口管制管理部门。国家出口管制管理部门建立管制物项最终用户和最终用途风险管理制度，对管制物项的最终用户和最终用途进行评估、核查，加强最终用户和最终用途管理。

(7) 出口经营者的相关信用记录；

(8) 法律、行政法规规定的其他因素。

（九）对最终用户的管理

报告制度。出口经营者、进口商发现最终用户或者最终用途有可能改变的，应当按照规定立即报告国家出口管制管理部门。

评估、核查制度。国家出口管制管理部门建立管制物项最终用户和最终用途风险管理制度，对管制物项的最终用户和最终用途进行评估、核查，加强最终用户和最终用途管理。

管控名单管理制度。国家出口管制管理部门对有下列情形之一的进口商和最终用户，建立管控名单：

(1) 违反最终用户或者最终用途管理要求的；

(2) 可能危害国家安全和利益的；

(3) 将管制物项用于恐怖主义目的的。

对列入管控名单的进口商和最终用户,国家出口管制管理部门可以采取禁止、限制有关管制物项交易,责令中止有关管制物项出口等必要的措施。

出口经营者不得违反规定与列入管控名单的进口商、最终用户进行交易。出口经营者在特殊情况下确需与列入管控名单的进口商、最终用户进行交易的,可以向国家出口管制管理部门提出申请。

列入管控名单的进口商、最终用户经采取措施,不再有第(1)项规定情形的,可以向国家出口管制管理部门申请移出管控名单;国家出口管制管理部门可以根据实际情况,决定将列入管控名单的进口商、最终用户移出管控名单。

(十)两用物项出口管理

出口经营者向国家两用物项出口管制管理部门申请出口两用物项时,应当依照法律、行政法规的规定如实提交相关材料。

国家两用物项出口管制管理部门受理两用物项出口申请,单独或者会同有关部门依照本法和有关法律、行政法规的规定对两用物项出口申请进行审查,并在法定期限内作出准予或者不予许可的决定。作出准予许可决定的,由发证机关统一颁发出口许可证。

(十一)军品出口管理

1. 国家实行军品出口专营制度

从事军品出口的经营者,应当获得军品出口专营资格并在核定的经营范围内从事军品出口经营活动。军品出口专营资格由国家军品出口管制管理部门审查批准。

2. 军品管制出口的申请和许可

军品出口经营者应当根据管制政策和产品属性,向国家军品出口管制管理部门申请办理军品出口立项、军品出口项目、军品出口合同审查批准手续。重大军品出口立项、重大军品出口项目、重大军品出口合同,应当经国家军品出口管制管理部门会同有关部门审查,报国务院、中央军事委员会批准。

军品出口经营者在出口军品前,应当向国家军品出口管制管理部门申请领取军品出口许可证。军品出口经营者出口军品时,应当向海关交验由国家军品出口管制管理部门颁发的许可证件,并按照国家有关规定办理报关手续。

3. 军品管制出口的运输

军品出口经营者应当委托经批准的军品出口运输企业办理军品出口运输及相关业务。具体办法由国家军品出口管制管理部门会同有关部门规定。

4. 军品管制出口的展览

军品出口经营者或者科研生产单位参加国际性军品展览,应当按照程序向国家军品出口管制管理部门办理审批手续。

(十二) 监督管理

1. 实施监督检查措施

国家出口管制管理部门依法对管制物项出口活动进行监督检查。对涉嫌违反《出口管制法》规定的行为进行调查，可以采取下列措施：

(1) 进入被调查者营业场所或者其他有关场所进行检查；

(2) 询问被调查者、利害关系人以及其他有关组织或者个人，要求其对与被调查事件有关的事项作出说明；

(3) 查阅、复制被调查者、利害关系人以及其他有关组织或者个人的有关单证、协议、会计账簿、业务函电等文件和资料；

(4) 检查用于出口的运输工具，制止装载可疑的出口物项，责令运回非法出口的物项；

(5) 查封、扣押相关涉案物项；

(6) 查询被调查者的银行账户；

(7) 其他措施。为加强管制物项出口管理，防范管制物项出口违法风险，国家出口管制管理部门可以采取监管谈话、出具警示函等措施。

采取前款第 (5) 项、第 (6) 项措施，应当经国家出口管制管理部门负责人书面批准。

2. 对出口管制监督管理的协助

国家出口管制管理部门依法履行职责，国务院有关部门、地方人民政府及其有关部门应当予以协助。

国家出口管制管理部门单独或者会同有关部门依法开展监督检查和调查工作，有关组织和个人应当予以配合，不得拒绝、阻碍。

3. 保密义务

有关国家机关及其工作人员对调查中知悉的国家秘密、商业秘密、个人隐私和个人信息依法负有保密义务。

(十三) 出口管制管理与对外交往制度

国家出口管制管理部门根据缔结或者参加的国际条约，或者按照平等互惠原则，与其他国家或者地区、国际组织等开展出口管制合作与交流。

中华人民共和国境内的组织和个人向境外提供出口管制相关信息，应当依法进行；可能危害国家安全和利益的，不得提供。

对于出口管制，商务部、海关总署 2005 年还发布了第 29 号令《两用物项和技术进出口许可证管理办法》和《中华人民共和国进出口税则》。2022 年 12 月，商务部和海关总署对《两用物项和技术进出口许可证管理目录》进行了调整，明确进口经营者进口放射性同位素按《放射性同位素与射线装置安全和防护条例》和《两用物项和技术进出口许可证管理办法》有关规定，报生态环境部审批后，在商务部配额许可证事务局申领两用物项和技术进口许可证，凭证向海关办理进口手续。新调整的《两用物项和技术进出口许可证管理目录》自2023年1月1日起正式实施。

五、对商用密码进口许可和出口管制

根据我国《密码法》《出口管制法》和《海关法》的有关规定，为维护国家安全、社会公共利益，商务部、国家密码管理局和海关总署近日联合发出《关于发布商用密码进口许可清单、出口管制清单和相关管理措施的公告》(2020年第63号)，决定对有关商用密码实施进口许可和出口管制，自2021年1月1日起正式实施。

实施进口许可管制的《商用密码进口许可清单》包括4类产品：
(1) 加密电话机；
(2) 加密传真机；
(3) 密码机（密码卡）；
(4) 加密VPN设备。

实施出口管制的《商用密码出口管制清单》包括4个类别：
(1) 系统、设备和部件（包括安全芯片、密码机等）；
(2) 测试、检查和生产设备（包括密码研制生产设备、密码测试验证设备）；
(3) 专门设计或改进用于研制、生产或使用前述（1）（2）类别的软件；
(4) 专门设计或改进用于研制、生产或使用前述（1）（2）（3）类别的技术。

进口《商用密码进口许可清单》所列物项和技术，应向商务部申请办理两用物项和技术进口许可证；出口《商用密码出口管制清单》所列物项和技术，应向商务部申请办理两用物项和技术出口许可证。

商务部、密码管理部门、海关依法对上述物项和技术的进出口活动进行监督检查。违反商用密码进口许可和出口管制有关规定进出口商用密码的，由商务部或者海关依法予以行政处罚；构成犯罪的，依法追究刑事责任。

六、跨境电子商务检验检疫法律法规

为了加强进出口商品检验工作，规范进出口商品检验行为，维护社会公共利益和进出口贸易有关各方的合法权益，促进对外经济贸易关系的顺利发展，我国制定了《进出口商品检验法》及其实施条例、《进出境动植物检疫法》及其实施条例《国境卫生检疫法》及其实施细则、《食品安全法》、《出入境检验检疫机构实施检验检疫的进出境商品目录》等法律法规，依法对进出口货物进行检验。

（一）进出口商品检验基本法律制度

《进出口商品检验法》是进出口商品检验基本法，它规定了以下内容。

1. 进出口商品检验主管机关

国务院设立进出口商品检验部门（以下简称国家商检部门），主管全国进出口商品检验工作。国家商检部门设在各地的进出口商品检验机构（以下简称商检机构）管理所辖地区的进出口商品检验工作。

🚩 知识链接

我国质检出入境检验机关原隶属国家质量监督检验检疫总局，2018 年 3 月根据第十三届全国人民代表大会第一次会议批准的国务院机构改革方案，将原出入境检验机关的出入境检验检疫管理职责和队伍划入海关总署。

2. 进出口商检目录的制定与公布

进出口商品检验应当根据保护人类健康和安全、保护动物或者植物的生命和健康、保护环境、防止欺诈行为、维护国家安全的原则，由国家商检部门制定、调整必须实施检验的进出口商品目录（以下简称目录）并公布实施。

3. 法定进出口商品检验含义及检验效果

必须实施的进出口商品检验，是指确定列入目录的进出口商品是否符合国家技术规范的强制性要求的合格评定活动。合格评定程序包括：抽样、检验和检查；评估、验证和合格保证；注册、认可和批准以及各项的组合。商检机构可以直接检验，也可采信其他检验机构的检验结果；国家商检部门对前述检验机构实行目录管理。

列入目录的进出口商品，由商检机构实施检验，未经检验的，不准销售、使用；未经检验合格的，不准出口。进出口商品目录中符合国家规定的免予检验条件的，由收货人或者发货人申请，经国家商检部门审查批准，可以免予检验。

4. 检验标准

列入目录的进出口商品，按照国家技术规范的强制性要求进行检验；尚未制定国家技术规范的强制性要求的，应当依法及时制定，在此之前，可以参照国家商检部门指定的国外有关标准进行检验。

5. 进口商品的检验

（1）报检及检验。

须法定检验的进口商品收货人或者其代理人，应当向报关地的商检机构报检；在商检机构规定的地点和期限内，接受商检机构对进口商品的检验。商检机构应当在国家商检部门统一规定的期限内检验完毕，并出具检验证单。

（2）依申请对进口商品检验。

必须经商检机构检验的进口商品以外的进口商品的收货人，发现进口商品质量不合格或者残损短缺，需要由商检机构出证索赔的，应当向商检机构申请检验出证。

（3）重要及成套设备进口商检可派出检验。

对重要的进口商品和大型的成套设备，收货人应当依据对外贸易合同约定在出口国装运前进行预检验、监造或者监装,主管部门应当加强监督;商检机构根据需要可以派出检验人员参加。

6. 出口商品的报检与按期出口

须法定检验的出口商品收货人或者其代理人,应当在商检机构规定的地点和期限内,向商检机构报检。商检机构应当在国家商检部门统一规定的期限内检验完毕,并出具检验证单;经商检机构检验合格发给检验证单的出口商品,应当在商检机构规定的期限内报关出口;超过期限的,应当重新报检。

7. 特殊出口商品的检验

为出口危险货物生产包装容器的企业,必须申请商检机构进行包装容器的性能鉴定。生产出口危险货物的企业,必须申请商检机构进行包装容器的使用鉴定。使用未经鉴定合格的包装容器的危险货物,不准出口。

对装运出口易腐烂变质食品的船舱和集装箱,承运人或者装箱单位必须在装货前申请检验。未经检验合格的,不准装运。

8. 对法定检验以外的商品抽检及结果公布或通报

商检机构对法定进出口商品检验以外的进出口商品,根据国家规定实施抽查检验。可以公布抽查检验结果或者向有关部门通报抽查检验情况。

9. 法定检验可在出厂前

商检机构根据便利对外贸易的需要,可以按照国家规定对列入目录的出口商品进行出厂前的质量监督管理和检验。

10. 代理检验需交委托书

为进出口货物的收发货人办理报检手续的代理人办理报检手续时,应当向商检机构提交授权委托书。

11. 对其他检验机构检验鉴定业务监督抽查

国家商检部门和商检机构依法对其他检验机构的进出口商品检验鉴定业务活动进行监督,可以对其检验的商品抽查检验。

12. 对进出口商品的认证和标识制度

国务院认证认可监督管理部门根据国家统一的认证制度,对有关的进出口商品实施认证管理。认证机构可以根据国务院认证认可监督管理部门同外国有关机构签订的协议,或者接受外国有关机构的委托进行进出口商品质量认证工作,准许在认证合格的进出口商品上使用质量认证标志。

商检机构可依法对实施许可制度的进出口商品实行验证管理,查验单证,核对证货是否相符。

商检机构根据需要,对检验合格的进出口商品,可以加施商检标志或者封识。

13. 进出口商品检验异议处理

进出口商品的报检人对商检机构作出的检验结果有异议的,可以向原商检机构或者其上级商检机构乃至国家商检部门申请复验，由受理复验的商检机构或者国家商检部门及时作出复验结论。

当事人对商检机构、国家商检部门作出的复验结论不服或者对商检机构作出的处罚决定不服的，可以依法申请行政复议，也可以依法向人民法院提起诉讼。

（二）跨境电子商务零售进出口检验法律制度

为支持跨境电子商务健康规范发展，国家质量监督检验检疫总局（以下简称质检总局）先后发布了诸多部门规章。

1. 明确对跨境电子商务零售进出口商品依法检验检疫

《关于跨境电子商务零售进出口商品有关监管事宜的公告》规定，海关对跨境电子商务零售进出口商品及其装载容器、包装物，按照相关法律法规实施检验检疫，并根据相关规定实施必要的监管措施。

对需在进境口岸实施的检疫及检疫处理工作，应在完成后方可运至跨境电子商务监管作业场所。

2. 实施跨境电子商务备案管理

（1）跨境电子商务经营主体备案信息和商品备案信息备案。

质检总局发布的《跨境电子商务经营主体和商品备案管理工作规范 跨境电子商务经营主体和商品备案管理工作规范 跨境电子商务经营主体和商品备案管理工作规范》明确规定，从事跨境电子商务的企业开展跨境电子商务业务的，应向检验检疫机构提供经营主体备案信息和商品备案信息这两类信息。

（2）报关报检资质合并。

由于报检与报关流程极为相似，同样是需要企业到主管部门进行备案登记、填写报检单、配合检验检疫，并取得单证许可后进行检验。对于出口法定检验目录中的货物的企业来说，报关报检需准备两次备案登记、两套单据、应对两个主管部门，其中存在诸多重复的信息材料提供，通关成本高、通关效率低。为解决以上问题，2018年4月，海关总署发布《关于企业报关报检资质合并有关事项的公告》，明确了企业报关报检资质合并范围，自2018年4月20日起，企业在海关注册登记或者备案后，将同时取得报关和报检资质。

2018年8月，关检合并，出入境检验检疫机构由原来的商检机构并入海关。关检一体化主要体现为：报关报检使用一张报关单，在一个申报系统中同时报关报检工作；商品编码需要在此前海关的商品编码中加入检验检疫编码，前8位为《中华人民共和国进出口税则》和《中华人民共和国海关统计商品目录》确定的编码，9、10位为监管附加编号，11—13位为检验检疫附加编号。随附单证也只需一套：包括联网监管证件、报关单随附单据、商业单证、检验检疫证书以及其他随附单证。

（3）海关总署于2022年9月20日公布了《海关进出口商品检验采信管理办法》

（以下简称《采信办法》），并于 2022 年 12 月 1 日起施行。

所谓采信，是指海关在进出口商品检验中，依法将采信机构的检验结果作为合格评定依据的行为。根据《采信办法》规定，海关总署根据进出口商品质量安全风险评估结果，确定并公布可实施采信的商品范围及其具体采信要求，并实施动态调整。

《采信办法》详细规定了采信要求的具体内容、采信机构应当具备的资质和能力，以及申请成为采信机构的方法及审核程序等。海关可以通过验证采信机构的检验能力、开展实地检查或专项调查等方式对该等机构进行有效的监督管理。通过采信制度，有需求的企业可以在货物申报前完成检验，提高通关效率。同时，也有利于充分调动社会检验机构的积极性，配合海关达成高效监管的目的，实现共赢。

(4) 对于跨境电子商务企业提供的信息，发现以下情形的，备案信息无效：①提供虚假信息的；②备案信息与跨境电子商务交易平台展示的信息明显不符或存在严重缺陷的；③提供禁止以跨境电子商务形式进境的商品信息。

3. 禁止以跨境电子商务形式进境的商品种类

以下商品禁止以跨境电子商务形式进境：

(1)《进出境动植物检疫法》规定的禁止进境物；

(2) 未获得检验检疫准入的动植物产品及动植物源性食品；

(3) 列入《危险化学品目录》《危险货物品名表》《〈联合国关于危险货物运输建议书规章范本〉附录三〈危险货物一览表〉》《易制毒化学品的分类和品种名录》和《中国严格限制进出口的有毒化学品目录》的物品；

(4) 特殊物品（取得进口药品注册证书的生物制品除外）；

(5) 含可能危及公共安全的核生化有害因子的产品；

(6) 废旧物品；

(7) 法律法规禁止进境的其他产品和国家质检总局公告禁止进境的产品。

以国际快递或邮寄方式进境的，还应符合《中华人民共和国禁止携带、邮寄进境的动植物及其产品名录》的要求。

4. 报检范围

(1) 国家法律法规规定须经检验检疫的；

(2) 输入国家或地区规定必须凭检验检疫证书方准入境的；

(3) 有关国际条约规定须经检验检疫的；

(4) 申请签发原产地证明书及普惠制原产地证明书的。

5. 入境报检

报检人在报检时应填写规定格式的报检单，提供与出入境检验检疫有关的单证资料，如合同、发票、提单等，按规定交纳检验检疫费。报检单填制要求为：

(1) 报检人须按要求填写报检单所列内容；书写工整、字迹清晰，不得涂改；报检日期按海关受理报检日期填写。

（2）报检单必须加盖报检单位印章。

提交随附资料包括如下：

（1）国家实施许可制度管理的货物，应提供有关证明。

（2）品质检验的还应提供国外品质证书或质量保证书、产品使用说明书及有关标准和技术资料；凭样成交的，须加附成交样品；以品级或公量计价结算的，应同时申请重量鉴定。

（3）报检入境废物原料时，还应当取得装运前检验证书；属于限制类废物原料的，应当提供进口许可证明。

（4）申请残损鉴定的还应提供理货残损单、铁路商务记录、空运事故记录或海事报告等证明货损情况的有关单证。

（5）申请重（数）量鉴定的还应提供重量明细单、理货清单等。

（6）货物经收、用货部门验收或其他单位检测的，应随附验收报告或检测结果以及重量明细单等。

（7）入境的国际旅行者，国内外发生重大传染病疫情时，应当填写《出入境检疫健康申明卡》。

（8）入境的动植物及其产品，在提供贸易合同、发票、产地证书的同时，还必须提供输出国家或地区官方的检疫证书；需办理入境检疫审批手续的，还应当取得入境动植物检疫许可证。

（9）过境动植物及其产品报检时，应持货运单和输出国家或地区官方出具的检疫证书；运输动物过境时，还应当取得海关总署签发的动植物过境许可证。

（10）报检入境运输工具、集装箱时，应提供检疫证明，并申报有关人员健康状况。

（11）入境旅客、交通员工携带伴侣动物的，应提供入境动物检疫证书及预防接种证明。

（12）因科研等特殊需要，输入禁止入境物的，应当取得海关总署签发的特许审批证明。

（13）入境特殊物品的，应提供有关的批件或规定的文件。

6. 出境报检

填写报检单，提供随附资料。出境报检时，应填写出境货物报检单并提供对外贸易合同（售货确认书或函电）、发票、装箱单等必要的单证。

出境报检时除按上述规定办理外，还应当符合下列要求：

（1）国家实施许可制度管理的货物，应提供有关证明。

（2）出境货物须经生产者或经营者检验合格并加附检验合格证或检测报告；申请重量鉴定的，应加附重量明细单或磅码单。

（3）凭样成交的货物，应提供经买卖双方确认的样品。

（4）出境人员应向海关申请办理国际旅行健康证明书及国际预防接种证书。

(5) 报检出境运输工具、集装箱时,还应提供检疫证明,并申报有关人员健康状况。

(6) 生产出境危险货物包装容器的企业,必须向海关申请包装容器的性能鉴定。生产出境危险货物的企业,必须向海关申请危险货物包装容器的使用鉴定。

(7) 报检出境危险货物时,应当取得危险货物包装容器性能鉴定结果单和使用鉴定结果单。

(8) 申请原产地证明书和普惠制原产地证明书的,应提供商业发票等资料。

(9) 出境特殊物品的,根据法律法规规定应提供有关的审批文件。

7. 报检及证单的更改

报检人申请撤销报检时,应书面说明原因,经批准后方可办理撤销手续。报检后30天内未联系检验检疫事宜的,作自动撤销报检处理。

有下列情况之一的应重新报检:

(1) 超过检验检疫有效期限的;

(2) 变更输入国家或地区,并又有不同检验检疫要求的;

(3) 改换包装或重新拼装的;

(4) 已撤销报检的。

报检人申请更改证单时,应填写更改申请单,交附有关函电等证明单据,并交还原证单,经审核同意后方可办理更改手续。

品名、数(重)量、检验检疫结果、包装、发货人、收货人等重要项目更改后与合同、信用证不符的,或者更改后与输出、输入国家或地区法律法规规定不符的,均不能更改。

8. 报检时限和地点

对入境货物,应在入境前或入境时向入境口岸、指定的或到达站的海关办理报检手续;入境的运输工具及人员应在入境前或入境时申报。

入境货物需对外索赔出证的,应在索赔有效期前不少于20天内向到货口岸或货物到达地的海关报检。

输入微生物、人体组织、生物制品、血液及其制品或种畜、禽及其精液、胚胎、受精卵的,应当在入境前30天报检,输入其他动物的,应当在入境前15天报检,输入植物、种子、种苗及其他繁殖材料的,应当在入境前7天报检。

出境货物最迟应于报关或装运前7天报检,对于个别检验检疫周期较长的货物,应留有相应的检验检疫时间。

出境的运输工具和人员应在出境前向口岸海关报检或申报。

需隔离检疫的出境动物在出境前60天预报,隔离前7天报检。

报检人对检验检疫证单有特殊要求的,应在报检单上注明并交付相关文件。

海关实施查验时,跨境电子商务企业或其代理人、跨境电子商务监管作业场所经营人、仓储企业应当按照有关规定提供便利,配合海关查验。

9. 逃避进出口商品法定检验、验证的行为及处罚

根据《进出口商检法》和《进出口商检法实施条例》的规定,逃避进出口商品法定检验、验证的行为包括以下几类。

(1) 擅自销售、使用未报检或者未经检验的属于法定检验的进口商品。

(2) 擅自销售、使用应当申请进口验证而未申请的进口商品。

(3) 擅自出口未报检或者未经检验的属于法定检验的出口商品。

(4) 擅自出口应当申请出口验证而未申请的出口商品。

10. 销售、使用不合格进口商品或出口不合格商品的行为

《进出口商检法实施条例》第 47 条明确规定:"销售、使用经法定检验、抽查检验或者验证不合格的进口商品,或者出口经法定检验、抽查检验或者验证不合格的商品的,由出入境检验检疫机构责令停止销售、使用或者出口,没收违法所得和违法销售、使用或者出口的商品,并处违法销售、使用或者出口的商品货值金额等值以上 3 倍以下罚款;构成犯罪的,依法追究刑事责任。"

11. 违反报检管理规定的行为

根据《进出口商检法实施条例》第 46 条、第 54 条、第 55 条的规定,违反报检管理规定的行为包括以下几个方面。

(1) 进出口商品的收货人、发货人、代理报检企业或者出入境快件运营企业、报检人员不如实提供进出口商品的真实情况,取得出入境检验检疫机构的有关证单的。对此类违法行为,由出入境检验检疫机构没收违法所得,并处商品货值金额 5% 以上 20% 以下罚款。

(2) 进出口商品的收货人、发货人、代理报检企业或者出入境快件运营企业、报检人员对法定检验的进出口商品不予报检,逃避进出口商品检验的。对此,由出入境检验检疫机构没收违法所得,并处商品货值金额 5% 以上 20% 以下罚款。

(3) 进出口商品的收货人或者发货人委托代理报检企业、出入境快件运营企业办理报检手续,未按照规定向代理报检企业、出入境快件运营企业提供所委托报检事项的真实情况,取得出入境检验检疫机构的有关证单的。对该类违法行为,由出入境检验检疫机构对委托人没收违法所得,并处商品货值金额 5% 以上 20% 以下罚款。

(4) 代理报检企业、出入境快件运营企业、报检人员对委托人所提供情况的真实性未进行合理审查或者因工作疏忽,导致骗取出入境检验检疫机构有关证单的结果。对该类违法行为,由出入境检验检疫机构对代理报检企业、出入境快件运营企业处 2 万元以上 20 万元以下罚款。

(5) 代理报检企业、出入境快件运营企业等从事进出口商品检验鉴定业务的检验机构超出其业务范围,或者违反国家有关规定,扰乱检验鉴定秩序的。对该类违法行为,由出入境检验检疫机构责令改正,没收违法所得,可以并处 10 万元以下罚款,海关总署或者出入境检验检疫机构可以暂停其 6 个月以内检验鉴定业务;情节严重的,由海关总署吊销其检验鉴定资格证书。

12. 进出口假冒伪劣商品的行为

根据《进出口商检法》第 35 条的规定，任何单位或者个人违反国家法律法规的规定，进口或者出口属于掺杂掺假、以假充真、以次充好的商品或者以不合格进出口商品冒充合格进出口商品，尚未构成犯罪的，属于进出口假冒伪劣商品的行为，由出入境检验检疫机构责令其停止进口或者出口，没收违法所得，并处货值金额 50％ 以上 3 倍以下的罚款。

13. 擅自调换检验检疫机构抽取的样品或者调换检验合格的进出口商品的行为

法定检验进出口商品经出入境检验检疫机构检验合格后，出入境检验检疫机构出具相关的凭证，允许该批商品进出口。擅自调换出入境检验检疫机构检验合格的进出口商品，把没有经过检验合格的商品冒充检验合格的商品进出口，其行为会严重影响出入境检验检疫机构工作的开展，影响出入境检验检疫机构职权的正常行使。

《进出口商检法实施条例》第 50 条规定："擅自调换出入境检验检疫机构抽取的样品或者出入境检验检疫机构检验合格的进出口商品的，由出入境检验检疫机构责令改正，给予警告；情节严重的，并处商品货值金额 10％ 以上 50％ 以下罚款。"

14. 违反出口商品注册登记管理规定的行为

对涉及人身财产安全、健康的重要出口商品实施出口商品注册登记管理是《进出口商检法实施条例》的明确规定。凡实施出口商品注册登记管理的出口商品，有关生产企业必须在出入境检验检疫机构规定的期限内向出入境检验检疫机构办理申请手续，获得注册登记后方可出口。

根据《进出口商检法实施条例》第 51 条规定，出口属于国家实行出口商品注册登记管理而实际未获得注册登记的商品的，由出入境检验检疫机构责令停止出口，没收违法所得，并处商品货值金额 10％ 以上 50％ 以下罚款。

（三）综合保税区检验检疫相关规定

海关总署于 2022 年 1 月 1 日公布了《中华人民共和国海关综合保税区管理办法》（海关总署令第 256 号，以下简称第 256 号令），自 2022 年 4 月 1 日起施行。

第 256 号令明确了检疫原则上在进出境环节实施，对综合保税区与区外之间进出的货物不实施检疫；对于进出综合保税区的货物检验，按照相关规定（现行《保税区检验检疫监督管理办法》及其他配套规定）执行。

《海关综合保税区管理办法》第 10 条规定，境外进入综合保税区的货物及其外包装、集装箱，应当由海关依法在进境口岸实施检疫。因口岸条件限制等原因，海关可以在区内符合条件的场所（场地）实施检疫。

综合保税区运往境外的货物及其外包装、集装箱，应当由海关依法实施检疫。综合保税区与境外之间进出的交通运输工具，由海关按照进出境交通运输工具有关规定实施检疫。

第四节　我国跨境电子商务的其他管理法律制度

一、跨境电子商务产品安全的法律制度

目前我国对跨境电子商务产品安全的法律主要有：《产品质量法》《食品安全法》等，作为对《电子商务法》第38条与第58条有关跨境进出口产品安全规定的细化，商务部、海关总署等6部委发布了《关于完善跨境电子商务零售进口监管有关工作的通知》，自2022年1月1日起实施的《进口食品境外生产企业注册管理规定》和《进出口食品安全管理办法》。

此外，海关总署于2022年还出台了多个涉及食品及检验检疫方面的公告，包括要求境外企业在《食品安全国家标准 婴儿配方食品》等多项新国标生效后，其生产的向中国境内出口的婴幼儿配方食品、再制干酪等产品必须符合相应新标准，以及发布最新一版《特殊物品海关检验检疫名称和商品编号对应名录》，授权直属海关开展进境粮食等植物产品检疫审批，明确法定检验商品以外进出口商品抽查检验工作要求等。

这些法律制度除了对一般跨境电子商务产品安全做出法律规定外，重点在跨境电子商务食品安全方面做出详细、严格的监管法律规定。

（一）进口食品安全的法律制度

1. 监管主体

海关总署主管全国进出口食品安全监督管理工作。各级海关负责所辖区域进出口食品安全监督管理工作。

2. 进口食品境外生产企业的注册

向中国境内出口食品的境外生产、加工、贮存企业须向海关总署注册。进口食品境外生产企业不包括食品添加剂、食品相关产品的生产、加工、贮存企业。

3. 境外出口商或者代理商、进口商的备案

向中国境内出口食品的境外出口商或者代理商（以下简称"境外出口商或者代理商"）应当向海关总署备案。食品进口商应当向其住所地海关备案。境外出口商或者代理商、食品进口商备案名单由海关总署公布。

境外出口商或者代理商、食品进口商办理备案时，应当对其提供资料的真实性、有效性负责。境外出口商或者代理商、食品进口商备案内容发生变更的，应当在变更发生之日起60日内，向备案机关办理变更手续。海关发现境外出口商或者代理商、食品进口商备案信息错误或者备案内容未及时变更的，可以责令其在规定期限内更正。

4. 进口食品境外生产企业注册条件

（1）所在国家（地区）的食品安全管理体系通过海关总署等效性评估、审查；

(2) 经所在国家（地区）主管当局批准设立并在其有效监管下；

(3) 建立有效的食品安全卫生管理和防护体系，在所在国家（地区）合法生产和出口，保证向中国境内出口的食品符合中国相关法律法规和食品安全国家标准；

(4) 符合海关总署与所在国家（地区）主管当局商定的相关检验检疫要求。

5. 进口食品境外生产企业的推荐注册和申请注册

进口食品境外生产企业注册方式包括所在国家（地区）主管当局推荐注册和企业申请注册。

海关总署根据对食品的原料来源、生产加工工艺、食品安全历史数据、消费人群、食用方式等因素的分析，并结合国际惯例确定进口食品境外生产企业注册方式和申请材料。经风险分析或者有证据表明某类食品的风险发生变化的，海关总署可以对相应食品的境外生产企业注册方式和申请材料进行调整。

6. 进口食品境外生产企业注册申请书要求

(1) 内容要求。

企业注册申请书内容应当包括企业名称、所在国家（地区）、生产场所地址、法定代表人、联系人、联系方式、所在国家（地区）主管当局批准的注册编号、申请注册食品种类、生产类型、生产能力等信息。

(2) 语言要求。

注册申请材料应当用中文或者英文提交，相关国家（地区）与中国就注册方式和申请材料另有约定的，按照双方约定执行。

(3) 真实性、完整性、合法性要求。

所在国家（地区）主管当局或进口食品境外生产企业应当对提交材料的真实性、完整性、合法性负责。

7. 海关评估审查及决定是否予以注册

海关总署自行或者委托有关机构组织评审组，通过书面检查、视频检查、现场检查等一种及其以上形式，对申请注册的进口食品境外生产企业实施评估审查。评审组由2名以上评估审查人员组成。

进口食品境外生产企业和所在国家（地区）主管当局应当协助开展上述评估审查工作。

海关总署根据评估审查情况，对符合要求的进口食品境外生产企业予以批准注册并给予在华注册编号，书面通知所在国家（地区）主管当局或进口食品境外生产企业；对不符合要求的进口食品境外生产企业不予批准注册，书面通知所在国家（地区）主管当局或进口食品境外生产企业。海关总署统一公布获得注册的进口食品境外生产企业名单。

进口食品境外生产企业注册有效期为5年。海关总署在对进口食品境外生产企业予以批准注册时，应当确定注册有效期起止日期。

8. 已获得注册的企业关于注册方面的义务

(1) 注册标记的标注义务。

已获得注册的企业向中国境内出口食品时,应当在食品的内、外包装上标注在华注册编号或者所在国家(地区)主管当局批准的注册编号。

(2) 注册信息的变更。

在注册有效期内,进口食品境外生产企业注册信息发生变化的,应当通过注册申请途径,向海关总署提交变更申请,并附交注册事项变更信息对照表与变更信息有关的证明材料。

海关总署评估后认为可以变更的,予以变更。

(3) 注册的重新申请。

生产场所迁址、法定代表人变更或者所在国家(地区)授予的注册编号改变的,应当重新申请注册,在华注册编号自动失效。

(4) 注册延续。

进口食品境外生产企业需要延续注册的,应当在注册有效期届满前3至6个月内,通过注册申请途径,向海关总署提出延续注册申请。

延续注册申请材料包括:延续注册申请书;承诺持续符合注册要求的声明。

海关总署对符合注册要求的企业予以延续注册,注册有效期延长5年。

9. 海关对进口食品境外生产企业注册的管理

(1) 注册的复查。

海关总署自行或者委托有关机构组织评审组,对进口食品境外生产企业是否持续符合注册要求的情况开展复查。评审组由2名以上评估审查人员组成。

(2) 注册的注销。

进口食品境外生产企业有下列情形之一的,海关总署注销其注册,通知所在国家(地区)主管当局或进口食品境外生产企业,并予以公布:未按规定申请延续注册的;所在国家(地区)主管当局或进口食品境外生产企业主动申请注销的;不再符合本规定第5条第(2)项要求的。

(3) 对注册企业的监管。

① 暂停进口。进口食品境外生产企业所在国家(地区)主管当局应当对已注册企业实施有效监管,督促已注册企业持续符合注册要求,发现不符合注册要求的,应当立即采取控制措施,暂停相关企业向中国出口食品,直至整改符合注册要求。

② 主动或责令整改。进口食品境外生产企业自行发现不符合注册要求时,应当主动暂停向中国出口食品,立即采取整改措施,直至符合注册要求。

海关总署发现已注册进口食品境外生产企业不再符合注册要求的,应当责令其在规定期限内进行整改,整改期间暂停相关企业食品进口。

所在国家(地区)主管当局推荐注册的企业被暂停进口的,主管当局应当监督相关企业在规定期限内完成整改,并向海关总署提交书面整改报告和符合注册要求的书面声明。

自行或者委托代理人申请注册的企业被暂停进口的,应当在规定期限内完成整改,并向海关总署提交书面整改报告和符合注册要求的书面声明。

海关总署应当对企业整改情况进行审查,审查合格的,恢复相关企业食品进口。

③ 撤销注册。已注册的进口食品境外生产企业有下列情形之一的,海关总署撤销其注册并予以公告:a. 因企业自身原因致使进口食品发生重大食品安全事故的;b. 向中国境内出口的食品在进境检验检疫中被发现食品安全问题且情节严重的;c. 企业食品安全卫生管理存在重大问题,不能保证其向中国境内出口食品符合安全卫生要求的;d. 经整改后仍不符合注册要求的;e. 提供虚假材料、隐瞒有关情况的;f. 拒不配合海关总署开展复查与事故调查的;g. 出租、出借、转让、倒卖、冒用注册编号的。

10. 疫情期间相关食品生产企业注册申请的规定

国际组织或者向中国境内出口食品的国家(地区)主管当局发布疫情通报,或者相关食品在进境检验检疫中发现疫情、公共卫生事件等严重问题的,海关总署公告暂停该国家(地区)相关食品进口,在此期间不予受理该国家(地区)相关食品生产企业的注册申请。

11. 进口保健食品的注册、备案

我国《食品安全法》规定,使用保健食品原料目录以外原料的保健食品和首次进口的保健食品应当经国务院食品安全监督管理部门注册。但是,首次进口的保健食品中属于补充维生素、矿物质等营养物质的,应当报国务院食品安全监督管理部门备案。其他保健食品应当报省、自治区、直辖市人民政府食品安全监督管理部门备案。进口的保健食品应当是出口国(地区)主管部门准许上市销售的产品。

12. 进口食品应符合的标准和合格证明

进口食品应当符合中国法律法规和食品安全国家标准,中国缔结或者参加的国际条约、协定有特殊要求的,还应当符合国际条约、协定的要求。进口尚无食品安全国家标准的食品,应当符合国务院卫生行政部门公布的暂予适用的相关标准要求。

进口尚无食品安全国家标准的食品,由境外出口商、境外生产企业或者其委托的进口商向国务院卫生行政部门提交所执行的相关国家(地区)标准或者国际标准。国务院卫生行政部门对相关标准进行审查,认为符合食品安全要求的,决定暂予适用,并及时制定相应的食品安全国家标准。

进口利用新的食品原料生产的食品或者进口食品添加剂新品种、食品相关产品新品种,应当向国务院卫生行政部门提交相关产品的安全性评估材料。国务院卫生行政部门应当自收到申请之日起 60 日内组织审查;对符合食品安全要求的,准予许可并公布;对不符合食品安全要求的,不予许可并书面说明理由。

进口的食品、食品添加剂应当经出入境检验检疫机构依照进出口商品检验相关法律、行政法规的规定检验合格，并按照其要求随附合格证明材料。

境外出口商、境外生产企业应当保证向我国出口的食品、食品添加剂、食品相关产品符合本法以及我国其他有关法律、行政法规的规定和食品安全国家标准的要求，并对标签、说明书的内容负责。

13. 海关对进口食品实施合格评定及相关主体的配合

(1) 评定活动范围。

海关依据进出口商品检验相关法律、行政法规的规定对进口食品实施合格评定。进口食品合格评定活动包括：向中国境内出口食品的境外国家（地区）〔以下简称境外国家（地区）〕食品安全管理体系评估和审查、境外生产企业注册、进出口商备案和合格保证、进境动植物检疫审批、随附合格证明检查、单证审核、现场查验、监督抽检、进口和销售记录检查以及各项的组合。

(2) 启动评估和审查的情形。

海关总署可以对境外国家（地区）的食品安全管理体系和食品安全状况开展评估和审查，并根据评估和审查结果，确定相应的检验检疫要求。有下列情形之一的，海关总署可以对境外国家（地区）启动评估和审查：

① 境外国家（地区）申请向中国首次输出某类（种）食品的；

② 境外国家（地区）食品安全、动植物检疫法律法规、组织机构等发生重大调整的；

③ 境外国家（地区）主管部门申请对其输往中国某类（种）食品的检验检疫要求发生重大调整的；

④ 境外国家（地区）发生重大动植物疫情或者食品安全事件的；

⑤ 海关在输华食品中发现严重问题，认为存在动植物疫情或者食品安全隐患的；

⑥ 其他需要开展评估和审查的情形。

(3) 境外国家（地区）食品安全管理体系评估和审查主要包括对以下内容的评估、确认。①食品安全、动植物检疫相关法律法规；②食品安全监督管理组织机构；③动植物疫情流行情况及防控措施；④致病微生物、农兽药和污染物等管理和控制；⑤食品生产加工、运输仓储环节安全卫生控制；⑥出口食品安全监督管理；⑦食品安全防护、追溯和召回体系；⑧预警和应急机制；⑨技术支撑能力；⑩其他涉及动植物疫情、食品安全的情况。

(4) 审查的资料及补充。

海关总署组织专家对接受评估和审查的国家（地区）递交的申请资料、书面评估问卷等资料实施审查，审查内容包括资料的真实性、完整性和有效性。根据资料审查情况，海关总署可以要求相关国家（地区）的主管部门补充缺少的信息或者资料。

(5) 评估审查的形式。

海关总署可以组织专家通过资料审查、视频检查、现场检查等形式及其组合，实施评估和审查。对发现的问题可以要求相关国家（地区）主管部门及相关企业实施整改。

相关国家（地区）应当为评估和审查提供必要的协助。

(6) 评估审查的终止或延期。

接受评估和审查的国家（地区）有下列情形之一，海关总署可以终止评估和审查，并通知相关国家（地区）主管部门：①收到书面评估问卷 12 个月内未反馈的；②收到海关总署补充信息和材料的通知 3 个月内未按要求提供的；③突发重大动植物疫情或者重大食品安全事件的；④未能配合中方完成视频检查或者现场检查，未能有效完成整改的；⑤主动申请终止评估和审查的。

相关国家（地区）主管部门因特殊原因可以申请延期，经海关总署同意，按照海关总署重新确定的期限递交相关材料。

(7) 评估审查结果的通报。

评估和审查完成后，海关总署向接受评估和审查的国家（地区）主管部门通报评估和审查结果。

14. 进口食品包装标志和说明书要求

《产品质量法》规定产品或者其包装上需要用中文标识产品名称、生产厂家名和厂址等事项。《食品安全法》规定进口的预包装食品、食品添加剂应当有中文标签；依法应当有说明书的，还应当有中文说明书。标签、说明书应当符合本法以及我国其他有关法律、行政法规的规定和食品安全国家标准的要求，并载明食品的原产地以及境内代理商的名称、地址、联系方式。预包装食品没有中文标签、中文说明书或者标签、说明书不符合本条规定的，不得进口。

《进出口食品安全管理办法》规定，进口食品的包装和标签、标识应当符合中国法律法规和食品安全国家标准；依法应当有说明书的，还应当有中文说明书。

15. 进口商对食品安全的责任

(1) 进口商自主审核制度。

进口商应当建立境外出口商、境外生产企业审核制度，重点审核下面规定的内容：制定和执行食品安全风险控制措施情况；保证食品符合中国法律法规和食品安全国家标准的情况。审核不合格的，不得进口。发现进口食品不符合我国食品安全国家标准或者有证据证明可能危害人体健康的，进口商应当立即停止进口，并依照《食品安全法》的规定召回。

(2) 记录制度。

进口商应当建立食品、食品添加剂进口和销售记录制度，如实记录食品、食品添加剂的名称、规格、数量、生产日期、生产或者进口批号、保质期、境外出口商和购货者名称、地址及联系方式、交货日期等内容，并保存相关凭证。记录和凭证保存期限不得少于产品保质期满后 6 个月；没有明确保质期的，保存期限不得少于两年以上。

16. 检验机构的检验

出入境检验检疫机构按照国务院卫生行政部门的要求，对规定的食品、食品添加剂、食品相关产品进行检验。检验结果应当公开。

17. 食品安全事件的控制和通报

（1）提高抽检比例。

境外发生食品安全事件可能导致境内食品安全隐患，或者海关实施进口食品监督管理过程中发现不合格进口食品，或者发现其他食品安全问题的，海关总署和经授权的直属海关可以依据风险评估结果对相关进口食品实施提高监督抽检比例等控制措施。

（2）核验。

海关依照前款规定对进口食品采取提高监督抽检比例等控制措施后，再次发现不合格进口食品，或者有证据显示进口食品存在重大安全隐患的，海关总署和经授权的直属海关可以要求食品进口商逐批向海关提交有资质的检验机构出具的检验报告。海关应当对食品进口商提供的检验报告进行验核。

（3）通报。

境外发生的食品安全事件可能对我国境内造成影响，或者在进口食品、食品添加剂、食品相关产品中发现严重食品安全问题的，国家出入境检验检疫部门应当及时采取向国务院食品安全监督管理、卫生行政、农业行政部门通报。接到通报的部门应当及时采取相应措施。

（4）县级以上人民政府食品安全监督管理部门对国内市场上销售的进口食品、食品添加剂实施监督管理。

发现存在严重食品安全问题的，国务院食品安全监督管理部门应当及时向国家出入境检验检疫部门通报。国家出入境检验检疫部门应当及时采取相应措施。

（5）采取暂停或者禁止进口的风险控制措施。

有法律规定情形的，海关总署依据风险评估结果，可以对相关食品采取暂停或者禁止进口的控制措施。

（6）风险控制的解除。

进口食品安全风险已降低到可控水平时，海关总署和经授权的直属海关可以按照法律规定的方式解除相应控制措施。

18. 进口食品的召回

食品进口商发现进口食品不符合法律、行政法规和食品安全国家标准，或者有证据证明可能危害人体健康，应当按照《食品安全法》的规定，立即停止进口、销售和使用，实施召回，通知相关生产经营者和消费者，记录召回和通知情况，并将食品召回、通知和处理情况向所在地海关报告。

19. 海关对食品进口的检疫及相关人员的配合

海关依法对食品进口商实施审核活动的情况进行监督检查，对应当实施入境检疫的进口食品实施检疫。食品进口商应当积极配合，如实提供相关情况和材料。食品进口商或者其代理人进口食品时应当依法向海关如实申报。

海关可以根据风险管理需要，对进口食品实施指定口岸进口，指定监管场地检查。指定口岸、指定监管场地名单由海关总署公布。

海关依法对需要进境动植物检疫审批的进口食品实施检疫审批管理。食品进口商应当在签订贸易合同或者协议前取得入境动植物检疫许可。

海关根据监督管理需要对进口食品实施现场查验。

(二) 出口食品安全法律制度

1. 出口食品质量标准及相关主体的备案

出口食品生产企业应当保证其出口食品符合出口国（地区）的标准或者合同要求。出口食品生产企业和出口食品原料种植、养殖场应当向国家出入境检验检疫部门备案。

出口国家（地区）暂无标准，合同也未作要求，且中国缔结或者参加的国际条约、协定无相关要求的，出口食品生产企业应当保证其出口食品符合中国食品安全国家标准。

2. 对出口食品实施监督管理监管主体及措施

海关依法对出口食品实施监督管理。出口食品监督管理措施包括：出口食品原料种植养殖场备案、出口食品生产企业备案、企业核查、单证审核、现场查验、监督抽检、口岸抽查、境外通报核查以及各项的组合。

3. 出口食品原料种植、养殖场应当向所在地海关备案

海关总署统一公布原料种植、养殖场备案名单，备案程序和要求由海关总署制定。海关依法采取资料审查、现场检查、企业核查等方式，对备案原料种植、养殖场进行监督。

4. 出口食品生产企业的备案和海关推荐注册

出口食品生产企业应当向住所地海关备案，备案程序和要求由海关总署制定。

境外国家（地区）对中国输往该国家（地区）的出口食品生产企业实施注册管理且要求海关总署推荐的，出口食品生产企业须向住所地海关提出申请，住所地海关进行初核后报海关总署。

海关总署结合企业信用、监督管理以及住所地海关初核情况，组织开展对外推荐注册工作，对外推荐注册程序和要求由海关总署制定。

5. 出口食品生产企业应建立可追溯的食品安全卫生控制体系

出口食品生产企业应当建立完善可追溯的食品安全卫生控制体系，保证食品安全卫生控制体系有效运行，确保出口食品生产、加工、贮存过程持续符合中国相关法律法规、出口食品生产企业安全卫生要求；出口国家（地区）相关法律法规和相关国际条约、协定有特殊要求的，还应当符合相关要求。

6. 出口食品生产企业应建立记录制度

出口食品生产企业应当建立供应商评估制度、进货查验记录制度、生产记录档案制度、出厂检验记录制度、出口食品追溯制度和不合格食品处置制度。相关记录应当真实有效，保存期限不得少于食品保质期期满后 6 个月；没有明确保质期的，保存期限不得少于 2 年。

7. 出口食品生产企业的包装、运输方式要求

出口食品生产企业应当保证出口食品包装和运输方式符合食品安全要求。

出口食品生产企业应当在运输包装上标注生产企业备案号、产品品名、生产批号和生产日期。出口国家（地区）或者合同有特殊要求的，在保证产品可追溯的前提下，经直属海关同意，出口食品生产企业可以调整前款规定的标注项目。

8. 海关应当对辖区内出口食品生产企业的食品安全卫生控制体系运行情况进行监督检查。监督检查包括日常监督检查和年度监督检查。

监督检查可以采取资料审查、现场检查、企业核查等方式，并可以与出口食品境外通报核查、监督抽检、现场查验等工作结合开展。

9. 出口食品的检疫

出口食品应当依法由产地海关实施检验检疫。

海关总署根据便利对外贸易和出口食品检验检疫工作需要，可以指定其他地点实施检验检疫。出口食品生产企业、出口商应当按照法律、行政法规和海关总署规定，向产地或者组货地海关提出出口申报前监管申请。

产地或者组货地海关受理食品出口申报前监管申请后，依法对需要实施检验检疫的出口食品实施现场检查和监督抽检。食品出口商或者其代理人出口食品时应当依法向海关如实申报。海关制定年度国家出口食品安全监督抽检计划并组织实施。

10. 海关检查符合要求的法律效果

出口食品经海关现场检查和监督抽检符合要求的，由海关出具证书，准予出口。进口国家（地区）对证书形式和内容要求有变化的，经海关总署同意可以对证书形式和内容进行变更。

出口食品经海关现场检查和监督抽检不符合要求的，由海关书面通知出口商或者其代理人。相关出口食品可以进行技术处理的，经技术处理合格后方准出口；不能进行技术处理或者经技术处理仍不合格的，不准出口。

海关对出口食品在口岸实施查验，查验不合格的，不准出口。

11. 出口食品因安全问题被国际组织、境外政府机构通报的处理

海关总署应当组织开展核查，并根据需要实施调整监督抽检比例、要求食品出口商逐批向海关提交有资质的检验机构出具的检验报告、撤回向境外官方主管机构的注册推荐等控制措施。

12. 出口食品存在安全问题的处理

已经或者可能对人体健康和生命安全造成损害的,出口食品生产经营者应当立即采取相应措施,避免和减少损害发生,并向所在地海关报告。

13. 海关在实施出口食品监督管理时发现安全问题的,应当向同级政府和上一级政府食品安全主管部门通报。

(三) 对食品进出口的监督管理

1. 海关依法对进出口企业实施信用管理

2. 海关对进出口食品生产经营者以及备案原料种植、养殖场开展稽核查

3. 过境食品应当符合海关总署对过境货物的监管要求

过境食品过境期间,未经海关批准,不得开拆包装或者卸离运输工具,并应当在规定期限内运输出境。

4. 出入境检验检疫部门对进出口食品安全信息收集、汇总

各级海关负责本辖区内以及上级海关指定的进出口食品安全信息的收集和整理工作,并按照有关规定通报本辖区地方政府、相关部门、机构和企业。通报信息涉及其他地区的,应当同时通报相关地区海关。

国家出入境检验检疫部门应当对进出口食品的进口商、出口商和出口食品生产企业实施信用管理,建立信用记录,并依法向社会公布。对有不良记录的进口商、出口商和出口食品生产企业,应当加强对其进出口食品的检验检疫。

5. 食品安全管理体系和食品安全的行评估、审查

国家出入境检验检疫部门可以对向我国境内出口食品的国家(地区)的食品安全管理体系和食品安全状况进行评估和审查,并根据评估和审查结果,确定相应检验检疫要求。

6. 风险研判

海关应当对收集到的进出口食品安全信息开展风险研判,并依据风险研判结果确定相应的控制措施。

7. 风险预警、上报、通报和通知及风险控制

境内外发生食品安全事件或者疫情疫病可能影响到进出口食品安全的,或者在进出口食品中发现严重食品安全问题的,直属海关应当及时上报海关总署。海关总署根据情况进行风险预警,在海关系统内发布风险警示通报,并向国务院食品安全监督管理、卫生行政、农业行政部门通报,必要时向消费者发布风险警示通告。

海关总署发布风险警示通报的,应当根据风险警示通报要求对进出口食品采取相应的控制措施。海关制定年度国家进出口食品安全风险监测计划,系统和持续收集进出口食品中食源性疾病、食品污染和有害因素的监测数据及相关信息。

8. 制定并组织应急处置预案

海关制定并组织实施进出口食品安全突发事件应急处置预案。

9. 海关在依法履行进出口食品安全监督管理职责时,有权采取下列措施:

(1) 进入生产经营场所实施现场检查;

(2) 对生产经营的食品进行抽样检验;

(3) 查阅、复制有关合同、票据、账簿以及其他有关资料;

(4) 查封、扣押有证据证明不符合食品安全国家标准或者有证据证明存在安全隐患以及违法生产经营的食品。

10. 对海关的检验结果有异议的处理

进出口食品生产经营者对海关的检验结果有异议的,可以按照进出口商品复验相关规定申请复验。有下列情形之一的,海关不受理复验:

(1) 检验结果显示微生物指标超标的;

(2) 复验备份样品超过保质期的;

(3) 其他原因导致备份样品无法实现复验目的的。

(四) 跨境电商零售进口商品安全法律制度

跨境电商零售进口不同于一般贸易,主要是满足国内居民品质化多元化消费需求,是直接面对消费者且仅限于个人自用的商品。商务部、发改委、财政部、海关总、税务总局和市场监管总局共同发布的《关于完善跨境电子商务零售进口监管有关工作的通知》,强化跨境电商零售进口商品质量安全监管,明确跨境电商零售进口商品安全的各方主体责任,一方面有助于强化事中事后监管,加强质量风险防控,另一方面也便于各参与主体规范自身行为,确保政策可落地、可执行。

该政策在我国37个跨境电商试点城市适用,非试点城市的直购进口业务,参照本通知相关规定执行,以促进行业发展,更好地满足居民消费需求。

1. 跨境电商零售进口范围界定

此处所称跨境电商零售进口,是指中国境内消费者通过跨境电商第三方平台经营者自境外购买商品,并通过"网购保税进口"(海关监管方式代码1210)或"直购进口"(海关监管方式代码9610)运递进境的消费行为。上述商品应符合以下条件:

(1) 属于《跨境电子商务零售进口商品清单》内、限于个人自用并满足跨境电商零售进口税收政策规定的条件。

(2) 通过与海关联网的电子商务交易平台交易,能够实现交易、支付、物流电子信息"三单"比对。

(3) 未通过与海关联网的电子商务交易平台交易,但进出境快件运营人、邮政企业能够接受相关电商企业、支付企业的委托,承诺承担相应法律责任,向海关传输交易、支付等电子信息。

2. 许可、注册和备案的规定

对跨境电商零售进口商品按个人自用进境物品监管,不执行有关商品首次进口许可批件、注册或备案要求。但对相关部门明令暂停进口的疫区商品，和对出现重大质量安全风险的商品启动风险应急处置时除外。

3. 明确各参与主体责任

（1）跨境电商企业。

跨境电商企业的责任和义务主要体现在以下几方面。

① 承担商品质量安全的主体责任，并按规定履行相关义务。应委托一家在境内办理工商登记的企业，由其在海关办理注册登记，承担如实申报责任，依法接受相关部门监管，并承担民事连带责任。

② 承担消费者权益保障责任。保障责任包括但不限于商品信息披露、提供商品退换货服务、建立不合格或缺陷商品召回制度、对商品质量侵害消费者权益的赔付责任等。当发现相关商品存在质量安全风险或发生质量安全问题时，应立即停止销售，召回已销售商品并妥善处理，防止其再次流入市场，并及时将召回和处理情况向海关等监管部门报告。

③ 消费者风险告知义务。履行对消费者的提醒告知义务，会同跨境电商平台在商品订购网页或其他醒目位置向消费者提供风险告知书，消费者确认同意后方可下单购买。告知书应至少包含以下内容：

a. 商品的原产地质量标准或技术规范要求、与境内商品存在的差异等。相关商品符合原产地有关质量、安全、卫生、环保、标识等标准或技术规范要求，但可能与我国标准存在差异，消费者对此自行承担相关风险。b. 无中文标签商品的查询途径。相关商品直接购自境外，可能无中文标签，消费者可通过网站查看商品中文电子标签。c. 提醒不得二次销售。消费者购买的商品仅限个人自用，不得再次销售。

④ 建立商品质量安全风险防控机制。该机制包括收发货质量管理、库内质量管控、供应商管理等。

⑤ 建立健全网购保税进口商品质量追溯体系。追溯信息应至少涵盖国外启运地至国内消费者的完整物流轨迹，鼓励向海外发货人、商品生产商等上游溯源。

⑥ 自行或委托代理人向海关申报。向海关实时传输施加电子签名的跨境电商零售进口交易电子数据，可自行或委托代理人向海关申报清单，并承担相应责任。

（2）跨境电商平台。

跨境电商平台的责任和义务主要体现在以下几方面。

① 办理工商和海关登记，接受、配合管理。平台运营主体应在境内办理工商登记，并按相关规定在海关办理注册登记，接受相关部门监管，配合开展后续管理和执法工作。

② 向海关履行相关义务。向海关实时传输施加电子签名的跨境电商零售进口交易电子数据，并对交易真实性、消费者身份真实性进行审核，承担相应责任。

③ 建立平台内管理制度。承担建立平台内交易规则、交易安全保障、消费者权益

保护、不良信息处理等管理制度。对申请入驻平台的跨境电商企业进行主体身份真实性审核，在网站公示主体身份信息和消费者评价、投诉信息，并向监管部门提供平台入驻商家等信息。与申请入驻平台的跨境电商企业签署协议，就商品质量安全主体责任、消费者权益保障以及本通知其他相关要求等方面明确双方责任、权利和义务。

④ 区分跨境电商企业和国内电商企业。对平台入驻企业既有跨境电商企业，也有国内电商企业的，应建立相互独立的区块或频道为跨境电商企业和国内电商企业分别提供平台服务，或以明显标识对跨境电商零售进口商品和非跨境商品予以区分，避免误导消费者。

⑤ 建立消费纠纷处理机制和履行先行赔付责任。消费者在平台内购买商品，其合法权益受到损害时，平台须积极协助消费者维护自身合法权益，并履行先行赔付责任。

⑥ 建立商品质量安全风险防控机制。在网站醒目位置及时发布商品风险监测信息、监管部门发布的预警信息等。督促跨境电商企业加强质量安全风险防控，当商品发生质量安全问题时，敦促跨境电商企业做好商品召回、处理，并做好报告工作。对不采取主动召回处理措施的跨境电商企业，可采取暂停其跨境电商业务的处罚措施。

⑦ 建立防止跨境电商零售进口商品虚假交易及二次销售的风险控制体系。加强对短时间内同一购买人、同一支付账户、同一收货地址、同一收件电话反复大量订购，以及盗用他人身份进行订购等非正常交易行为的监控，采取相应措施予以控制。

⑧ 根据监管部门要求进行有效管理。及时关闭平台内禁止以跨境电商零售进口形式入境商品的展示及交易页面，并将有关情况报送相关部门。

（3）境内服务商。

境内服务商的责任和义务主要体现在以下几方面。

① 办理工商、海关登记或相关许可证。在境内办理工商登记，向海关提交相关资质证书并办理注册登记。

② 支付、物流企业义务。支付、物流企业应如实向监管部门实时传输施加电子签名的跨境电商零售进口支付、物流电子信息，并对数据真实性承担相应责任。

物流企业应向海关开放物流实时跟踪信息共享接口，严格按照交易环节所制发的物流信息开展跨境电商零售进口商品的国内派送业务。对于发现国内实际派送与通关环节所申报物流信息（包括收件人和地址）不一致的，应终止相关派送业务，并及时向海关报告。

③ 报关企业义务。报关企业接受跨境电商企业委托向海关申报清单，承担如实申报责任。

（4）消费者。

消费者的责任和义务主要体现在以下几方面。

① 消费者为跨境电商零售进口商品税款的纳税义务人。跨境电商平台、物流企业或报关企业为税款代扣代缴义务人，向海关提供税款担保，并承担相应的补税义务及

相关法律责任。

② 购买前应当认真、详细阅读电商网站上的风险告知书内容，结合自身风险承担能力做出判断，同意告知书内容后方可下单购买。

③ 对于已购买的跨境电商零售进口商品，不得再次销售。

(5) 政府部门。

政府部门的责任和义务主要体现在以下几方面。

① 海关对跨境电商零售进口商品实施质量安全风险监测、警示，建立应急处理机制。在商品销售前按照法律法规实施必要的检验检疫，并视情发布风险警示。建立跨境电商零售进口商品重大质量安全风险应急处理机制，市场监管部门加大跨境电商零售进口商品召回监管力度，督促跨境电商企业和跨境电商平台消除已销售商品的安全隐患，依法实施召回。海关责令相关企业对不合格或存在质量安全问题的商品采取风险消减措施，对尚未销售的货物实施监管，并依法追究相关经营主体责任。对食品类跨境电商零售进口商品优化完善监管措施，做好质量安全风险防控。

② 原则上不允许网购保税进口商品在海关特殊监管区域外开展"网购保税＋线下自提"模式。

③ 跨境电商零售进口相关企业建立海关信用管理。将跨境电商零售进口相关企业纳入海关信用管理，根据信用等级不同，实施差异化的通关管理措施。对认定为诚信企业的，依法实施通关便利；对认定为失信企业的，依法实施严格监管措施。将高级认证企业信息和失信企业信息共享至全国信用信息共享平台，通过"信用中国"网站和国家企业信用信息公示系统向社会公示，并依照有关规定实施联合激励与联合惩戒。

④ 调查涉嫌违法企业。涉嫌走私或违反海关监管规定的跨境电商企业、平台、境内服务商，应配合海关调查，开放交易生产数据（ERP数据）或原始记录数据。

⑤ 对违反海关监管规定情况的企业依法进行处罚。海关对违反本通知规定参与制造或传输虚假"三单"信息、为二次销售提供便利、未尽责审核订购人身份信息真实性等导致出现个人身份信息或年度购买额度被盗用、进行二次销售及其他违反海关监管规定情况的企业依法进行处罚。对涉嫌走私或违规的，由海关依法处理；构成犯罪的，依法追究刑事责任。对利用其他公民身份信息非法从事跨境电商零售进口业务的，海关按走私违规处理，并按违法利用公民信息的有关法律规定移交相关部门处理。对不涉嫌走私违规、首次发现的，进行约谈或暂停业务责令整改；再次发现的，一定时期内不允许其从事跨境电商零售进口业务，并交由其他行业主管部门按规定实施查处。

⑥ 对跨境电子商务违规进口的处罚。对企业和个体工商户在国内市场销售的《跨境电子商务零售进口商品清单》范围外的、无合法进口证明或相关证明显示采购自跨境电商零售进口渠道的商品，市场监管部门依职责实施查处。

二、跨境电子商务数据安全的法律制度

在跨境电子交易活动中，跨境电商、跨境平台企业、境内外消费者、支付机构、物流企业等诸多主体之间，尤其是在跨境电商数据收集、数据使用、数据管理和数据流转等环节，会形成很多数据。这些数据涉及境内外众多交易和隐私信息，跨境电商如何合法合规运营这些商务数据安全出境成为人们关注的重要问题。

《电子商务法》第69条对跨境电子商务数据安全作出了规定："国家维护电子商务交易安全，保护电子商务用户信息，鼓励电子商务数据开发应用，保障电子商务数据依法有序自由流动。国家采取措施推动建立公共数据共享机制，促进电子商务经营者依法利用公共数据。"此外，《网络安全法》《数据安全法》《个人信息保护法》《数据出境安全评估办法》（以下简称《评估办法》）和《网络安全审查办法》以及相关法律法规，共同构建起我国网络空间治理和数据保护的法律体系。

2017年6月1日实施的《网络安全法》对个人信息出境的安全评估作出原则性规定："因业务需要，确需向境外提供的，应当按照国家网信部门会同国务院有关部门制定的办法进行安全评估；法律、行政法规另有规定的，依照其规定。"

2021年9月1日出台的《数据安全法》作为数据安全领域的专门法，明确了数据安全主管机构的监管职责，建立健全数据安全协同治理体系，提高数据安全保障能力，促进了数据出境安全和自由流动，保护个人、组织的合法权益，维护国家主权、安全和发展利益，为跨境电子数据安全健康发展提供了有力支撑。

2022年7月7日颁布的《评估办法》进一步规范数据出境活动，明确数据出境安全评估的具体规定，提出数据出境安全评估事前评估和持续监督相结合、风险自评估与安全评估相结合等原则。

三、跨境电子商务税收和收付汇法律制度

（一）跨境电子商务一般进出口货物税收

1. 缴纳关税义务及暂时免纳关税

《海关法》规定准许进出口的货物、进出境物品，由海关依法征收关税；暂时进口或者暂时出口的货物，以及特准进口的保税货物，在货物收发货人向海关缴纳相当于税款的保证金或者提供担保后，准予暂时免纳关税。

2. 纳税义务主体

进口货物的收货人、出口货物的发货人、进出境物品的所有人，是关税的纳税义务人。

3. 关税完税价格

进出口货物的完税价格，由海关以该货物的成交价格为基础审查确定。成交价格

不能确定时,完税价格由海关依法估定。进出境物品的完税价格,由海关依法确定。

4. 增值税、消费税税率

《国家税务总局 海关总署关于进口货物征收增值税、消费税有关问题的通知》规定,增值税、消费税的税目、税率(税额)依照《增值税税目税率表》和《消费税税目税率(税额)表》执行。海关总署编写的《海关进出口关税与进口环节代征税对照使用手册》具有法律效力。

(二) 跨境电子商务零售进口货物税收

1. 纳税义务主体及责任

(1) 纳税主体。

海关总署 2018 年 12 月发布《关于跨境电子商务零售进出口商品有关监管事宜的公告》,规定跨境电子商务零售进口货物的订购人为纳税义务人。在海关注册登记的跨境电子商务平台企业、物流企业或申报企业作为税款的代收代缴义务人,代为履行纳税义务,并承担相关法律责任。

(2) 代收代缴义务人的责任。

代收代缴义务人应当如实、准确向海关申报跨境电子商务零售进口商品的商品名称、规格型号、税则号列、实际交易价格及相关费用等税收征管要素。跨境电子商务零售进口商品的申报币制为人民币。

代收代缴义务人在海关审核确定跨境电子商务零售进口商品的归类、完税价格等后,按照海关有关规定可以进行补充申报。

(3) 纳税时间。

海关对满足监管规定的跨境电子商务零售进口商品按时段汇总计征税款,代收代缴义务人应当依法向海关提交足额有效的税款担保。海关放行后 30 日内未发生退货或修撤单的,代收代缴义务人在放行后第 31 日至第 45 日内向海关办理纳税手续。

2.《海关总署关于跨境电子商务零售进出口商品有关监管事宜的公告》对跨境电子商务零售进口商品税收做了调整

(1) 交易限值。

对跨境电子商务零售进口商品的单次交易限值由人民币 2000 元提高至 5000 元,年度交易限值由人民币 20000 元提高至 26000 元。

(2) 限值内的适用税种、税率。

其他事项请继续按照《财政部 海关总署 税务总局关于跨境电子商务零售进口税收政策的通知》有关规定执行。也即,关税税率暂为 0;进口环节增值税及消费税方面,暂按法定应纳税额的 70% 征收。

(3) 跨境电子商务零售进口限制内的商品的限定用途。

已经购买的电商进口商品属于消费者个人使用的最终商品,不得进入国内市场再次销售；原则上不允许网购保税进口商品在海关特殊监管区域外开展"网购保税＋线下自提"模式。

知识链接

"网购保税＋线下自提"

"网购保税＋线下自提"模式是指试点电商企业可将网购保税进口商品在实体"体验店"进行展示展销，消费者完成线上下单、经过身份验证、跨境支付、三单信息核对、缴纳跨境税等一系列合规购买流程后，可以在"体验店铺"当场提货或选用其他境内物流方式完成购买的模式。

目前在实践中大部分的跨境电商"体验店"设置在保税区范围，但是有部分的跨境电商为了解决保税区内体验店距离消费中心远、顾客体验率低的经营困境，将部分的"体验店"设置在远离海关保税区的中心城区。这种模式固然是带来了更多商机，但也对海关监管提出了更高要求。

（4）限值外的适用税种、税率。

完税价格超过 5000 元单次交易限值但低于 26000 元年度交易限值，且订单下仅一件商品时，可以自跨境电商零售渠道进口，按照货物税率全额征收关税和进口环节增值税、消费税，交易额计入年度交易总额。但年度交易总额超过年度交易限值的，应按一般贸易全额征税，即关税税率同一般贸易方式该商品进口关税税率；进口环节增值税及消费税的税率同一般贸易方式该商品进口环节增值税及消费税率。

另外，不属于跨境电子商务零售进口的个人物品以及无法提供交易、支付、物流等电子信息的跨境电子商务零售进口商品，按现行规定执行。

（三）跨境电子商务零售出口退（免）税、免税政策

财政部国家税务总局《关于跨境电子商务零售出口税收政策的通知》规定，跨境电子商务零售出口企业出口货物，可根据条件适用退（免）税政策或免税政策，由电商出口企业按规定办理退（免）税、免税申报。

（四）跨境外汇收支管理

人民银行和海关总署等六部委先后下发《关于简化跨境人民币业务流程和完善有关政策的通知》《关于简化出口货物贸易人民币结算企业管理有关事项的通知》《关于进一步完善人民币跨境业务政策促进贸易投资便利化的通知》等文件，简化跨境人民币业务流程并明确依法可以使用外汇结算的跨境交易。

人民银行 2013 年发布的《关于简化跨境人民币业务流程和完善有关政策的通知》规定，对于经常项下跨境人民币结算，境内银行可在"了解客户、了解业务、尽职审查"展业三原则基础上直接办理跨境人民币结算。

2021年1月4日,《关于进一步优化跨境人民币政策支持稳外贸稳外资的通知》出台,强调支持贸易新业态跨境人民币结算,要求"境内银行在满足交易信息采集、真实性审核的条件下,可按相关规定凭交易电子信息为跨境电子商务等贸易新业态相关市场主体提供经常项目下跨境人民币结算服务。支持境内银行与合法转接清算机构、非银行支付机构在依法合规的前提下合作为跨境电子商务、市场采购贸易方式、外贸综合服务等贸易新业态相关市场主体提供跨境人民币收付服务"。

跨境进口电商仍需满足外汇管理部门的要求。贸易项下的跨境收支,根据国家外汇管理局《关于印发货物贸易外汇管理法规有关问题的通知》的要求,仍应当符合"谁出口谁收汇,谁进口谁付汇"原则办理贸易外汇收支业务。企业应当根据贸易方式、结算方式以及资金来源或流向,凭相关单证在金融机构办理贸易外汇收支,并按规定进行贸易外汇收支信息申报。外汇局对企业出口收入存放境外业务实行登记管理;企业应当向外汇局定期报告境外账户收支等情况;外管局将通过货物贸易外汇监测系统实现非现场总量核查或现场核查。

根据2019年《常见外汇业务答疑手册》,货物贸易外汇管理的总量核查、动态监测等工作涵盖了人民币报关或人民币结算的进出口业务。对于以外币报关、人民币结算或以人民币报关、外币结算的跨境贸易收支,企业应当按规定向外汇局进行贸易信贷等报告;对于以人民币报关并以人民币结算的跨境贸易收支,企业无须进行贸易信贷等企业报告。

复习思考题

一、【选择题】(不定项选择)

1. 跨境电子商务是指分属不同( )的交易主体,通过网络和电子商务平台达成交易、进行支付结算,并通过跨境物流送达商品、完成交易的一种国际商业活动。

   A. 国家

   B. 关境

   C. 空间

   D. 时间

2. 跨境物流服务合同( )。

   A. 由专营跨境物流企业与跨境电商约定

   B. 由专营跨境物流企业为后者进行跨境物流系统的设计

   C. 负责后者整个跨境物流系统的管理和运营

   D. 承担系统运营责任而由后者向专营跨境物流企业支付物流服务费的合同。

3. 禁止出境物品包括( )。

   A. 列入禁止进境范围的所有物品

   B. 内容涉及国家秘密的手稿、印刷品、胶卷、照片、唱片、影片、录音带、录像

带、激光视盘、计算机存储介质及其他物品

C. 珍贵文物及其他禁止出境的文物

D. 濒危的和珍贵的动物、植物（均含标本）及其种子和繁殖材料

4. 《进出口食品安全管理办法》规定，进口食品的包装和标签、标识应当符合（　　）法律法规和食品安全国家标准；依法应当有说明书的，还应当有中文说明书。

A. 国际统一

B. 中国

C. 出口国

D. 国际惯例

二、【判断题】

1. 通过跨境电子商务零售进口的商品可以个人自用或亲友馈赠，也可以进入国内市场再次销售。（　　）

2. 国外大型企业进驻我国某些平台交易，但其主营业地在国外属于跨境电子商务。（　　）

3. 我国的跨境电子商务应适用《电子商务法》。（　　）

4. 一般跨境电子商务进出口指除跨境电子商务零售进出口以外的跨境电子商务方式，通常为 B2B 模式。（　　）

5. 《海关总署关于跨境电子商务零售进出口商品有关监管事宜的公告》对跨境电子商务零售进口商品税收做了最新调整，对跨境电子商务零售进口商品的单次交易限值由人民币 2000 元提高至 3000 元，年度交易限值由人民币 20000 元提高至 23000 元。（　　）

三、【简答题】

1. 什么是跨境电子商务？

2. 简述跨境电子商务的法律适用。

3. 简述跨境电子商务合同主体的法律规定。

4. 简述我国数据分类分级保护制度。

参考文献

1. 王丹．电子商务法律实务．上海：上海交通大学出版社，2013
2. 李晓秋．电子商务法案例评析．北京：对外经济贸易大学出版社，2015
3. 李俊平．电子商务纠纷案例与实务．北京：清华大学出版社，2015
4. 杨坚争．电子商务法教程．北京：高等教育出版社，2016
5. 李双元．电子商务法若干问题研究．武汉：武汉大学出版社，2016
6. 郭鹏．电子商务法．北京：北京大学出版社，2017
7. 电子商务法起草组．中华人民共和国电子商务法条释义．北京：中国法制出版社，2018
8. 罗佩华，魏彦珩．电子商务法律法规（第 3 版）．北京：清华大学出版社，2019
9. 中国国际经济贸易仲裁委员会．涉"一带一路"国家仲裁案例．北京，法律出版社，2019
10. 张玉卿．国际商事合同通则 2016．北京，中国商务出版社，2019
11. 吴景明．《中华人民共和国电子商务法》消费者权益保护法律制度：规则与案例．北京：中国法制出版社，2019
12. 王永钊．电子商务法律法规（第二版）．上海：华东师范大学出版社，2020
13. 董学立．中国动产担保物权法编纂研究．北京：法律出版社，2020
14. 杨立新．《中华人民共和国民法典·合同编》释义．北京：人民出版社，2020
15. 杜月秋，孙政．民法典条文对照与重点解读．北京：法律出版社，2020
16. 景光强．以物抵债疑难法律问题精释．北京，中国法制出版社，2020
17. 国家法官学院，最高人民法院司法案例研究院．中国法院 2020 年度案例合同纠纷．北京：中国法制出版社，2020
18. 高云．民法典时代合同实务指南．北京：法律出版社，2020
19. 张克夫，郭宝丹，邹益民．跨境电子商务法律法规．北京：清华大学出版社，2021
20. 郑春贤．跨境电子商务法律问题研究．北京：中国商务出版社，2021
21. 温希波．电子商务法：法律法规与案例分析．北京：人民邮电出版社，2021
22. 广东省律师协会．典型海事海商案例汇编．北京：法律出版社，2021